François Muller

Préface : André de Peretti

Manuel de survie à l'usage de l'enseignant

(même débutant)

Prix Louis Cros de l'Académie des sciences morales et politiques, 2005

3e édition, revue et augmentée

letudiant.fr

Sommaire

Préface 9
André de Peretti.

Survie ou pilotage ? À vous de choisir 12
Un manuel de survie, pourquoi ? [p. 13] • Revenir aux finalités de l'éducation pour comprendre le métier d'enseignant [p. 14] • Prescription intelligente et intelligence de la prescription [p. 18] • Partir de situations réelles et problèmes posés dans l'exercice quotidien du métier [p. 22] • Comment aborder et lire votre manuel de survie [p. 22].

CHAPITRE 1

Diriger une séance 25
Un cours qui dérape [p. 25] • Le « bon cours » selon les élèves et les profs [p. 26] • Diriger, c'est ritualiser [p. 28] • Donner des repères aux élèves [p. 30] • Comment encourager... ou décourager un élève [p. 32] • Varier les temps dans la séance [p. 35] • Autotest [p. 38].

CHAPITRE 2

Mettre en groupe 40
Une classe où les groupes fonctionnent [p. 40] • Les freins au travail de groupe en classe [p. 41] • Le travail de groupe, c'est efficace [p. 47] • Comment mettre en groupe [p. 49] • Adapter son évaluation aux modalités du travail [p. 51] • Autotest [p. 53].

CHAPITRE 3

Gérer les relations 54
Analyser les différents niveaux d'une crise en classe [p. 54] • Pourquoi organiser les relations dans la classe [p. 56] • Le sociogramme, une technique d'organisation des relations [p. 58] • La variété des groupements possibles [p. 61] • Autotest [p. 63].

CHAPITRE 4

Négocier des contrats d'études 66
À quoi sert un contrat [p. 66] • L'exemple d'un contrat avec un élève [p. 68] • Comment établir un contrat individuel [p. 70] • Adapter le

contrat à la situation [p. 71] • Comment élaborer un contrat de formation avec une classe [p. 72] • Autotest [p. 76].

CHAPITRE 5

Guider les élèves 77

Apprendre, c'est expliciter et faire expliciter [p. 77] • Choisir son mode d'enseignement en fonction des effets recherchés [p. 78] • Donner des repères pour mieux se connaître et s'évaluer [p. 78] • Faire émerger ses propres valeurs [p. 82] • Trouver son propre style d'enseignement [p. 85] • Autotest [p. 87].

CHAPITRE 6

Travailler en équipe 89

Une équipe, c'est une organisation du travail [p. 89] • Analyser les résistances au travail en équipe [p. 93] • Pourquoi travailler en équipe [p. 94] • Comment organiser le travail en équipe [p. 99] • Organiser une réflexion collective sur les savoirs : l'interdisciplinarité [p. 105] • Organiser la « concertation » : des techniques pour mieux travailler [p. 108] • Autotest [p. 110].

CHAPITRE 7

Créer un outillage 111

Tout réinventer à chaque fois ? [p. 111] • Élaborer son tableau de bord : l'exemple du professeur en débat [p. 112] • Créer un espace de jeu en classe [p. 115] • Construire ensemble des cartes conceptuelles [p. 117] • Bricoler et afficher ses outils d'enseignement [p. 119] • Autotest [p. 121].

CHAPITRE 8

Préparer une sortie, un voyage, un stage 123

Articuler l'ordinaire et l'extraordinaire de la classe [p. 123] • Sortir pour apprendre ensemble [p. 124] • Organiser une classe transplantée [p. 126] • L'objectif du stage : l'ouverture au milieu professionnel [p. 129] • Recherche de stage : apprendre à communiquer avec l'entreprise [p. 132] • Autotest [p. 136].

CHAPITRE 9

Définir une progression 137

Qu'est-ce qu'une progression ? [p. 137] • Comment améliorer sa méthode [p. 141] • Ma progression à l'épreuve des réalités [p. 143] • Autotest [p. 144].

CHAPITRE 10

Mettre en œuvre des outils 145

Faisons le point sur votre boîte à outils [p. 145] • Comment bien utiliser des outils [p. 146] • Les outils basiques [p. 149] • Les outils modernes de l'enseignant [p. 151] • Des outils à partager avec les élèves [p. 154] • Autotest [p. 164].

CHAPITRE 11

Utiliser les TICE 165

Les TICE, un nouveau métier ou de nouvelles compétences pour l'enseignant? [p. 165] • Conjuguer sa discipline avec les TICE [p. 167] • Intégrer les TICE dans un projet pédagogique [p. 169] • Adapter sa pratique aux conditions matérielles [p. 173] • Travailler avec et pour les élèves [p. 176] • Peut-on évaluer les TICE? [p. 177] • Autotest [p. 178].

CHAPITRE 12

Utiliser l'audiovisuel 179

Quelle place pour l'École? [p. 179] • Regarder, ce n'est pas voir ni comprendre [p. 180] • L'enseignant est un éducommunicateur [p. 181] • Concilier média et programme de sa discipline [p. 184] • Améliorer les usages de l'image dans sa classe [p. 187] • Petite typologie des images dans une classe [p. 188] • L'image de soi [p. 192] • Autotest [p. 196].

CHAPITRE 13

Être le gardien des programmes 197

J'enseigne une discipline ou un programme d'une discipline? [p. 197] • Mon programme parmi les autres programmes [p. 202] • Le programme est-il valable pour tous? [p. 204] • Terminer le programme [p. 206] • Comment faire avec un programme « flou »? [p. 207] • Autotest [p. 209].

CHAPITRE 14

Évaluer des travaux 210

Que disent les élèves sur nos pratiques d'évaluation? [p. 210] • Évaluer, c'est d'abord choisir pourquoi évaluer [p. 210] • Les cinq fonctions reconnues de l'évaluation [p. 214] • Connaître les pièges de l'évaluation [p. 217] • Rédiger l'appréciation : formalité administrative ou exigence professionnelle ? [p. 219] • Évaluer des compétences : tout un établissement ! [p. 221] • Autotest [p. 227].

CHAPITRE 15

Assurer la sécurité **228**

La sécurité ne va pas de soi en classe [p. 228] • Il est possible d'agir dans des situations dégradées [p. 230] • Travailler sur l'amélioration du climat scolaire : un exemple en collège [p. 234] • Favoriser le dialogue en classe [p. 244] • Place et formes de l'éducation « citoyenne » [p. 248] • Autotest [p. 252] • QCM : des propositions de remédiation face à une situation difficile [p. 252].

CHAPITRE 16

Guider le travail personnel **254**

Des temps spécifiques consacrés à l'ATP [p. 254] • Guider le travail personnel en classe [p. 261] • Développer le travail personnel en cours et à la maison [p. 263] • Le tutorat : une relation d'aide individualisée [p. 266] • Et si le tutorat dépasse le cadre pédagogique [p. 268] • Autotest [p. 270].

CHAPITRE 17

Prospecter les besoins des élèves **271**

Qui sont nos élèves ? [p. 271] • Quels sont les besoins lors des changements de cycles ? [p. 274] • Que ne savent-ils pas faire ? [p. 277] • Comment le savons-nous ? [p. 278] • Trois traitements possibles des besoins [p. 282] • Du besoin à l'envie d'apprendre [p. 286] • Autotest [p. 289].

CHAPITRE 18

Auditer des attentes **290**

Se méfier de représentations erronées sur nos propres élèves [p. 290] • Saisir toutes les occasions d'écouter nos élèves [p. 292] • Quelles sont les attentes à explorer ? [p. 293] • Les attentes connues, que faire ? [p. 296] • Autotest [p. 302].

CHAPITRE 19

Analyser les ressources des élèves **303**

Passer d'un constat d'incompétence à l'analyse de ressources à mobiliser [p. 303] • Comment aider l'élève à mobiliser ses ressources [p. 305] • La motivation, c'est la mobilisation de ses propres ressources [p. 311] • Partir des représentations des élèves [p. 314] • Autotest [p. 318].

CHAPITRE 20

Analyser les pratiques des élèves **319**

Du constat de l'erreur à l'analyse du travail et de la réflexion de l'élève [p. 319] • Affiner son analyse sur les difficultés des élèves [p. 321] • Créer les conditions de l'analyse, l'exemple de la démarche expérimentale [p. 324] • Essayer, explorer, expliciter son cheminement intellectuel [p. 326] • Autotest [p. 329].

CHAPITRE 21

Diriger des projets **330**

Les sources d'un projet [p. 331] • Conduire un projet... avec les élèves [p. 333] • Le temps du projet, c'est le temps des apprentissages [p. 334] • Accueillir l'imprévu dans un projet [p. 335] • Se donner les moyens de rattraper tout le monde [p. 336] • Que veut dire « réussir un projet » ? [p. 337] • Faut-il évaluer un projet ? [p. 339] • Autotest [p. 341].

CHAPITRE 22

Observer les élèves **342**

Regardez vos élèves travailler [p. 342] • À chaque élève, un type d'apprentissage [p. 343] • Développer la capacité de réflexion chez les élèves [p. 350] • Autotest [p. 352].

CHAPITRE 23

Faire de la didactique **353**

Didactique *versus* pédagogie [p. 353] • Enseigner... une discipline ? [p. 356] • La discipline est chose vivante et évolutive [p. 357] • La didactique est un point d'appui, pas un carcan [p. 358] • Autotest [p. 359].

CHAPITRE 24

Créer des situations d'apprentissage **360**

La question de fond : qu'est-ce qu'apprendre ? [p. 360] • Comment monter une « situation d'apprentissage » ? [p. 361] • Partir d'un problème dont la solution n'est pas immédiate [p. 362] • Situations d'apprentissage et représentations de la classe [p. 363] • Autotest [p. 366].

CHAPITRE 25

Donner des conseils de méthode **368**

Dresser le bilan des méthodes des élèves [p. 368] • Intégrer les conseils de méthode dans le cours [p. 374] • Améliorer la compréhension des consignes [p. 375] • Enseigner la prise de notes aux élèves [p. 377] • Développer les compétences à l'oral [p. 378] • La méthodologie accroît les performances des élèves [p. 382] • Autotest [p. 384].

CHAPITRE 26

Donner un conseil de documentation **385**

Faire une recherche documentaire [p. 385] • Guider les élèves dans leurs recherches sur Internet [p. 387] • Travailler avec le documentaliste [p. 391] • Comment évaluer la recherche documentaire [p. 395] • Autotest [p. 397].

CHAPITRE 27

Définir des objectifs **398**

Savoir définir un objectif [p. 398] • Peut-on partager des objectifs entre disciplines ? [p. 401] • Déterminer la valeur de vos objectifs [p. 401] • Faire passer l'objectif aux élèves [p. 406] • Définition d'objectifs et évaluation de compétences [p. 409] • Autotest [p. 410].

CHAPITRE 28

Faire une conférence **412**

« Est maître des lieux celui qui l'organise » [p. 412] • Les limites d'un modèle [p. 413] • Prendre du champ avec les pratiques des collègues [p. 416] • S'autoriser à prendre de la marge [p. 418] • Primaire : rendre possible l'autonomisation des élèves [p. 419] • Copier, ce n'est pas forcément apprendre [p. 420] • Expliquez votre démarche aux parents [p. 422] • Le cours peut être innovant [p. 423] • Autotest [p. 426].

CHAPITRE 29

Penser sa propre formation **427**

On apprend tout au long de la vie… d'enseignant [p. 428] • Le contexte peut déterminer vos besoins en formation [p. 431] • La formation continue des enseignants est-elle efficace ? [p. 436] • Organiser son autoformation [p. 439] • Autotest [p. 442].

CHAPITRE 30

Former à la complexité 443

Répondre aux questions « hors sujet » [p. 443] • Chercher plutôt le « comment » que le « pourquoi » [p. 444] • Faut-il être philosophe pour engager le débat à portée philosophique ? [p. 445] • Rendre visible la complexité [446] • Accueillir la complexité dans sa conduite de cours [p. 449] • L'enseignant médiateur [p. 450] • Autotest [p. 452].

En guise de conclusion ouverte 453

Annexes 456

Webographie 461

Bibliographie restreinte 464

Index des problèmes rencontrés et des questions soulevées 465

Pour bien utiliser ce livre, et trouver rapidement la bonne réponse à vos questions, consultez l'index en fin d'ouvrage.

Préface

> *« Voici donc ourlé à l'aube de tes détours,*
> *Compagnon formateur en quête de cueillettes,*
> *Le cours de ce recueil construit pour tes recours :*
> *Qu'en bon recueillement, sage, tu le feuillettes ! »*

Nous vivons – ou survivons ? – dans une époque éprouvante, ardente. En douterions-nous ? Et nous sommes, aussi bien adultes qu'enfants, bousculés hors de nos tranquillités. Car il nous faut supporter, vaille que vaille, l'accélération inouïe des changements de grandeur, d'intensité et surtout de complexité, qui emballent tous les phénomènes qui nous malaxent : sociaux, économiques, écologiques, technologiques, scientifiques et culturels ; tous en proie, sous nos sens et sur nos esprits, à la furie de la mondialisation.

Au plus trivial, hypermarchés et violences urbaines, « portables » et micro-ordinateurs en expansion, déplacements surmultipliés, rivalités des marques et musique techno, instabilités familiales et troubles d'identité, n'en font-ils foi ? Et que dire de la vitesse actuelle des découvertes scientifiques, exhumant le passé le plus lointain et diversifiant les probabilités du devenir ? Ou que faire avec la miniaturisation ou le gigantisme des objets et instruments technologiques qui nous empoignent autant que nous les manipulons ! Turbulences !

Ces turbulences, il est vrai, préparent et annoncent l'émergence d'une nouvelle civilisation. Soit ! Et celle-ci appelle la rénovation, la « Renaissance » des cultures. Il faut s'y attendre. Mais en attendant que celles-ci apportent quelque équilibre – ou rééquilibrage – il faut bien nous ajuster aux soubresauts du quotidien : non plus seuls mais solidaires ! Tant il nous revient et convient, nous serrant les coudes, de survivre professionnellement et personnellement aux ondes de choc qui nous défient, comme aux contrariétés effervescentes et aux déplorables violences… Par fierté !

Survivre ? Alors, bienvenue à ce « Manuel de survie » ingénieux et stimulant ! Dans la variété des dispositions et dispositifs qu'il expose, il peut se trouver, pour quiconque, de quoi assouvir sa générosité enseignante autant que répondre aux attentes hétérogènes des élèves : de quoi former, s'autoformer, et se co-former sans conformité inerte !

On peut se réjouir, en effet, du foisonnement et de la fraîcheur des conceptions et des méthodes que ce manuel met entre nos mains, car ils assurent, en respectant chaque enseignant, une large liberté de choix et d'inspirations. Dans la nécessaire formation continue, pour toute ancienneté et pour tout début, chacun est mis à l'aise pour feuilleter cette « somme ». Il peut y trouver de quoi s'encourager à l'originalité responsable de ses prestations professionnelles. Il peut y trouver appui pour s'exercer à un compagnonnage créateur avec des collègues de cursus et de disciplines multiples.

Alors, cohérence et cohésion soutenues, isomorphisme de situations d'apprentissage assuré, entre formation et enseignement, il devient possible de dévisager et envisager collègues et apprenants avec humour : c'est-à-dire avec lucidité et bienveillance, rigueur et révérence, fidélité et innovation !

Car la « survie » promise, permise, ou plutôt le surcroît de vie professionnelle et personnelle « autorisée » (de *augeo* : augmenter, accroître) peuvent aider à agencer de façon toujours neuve la pluralité des « fonctions » et des « états » dévolus au métier d'enseignant de façon à conjurer les risques d'ennui et la pesanteur de routines moroses, au sein des classes et des scolarités (ou des salles de professeurs !). La maîtrise des rancœurs ou des violences potentielles en dépend : comme on le constate, à l'usage !

Mais la « survie » recommandée, tout ordonnée qu'elle soit aux renouvellements souples, est aussi fondée à nous dégager de querelles éculées, séparant et opposant péremptoirement éducation et instruction, pédagogies et didactiques, sciences humaines (« molles » ?) et sciences « dures », pratiques et théories, savoirs et savoir-faire, connaissances et compétences, promotion collective (démocratique) et élitisme « républicain », matières dites « secondaires » et disciplines « nobles »... Diantre ! Pourquoi pas tête et jambes, sensibilité et logique ?

Il y a mieux à faire. L'heure est, sous la poussée de la complexification en crue, de réussir, de relier, d'aborder, de conjoindre, d'harmoniser ensemble, en interactions fécondantes. La haute science donne l'exemple : il n'est pas question de casser en deux astrophysique, biochimie, espace-temps ou neurosciences. Et ce n'est qu'un début des *cross-fertilizations* qui guettent nos savoirs !

Ne séparons plus ! Ne nous distancions pas les uns des autres. Et pourtant, ensemble, différencions-nous en nous respectant et en soutenant, en « pilotant » une variété de formes d'enseignement et d'évaluation différenciées.

J'aimerais situer les réflexions et échanges que va permettre la consultation de ce manuel élaboré avec tant de prestance et d'imagination par François Muller, entre deux invitations que nous a adressées, droit aux difficultés de notre temps, Janusz Korczak, avec de plus en plus d'actualité : « Sois toi-même, nous conseillait-il, cherche ta propre voie... Parmi tous ceux que tu pourrais avoir à comprendre, élever, instruire, tu viens en premier : c'est par toi qu'il faut commencer . »

Mais en même temps, au pluriel : « Vous dites : c'est fatigant de fréquenter les enfants. Vous avez raison. Vous ajoutez : parce qu'il faut se mettre à leur niveau, se baisser, s'incliner, se courber, se faire petit. Là, vous avez tort. Ce n'est pas cela qui fatigue le plus. C'est plutôt le fait d'être obligé de s'élever jusqu'à la hauteur de leurs sentiments. De s'étirer, de s'allonger, de se hisser sur la pointe des pieds. Pour ne pas les blesser. »

Se hausser. Rehausser. Ne point blesser : ni enfant, ni jeune, ni adulte, ni soi-même. Ne serait-ce un commun projet, s'il nous est possible, sur ce « manuel de survie », de nous engager à un réciproque pari et pilotage de bonne humeur et d'ingénierie : pour un enseignement créatif et formatif.

André de Peretti[1]

1. *Sur André de Peretti, voir encadré p. 17 et quelques éléments biographiques et bibliographiques sur http://francois.muller.free.fr/diversifier/index.htm*

Survie ou pilotage ? À vous de choisir

Vous êtes :

- enseignant, pas encore à la retraite ;
- futur enseignant ;
- formateur d'adultes et même d'enseignants ;
- une personne intéressée par ce qui bouge actuellement dans l'éducation et la formation.

C'est pour vous.

Ce livre est plutôt :

- un manuel de pratiques professionnelles ;
- un outil d'autoformation pour des enseignants ;
- un élément qui participe au chaînage entre ressources universitaires et Internet pédagogique ;
- le livre dont vous êtes le héros ;
- le résultat d'un travail de terrain dans l'enseignement et la formation depuis plus de dix ans ;
- des éclairages courts et efficaces sur les multiples aspects récents du métier ;
- une boîte à outils à feuilleter dans les transports, pas toujours en grève ou en retard ;
- un recueil de recettes à ouvrir le soir pour savoir comment faire à manger demain matin ;
- une mise à distance de réalités prégnantes et parfois difficiles pour réfléchir sur son action ;
- un appel à la variété requise des pratiques et des organisations de la classe au service des élèves.

Mais ce livre n'est surtout pas :

- un manuel de didactique ;
- un ouvrage officiel de préparation à des concours professionnels ;
- un livre de chevet (ou alors pas le seul ou pas tout le temps) ;
- un ouvrage de poésie sur le gai savoir ;

- un antidépresseur conseillé par la faculté de médecine et non remboursé par la Sécurité sociale ;
- un manifeste pour la défense d'espèces en voie de disparition.

UN MANUEL DE SURVIE, POURQUOI ?

Le corps enseignant doit être renouvelé de moitié dans les toutes prochaines années. Ils seront ceux et celles qui assureront la formation intellectuelle de nos enfants jusque dans les années 2040. Quel pari pour le métier, pour la formation, pour les élèves ! Depuis vingt ans, le métier évolue insensiblement et pourtant si vite : tout s'est fait, par-delà le « harcèlement textuel » évoqué parfois par les enseignants, par une série d'instructions et de petits décalages. Pas de grande réforme, quoi qu'on en dise, seules deux lois d'orientation en 1989 et 2005. Les enseignants sont attachés à une déontologie et à une règle, faites de mots et de valeurs, et à un certain genre de vie.

Dépasser les représentations de crise ou de déclin

Le professeur du secondaire travaille 39 h 47 par semaine. Aux 18 h 46 d'heures d'enseignement, s'ajoutent 21 heures consacrées aux préparations, aux corrections, au suivi des élèves, aux rencontres avec les parents ou encore aux réunions avec les collègues. Pendant ces heures effectives de présence (et même en dehors), de nombreuses inquiétudes traversent le corps enseignant : sentiment d'isolement, émiettement des temps de formation, climat scolaire souvent lourd dans nombre d'établissements.

Les experts européens notent une complexification croissante du métier, liée aux réformes, ce qui génère un « malaise enseignant », souligné par neuf enseignants sur dix. Au total, six sur dix se sentent personnellement concernés par ce « malaise », particulièrement les plus expérimentés - le cap des 20 ans de métier se révèle ainsi souvent déterminant. Malaise est un mot commode pour exprimer des sentiments de « déprofessionalisation » : la dimension affective et éducative du métier entre en tension avec une logique d'enseignement plus instrumentale. La surcharge de travail peut aussi être paradoxalement liée aux tentatives des enseignants de satisfaire simultanément les demandes officielles et leurs propres conceptions du métier.

▶ Loi d'Ashby

Plus on augmente la variété, l'hétérogénéité d'un système, plus ce système sera en principe capable de performances plus grandes du point de vue de ses possibilités de régulation, donc d'autonomie par rapport à des perturbations aléatoires de l'environnement.

Conflit psychique interne certes, mais aussi, dérégulation du système. La métaphore nautique a bien fonctionné dans le monde de l'Éducation nationale, pour déplorer le naufrage du *Titanic*, la galère du métier, les trop grandes disparités entre l'amiral d'Henri-IV et le soutier d'un petit collège de ZEP. C'est rester ancré dans le vieux monde thalassocratique, fidèle à l'approche de Braudel, où la fonction de commandement se fait au porte-voix, alors que les rameurs s'échinent à ramer. Mais ce n'est pas une bouée de sauvetage que ce livre se propose de remplacer.

(Re)prendre les commandes

Ce livre s'inscrit résolument dans le monde « aérocratique » des systèmes, des réseaux et de l'invisible, où la navigation devient plus complexe ; tout bon pilote ne peut s'en sortir qu'avec une formation solide, des heures de vol suffisantes et des procédures quasi automatisées ; son manuel de survie est là pour lui servir d'aide-mémoire. Par bien des aspects, l'enseignant doit piloter sa classe et l'activité de ses élèves. Prendre le risque de (re)prendre les manettes et de désactiver le mode « pilotage automatique » en se confrontant à la complexité de son tableau de bord et des différents terrains survolés.

REVENIR AUX FINALITÉS DE L'ÉDUCATION POUR COMPRENDRE LE MÉTIER DE L'ENSEIGNANT

Partout en Europe le métier change[1]. La diffusion d'un nouveau modèle professionnel répond à la fois à des politiques éducatives et à des changements sociaux et culturels. « Grâce à des établissements plus autonomes, développant des projets éducatifs portés par des enseignants engagés dans une dynamique collective, grâce à des enseignants pédagogues, réflexifs et centrés sur l'apprentissage de l'élève, grâce aussi à un cadrage institutionnel

1. *Voir le site Eurydice.org sur la comparaison des systèmes éducatifs et les conditions du métier.*

▶ André de Peretti : une mémoire de l'éducation, toujours vivante

L'architecture de ce présent « manuel » de survie, nombre de ressources et de pratiques recensées sont directement inspirés des travaux d'André de Peretti. Polytechnicien de formation, humaniste et écrivain par passion, conseiller de nombreux ministres de l'Éducation jusqu'à très récemment, il avait présidé à la naissance des MAFPEN en 1986, puis des IUFM en 1992 comme à la création d'un réseau « innovation et valorisation des réussites » au ministère et dans les académies en 1995.

Consultant international en éducation et en formation, André de Peretti a contribué à ma propre formation d'enseignant et de formateur d'enseignants. J'ai fait le pari depuis plusieurs années de réactiver une œuvre à bien des égards encyclopédique et pratique en l'inscrivant dans le réseau de l'hypertexte sur Internet. Ainsi est né le site Diversifier (http://francois.muller.free.fr/diversifier) très référencé dans le monde francophone.

où l'État régule et évalue les unités d'enseignement décentralisées, l'école devrait pouvoir affronter les défis auxquels elle est confrontée. Elle devrait devenir simultanément plus juste et plus efficace », peut-on lire dans une récente étude publiée par l'Université catholique de Louvain[2]. D'accord ou pas d'accord, c'est le cadre qui change.

Le message n'est pas clair : à quel monde devons-nous former les élèves?

Encore aujourd'hui, la formation en IUFM porte plutôt sur les compétences techniques ou des approfondissements dans la discipline, il n'existe pas de module permettant de débattre et d'envisager ce type de questions et de changement d'échelle. Ainsi, on laisse aux seuls individus le choix de se construire une identité professionnelle, et finalement de se représenter les termes d'un contrat passé avec l'État, ce qui leur permettra d'affirmer en toute bonne foi : « Je n'ai pas été recruté pour ça ! » Ne nous étonnons pas d'une certaine « anomie des corps enseignants » et de liens distendus dans ce qui faisait l'identité forte du métier il y a encore quelques dizaines d'années. Et qu'en sera-t-il avec la masterisation des enseignants à l'université ?

Ces quelques remarques ne participent pas d'une déploration d'un paradis perdu, ni d'une charge contre les IUFM, qui ont été une étape importante

2. *Cahiers du GIRSEF, Étude de Cl. MAROY, http://www.uclouvain.be/girsef*

dans le progrès de la formation des enseignants. Elles signalent juste que le message est loin d'être clair – qu'il soit émis par les politiques ou la société civile – quant aux finalités, fonctions et rôles de l'École aujourd'hui. On observe même un brouillage certain, à défaut d'actes forts (ou fondateurs) de l'institution, entre cliques partisanes et antagonistes de telle ou telle « vision » de l'École. Cela produit du non-sens pour les familles et des rivalités inextinguibles dans les établissements à la simple invitation à travailler ensemble. L'obligation d'un master didactique pour tout enseignant fait reporter sur chacun une nécessaire formation continuée et professionnalisante. Ce manuel peut constituer un premier accompagnement à une démarche auto-formative.

Enfin, il manque une dimension qui ferait sens pour tous : c'est quoi, l'École, dans notre société française, européenne, mondiale ? À quel monde formons-nous les élèves ?

Les dix fonctions de l'École

André de Peretti, dans son ouvrage *Pour l'honneur de l'École* (édition Hachette, 2000), s'est risqué à définir les finalités et les fonctions de l'École dans un pentagramme que je peux réorganiser de la façon suivante (voir ci-dessous) :

Les dix fonctions de l'école

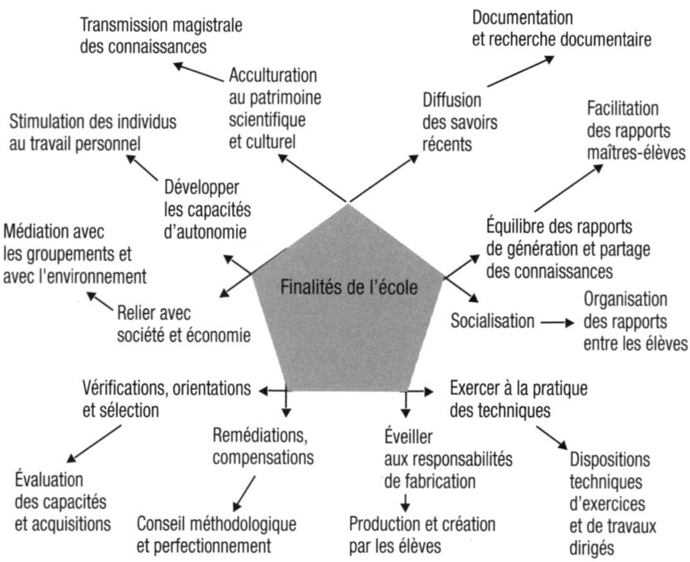

Source : d'après une proposition de A. de Peretti,* Pour l'honneur de l'école, *Paris, Hachette, 2000, p. 282.

à partir du premier cercle des finalités de l'École se raccorde un second cercle qui organise les compétences génériques de l'enseignant.

Assignés à ces fonctions essentielles par la société, « comme tous les autres acteurs sociaux, les enseignants sont pris dans la tenaille de la complexité croissante ». André de Peretti propose alors une visualisation graphique du métier d'enseignant en rôles qui nous servira ici de trame. Ce sont les trente compétences de l'enseignant moderne.

Les 30 compétences de l'enseignant

Je reprendrai cette idée sous la forme d'une roue des compétences avec des aménagements correspondant aux évolutions très récentes de notre métier. Chaque chapitre de ce manuel est une déclinaison de ce que peut être l'enseignant « dans tous ses états » (voir sommaire). Y sont distingués

La roue des compétences

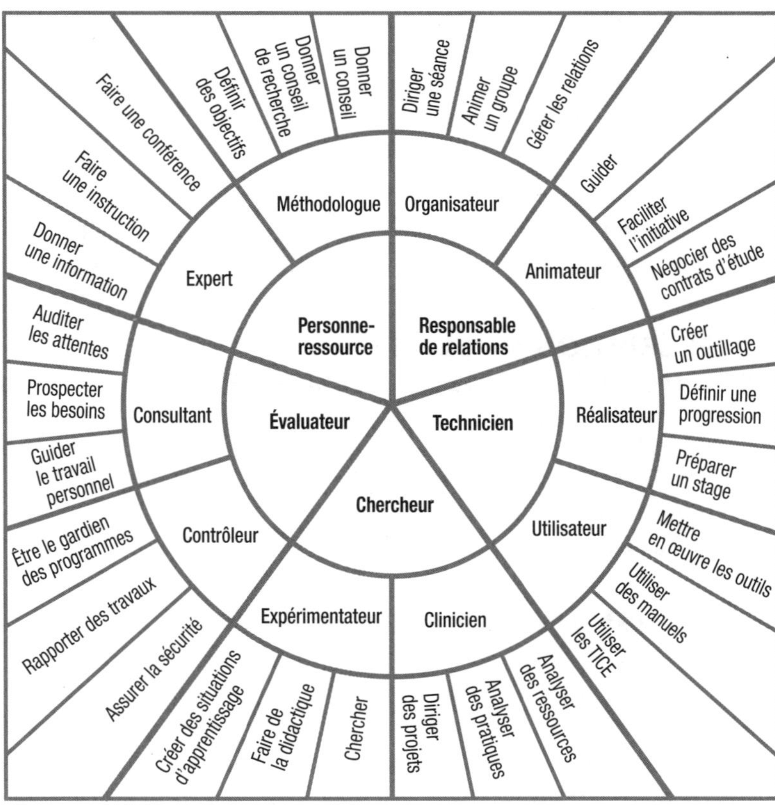

dix grands domaines que vous retrouvez en onglets sur ce livre. Chaque domaine est décliné en deux thèmes, puis en trois compétences, soit en tout 30 compétences (voir aussi l'annexe 2).

S'appuyer sur une équipe

Un seul avertissement d'André de Peretti : que toutes ces compétences s'exercent en s'appuyant sur une équipe : on enseigne par, avec et pour les autres !

« Oublier le travail en équipe, c'est faire face à trois dangers : d'abord, vous ne vous donnez pas le maximum de chances face aux problèmes de violence. La réponse est collective. Ensuite, vous êtes isolé, confronté à la masse de la classe. Enfin, vous trahissez l'expression et la représentation de la laïcité : compatibilité, travailler avec les autres. Ce serait démentir les valeurs de citoyenneté. C'est le mythe des Horaces et des Curiaces. De quel côté se trouve l'enseignant ? En fait, montrer des adultes qui se maîtrisent vaut la peine face à des adolescents en pleine déconstruction-reconstruction, plongés dans un monde fait de violences externes. Ils se sentent impliqués dans la confiance manifestée par l'échange de l'équipe des enseignants. Il n'existe pas de pédagogie sans confiance, sans humour, sans indulgence. »

C'est pourquoi, à l'occasion de l'étude de chaque compétence requise, est toujours présente l'articulation entre classe et école/établissement.

PRESCRIPTION INTELLIGENTE ET INTELLIGENCE DE LA PRESCRIPTION

Ce n'est que récemment que le métier d'enseignant a pu être défini dans une forme assez souple, loin du cahier des charges. À chacun des professionnels de se l'approprier et de l'ajuster à sa propre pratique. C'est cela qu'on appelle « intelligence de la prescription ».

La prescription faite à l'enseignant en 2007 !

Finalement, la définition du métier d'enseignant est assez récente : 1993 pour l'école primaire, 1997 pour le secondaire, 2007 pour une définition unifiée du métier d'enseignant. Comme tout premier texte, il est fondateur par bien des aspects, et œuvre de compromis. Il a le mérite de signaler,

> **▸ Test**
>
> **En ne prenant que les titres des chapitres de ce livre, vous pouvez faire le test suivant : d'après votre propre exercice du métier, quelles sont les « familles » que vous voudriez ou devriez développer ?**
>
> **Temps de réponse...**
>
> **L'expérience de ce petit test montre que toutes les familles sont potentiellement concernées; les zones de l'innovation pédagogique touchent tous les aspects du métier. Innover, c'est donc amplifier ses compétences, plutôt que du nouveau « nouveau » à tous crins.**

par sa longueur relative (voir l'annexe 1), que l'acte d'enseigner n'est pas simple et nécessite au moins dix domaines de compétences. Nous y reviendrons tout au long de cet ouvrage.

Il est intéressant de faire un détour par la Suisse où Philippe Perrenoud a mis en place un programme de formation d'enseignant qui permet de se faire une représentation actuelle du métier[3]. L'ouvrage de Perrenoud cherche à saisir la complexité de la profession enseignante en identifiant dix familles de compétences jugées comme prioritaires dans la formation continue des enseignants du primaire. Ces dix familles sont : « Organiser et animer des situations d'apprentissage, gérer la progression des élèves, concevoir et faire évoluer des dispositifs de différenciation, impliquer les élèves dans leur apprentissage et leur travail, travailler en équipe, participer à la gestion de l'école, informer et impliquer les parents, se servir de technologies nouvelles, affronter les devoirs et les dilemmes éthiques de la profession, gérer sa propre formation continue. » (Voir le détail des familles de compétences, en annexe.)

Au-delà du domaine du prescrit, institutionnel ou formatif, il nous faut nous intéresser à un niveau d'analyse plus difficile, celui des pratiques effectives, au cœur du « réacteur scolaire ». C'est l'intelligence de la prescription ou comment chacun ici aménage, voire « habite » les règles qui lui sont données.

3. P. Perrenoud, Dix Nouvelles Compétences pour enseigner, *ESF, Paris, 2000.*

▸ Pratiques des enseignants et école démocratique

Dans son dernier ouvrage, *Tant qu'il y aura des élèves*, publié en 2005, le journaliste et ancien prof Hervé Hamon donne un nouvel écho à son enquête réalisée vingt ans plus tôt[1] : « Il y a ceux qui acceptent l'ambition démocratique : ceux-là adaptent leurs méthodes d'enseignement et de travail ; ils vérifient que l'élève a vraiment pris possession du savoir transmis. Et il y a ceux qui veulent qu'on leur change les élèves, parce qu'ils ne veulent pas changer leur manière de faire. L'exigence de qualité des premiers me semble supérieure ». Une des résolutions de ce conflit passe selon l'auteur dans une réorganisation des services enseignants, afin de favoriser le suivi différencié et concerté.

(1) Hervé Hamon et Patrick Rotman, *Tant qu'il y aura des profs*, Paris, Seuil, 1984.

L'aménagement de la prescription sur le terrain

Sujet tabou ou évidence implicite, légitimée par l'obtention d'un diplôme, en France, un agrégé est un bon enseignant. Les facteurs d'efficacité des pratiques enseignantes ont peu fait l'objet d'études approfondies.

« **L'effet enseignant** » ne dépend pas seulement des caractéristiques personnelles des professeurs : l'âge, le sexe, l'origine sociale, le statut ou l'avancement dans la carrière ne permettent pas d'expliquer les différences d'efficacité. Une enquête, menée par Georges Felouzis[4], porte sur 36 professeurs de mathématiques et 25 professeurs de français en classe de seconde. Elle montre que l'efficacité des enseignants doit être pensée en relation avec les évolutions du système éducatif et du public scolarisé. Il se dégage en effet deux grandes **attitudes des professeurs** vis-à-vis de ces évolutions, qui sont aussi deux manières de concevoir le rôle et le métier d'enseignant : la première est une forme de « ritualisme académique » qui reste attachée à un état antérieur du système éducatif; la seconde renvoie à un « pragmatisme pédagogique », plus proche des élèves tels qu'ils sont aujourd'hui.

attitudes des professeurs ↙

Ces deux attitudes conditionnent des attentes envers les élèves et des pratiques pédagogiques qui sont au cœur du principe de l'efficacité des enseignants.

4. L'Efficacité des enseignants. Sociologie de la relation pédagogique, *PUF, Paris, 1997.*

Pour comprendre le pragmatisme pédagogique, Aletta Grisay (université de Liège) en 1995 a fait le point sur la question en s'appuyant sur près de 2000 monographies de classe dont les deux tiers sont d'origine anglo-saxonne. Les différents facteurs ne sont pas à prendre en eux-mêmes comme de simples recettes (pour dire après qu'on a essayé et que « ça ne marche pas »), mais s'organisent en système ; chacun est corrélé à d'autres pour assurer un impact sur les élèves. Ils peuvent ensemble représenter un véritable tableau de bord que le professeur peut faire jouer au gré des situations en adéquation avec son propre style d'enseignement.

• Un premier groupe de facteurs très efficaces contient les items suivants : pratiques d'évaluation formative, entraînement à la lecture, donner des indices structurants et des retours fréquents, mesurer le temps réel d'implication de l'élève en classe, développer un programme coopératif.
• Un deuxième groupe de facteurs efficaces, mais à impact plus modéré : faire des groupes homogènes en classe hétérogène, instaurer un tutorat entre élèves, donner le temps d'apprendre en classe.

Il s'agit bien d'approfondir des pratiques professionnelles, déjà développées dans certains établissements, et de diversifier les prises en charge des élèves, en articulation avec le temps de classe.

Des facteurs d'efficacité identifiés par les enseignants eux-mêmes. À l'issue d'une formation, des enseignants-formateurs ont pu exprimer ce qui leur paraissait plus efficace. Ils ont donc retenu des modalités qui touchent à l'organisation du travail et des relations dans le groupe : attribution de rôles, productions individuelles toutes natures confondues dans un projet collectif, mais aussi méthodes d'évaluation rapide qui leur permettent individuellement et collectivement de faire le point régulièrement.

Ce sont quelques critères totalement transposables en situation de classe avec des élèves. Pourquoi les identifier quand l'enseignant est en formation, et ne pas les appliquer quand le même enseignant est formateur d'élèves ? Faire classe, c'est donc bien une question d'organisation des relations et d'information dans un groupe.

Toutes ces pratiques sont plus efficaces quand elles sont corrélées entre elles au niveau d'une classe, voire (et surtout), au niveau de l'organisation d'une école ou d'un établissement. « Le tout est plus important que la somme des parties », disait Aristote.

➲ PARTIR DE SITUATIONS RÉELLES ET PROBLÈMES POSÉS DANS L'EXERCICE QUOTIDIEN DU MÉTIER

Tout au long de l'ouvrage, ce sont plus de **200 situations-problèmes** qui sont énoncées, décryptées, analysées. Elles sont extraites de cas vécus par des collègues, rencontrés dans les écoles primaires et dans les établissements secondaires, témoins parfois du « malaise enseignant » perçu par 90 % des personnels[5]. Chaque situation peut sembler spécifique et complexe à démêler car elle joue sur plusieurs niveaux. Dans la mesure du possible, nous tentons de démêler quelques fils et de proposer des éléments de réponse.

Chaque cas ne peut avoir de solution immédiate et radicale. Chaque chapitre renvoie dans la plupart des cas à plusieurs autres ; cette lecture permet de saisir la nécessaire **approche systémique du métier**, comme le pilote devant son tableau de bord. C'est une **aide à l'analyse de sa propre pratique**.

La pratique s'enrichit aussi par les ressources nouvelles sur Internet. Le métier est ouvert et évolutif. Nous sommes pris dans un maillage de fait qui touche toutes nos sociétés occidentales. C'est pourquoi des détours seront proposés vers le Québec, la Suisse et la Belgique. Car il faut bien noter à présent l'émergence d'une véritable communauté d'information et de formation en éducation.

➲ COMMENT ABORDER ET LIRE VOTRE MANUEL DE SURVIE

Nous avons conçu ce manuel de pilotage en favorisant plusieurs modes de lectures possibles :

► **Une lecture linéaire :** c'est une première approche, la plus simple, mais pas forcément la plus pertinente pour votre pratique.

► **Une lecture par chapitres :** ils sont indépendants les uns des autres. Il n'y a pas de progression ni de *crescendo* de l'action dramatique. Toutes les compétences sont importantes et méritent un égal traitement. La priorité est celle que vous lui donnez selon les besoins ou l'intérêt que vous lui accordez.

5. Voir le dossier n° 163 « Portrait des enseignants », DEP, avril 2005, repris dans la note 05.20 sur la page : ftp://trf.education.gouv.fr/pub/edutel/dpd/ni/ni2005/ni0520.pdf.

► **Une entrée par cas ou par situations-problèmes,** à partir de l'index que vous trouverez en fin d'ouvrage. Le cas est le point de départ pour saisir la complexité de la situation et trouver quelques éléments de résolution, parfois des techniques ou des gestes voire des éclairages théoriques.

► **Une entrée par autotests :** ils sont récapitulés en fin de chapitre ; ce sont des moments de vérification et de réflexion sur votre pratique. Ils offrent la possibilité de se fixer des micro-objectifs pour faire évoluer sa pratique.

La lecture se veut ouverte. Des reports d'un chapitre à l'autre sont proposés pour montrer que le métier d'enseignant joue sur plusieurs niveaux à la fois. Par ailleurs, les renvois sur Internet vous permettent d'accéder plus facilement aux richesses en ligne.

Alertes oranges sur le tableau de bord

Sur notre tableau de bord, nous veillerons cependant à observer quelques voyants lumineux.

► **Le mirage de l'exhaustivité.** Il ne faudra surtout pas attendre du « manuel de survie » tout sur tout. 480 pages n'y suffiraient pas. Même à l'heure de nos sociétés postindustrielles et de l'ère « aérocratique » des réseaux d'information, l'exhaustivité est bien un mirage trompeur pour un métier aussi riche et diversifié que celui d'enseignant. C'est donc une tentative de repérage de quelques ressources et routines sélectionnées pour leur pertinence, leur relatif caractère innovant dans le système éducatif et leur efficacité pour les élèves ; les liens sont nombreux pour aller quérir l'information complémentaire. Mémento, manuel de pratique raisonnée, guide innovant.

► **L'attraction fallacieuse du truc fonctionnaliste à effet immédiat**. Recettes et trucs sont des demandes fréquentes de la part de jeunes collègues ou de leurs aînés en formation continue. Et les formateurs de répondre : « Y en n'a pas. » Pour au moins trois raisons :
– une pratique en soi n'a pas d'intérêt intrinsèque. Elle n'a de sens qu'en concordance avec son propre style d'enseignement ; Carl Rogers parlait de « congruence ». Une pédagogie participative mise en place par un prof très autoritaire et directif dans sa démarche provoque une discordance évidente ;
– un truc qui marche est une pratique qui entre en résonance avec d'autres éléments de pratiques, postures et méthodes employées par l'enseignant. Il

fait système. C'est la raison pour laquelle chaque chapitre renvoie à deux autres aspects au moins du métier ;
– le bon truc est celui qui viendra en réponse à un contexte tout aussi spécifique. Établissement, groupes d'élèves, périodes de l'année, type d'apprentissage, niveau d'enseignement sont des variables qui s'imposent. C'est pourquoi l'enseignant doit disposer d'un arsenal suffisamment diversifié pour y piocher, en réactivité et en souplesse, le bon outil.

► **La confrontation à la réelle difficulté irréductible.** 10 % à 12 % des élèves dans les collèges sont réputés « en difficulté » et 6 % des élèves sortent de l'École sans qualification.

Même si nombre de pratiques signalées dans cet ouvrage peuvent contribuer à raccrocher ces élèves à l'École, il ne faut pas se leurrer. Il faut se dégager des explications simplistes de type manque, sous-entraînement et aide méthodologique ou encore du discours plus dangereux du retour au savoir et à la fermeté pour la fermeté. Il y a de quoi passer à côté du vrai problème et armer le conflit.

Il s'agit dans ces cas réels de poser le diagnostic quasiment en terme de fonctionnement psychologique de rapport à la frustration, de déstabilisation par rapport à la logique d'apprendre comme prise de risque nécessaire et non assumée.
Le présent ouvrage est plus axé sur les pratiques enseignantes. La meilleure connaissance des élèves, du fonctionnement des apprentissages, des difficultés rencontrées pourront faire l'objet d'un autre volume.

Enfin, pour nous accompagner dans ce voyage au pays des 30 compétences, l'expression des élèves sera prise en compte ; quatre professeurs stagiaires, Philippe Audin, Floriane Auzou, Laurence Marchadier, Laurence Marchandin, ont planché ensemble (un « parcours croisé ») sur les représentations que les élèves se font des professeurs : « Que pensent-ils de nous ? » 119 élèves de classes de cinquième, troisième, seconde, première, bac pro et première S ont participé à cette enquête dont vous trouverez quelques résultats dans différents chapitres.

CHAPITRE 1

Diriger une séance

« Faire cours » pourrait résumer toute l'activité de l'enseignant, c'est pourtant ce qui semble à présent le moins évident. Élèves et profs ne partagent ni les mêmes représentations ni les mêmes attentes ni enfin le même vécu en la matière. Pourtant, on parvient à définir des pratiques « plus efficaces ». Et si diriger une séance, c'était varier ses propres modes de direction afin que les élèves ne « suivent » plus mais apprennent ?

UN COURS QUI DÉRAPE

Choé, jeune enseignant débutant comme souvent dans une zone difficile, a tenu un journal éphémère sur cent jours, au printemps 2003[1]. Il décrit le déroulement d'un cours qui dégénère et analyse la solution qu'il a trouvée pour résoudre son problème.

La tension monte. « Aujourd'hui les cours qui se passent mal commencent toujours de la même manière. Ça commence calmement, puis un ou deux élèves font une remarque humoristique (du moins prétendue telle). C'est le signal. D'autres s'engouffrent dans la faille et ça dégénère. Le bazar est installé. Je me rends compte que je me suis fait avoir, et que donc je suis en train de me faire déstabiliser. Je demande le silence, la concentration, enfin ce genre de choses qui me faisait beaucoup rire quand j'étais élève et que je voyais un prof galérer. »

La solution de Choé. « Enfin, n'y tenant plus, j'utilise mon dernier recours : mon caractère. Là, plus aucun problème. Ceux qui ont travaillé avec moi dans l'animation m'ont surnommé « Darth Vador » à cause des colères que je pique de temps en temps. Il paraît que c'est très impressionnant et je reconnais que j'en joue un peu de temps en temps. Après, les élèves

1. Consultable sur le site Internet : http://journalintime.com/

ne bougent plus un cil. Ils sont terrorisés. Et j'ai un silence religieux jusqu'à la fin de l'heure de cours. En revanche, inutile de leur demander de participer dans ces conditions-là : ils ont tous perdu la parole jusqu'à la sonnerie suivante. »

Son analyse. « Ce qui me rassure, c'est que ces moments difficiles ont tendance à se raréfier. Ce qui m'inquiète, c'est qu'à chaque fois que j'en vis un, j'ai l'impression de revenir au début de l'année. Je ne voudrais surtout pas me faire enfermer dans ce genre de rôle. Ça n'est pas moi. »

Confronté aux difficultés du quotidien, Choé s'engage assez vite sur un registre touchant à la personne (la colère) qui, s'il est efficace en terme de remise en ordre, s'avère de son propre constat inopérant sur le registre des apprentissages. Le cours est d'abord une interaction en ajustement permanent entre un professeur et des élèves. Faire cours, c'est avec et pour les élèves !

LE « BON COURS » SELON LES ÉLÈVES ET LES PROFS

> *“ Pour moi, un cours, c'est faire ce que j'ai prévu dans ma progression. ”*

Un travail récent mené par Stéphanie Leloup[2] (thèse de doctorat) s'intéresse au décalage existant entre les élèves et les enseignants à propos de la notion de cours « idéal ».

Le point de vue des élèves

Les élèves expriment clairement en plusieurs points ce qu'est un « bon cours » :
– il n'y a pas de problème de discipline. Les élèves insistent particulièrement sur ce préalable à tout enseignement ;
– la structure du cours est très importante ;
– les activités sont variées au sein d'une heure de cours et ils y font beaucoup de choses différentes ;
– ils ont le sentiment d'avoir avancé, que ce soit dans le programme ou dans la maîtrise de certaines compétences ;

2. S. Leloup, « Les représentations du cours "idéal" », thèse de doctorat, 2003, université de Reims. Sur le site de Jacques Nimier : http://pagesperso-orange.fr/jacques.nimier/typologie_ennui.htm

– le cours doit être assez souple pour intégrer la discussion sur un sujet d'actualité si l'occasion se présente, si possible aborder des sujets « intéressants », c'est-à-dire, dans la plupart des cas, des sujets qui reflètent leurs préoccupations personnelles ;
– le cours doit avoir un sens et le fait de ne pas terminer une leçon laisse toujours un sentiment d'inachèvement et donc d'inutilité.

Adopter une démarche particulière (cours magistral dialogué, cours basé sur l'inductif) ou utiliser des supports de cours (informatique, audiovisuel principalement) sont, pour les élèves, des aspects secondaires.

Le point de vue des enseignants

D'après les enseignants, le cours est « bon » si :
– les élèves participent ;
– les élèves comprennent le cours, item que l'on peut rapprocher de : « Les élèves y ont appris des choses » ;
– le professeur a la conviction intime que son cours est bien ;
– il y a une bonne ambiance ;
– le temps passe vite.

Viennent ensuite des points mineurs : le cours est structuré, il a des objectifs, il donne le sentiment d'avancer et il n'y a de problème de discipline.

La confrontation des points de vue

Si l'on compare les points de vue des élèves et des enseignants, on constate que leurs perceptions divergent essentiellement sur trois points :

1. les enseignants semblent minorer les problèmes liés à la discipline et à l'organisation des cours ;

2. l'interprétation sur « le temps passe vite » est différente : pour les élèves, le temps passe vite quand on change souvent d'activités : « Avec ce prof-là en une heure de temps, on faisait tout. C'était une interro assez courte, vingt minutes environ, après on se mettait en binôme pour faire le TP. Je me demande comment il arrivait à faire tout cela en une heure. » Les enseignants préfèrent plutôt concentrer l'attention sur une tâche. Cela ne signifie pas qu'ils n'essaient pas de varier les activités au sein d'un même

▸ Le « bon prof », selon les élèves

Le vieux cliché « professeur sévère mais juste » ne fonctionne plus. Stéphanie Leloup parvient à établir le portrait robot du professeur idéal pour les élèves.

• C'est d'abord quelqu'un qui a établi de bons rapports avec eux. Il possède un certain nombre de qualités humaines, il est sympathique et il leur donne l'impression de s'intéresser à leur travail.

• Des compétences pédagogiques : il construit ses cours, il explique bien. Tout naturellement, on retrouve comme exigence primordiale le fait de savoir tenir ses classes.

• Il parvient à faire aimer sa matière, soit grâce à la démarche pédagogique qu'il adopte (applications, art de donner du sens à son cours, utilisation de supports pédagogiques...), soit grâce à sa personnalité (son sens de l'humour, son charisme, sa voix...).

• De manière plus anecdotique, c'est aussi quelqu'un qui possède certaines qualités physiques, la voix est en particulier très importante. Il aime enseigner en général et sa discipline en particulier. Le savoir lui-même (le fait d'avoir de la culture, d'être érudit dans son domaine) ne joue pas un rôle primordial pour les élèves.

cours, mais leurs objectifs sont différents. S'ils font tourner les activités, c'est plus pour vérifier que les élèves ont bien compris ce qu'ils viennent d'expliquer que pour éviter que leur attention ne se relâche ;

3. le sentiment de progresser recouvre des acceptions fort différentes : là où les enseignants pensent plutôt à un avancement de leur programme, les élèves veulent surtout maîtriser des compétences différentes, sinon ils ont l'impression qu'on leur rabâche toujours la même chose.

DIRIGER, C'EST RITUALISER

Donner un cadre, tenir sa classe, maintenir la discipline représentent une attente forte chez les élèves dans le secondaire. Or, parfois, en début de cours, les élèves ont du mal à adopter immédiatement une posture de travail. Ils peuvent arriver excités par une querelle ou un sujet extérieur à la classe ou avoir besoin de se défouler après deux heures de contrôle... Il faut donc parfois commencer le cours en « recréant le cadre scolaire » par des petits rituels. C'est ce que font chaque matin les institutrices de maternelle qui apprennent aux petits élèves à faire la différence entre le jeu et le travail. Observons-les quelques instants.

> *« Les débuts de cours me coûtent beaucoup en énergie : ça fuse de partout. »*

Ces petits rites qui font la classe

Laurence Garcion-Vautor, du CIRADE[3], s'est intéressée de près à un moment crucial : le regroupement des élèves le matin. Ce sont des micro-actes, répétitifs, quotidiens : les enseignants rassemblent les élèves et les placent face à eux ; ils comptent les présents et les absents, puis affichent le jour et la date. La répétition rend ces actes quasi rituels, ils confèrent à ces petits gestes sans importance un statut de cérémonie qui marque la frontière nette entre jeu et travail, entre maison et école. Désormais, on ne bouge plus, on écoute, on lève le doigt, on se tient droit...

Quelques mots et c'est déjà un temps et un espace qui plongent les élèves dans un autre univers, celui de la classe ; tous ensemble dénombrent, récitent automatiquement les jours de la semaine ; la classe est déjà un corps social, dès la maternelle.

La ritualisation appliquée au secondaire

La ritualisation de quelques actes répétitifs, qui relèvent de la pédagogie « institutionnelle », permet à l'enseignant d'installer son style de direction dans le cadre collectif de l'apprentissage à l'École. Les enseignants de maternelle insistent beaucoup sur ce point, ceux du secondaire gagneraient aussi à y revenir pour refonder le « contrat scolaire », malgré l'organisation saccadée des cours. Voici six exemples pratiques faciles à utiliser.

La phase de retour au calme nécessaire : ne pas commencer à bride abattue tant que tous ne sont pas installés, cahiers et matériels sortis ; un concert ne commence qu'après un temps de silence marqué.

3. CIRADE (Centre interdisciplinaire de recherche sur l'apprentissage et le développement en éducation). Laurence Garcion-Vautor, « L'entrée dans l'étude à l'école maternelle, le rôle des rituels du matin », Ethnologie française, *janvier-mars 2003.*

L'attribution de rôles tournants : les tâches collectives et officielles peuvent être l'objet de délégation tournante qui vous libère d'autant pour veiller à l'installation des élèves et à la supervision des activités : point sur les présences, matériels nécessaires, disposition des tables, distribution de feuilles.

L'enchaînement rapide de plusieurs tâches collectives, facilité par l'habitude de certains déplacements et répartition de groupes.

Le respect de règles du jeu, notamment dans la prise de parole.

Le retour fréquent aux apprentissages de base par mémorisation et automatisation de quelques tâches, facilité par l'affichage de tableaux de savoirs sur les murs de la classe. (Voir le chapitre 7 « Créer un outillage ».)

L'analyse collective sur les comportements scolaires, que l'on appelle aussi « métier d'élève » : ce qui favorise l'attention, la mise au travail, mais aussi tout ce qui peut entraver la réalisation de la tâche donnée.

DONNER DES REPÈRES AUX ÉLÈVES

> *“ Je ne parviens presque jamais à faire en une heure ce que j'avais prévu. ”*

Quand on leur a demandé de définir un « bon cours », les élèves ont mis en avant, tout de suite après le facteur « discipline », la qualité de sa structure. Faire un cours, diriger une séance induit une conduite ferme à la fois dans le discours et dans le fait de donner assez de repères aux élèves.

Plus ou moins directif : à chacun sa personnalité

Le degré de guidance (ou style de direction) est au choix de l'enseignant, en adéquation avec son style de personne (on dit « congruence », voir page 85). Donner quelques repères, c'est indiquer explicitement aux élèves les marges de liberté d'action dont ils peuvent disposer pour la séance (sur les types de guidage en cours, voir page 31). Sur l'échelle présentée page ci-contre, vous pouvez déplacer le curseur (petit triangle) selon les objectifs et les modalités du travail que vous proposez. Ce qui peut poser problème, c'est quand vous êtes en « pilotage automatique », surtout si le curseur est bloqué à l'une des deux extrémités du tableau.

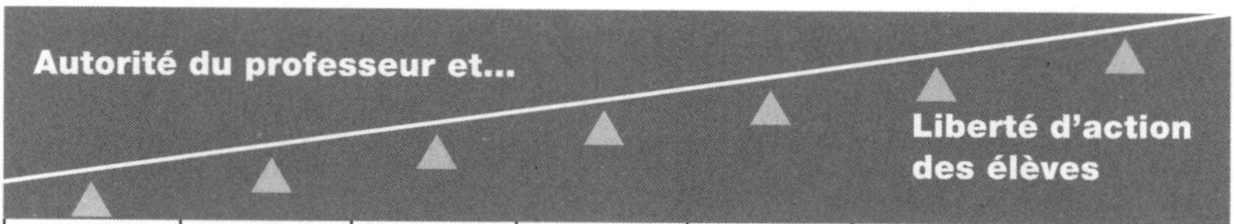

Le professeur prend les décisions puis les annonce	Le professeur « vend » les décisions	Le professeur présente ses idées et demande à chacun son avis	Le professeur présente une décision conditionnelle qu'il se déclare prêt à changer	Le professeur présente le problème, obtient des suggestions et prend la décision	Le professeur définit les limites et demande au groupe de prendre une décision à l'intérieur de ces limites	Le professeur laisse le groupe libre de choisir tant que certaines contraintes sont respectées

Onze conseils pour donner des repères

1. Commencez toute séquence en la resituant dans la progression que vous aurez distribuée et présentée au début de l'année (voir le chapitre 9). Redonnez le cadre, rappelez la direction. Invitez un élève à montrer sur une carte ou un plan de synthèse affiché sur un mur de la salle.

2. Faites apparaître progressivement le déroulé du cours, sur le tableau ou sur un transparent, conservez-le comme fil rouge tout au long du cours (voir page 147).

3. Appuyez votre intervention avec un ou des affichages en classe : carte géographique, frise chronologique, liste de mots invariants ; invitez ceux qui sont à proximité de ces supports à montrer à la classe dans quel espace vous situez le cours.

4. Revenez fréquemment aux cours récents ou plus anciens en les reliant aux propos actuels. Demandez aux élèves de refaire le lien avec les écrits de leur cahier ou de retrouver le chapitre dans leur manuel.

5. Inscrivez le contenu du cours et les savoirs nouveaux dans ce qu'ils connaissent déjà ou ce qui peut être un sujet d'actualité ainsi décrypté.

6. Proposez un ordonnancement de la trace écrite sur le cahier de l'élève (voir page 155), en mettant en évidence par exemple ce qui relève de définitions, ce qui est de l'ordre de la méthodologie, ce qui sera le contenu propre à mémoriser, sans pour autant « dépersonnaliser » ce qui reste le cahier de l'élève.

7. Appuyez votre exposé oral ou le déroulement de votre séance non seulement sur un plan de type liste mais également en le bâtissant sur un schéma simple qui renforce la cohérence logique ou systémique de la séquence.

8. Ménagez dans votre séance ou dans votre progression des temps réguliers de bilans qui permettent aux élèves d'embrasser dans une vision plus globale plusieurs séquences, en faisant le point sur les acquis et ce qui sera matière spécifique à une évaluation prochaine.

9. Nommez clairement les compétences en œuvre dans la séance qu'il s'agira ensemble de travailler et d'approfondir. Les élèves disent être sensibles au sentiment « d'avoir appris ». Une manière d'activer le « socle commun ».

10. Dans la même veine, développez en coopération avec vos élèves des supports et des moments d'autoévaluation, qui leur permettent de mesurer leur propre niveau de maîtrise dans une compétence. (Sur l'autoévaluation, voir le chapitre 14 « Évaluer des travaux ».)

11. Enfin, dans la mesure du possible – les élèves interrogés par Stéphanie Leloup sont clairs sur ce point –, terminez ce qui a été commencé. Au besoin, en segmentant plus que vous ne l'aviez envisagé de prime abord le déroulé d'une séquence : la guerre de 1914 ne tient pas en une heure ; attribuez un titre par séquences : les causes du conflit, les grandes phases de la guerre, la vie dans les tranchées, les conséquences de la guerre, par exemple. Chaque cours forme ainsi une petite unité facilement mémorisable à tous points de vue. Le cours doit avoir un sens et le fait de ne pas terminer une leçon laisse toujours un sentiment d'inachèvement et donc d'inutilité de fait.

COMMENT ENCOURAGER… OU DÉCOURAGER UN ÉLÈVE

> *« Je vois bien que certains élèves sont largués. »*

Faire cours, quelle que soit finalement la forme et le style de direction que vous adoptez, met en œuvre des interactions importantes entre élèves et enseignant. Diriger une séance, c'est bien souvent s'accommoder d'une certaine improvisation et accepter l'imprévisible.

Cependant, plutôt que de déclencher malgré soi des comportements et des effets non désirés, il importe tout au moins de connaître quelques processus interactifs en situation pédagogique. Le « pilotage » de classe en sera peut-être facilité pour vous, avec des effets recherchés sur les performances des élèves.

Paroles d'enseignant et effets sur les élèves

Dans la classe, la parole de l'enseignant, les échanges avec les élèves ne sont jamais neutres. Ces processus interactifs ont fait l'objet de recherches approfondies menées par Jean-Marc Monteil et Pascal Huguet chercheur au CNRS[4]. Celles-ci sont fondées sur l'étude de deux pratiques observées.

L'attribution de succès ou d'échec : il faut être bien conscient qu'un enseignant, par une parole, mais aussi par un geste, un regard, attribue à l'élève, à son travail, une valeur soit positive (succès), soit négative (échec).

La comparaison sociale : l'effet sur l'élève diffère selon que l'enseignant lui donne une information en situation de « visibilité », c'est-à-dire en public (dans un groupe, dans une classe) rendant ainsi possible une comparaison avec ses pairs, ou au contraire en situation d'« invisibilité », c'est-à-dire dans une relation plus personnalisée, ou dans l'anonymat.

Repérer les situations qui favorisent les performances des élèves

Le tableau de la page suivante croise ces deux pratiques en les conjuguant avec le parcours scolaire, les effets sur la mobilisation de l'attention. Ainsi, les effets produits en terme de performances de l'élève sont très différents.

Voici deux situations très classiques et extrêmes des effets d'actions d'enseignant sur les élèves.

1. L'enseignant sollicite de façon bienveillante, une fois de plus, le bon élève en classe. Pour celui-ci, c'est une attribution de succès en visibilité. C'est habituel ; son attention est alors optimale, ses performances seront très bonnes.

4. *J.-M. Monteil, P. Huguet,* Réussir ou échouer à l'école : une question de contexte ?, *Presses universitaires de Grenoble, 2002.*

Quand l'enseignant use de...		... il induit des effets sur les performances scolaires	
Type de renforcement	**Comparaison sociale**	**En relation avec le parcours scolaire**	**Effets sur l'attention et sur les performances scolaires**
• Pour un élève en réussite scolaire			
Comparaison favorable à soi	Visibilité	Habituel	Attention optimale (totalement disponible) *performance* ++
Attribution de succès	Anonymat	Plus inhabituel	Consommation modérée d'attention *performance* +
Comparaison défavorable à soi	Visibilité	Très inhabituel	Consommation forte d'attention *performance* - -
Attribution d'échec	Anonymat	Très inhabituel	Consommation modérée d'attention *performance* +
• Pour un élève en échec scolaire			
Comparaison favorable à soi	Visibilité	Très habituel	Consommation forte d'attention *performance* - -
Attribution de succès	Anonymat	Très inhabituel	Consommation modérée d'attention *performance* ++
Comparaison défavorable à soi	Visibilité	Habituel	Attention non modifiée disponible pour le traitement d'informations périphériques *performance* –
Attribution d'échec	Anonymat		

2. Le même enseignant se résigne à interroger le cancre au fond de la classe, en lui rappelant ses notes antérieures devant les autres. Pour celui-ci, c'est aussi habituel : attribution d'échec en visibilité ; son attention n'est pas entamée ; il se montre totalement disponible pour toute autre chose... généralement détourner l'attention de ses camarades.

Le bon s'en sort toujours. L'élève en réussite scolaire arrive à s'en sortir à peu près dans tous les cas de figure, sauf quand le professeur signale publiquement un échec. Encore faut-il modérer cette observation selon les disciplines : c'est le cas quand la discipline scolaire est reconnue comme « importante », beaucoup moins quand il s'agit aux yeux de l'élève d'une « discipline secondaire ».

Motiver le « cancre ». Alors, quelle est la seule situation où un élève en échec scolaire est amené à se mobiliser ? Pour Jean-Marc Monteil, c'est quand l'enseignant s'attache à faire une attribution de succès en situation d'anonymat ; c'est très inhabituel pour l'élève, sa consommation d'attention sera modérée et pourra produire des performances positives. Si l'attribution de succès avait été en visibilité (on le signale à la classe), l'élève aurait été tenté de jouer son rôle de cancre ou de pitre (à vos dépens), les performances auraient été négatives. Effet pervers d'une bonne intention pédagogique.

VARIER LES TEMPS DANS LA SÉANCE

Se concentrer sur un objectif de savoirs, sur une famille de compétences n'empêche absolument pas de varier les temps d'un cours, nous l'avons vu en esquissant la variété des repères à donner aux élèves. La chercheuse Stéphanie Leloup avait noté cette tension entre le désir des élèves d'activités variées pendant l'heure de cours et la tendance de l'enseignant à se concentrer sur une tâche.

> ***« En une heure de cours, je ne peux envisager trente-six dispositifs. Je me centre sur un objectif. »***

On peut arguer de la faible capacité d'attention des élèves et donc de la nécessité de changer d'activités toutes les dix minutes. C'est un argument que l'on entend beaucoup en primaire notamment. Il vaut ce qu'il vaut, même si les études sur l'attention montrent qu'elle dépend fortement de la nature propre de l'activité. Toutes les activités ne se valent pas : elles dépendent de la mobilisation intellectuelle, de la sollicitation ou de l'interrogation qu'elles engagent.

Activités alternatives et supports variés

Dans une typologie proposée par André de Peretti[5], le cours peut prendre des formes alternatives au mode classique ou successives dans la séance

5. *A. de Peretti,* Encyclopédie de l'évaluation et de la formation, *ESF, Paris, 1999.*

tout aussi intéressantes pour les élèves et riches pour le professeur. Voici quelques exemples.

Plusieurs phases dans un cours. Le cours peut s'articuler autour d'une ou de plusieurs activités :
– exposition, apports de connaissance, démonstrations, présentation d'objectifs ;
– illustration (métaphores, histoire de la discipline, images, anecdotes...) ;
– motivation pour la discipline (explication, étude des représentations chez les élèves) ;
– mémorisation, vérification des connaissances, révisions ;
– exercices d'application, interrogations, travaux pratiques ;
– discussion, débat, étude de la compréhension, assimilation ;
– autoévaluation, coévaluation, correction de devoirs ;
– détente, relaxation, exercice de concentration, respiration, fond musical ;
– créativité, exercice de l'imagination, échanges libres, créations, etc.

Des supports diversifiés. Ils peuvent être utilisés ou produits à tout moment du cours en tant que :
– documents imprimés, fiches ou écrits (uniformes ou de difficultés différenciées) ;
– panneaux affichés, cartes, tableaux, schémas, grandes feuilles (page 119) ;
– transparents au rétroprojecteur (préparés ou exécutés en classe) (page 147) ;
– diapositives et montages (faits ou à faire), photolangage, affiches publicitaires (page 188) ;
– films à thèse, documentaires techniques ou historiques (page 191) ;
– vidéo pour enregistrer un échange ou une phase de la classe (page 192) ;
– enregistrement sonore, musique d'ambiance et de soutien ;
– bandes dessinées (bulles à compléter ou à réaliser) ;
– EAO (enseignement assisté par ordinateur), didacticiels (pages 164 et 286) ;
– contrats d'objectifs passés avec les élèves.

Une méthodologie évolutive. L'enseignant peut varier le style de sa démarche en s'appuyant sur des :
– paradigmes variés (portant l'accent tantôt sur des connaissances, des opérations, la culture générale, l'expression personnelle, les relations entre les élèves, des activités, des représentations ou des technologies) ;
– créations de dispositifs ou situations d'apprentissage ou de travail autonome ;

▸ Gérer sa classe

Ce site québécois permet d'accéder très librement à des ressources de natures variées : documentations, activités libres, thématiques et auto-tests, très proches de ceux que vous trouverez dans le présent ouvrage. S'intéressant aux pratiques professionnelles de l'enseignant, le site rend possible par transposition nécessaire l'analyse de ce qui semble spécifique (ou non) à notre enseignement en France.

➥ www.csmb.qc.ca/gesclasse/ ; ou : www.gestiondeclasse.net

– didactique de progression et de difficultés différenciées (page 261) ;
– rôles variés confiés à des élèves ;
– exploitation d'activités d'enquête, de documentation ou de visite ;
– séances interdisciplinaires (par intervention bivalente du professeur sur un thème transversal) ;
– séances interdisciplinaires (par intervention de plusieurs enseignants ou d'experts extérieurs à l'établissement) (page 204).

De la souplesse et un zeste d'improvisation

La variété requise renvoie au dernier élément souligné par les élèves de Stéphanie Leloup : la conduite du cours doit être suffisamment souple pour intégrer, si l'occasion se présente, une discussion sur un sujet d'actualité. Les élèves souhaitent également, dans la mesure du possible, aborder des sujets « intéressants », c'est-à-dire, dans la plupart des cas, des sujets qui font partie de leurs préoccupations personnelles. Si on les écoute bien, elles ne sont jamais bien loin de sujets de société... inscrits dans quelques programmes en « langue scolaire », compilés dans le « socle des connaissances et des compétences ».

Un inspecteur de SVT (sciences de la vie et de la Terre) proche de la retraite confessait que le meilleur cours auquel il avait assisté avait été celui d'un professeur qui, un matin de janvier verglacé, avait complètement bouleversé sa séance, pour « improviser » (une façon de parler) un cours sur le phénomène météorologique exceptionnel qui animait toutes les conversations.

Connaissances scolaires ou moins formelles ont été mises en lien au cours d'échanges très riches avec les élèves. Ce jour-là, tout le monde avait appris.

AUTOTEST : BILAN D'UNE HEURE DE COURS

« L'autoévaluation est un geste pédagogique indispensable pour l'enseignant. Seul un retour lucide sur le travail effectué permettra au professeur d'améliorer son efficacité. » Une équipe de formateurs en anglais a proposé, il y a quelques années, une fiche-bilan de cours à des enseignants débutants[6].

Prenez appui sur la dernière heure de cours que vous avez prodiguée et testez-la. Au besoin, supprimez les items qui vous paraissent ne pas convenir à votre situation.

✪ La gestion du groupe

- ❑ Ai-je rendu mes élèves actifs ? Me suis-je assuré que tout le monde travaillait ?
- ❑ Ai-je favorisé la prise de parole du plus grand nombre ?
- ❑ Ai-je contrôlé le travail écrit des élèves (devoirs à la maison) ?
- ❑ Comment ai-je réagi ?
  - ❍ Au retard au début de l'heure
  - ❍ Au travail pas fait
  - ❍ Au refus de travailler, au mutisme
  - ❍ Au bavardage
  - ❍ À la prise de parole intempestive
  - ❍ À une réponse non conforme à ce que j'attendais

✪ Les contenus

- ❑ Ai-je permis à mes élèves d'acquérir des connaissances dans les domaines linguistique, culturel et méthodologique ?
- ❑ Qu'ont-ils produit (mots isolés, phrases complètes ou non, plusieurs phrases liées entre elles ou non) ?
- ❑ À quel moment ai-je corrigé la production orale ?
- ❑ Ai-je corrigé les erreurs de phonologie (phonèmes, accents, schémas intonatifs) ?

6. *Extrait de* Enseigner l'anglais, *conseils et suggestions proposés par les IPR-IA et l'IEN-IET d'anglais, les formateurs de l'IUFM et du CRDP, académie de Nancy-Metz, 1997-1998.*

- ❑ Ai-je corrigé les erreurs de lexique ? Ai-je réactivé le lexique acquis ? Ai-je introduit des mots nouveaux ?
- ❑ Ai-je corrigé les erreurs de syntaxe ? Ai-je réactivé des structures apprises précédemment ? Ai-je introduit de nouvelles structures ?
- ❑ Suis-je certain que ce que j'ai enseigné est juste ? Sinon, pourquoi me suis-je trompé ? Comment puis-je réparer mes erreurs ?
- ❑ Ai-je su répondre aux besoins langagiers des élèves ? Sinon, comment puis-je éviter que cela se reproduise ?
- ❑ Le contenu du cours était-il suffisant ? Trop ambitieux ?
- ❑ Était-ce utile ?

✪ La progression

- ❑ Ai-je suivi mon plan de cours ? Sinon, pourquoi ? Ai-je eu tort ou raison de faire cela ?
- ❑ Quels exercices les élèves ont-ils faits le plus facilement ? Le moins facilement ? Pourquoi ?
- ❑ Les consignes données étaient-elles satisfaisantes ?
- ❑ Suis-je certain que les élèves avaient les « outils » linguistiques et méthodologiques pour faire les exercices demandés ?
- ❑ Ai-je fourni aux élèves des aides appropriées ?

✪ L'équilibre des activités

- ❑ Ai-je respecté les quatre phases essentielles du cours (reprise, prise de connaissance, mise en forme de l'expression, réflexion) ?
- ❑ Ai-je consacré à chaque phase le temps qui convenait ? Sinon, pourquoi n'ai-je pas pu le faire ?
- ❑ Ai-je imposé un rythme de travail trop rapide ? Pas assez rapide ?
- ❑ Ai-je respecté l'alternance oral/écrit ?
- ❑ Lequel (lesquels) des quatre savoir-faire ai-je fait travailler ?

✪ L'utilisation du matériel

- ❑ Ai-je écrit trop de choses au tableau ? Pas assez ?
- ❑ Ce que j'ai écrit au tableau était-il lisible et bien disposé ?
- ❑ Ai-je eu des problèmes avec le magnétophone ? Comment éviter que cela se reproduise ?

CHAPITRE 2

Mettre en groupe

Le groupe-classe s'impose quasiment partout : on le tient pour fusionnel, rationnel et unité de compte pour construire les parcours. Toute initiative pour travailler « autrement » est perçue comme une tentative de « casser » le groupe. Quels sont les freins nombreux, réels ou non, pour les enseignants ? Quelles conditions réunir pour rendre plus efficace le travail en groupes, alternative à la gestion d'une classe entière, et pour que tous, élèves et enseignant, y trouvent un intérêt ?

UNE CLASSE OÙ LES GROUPES FONCTIONNENT

Étudions la photo ci-dessous. La ligne de postes informatiques en arrière-plan laisse à penser que la scène se passe dans la salle de techno ou d'informatique du collège, voire une annexe du CDI (centre de documentation et d'information). Des petits groupes sont au travail ; devant, autour de tables de classe rassemblées, une équipe de cinq filles, au fond un groupe mixte de six élèves. Deux autres groupes, peut-être un autre hors champ ; c'est une classe complète. Les groupes ont du être formés selon les affinités de chacun.

Des feuilles sont sur la table, sur lesquelles sont sans doute reportées des indications à la suite d'échanges et de confrontations. Dans le groupe des filles, au premier plan, les corps soulignent l'engagement de la parole attentive à la réaction ; la prise de notes semble assurée par l'une d'entre elles.

Cette situation nécessite sans doute un temps d'installation, mais surtout une routine appliquée par l'enseignant responsable. Où est-il ? C'est le photographe. Son regard, le nôtre aussi, souligne cette coopération sociale.

Ce sera une indication qui nourrira une partie de l'évaluation du travail effectué. Pour parvenir à ce petit moment de « bonheur pédagogique », combien d'obstacles faut-il franchir pour un enseignant ?

LES FREINS AU TRAVAIL DE GROUPE EN CLASSE

Le travail en groupe n'existe pas spontanément en classe. Un panel de 119 élèves interrogés confirme une situation classique : le travail en groupe

Avez-vous l'habitude de faire du travail de groupe de classe ?

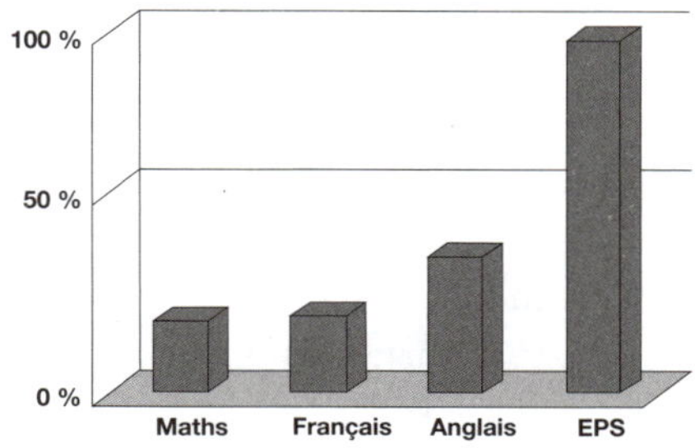

est quasi inexistant en français et maths, à peine plus en anglais. Il n'y a que l'EPS (éducation physique et sportive) qui l'inscrit comme méthode régulière de travail.

La « spécificité » de sa discipline

On aurait tort d'expliquer ce constat par la « spécificité » disciplinaire de l'EPS qui lui donnerait tous les droits et exonérerait les autres disciplines de ces pratiques trop innovantes pour être vraiment efficaces. Si la pratique de sports collectifs, par exemple, encourage certainement les professeurs d'EPS à faire travailler leurs élèves en groupes, on trouve aussi des enseignants de cette discipline qui ne travaillent pas de la sorte. Le choix de recourir ou non au travail en groupes n'est donc pas uniquement lié à la discipline.

> *« Le travail de groupe me paraît réservé à certaines disciplines. »*

Pas formés au groupe. Il faut véritablement chercher l'origine de cette carence dans la formation des jeunes enseignants, et même avant leur formation dite professionnelle, dans leur propre formation d'élève, tant il est

▶ Trois conseils pour envisager le travail de groupe différemment

Retrouvez les ressources qui sont en vous : votre formation est un processus qui intègre votre parcours d'élève jusqu'à votre pratique professionnelle.

- **Rappelez-vous une situation de travail de groupe quand vous étiez élèves. Quel était votre sentiment alors ? Quelle analyse en faites-vous à présent ?**
- **Vous avez déjà réussi une expérience de travail de groupe avec des élèves ; qu'est-ce qui a marché ?**
- **Recherchez dans le PAF (plan académique de formation) une formation disciplinaire consacrée à la diversification du travail des élèves ; pourquoi ne pas vous y inscrire ?**

vrai que nous formons comme nous avons été formés. De fait, la vraie spécificité de l'EPS est d'être une discipline jeune qui a pu actualiser ses contenus comme ses méthodes, sa didactique comme sa formation initiale. On retrouve ces particularités dans une moindre mesure dans la technologie ou encore dans les SVT (sciences de la vie et de la Terre).

La classe comme unité fusionnelle et indissociable

Plutôt qu'une prétendue spécificité disciplinaire, il y aurait lieu d'interroger la configuration typique de la classe « à la française » qui comprend généralement entre 25 et 35 élèves... même si les études de la DEP (direction de l'évaluation et de la prospective) du ministère font état d'un nombre moyen de 10 élèves par enseignant (prenant en compte pour cela tous les groupes de spécialités linguistiques et professionnelles). Elle constitue l'un des types de groupes définis par D. Anzieu et J.-P. Martin[1] :

De 6 à 13 personnes, ce sont des groupes *restreints* pourvus généralement d'un objectif et permettant aux participants des relations explicites entre eux et des perceptions réciproques.

De 14 à 24 personnes, ces groupes *étendus* sont difficiles à conduire, du fait des nombreuses relations interpersonnelles encore dominantes. On observe une tendance sociale à la subdivision en plusieurs petits groupes.

1. *D. Anzieu et J.-P. Martin,* La Dynamique des groupes restreints, *PUF, Paris, 7ᵉ édition, 1982, p. 44.*

• **De 25 à 50 personnes,** ces groupes *larges* visent généralement la transmission de connaissances (classes scolaires...), la négociation sociale, l'information réciproque. On peut y organiser plus facilement des sous-groupes par des techniques appropriées.

Dans les deux groupes, *étendu* et *large*, les plus fréquents dans nos écoles et établissements, l'enseignant a donc tout intérêt à anticiper les tendances naturelles en organisant lui-même les interactions en s'appuyant sur l'organisation des relations et la variété des groupes de travail au sein même de la classe.

En groupe, tous ne travaillent pas à même hauteur

Dès qu'on introduit une différence dans le traitement des élèves, il y a suspicion d'inégalité ou crainte d'abaissement du niveau. Dans la mise en groupe, le bon élève serait le perdant. Soit il se trouve surinvesti par ses petits camarades, soit il se met en roue libre. Ces constats ne sont pas liés au travail collectif en soi, mais témoignent du manque d'habitude à la fois de la part des élèves, mais aussi de l'enseignant. Il est possible de contourner cet écueil :

> ***“ Dans un petit groupe, c'est toujours le bon qui travaille, les autres se reposent sur lui. ”***

- en évitant de réunir toutes les circonstances qui pourraient favoriser une « paresse sociale » ;
- en prenant en compte la variable « sexe » des groupes ;
- en s'assurant de l'organisation des rôles en vue de la participation active de tous les élèves (voir page suivante).

Les causes de la « paresse sociale » en groupe. Monteil a étudié les conditions dans lesquelles les effets de ce qui peut s'appeler « paresse sociale » peuvent s'observer :
– le phénomène concerne plutôt les garçons que les filles ;
– il concerne plutôt des élèves issus de culture occidentale plus individualiste ;
– quand seule la performance du groupe est identifiable ;
– quand la tâche collective est à la portée de tous les membres du groupe ;
– quand l'effort personnel est redondant vis-à-vis de l'effort du collectif ;
– quand l'attente en performances est forte chez les partenaires ;
– quand les individus se reconnaissent peu dans le groupe de travail.

▸ Cinq conseils pour s'assurer la participation de tous

Pour vous assurer une participation constructive de tous, en particulier des « bons », vous pouvez :

• ajuster le niveau d'exigences et de difficultés : préférez une tâche complexe « où on apprend », plus qu'une tâche facile où on reproduit;

• être attentif à la relative mixité des groupes : veillez à un équilibre filles/garçons; bons élèves/élèves moins performants.

• définir au préalable les types de rôles à se répartir, leur densité respective en relation avec l'objectif du groupe.

• vous assurer, une fois les groupes au travail, que tous les rôles sont bien dévolus;

• désigner un responsable du « retour au calme ».

La variable « sexe » est importante dans le quotidien de la classe : les relations maître-élèves sont fortement différenciées en fonction du sexe de ces derniers. « Les maîtres s'attendent à l'indiscipline des garçons et à la docilité des filles, remarque Nicole Mosconi, professeur en sciences de l'éducation à Paris X. Ils acceptent la première comme un mal nécessaire, mais rejettent celle des filles, perçue comme une attaque personnelle. Ils considèrent les garçons comme des "sous-réalisateurs" (ils ont des possibilités mais ne les exploitent pas complètement) et attribuent la réussite des filles à leur travail et à leur conformisme plutôt qu'à leurs aptitudes intellectuelles. »

Des enregistrements vidéo réalisés en classe de mathématiques montrent que les filles sont plus souvent utilisées comme « porte-craies » pour marquer le résultat au tableau ou pour rappeler les savoirs de la leçon précédente. Les garçons sont sollicités pour produire de nouveaux savoirs. Les enseignants font davantage confiance aux garçons dans les matières scientifiques et techniques. Instaurer des rôles dans des groupes permet de contrer ces effets « sexistes » !

Le travail en groupe crée du désordre

Si désordre signifie multiplication des interactions verbales et déplacements des personnes, quand le maître n'est plus le seul à parler et à se mouvoir, alors le travail en groupe génère du désordre. Mais est-ce pour autant le « bazar » ? L'activité gestuelle se développe, l'activité orale se porte sur un autre mode, plus prospectif, c'est une négociation positive. Le groupe constitué crée un espace intime de communication où on peut facilement observer des gestes d'autocontacts ludiques, des postures de confort intellectuel, une communication facilitée entre membres de même valeur[2].

“ Le travail en groupe, c'est lent et souvent le bazar. ”

En groupe, chacun prend son rôle. Dans une observation plus fine, chacun, dans un groupe de quatre élèves, investit son propre rôle, améliorant la synergie de l'ensemble. Par exemple :
– l'animateur lance des interventions dans toutes les directions, il dirige ;
– le vérificateur répète les consignes, corrige la demande ;
– le quêteur demande aux autres ;
– l'observateur, peu communicatif, trouve sa place en retrait.

Ce qui peut apparaître comme du désordre permet ainsi à chaque élève de prendre place au sein du groupe et plus largement dans la classe. Mais cela renvoie l'enseignant à sa propre capacité à gérer l'organisation des relations et la mise au travail en pédagogie différenciée. Il s'agit de passer de rôles « naturels » à des « rôles pour apprendre ».

Les groupes coûtent du temps et de l'énergie

Cette invitation à « enseigner autrement » peut également rencontrer des résistances d'ordre matériel : les lieux ne sont pas adaptés (comment déplace-t-on une paillasse en SVT ?), remuer tables et chaises crée du bazar et prend du temps ; que vont dire les collègues ? Il est vrai que la mise en groupe demande un effort réel à l'enseignant : la difficulté pour lui est plutôt de réexaminer sa position dans la classe, de gérer des situations plus interactives, de maîtriser l'espace et les relations dans un cadre plus souple que celui du cours magistral.

“ Je ne vois pas l'avantage du travail de groupe. Et même, cela me coûte en énergie et en temps. ”

2. *R. Plety,* Éthologie de l'interaction dans le premier cycle d'enseignement secondaire au cours d'apprentissage des mathématiques en groupe dans la résolution de problèmes, *thèse, Lyon I, 1985.*

▸ Les avantages du travail en groupe

Voici un tableau qui permet de visualiser les avantages escomptés dans la mise en place d'un travail en groupe, pourvu que vous respectiez quelques préalables nécessaires.

Pour réussir une séquence en groupe, je dois veiller à :

- préparer le support ;
- préciser les objectifs en terme de savoirs et de savoir-faire ;
- utiliser le sociogramme et composer les groupes pour éviter les dysfonctionnements divers (situation de blocage) ;
- ne pas multiplier les objectifs d'apprentissage ;
- rester modeste pour une séquence.

Pour escompter quelques avantages :

Du point de vue de...	L'enseignant	L'élève	L'objectif d'apprentissage
Avantage « économique »	Meilleure utilisation du temps : le temps du cours est le travail de l'élève	• Complémentarité des compétences • Éviter les situations de blocage ou d'impasse • Expérimentation	Réduire les temps morts d'explication pour les autres élèves
Avantage sociologique	Nouveau rôle de médiateur (dialogue, conseil pédagogique, méthodologique, tutorat)	• Intégration • Coopération, entraide • Communication • Autonomie • Socialisation	Permettre aux élèves d'apprendre ensemble de manière mutuelle, une dimension non prise en compte par ailleurs
Avantage psychologique	• Dédramatisation des difficultés • Réduction de l'anxiété	• Dédramatisation des difficultés • Réduction de l'anxiété • Valorisation des compétences • Avoir un rôle, une responsabilité	Trouver du sens par le plaisir de la situation d'apprentissage, se sentir soutenu dans sa réflexion par ses pairs

Source : d'après C. Delannoy, « Apprendre en s'entraidant », Cahiers pédagogiques, *n° 304-305, 1992, p. 74.*

Les enseignants qui se sont lancés dans ce mode de fonctionnement ont trouvé de nombreuses satisfactions, qui compensaient quelques gênes circonstancielles.

LE TRAVAIL DE GROUPE, C'EST EFFICACE

Nous n'essaierons pas ici de vous présenter le travail de groupe comme une solution miracle, mais le cours classique n'est pas non plus un mode d'enseignement idéal. D'une manière générale, le travail de groupe peut se montrer très efficace s'il est cohérent et suffisamment organisé.

Idéal pour confronter, expérimenter, construire

Le fait de travailler ensemble permet de confronter les idées. L'enseignant fait jouer plusieurs facettes : il favorise les investigations, les échanges entre les élèves, les aide à émettre des hypothèses, à les tester, à observer, à expliquer en argumentant, à faire des recherches documentaires. Le travail en groupe donne à l'enseignant l'occasion d'exercer pleinement son rôle d'accompagnement au plus près du travail des élèves.

> ***« J'ai essayé le travail de groupe pour étudier un document, cela a été un échec. »***

L'expérience de « la main à la pâte ». La plupart des enseignants impliqués dans « la main à la pâte » procèdent de la façon suivante. Les élèves sont répartis par groupes de trois ou quatre, chacun étant investi d'un rôle précis (responsable de matériel, secrétaire, rapporteur de groupe...). Dans le groupe, intervient alors une alternance de travail individuel et de travail collectif. Les investigations, les échanges verbaux, les émissions d'hypothèses, les expérimentations, les observations, les explications, les argumentations, les recherches documentaires se font toujours à deux niveaux : au niveau du groupe d'abord, puis au niveau de la classe, avec retour éventuel au niveau du groupe après confrontation et définition en commun de nouvelles orientations de recherche.

la main à la pâte

Un dispositif très développé dans le primaire, autour de la démarche expérimentale et de la confrontation argumentée d'expériences : www.inrp.fr/lamap

Cette alternance entre travail individuel et travail collectif favorise la construction progressive de connaissances scientifiques par les élèves, tout en participant à l'objectif transversal d'éducation à la citoyenneté, deux domaines majeurs du socle commun.

Des performances globalement meilleures pour les élèves

En milieu hétérogène, des élèves moyens travaillant en groupes obtiennent de meilleurs scores d'efficacité (apprentissage, savoir-faire, travail fourni, résultats) que lors d'un travail individuel. Interactions, communications entre pairs, favorisent un apprentissage d'une autre nature, tout aussi valable et plus efficace pour l'élève. Certains nomment ce processus « apprentissage vicariant », c'est-à-dire par effet de voisinage. (Sur une technique de composition des groupes, voir le chapitre 3.)

S'appuyer sur la mixité des groupes. De nombreux travaux font apparaître des résultats récurrents tels que celui avancé par Catherine Trarieux[3] qui a analysé le déroulement des travaux de groupe dans une classe du secondaire (classe de 1re, production d'un document multimédia). Elle compare trois stratégies de gestion de l'hétérogénéité en fonction de l'organisation du travail du maître : axé sur les forts [1], axé sur les faibles [2], organisation du travail fondé sur les relations d'apprentissages entre pairs [3].

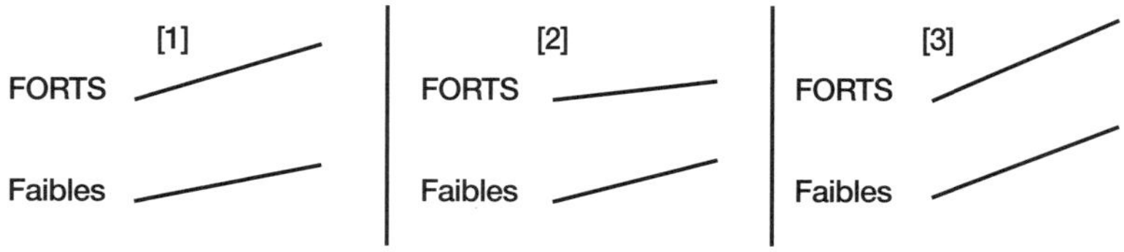

La progression de tous les élèves est plus nette en situation de groupe hétérogène. La composition des groupes est donc un facteur important dans le résultat final pour deux raisons : la présence d'autrui est stimulante, elle permet de contrôler et de modifier des automatismes parfois sources d'erreur ; d'autre part, créer une situation où l'on peut se comparer à des pairs légèrement plus forts permet de progresser.

Comment améliorer les performances collectives

Pour améliorer les performances collectives, veillez, au cours de l'année, à varier la composition des groupes en fonction de l'objectif que vous vous donnez (disciplinaire, mais aussi relationnel, ou besoins des élèves). Lors du debriefing, valorisez d'une manière ou d'une autre chacun des groupes

3. C. Trarieux, *« L'Importance de la coopération dans les apprentissages-l'efficacité du travail en groupe sur ordinateur »*, 1999.

(mention verbale, reprise d'un ou de plusieurs éléments pour la synthèse finale, petites « réussites »), mais n'allez pas jusqu'à stigmatiser untel ou untel, dans un sens ou un autre. L'objectif général n'est pas la compétition, mais une émulation créatrice au service d'un projet collectif.

@ Tout un module en ligne sur le pourquoi et le comment du travail en groupe en classe, par le laboratoire de géographie de l'université de Liège (Christine Partoune) : www.ulg.ac.be/geoeco/lmg/competences/chantier/methodo/meth_groupe0.html

COMMENT METTRE EN GROUPE

Mettre en groupe n'est pas une panacée, mais c'est une compétence professionnelle à amplifier, particulièrement en puisant dans l'infinie variété des possibilités, trouvées et testées par les collègues depuis plusieurs dizaines d'années.

Comment lancer sa séquence en groupe

Réservez cette modalité de travail pour des activités de questionnement, de recherche, d'argumentation, d'élaboration, de construction, de production, toute activité qui n'exige pas de prime abord un apport lourd que vous seul êtes capable de faire. Inscrivez le travail de groupe comme un moment du cours, puis revenez en configuration « classique » pour faire le point et, si besoin, faire l'apport nécessaire pour aller plus loin sur le chemin de la connaissance. Une heure, c'est beaucoup, sauf dans les cas de production conséquente (des panneaux, par exemple).

Créez une « ritualisation » du travail de groupe en présentant dès le début de l'année les différentes modalités d'organisation. Déterminez la façon de se regrouper (personnes, tables, mise en espace) et la répartition des rôles de façon à gagner du temps la prochaine fois.

Faites-en un usage régulier, mais modéré. Il faut trouver le bon rythme. En effet, si vous ne proposez qu'une seule fois le travail en groupe, vous risquez de surprendre les élèves, qui ne seront pas préparés à l'exercice et, au final, d'être déçu vous-même du résultat. Le programmer tout le temps conduit à un phénomène de lassitude et masque la difficulté réelle de certains objectifs requérant d'autres types de dispositifs d'enseignement plus adaptés.

Puisez dans la banque d'idées pour organiser le travail en groupe

La liste[4] suivante est plutôt un aide-mémoire des groupements possibles ; vous pourrez y prélever une bonne idée quand vous sentirez la nécessité stratégique de proposer autre chose à vos élèves qu'un cours dialogué. Ou de varier l'organisation des groupements en fonction des objectifs assignés. L'intérêt des élèves succédera vite à la surprise.

> *“ Je n'arrive pas à me représenter ce que seraient des rôles différents dans le groupe. ”*

La composition des groupes, respect de l'hétérogénéité de la classe ou recomposition pour une homogénéité, est un facteur important dans la réussite du travail engagé, mais ce n'est pas le seul. (Sur cet aspect de gestion des relations, voir le chapitre suivant.)

Groupements hétérogènes à tâches scolaires identiques :
– échange rapide entre élèves (par exemple, petits groupes de six élèves pendant six minutes) ;
– étude approfondie (par exemple, quatre élèves pendant vingt minutes ou 1 heure) ;
– évaluation : coévaluation dans chaque sous-groupe des copies ou travaux de ses membres ou évaluation des tâches des autres sous-groupes ;
– technique du voisinage : chaque élève interroge son voisin et va inscrire au tableau les indications ou les difficultés (sur la discipline) de celui-ci ;
– entraide pédagogique : en sous-groupes, un élève « moniteur » essaie d'expliquer à un ou plusieurs camarades une partie du cours qui vient d'être présenté par le professeur ;
– controverse : dans chaque sous-groupe, un élève soutient une position ou une démarche, cependant qu'un autre assure une critique permanente ou soutient une démarche inverse, sinon complémentaire.

Groupements homogènes à tâches scolaires différenciées :
– des objectifs distincts pour chaque sous-groupe ;
– les mêmes objectifs, mais des exigences différenciées comme le suggère le socle commun.

4. *A. de Peretti,* L'Encyclopédie de l'évaluation en éducation et en formation, *Paris, 1999, p. 296, reproduit avec l'aimable autorisation de l'auteur.*

▸ Les groupes interclasses, une réalité tout aussi vivante

D'autres types de groupements existent en décloisonnant plusieurs groupes-classes et en permettant la recomposition des groupes selon d'autres modalités. C'est une pratique courante dans certaines écoles ou encore dans le secondaire pour les options. On la voit aussi poindre à l'occasion de dispositifs plus récents tels que les « itinéraires de découverte » au collège. L'organisation de ces groupes peut être tout aussi variée (des groupes-compétences en langue vivante, par exemple).

➥ Vous pouvez retrouver la banque d'idées sur le site Internet Diversifier : http://francois.muller.free.fr/diversifier/index.htm, tapez groupe.

– le même matériel de travail, mais des objectifs complémentaires ;
– des matériels différents et des documents distincts ;
– des fonctions distinctes mais à articulation réciproque : recherche de documentation différenciée faite par chaque sous-groupe pour une mise en commun collective, ou encore documentation par un sous-groupe, enquête par un autre, puis correspondance par un troisième et calculs par un autre, etc. ;
– des méthodes différentes imposées à chaque sous-groupe en vue d'une confrontation ultérieure des processus et des résultats effectués ;
– des tâches différenciées de révision de bases ou d'approfondissement à partir de résultats de tests de connaissance ;
– une technologie unique, mais dont les opérations diverses sont réparties entre des sous-groupes homogènes à compétence distincte (le journal type Freinet).

◘ ADAPTER SON ÉVALUATION AUX MODALITÉS DU TRAVAIL

« Je n'arrive pas à déterminer ce que je dois évaluer dans un travail de groupe. »

Si le travail en groupe devient pour vous dans votre progression plus qu'une simple modalité de travail, mais aussi un moment d'évaluation, il s'agit alors de prévoir et de signifier ce que seront l'objet et le support évalués. Pour valoriser le travail de groupe, il importe que vous dégagiez ensemble la plus-value de cette modalité encore particulière.

Fixer des objectifs

À l'issue d'une grosse séquence en travaux de groupe, organisez une phase « méta » (pour méta-cognitif), c'est-à-dire d'évaluation collective, sur le mode atteint/pas atteint, au regard de deux ou trois objectifs fixés au début. Sollicitez d'abord l'avis des producteurs eux-mêmes, puis l'avis des autres groupes. Des conclusions se dégagent pour la suite du travail.

Couplez deux types d'objectifs : un objectif disciplinaire (thème, éléments de savoir, de savoir-faire) et un objectif en terme de coopération sociale, tout aussi importants l'un que l'autre (si, si, vérifiez dans le socle commun).

Valoriser la contribution collective

« La performance de l'élève n'est pas le seul résultat de ses compétences et de la complexité de la tâche, précise Monteil. Elle résulte aussi du rapport qu'il entretient avec la tâche, des situations d'échec ou de réussite auxquelles il est habituellement confronté, de la manière dont il est mis en compétition, encouragé ou critiqué par l'enseignant. Sa visibilité dans la classe, c'est-à-dire la probabilité d'être interrogé ou de rester dans l'anonymat, ainsi que l'organisation du travail en groupe peuvent aussi modifier ses performances. »

Sept suggestions de comptes-rendus. Avoir fait le choix d'une organisation collective ne doit pas toujours renvoyer à une évaluation individuelle. C'est aussi son originalité, l'approche individuelle étant surdéveloppée par ailleurs. Ainsi, vous pouvez, par exemple, solliciter le compte-rendu des différents groupes par :
– l'exposé oral d'un porte-parole de chaque groupe (suivi ou non de discussion, de mise au point par la classe, de l'apport de précisions et de compléments par le professeur) ;
– un rapport écrit de chaque groupe commenté par le professeur et soumis à une évaluation ;
– une procédure par « scintillement » : chaque groupe scinde son compte-rendu de tâches en trois ou quatre messages brefs (de une à trois minutes), lit un premier message, suivi d'une discussion ; puis viennent les seconds messages suivis de discussions, et ainsi de suite jusqu'à épuisement des messages ;
– l'exposition des productions réalisées par chaque groupe pour les soumettre à l'observation et aux commentaires des autres groupes ;

▶ Revisitons notre Histoire : le travail efficace en groupes a déjà existé !

Avant d'inventer l'École, faisons œuvre d'inventaire ! Bien avant le socle commun instauré en 2005, l'École mutuelle, dès la Restauration des années 1820, s'est préoccupée de sortir les enfants de la rue et de leur donner un savoir minimum conforme à leur classe sociale : lire, écrire, compter. Dans de grandes salles, un maître et une centaine d'élèves s'organisaient en rôles et petits groupes. Les différences d'âges, de niveaux, mais aussi de compétences étaient alors motrices de l'apprentissage. Mais cette jolie histoire a une fin. L'École mutuelle a subi de nombreuses critiques à l'époque, notamment que les élèves apprenaient en trois ans le curriculum prévu pour six. Finalement l'École de Ferry s'est imposée avec l'autorité experte et toute solitaire du maître !

➥ À lire : Anne Querrien, *L'école mutuelle, une pédagogie trop efficace ?*, édition « Les empêcheurs de penser en rond », Paris, 2006. Voir sur http://clioweb.free.fr/dossiers/mutuel.htm

– le débat entre délégués de chaque groupe (en forme de « panel-discussion ») ;
– l'expérimentation de matériels élaborés par chaque groupe (courtes émissions au magnétophone, tableaux statistiques, dossiers documentaires, montages, appareillages) ;
– une réflexion sur les méthodes de travail adoptées par chaque groupe et sur les obstacles rencontrés.

AUTOTEST : DEUX ET DEUX FONT QUATRE MODALITÉS DE GROUPEMENTS

Reprenez dans le présent chapitre les différentes propositions de groupements possibles.

✪ Relevez deux modalités que vous pratiquez ou avez déjà pratiquées.

✪ Choisissez deux modalités que vous allez mettre en œuvre dans les trois prochaines semaines.

CHAPITRE 3

Gérer les relations

Un matin d'hiver mouillé, les élèves sont bien rentrés en classe. Confortablement installés dans leur doudoune de marque, cahier ouvert, le stylo déjà en main pour quelques-uns, ils reprennent le plan que vous écrivez au tableau ; vous parlez. Déflagration : deux élèves voisins du cinquième rang se lèvent soudainement et se tapent violemment, pour se faire mal. Vous ne saviez pas que le cours sur la crise de 1929 avait de tels effets. Que s'est-il passé ? Comment prévenir ce qui n'est pas un coup du sort ? Comment reprendre la main sur un jeu de relations interpersonnelles qui peut se dérouler sans vous, voire contre vous ? Quelles sont les manières d'organiser les relations dans la classe au service des apprentissages ?

ANALYSER LES DIFFÉRENTS NIVEAUX D'UNE CRISE EN CLASSE

La situation peut passer pour banale ; cela vous est déjà arrivé ou va vous arriver un jour. Entamer un débat sur la responsabilité tourne vite court car il peut aboutir selon les cas soit à une culpabilisation excessive (pour le professeur), soit à un désengagement tout aussi nocif (c'est la faute des élèves). À l'évidence, le terrain est miné. Il nous faut donc rétrospectivement ou préventivement jouer les « démineurs ».

Dans ce type de métier, le bon démineur se reconnaît par la connaissance approfondie des variétés de mines et le protocole technique opératoire sur les différents terrains d'action. Par transposition pédagogique, nous pouvons ensemble envisager cinq actions possibles, du ressort de l'enseignant, seul ou en équipe.

Travailler sur la réinstallation du contexte scolaire

La situation de classe se caractérise par son imprévisibilité et son instantanéité. Le cadre administratif, organisationnel, voire parfois tayloriste résultant du découpage heure par heure, s'impose aux corps mais pas aux esprits. Toute séquence nécessite par conséquent un véritable rituel ou une routine que vous mettez en place dès le début de l'année (sur les rituels, voir page 27). C'est même l'objet des toutes premières heures de l'année avec les élèves dans la discipline ; comment allons-nous fonctionner ensemble ? C'est quoi « apprendre » en histoire-géographie ? Comment aménagez-vous le « retour au calme » tel qu'on le voit pratiquer en maternelle ou en cours d'EPS ? Il s'agit de trouver les formules et les postures d'élèves et de prof qui vont permettre une remobilisation de l'attention. Par exemple : « Trouvez dans le manuel le chapitre sur la crise de 1929 », « Qui va au tableau écrire le plan ? » On n'attaque pas d'un coup le cours sur la crise de 1929 au paragraphe où vous l'aviez laissé la fois précédente.

Définir le degré de difficulté du contenu disciplinaire abordé

La crise de 1929 est l'un des contenus de discipline les plus ardus qui soient. Chaque corpus de programme a des « noyaux durs », vraiment durs didactiquement parlant. L'accompagnement doit être ici maximum. Un cours magistral dans ce cas provoque soit une apathie très scolaire (les élèves grattent… du papier), soit des effets inattendus comme cette altercation qui prouve que la mobilisation pour au moins deux élèves s'est cristallisée sur un autre objet que celui que vous proposiez.

Proposer un scénario pédagogique qui implique plus l'élève

L'intérêt du contenu en soi n'est pas donné. Il faut aller chercher l'attention et l'intérêt des élèves là où ils sont : peut-être en les interpellant sur le concept de crise, de mondialisation, de riches et de pauvres ; puis en proposant pas à pas des outils d'analyse qui vont permettre de décoder à la fois la situation actuelle et la situation historique. C'est bien une interpellation sur le sens de la discipline et non une simple partie obligée du programme.

S'appuyer sur une analyse collective de la vie de classe

Toute explosion de violence renvoie à des situations de communication non aboutie. Chacun d'entre nous, et donc les élèves aussi, dispose dans ce monde contemporain d'un vrai « potentiel de catastrophe ». L'ignorer naïvement ou ne pas le prendre en compte volontairement a ou aura des conséquences sur le déroulement et les résultats produits.

Ce cas précis pose trois questions à l'enseignant : comment analyse-t-il le fait lui-même ? La cause du conflit est manifestement externe (sans doute une suite d'embrouille dans la cour) ; comment va-t-il gérer la crise puis le retour des élèves dans la classe ? Peut-il s'appuyer sur un espace de paroles qui permet d'analyser ? Au collège, « l'heure de vie de classe » a cette vocation depuis quelques années (voir l'expérience page 245) ; dans le primaire, les phases régulières de régulation de groupe sont plus installées dans les pratiques, soit de manière informelle compte tenu du temps large imparti au maître et du rapport plus personnel qu'il entretient avec « ses » élèves, soit de manière plus formelle (par exemple les « conseils d'élèves » issus de la pédagogie institutionnelle).

Reprendre la main sur l'organisation des relations dans la classe

Le cas de la « crise de 1929 » renvoie enfin à une dimension cachée, celle des relations interpersonnelles dans une classe ; elles ont rarement fait l'objet d'un travail d'analyse et d'une organisation volontariste de la part de l'enseignant. Ce domaine n'est pas forcément considéré comme étant de son ressort – devrait-on dire ici de sa « compétence » ? Dans la plupart des cas, on se contente, très libéralement, de laisser agir les relations affinitaires.

Cela peut être lourd de sens : en pratiquant le non-interventionnisme dans ce domaine relationnel, nous pouvons laisser agir d'autres types de logiques, celle des pairs ou du groupe d'âge, celle aussi des rôles stigmatisés dans le groupe (les « bouffons ») contre la loi de l'École. Nous revenons sur le mot « pédagogie » : ici, c'est organiser le travail des élèves avec des élèves, par les élèves et pour les élèves[1].

POURQUOI ORGANISER LES RELATIONS DANS LA CLASSE

Si les professeurs d'EPS travaillent les relations dans la classe autant sur un terrain de sport que dans les déplacements, la plupart des enseignants des autres disciplines hésitent à intervenir dans ce domaine, certains craignant même d'être mal perçus par leurs collègues. Il y a donc bien là plus

1. *Voir le dossier « Meute ou troupeau : le groupe classe », d'après la thèse de Catherine Yelnick , sur le site de Jacques Nimier, http://www.pedagopsy.eu/*

qu'une simple mesure technique d'organisation des relations dans une classe. Le débat porte sur la valeur de la coopération sociale et la finalité de l'École, et à travers elle, de la société que l'on veut construire. La qualité des relations dans la classe est un bon marqueur de la qualité de la vie scolaire dans l'école et dans l'établissement.

« Les collègues pensent que je fais de la démagogie. »

Organiser les relations, cela concerne aussi les adultes dans l'École

Votre travail dans la classe avec les élèves n'en sera que plus facile s'il est étayé par une « ambiance » dans l'école ou l'établissement.

Vous pouvez jouer un rôle actif dans ce domaine, par exemple :
– laisser la porte de votre classe ouverte ; inviter vos collègues à venir voir, ou vous inviter chez eux. Inviter le chef d'établissement ou le directeur d'école ;
– constituer, avec quelques collègues, une banque de données des petites réussites en matière de travail de groupe (thèmes, disciplines, niveaux, supports élèves, fiches d'évaluation, documents plus théoriques). Cela peut devenir à terme un axe de développement de projet d'école ou d'établissement ;
– rechercher quelques appuis à l'extérieur ; groupements professionnels comme le CRAP (Centre de recherche et d'action pédagogiques, éditeur des *Cahiers pédagogiques*) ou le GFEN (Groupe français d'éducation nouvelle), conseillers pédagogiques de circonscription, le coordonnateur académique Innovations, mais aussi l'inspecteur (IEN ou IA-IPR de votre discipline) qui sera vraisemblablement intéressé par ce type de pratique ;
– dans le prochain conseil des maîtres au primaire ou dans le prochain conseil pédagogique de votre établissement, deux questions peuvent être posées : « La coopération est-elle une stratégie d'apprentissage ou une fin en soi ? » ; « Quelle **valeur** la société, votre école et vous-mêmes attachez-vous à la compétition et à la coopération ? » Vous n'obtiendrez pas de réponse franche, mais un débat animé, signe de tensions fortes qui travaillent actuellement tout le corps social. L'éducation à la citoyenneté jouit d'un affichage officiel et constamment réaffirmé, mais les sociologues de l'éducation, de même que l'Inspection générale, montrent que ces

valeur ↙
L'éducation à la citoyenneté, cela se vit et se pratique dans le cadre de la classe. De Peretti n'a de cesse de répéter : « On apprend par, pour et avec les autres. » À méditer.

textes répétés et parfois redondants ne résistent pas à l'épreuve de l'analyse des pratiques; ils affirment au contraire la prégnance de routines scolaires et leur importance dans la gestion des classes.

L'organisation des relations au service d'un objectif clair

En soi, une technique d'organisation des relations n'est rien si vous ne vérifiez pas au préalable l'objectif que vous vous êtes donné. Le contenu et l'objectif disciplinaires sont-ils appropriés à un travail de groupe envisagé? Si oui, vous pouvez tabler sur trois options possibles pour dégager la plus-value relationnelle qui servira au mieux votre objectif.

Pour renforcer la coopération sociale et les apprentissages scolaires : groupes hétérogènes au début d'une séquence de travail en groupe, pour organiser la production d'un groupe avec évaluation finale. Dans ce cas, le questionnaire préalable, pour constituer les groupes, porte sur le résultat à atteindre.

Pour permettre une remédiation : groupes de besoin. Le questionnaire porte alors sur le travail à mener.

Pour permettre la régulation : groupes par affinités, en début d'année, de séquence, afin de s'assurer de la participation de tous à l'activité. Dans ce cas, on se fonde plutôt sur les affinités.

LE SOCIOGRAMME, UNE TECHNIQUE D'ORGANISATION DES RELATIONS

Regardez bien le document ci-contre. C'est une carte des relations interpersonnelles des 25 élèves d'une classe hétérogène en collège ZEP (zone d'éducation prioritaire). On appelle ce schéma **un sociogramme**. La vie en classe est lourde de ce qui se passe dans et hors de la classe, avec vous et sans vous. Le cercle d'appartenance des élèves est un niveau essentiel pour les jeunes : il peut déterminer la réussite ou l'échec de leur apprentissage.

Vous pouvez étayer le travail pédagogique par l'organisation des relations dans la classe afin de renforcer votre efficacité pédagogique en jouant sur la dynamique relationnelle. Dans ce jeu, vous avez (devez avoir) la main, sous peine de retourner au « scénario de l'impossible » évoqué en introduction du chapitre.

▸ Le sociogramme d'une classe de 25 élèves

Le sociogramme est une photographie, à un moment donné, des relations entre élèves. Ici, les lettres représentent les élèves de la classe. Les flèches indiquent le sens de la relation entre deux élèves, par exemple « A veut travailler avec C ». Les lettres cerclées indiquent des leaders positifs, ceux vers qui convergent plusieurs relations intentionnelles. Les lettres encadrées repèrent les isolats, ceux qui n'ont pas été sollicités.

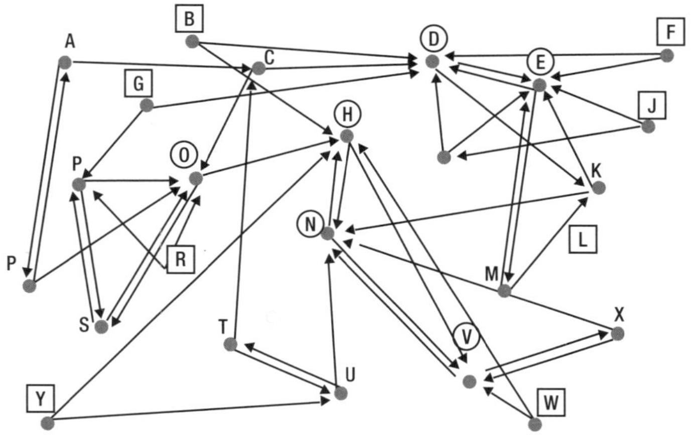

Comment construire le sociogramme de sa classe

Choisir le bon moment. Il est préférable, dès le début d'année, d'afficher le travail sur les relations comme un élément important de votre dispositif d'enseignement. Lorsque vous songez à amorcer une séquence de travail en groupe (plusieurs heures sur un projet, une production), annoncez votre projet en sollicitant les élèves dans l'élaboration des groupes. Ce sera une affaire négociée : vous consultez, mais c'est vous qui, selon l'objectif que vous souhaitez suivre, statuerez sur la composition finale. La règle est donc clairement énoncée.

Première étape : une consultation… confidentielle

Il faut au préalable poser aux élèves deux questions :
– « pour obtenir le meilleur résultat dans ce travail, je voudrais travailler avec… » (deux noms à choisir) ;
– « pour ce travail, je ne voudrais pas travailler avec » (deux noms à choisir).

Chaque élève note ses réponses sur un bulletin individuel avec son nom. L'enseignant est le garant du scrutin et l'organisateur des situations qui en découlent : c'est lui qui va composer les groupes à partir de cette consultation. La pratique a montré quelques surprises et vœux secrets : jamais le grand baraqué n'aurait reconnu publiquement et oralement vouloir travailler avec la petite gentille du premier rang et c'est pourtant son vœu écrit.

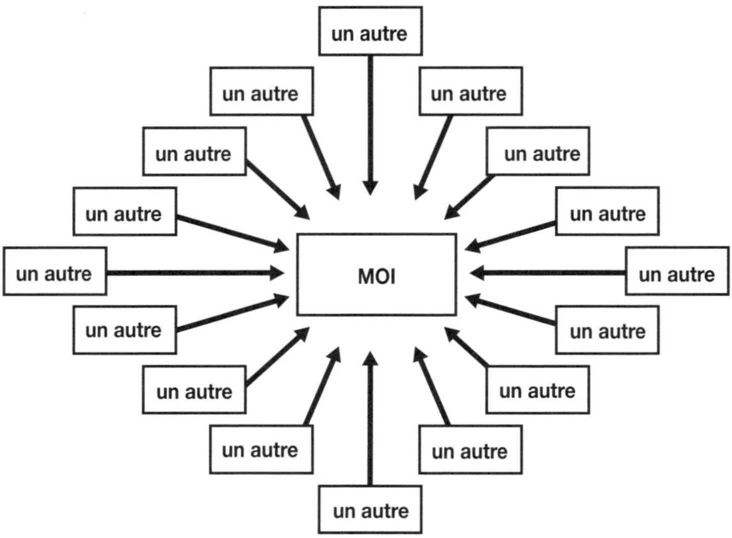

Ce qu'un élève pourrait désirer, mais ce qu'un sociogramme ne sera jamais ! (dessin réalisé en formation d'enseignants, Mexico, 2002).

Deuxième étape : la construction du sociogramme

Dans votre bureau, sur une feuille blanche, vous reportez bulletin par bulletin les choix individuels et indiquez par deux flèches « A veut travailler avec B, et avec J », en espaçant bien les points de façon à parvenir à un schéma lisible. Vous voyez très vite apparaître des relations symétriques, des leaders positifs et/ou négatifs, mais aussi des isolats (voir le schéma de la page 59). La carte peut recouper vos observations fines comme faire émerger des relations insoupçonnées. Ne négligez pas l'effet d'appel et d'attente que génère cette pratique.

Troisième étape : la constitution des groupes

Une fois la carte des relations établies, on peut composer les groupes en fonction de l'objectif que l'on se donne. Sur la base d'une classe de

28 élèves, on compose 7 groupes de 4 élèves suivant la matrice suivante :
– 1 élément pilote, leader reconnu ;
– 1 électron libre, isolat ;
– 2 élèves en relation avec le pilote.

Quatrième étape : l'installation des groupes

En lançant la séquence, après avoir énoncé l'objectif de travail, vous passez aux modalités : rappel de la démarche négociée, composition des groupes stables pour la durée indiquée.

LA VARIÉTÉ DES GROUPEMENTS POSSIBLES

La démarche ici est générique. Les renseignements obtenus par le sociogramme à un moment *T* de la vie de la classe vous donne une certaine latitude pour organiser les groupes selon votre objectif ou le thème à traiter (troisième étape de la démarche). On ne peut que rappeler la grande variété des regroupements possibles[2] ; le sociogramme sera pour vous un guide utile, notamment pour ne pas laisser des élèves-isolats sur le carreau.

Composer des groupes à partir du sociogramme mais sans choix d'élèves

À partir de résultats à des tests d'évaluation (comme ceux qui sont pratiqués en début de CE2 ou de sixième, par exemple), le sociogramme permet de composer des groupes où les différentiels de niveaux seront compensés par un bon « relationnel ». On peut alors grouper les élèves selon plusieurs critères :
– la vitesse ou la qualité des performances (en lecture, en calcul, en écriture, en orthographe) ;
– les connaissances de certaines bases et de certains savoirs ;
– les capacités d'attention et d'application ;
– les aptitudes à l'abstraction et au raisonnement logique ;
– les motivations au travail scolaire (à l'école et à la maison) ;

2. Extrait de la fiche 4 : « Organisation de l'enseignement et gestion différenciée des groupements d'élèves dans les établissements scolaires » d'après A. de Peretti, Encyclopédie de l'évaluation en formation et en éducation, Guide pratique, *Paris, ESF. Vous pouvez en retrouver l'intégralité sur le site Diversifier : francois.muller.free.fr/diversifier/index.htm*

> **▸ Deux précautions à prendre**
>
> **1. Dans votre évaluation finale, prévoyez d'intégrer un indicateur de fonctionnement du groupe, car c'est bien un objectif, voire une finalité de l'éducation que vous renforcez ici (dixit le socle des connaissances).**
>
> **2. Proposez dans l'année plusieurs modes de groupement. Le dysfonctionnement vient souvent de la routine ou de l'exception.**

– les capacités d'autonomie et de responsabilité ;
– les représentations des disciplines et les capacités d'adaptation.

Composer des groupes à partir du choix des élèves

Des travaux différenciés par groupe peuvent être proposés aux élèves. Les modalités sont au préalable présentées à la classe, puis l'enseignant s'appuie sur le sociogramme pour composer les groupes afin de garantir un fonctionnement plus harmonieux de la coopération intragroupe. Voici quelques exemples de travaux qu'il est possible de soumettre à vos élèves :
– un même contenu (ou *corpus*), documents, texte, matériel, mais selon des exigences de niveaux différenciés (du plus simple au plus ardu) (voir page 74) ;
– des contenus (ou *corpus*) différents explicitant une même situation ou une même problématique (et permettant des échanges entre groupes) ;
– un objectif commun de production à atteindre, mais des travaux de difficultés variées (exigeant des aptitudes différenciées) ;
– des objectifs de difficultés différentes, progressives ou non, mais à atteindre dans les mêmes délais, en demandant des efforts de travail équivalents ;
– des objectifs semblables, mais à atteindre dans des délais et avec des rythmes différenciés, suivant un contrat ;
– des objectifs et des tâches semblables, mais poursuivis avec l'aide d'un encadrement professoral différencié, en plus ou moins petits groupes ;
– des objectifs différents, diversement situés dans le programme d'une discipline (ou à des niveaux différents) mais garantissant des possibilités de réussite aux élèves.

@ Le site du LMG (laboratoire de méthodologie en géographie), tenu par Christine Partoune, université de Louvain en Belgique, est une

▶ Individualiser les parcours n'est pas « faire un cours individuel » !

Christophe Touny, enseignant spécialisé et chercheur, montre « les paradoxes de l'individualisation », voire de la « personnalisation » évoquée dans les PPRE (programme personnalisé de réussite éducative, à l'œuvre depuis 2005) : « À ces demandes je ne réponds pas par des prises en charges individuelles. Au contraire, j'organise des "regroupements d'adaptation" où le groupe a un rôle essentiel car dans les classes les élèves sont de plus en plus seuls (de plus en plus tôt), ils travaillent massivement sur des supports individuels... En "regroupement d'adaptation", nous travaillons sur l'erreur, je privilégie l'entraînement et, surtout, les interactions entre élèves. J'essaie de rompre un peu avec les logiques de production de ces élèves qui cherchent seulement à "faire l'exercice", qui sont plus habitués à faire qu'à penser... Mon travail est d'apporter un peu d'optimisme face aux situations : aider les élèves à changer de regard sur les apprentissages et les manières d'apprendre, aider les enseignants à changer de regard sur les difficultés des élèves, montrer qu'il y a du possible. »

Source : *XYZep*, le bulletin du Centre Alain Savary, mai 2006 (Site : http://centre-alain-savary.inrp.fr/CAS/publications/xyzep/)

petite mine qui sait avec bonheur articuler quelques éléments théoriques, ressources et pratiques. On y trouve une série d'activités de travail en groupe, appliquées en géographie, pour éviter l'effet « crise de 1929 » vu plus haut : www.ulg.ac.be/geoeco/lmg/competences/chantier/methodo/meth_groupe3.html

AUTOTEST : MAÎTRISEZ L'ESPACE DE VOTRE CLASSE

L'organisation de l'espace de votre classe conditionne en grande partie l'organisation des relations interpersonnelles. Vous pouvez agir sur cette dimension en plaçant les élèves, ce que font souvent les enseignants en primaire ; vous avez aussi la plupart du temps la possibilité de proposer un cadre différent. Quelle que soit la configuration que vous retenez, le sociogramme sera pour vous un indicateur précieux pour donner les instructions nécessaires, toujours en articulation avec le type d'activité programmée.

✪ Parmi les différents scénarios ci-dessous, identifiez deux dispositifs que vous mettez en œuvre fréquemment, puis deux dispositifs que vous allez mettre en œuvre dans les deux prochains mois.

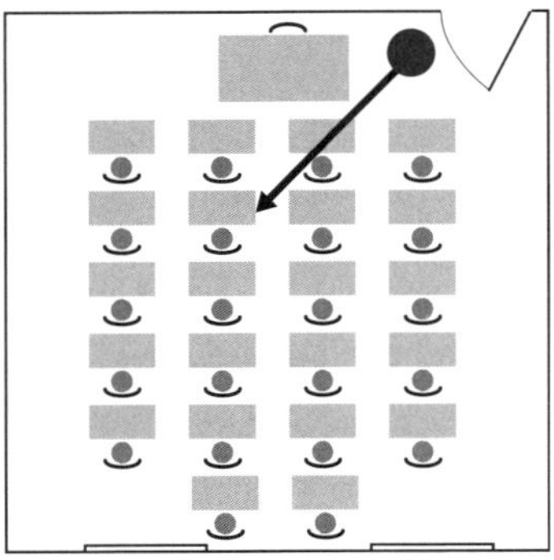

Transmission d'information
Classe traditionnelle en grand groupe organisé pour un cours magistral. Cette disposition favorise la communication en sens unique et la passivité : elle freine les échanges au sein du groupe.

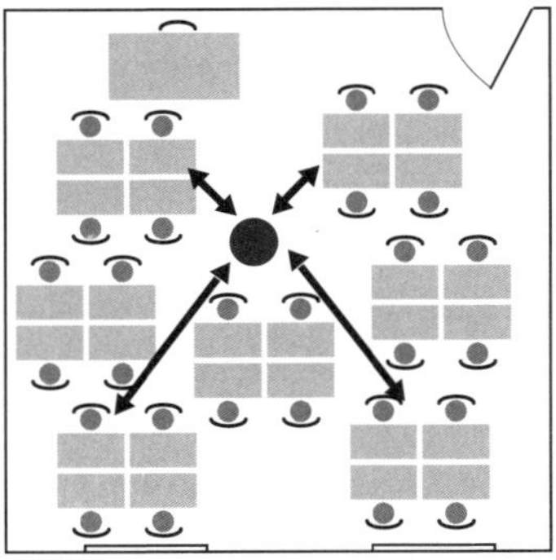

Activités de production sur dossier
Groupe de 4 élèves établi par sociogramme.Le professeur se déplace selon les besoins. Permet d'alterner la réflexion en petits groupes et la reprise en grand groupe sans changer de disposition.

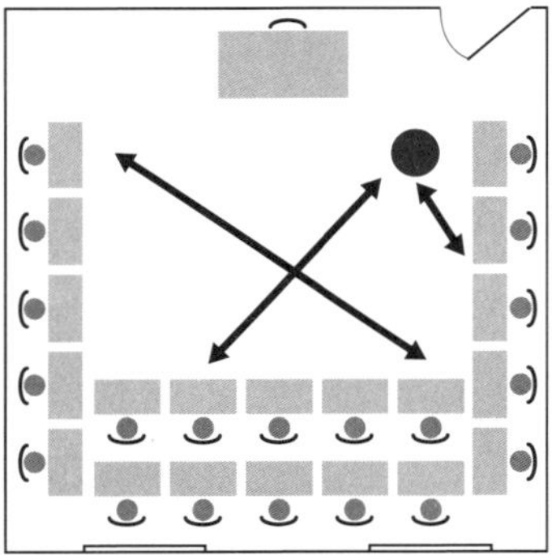

Activités de synthèse
Classe en U en grand groupe. Interactivité et participation de tous. Le professeur se donne les moyens de focaliser l'attention sur lui ou ce qui est au tableau. Coélaboration progressive du travail collectif.

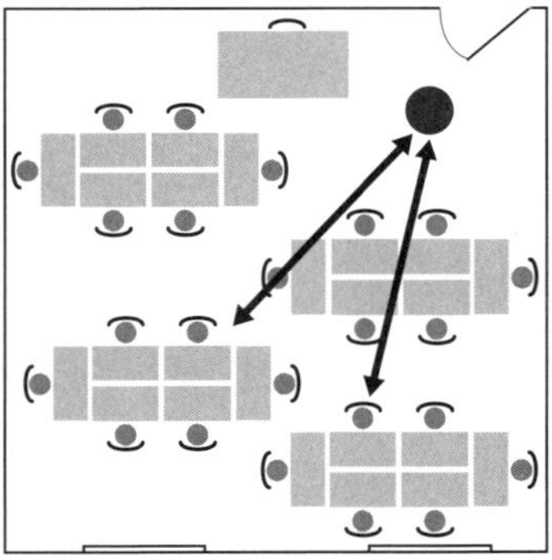

Variante de travail sur dossier et débat
Groupes de 6 élèves avec répartition des rôles.

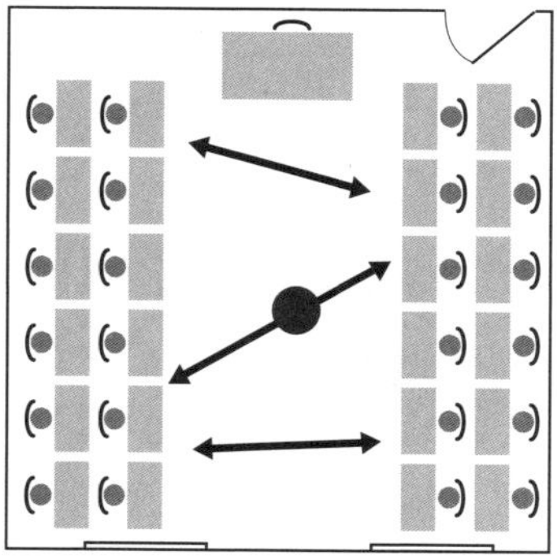

Activités de débat
Sur le modèle du parlement anglais ou des Horaces et des Curiaces. Émulation des échanges en deux groupes.

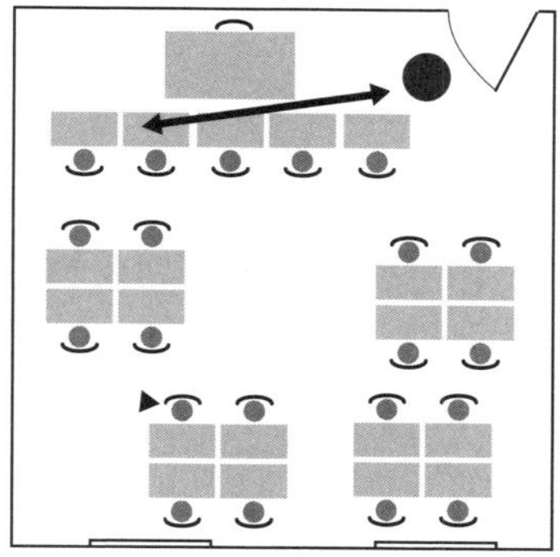

Organisation en pédagogie différenciée
Groupes de 4, établis selon un objectif ou un besoin. L'intervention du professeur est centrée sur quelques élèves en aide individualisée.

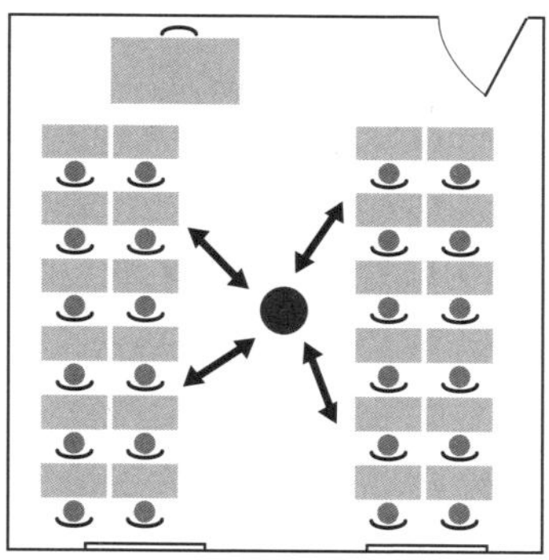

Travail en binômes
Activités de recherches, de lecture, d'écriture à deux, guidé par le professeur itinérant.

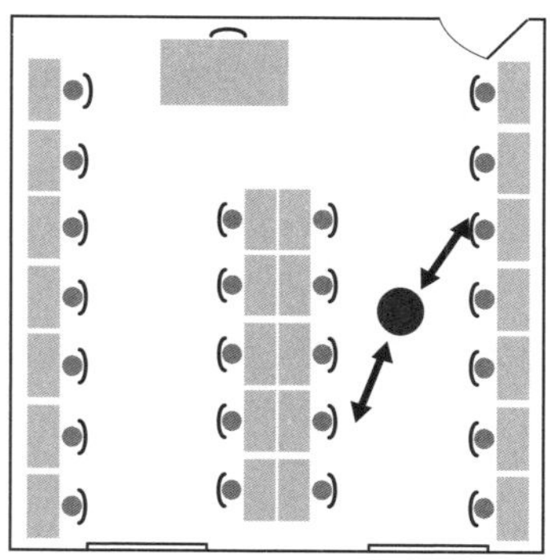

Organisation spéciale TICE (technologies de l'information et de la communication pour l'enseignement)
14 postes individuels ou en réseau répartis autour, en travail autonome (recherche ou production). Un groupe encadré par le professeur.

Source : librement adapté d'après une idée de Daniel Noye, INSEP, 1989.

CHAPITRE 4

Négocier des contrats d'études

En fin d'heure, vous vous trouvez assailli autour de votre bureau : « C'est trop dur ! », « On ne peut pas remettre le contrôle ? », « C'est pas le bon compte de points » ; vous ne savez que faire. Ne sachant où fixer les limites, vous décidez de ne pas céder au marchandage. Négocier, jamais ! Ce serait perdre. Vous fermez votre cartable. Les questions resteront sans réponse, pour le moment... Et si chaque question était pourtant l'occasion d'ouvrir avec leurs auteurs un nouveau type de dialogue constructif, plus individuel dans certains cas, collectif dans d'autres ? À quel prix la négociation de contrats d'études doit-elle se faire pour être assez intéressante et efficace pour les élèves et l'enseignant ?

À QUOI SERT UN CONTRAT

Dès lors que nous nous trouvons en situation de grande hétérogénéité, le principe d'un cheminement identique à objectifs, contenus et durée égale pour tous se heurte à de nombreux obstacles. Les dispositifs différenciés proposés par l'école pour (re)créer une certaine homogénéité ne suffisent pas, la plupart des enseignants retrouvent en classe des élèves aux niveaux et difficultés très différents. À enseigner de façon égale pour tous, vous ne pourrez empêcher certains de rester très éloignés des savoirs. La question est posée : que mettre en place pour accompagner tous les élèves ?

> ***« Comment utiliser une technique qui s'adresse à un individu alors que j'en ai trente à gérer ? »***

La pédagogie du contrat est une pratique accompagnée et formalisée par des supports techniques. Elle permet utilement de préciser dans l'ordinaire de son enseignement ce que l'on attend des élèves et de les accompagner au mieux de ce qu'ils peuvent apprendre.

▸ Trois dérives possibles

Dans la démarche de contrat, on peut prendre garde à quelques dérives toujours possibles.

- **Le maître définit de façon trop directive les objectifs et les contenus du contrat, à la manière d'une prescription médicale.**
- **L'élève ne connaît pas forcément les objectifs visés et les modes d'évaluation sur lequel il est attendu.**
- **La relation interpersonnelle prime sur les apprentissages à acquérir.**

Permettre une médiation entre l'élève et le savoir scolaire

> *« En quoi un contrat changerait la situation des élèves déjà en difficulté ? »*

La notion de contrat induit un rapport égalitaire, là où l'école traite d'abord les relations sur un mode asymétrique. Pour beaucoup, c'est introduire un élément discordant, voire risqué aux yeux de certains, dans un univers déjà en mal de régulation. C'est bien la question du pouvoir qui agite celle du contrat : pouvoir du maître sur l'élève, pouvoir du savoir. La figure conceptuelle classique élaborée par Jean Houssaye permet de faire la part entre une dimension didactique (l'enseignant, le rapport au savoir, sa transmission) et une dimension de la relation pédagogique (entre un enseignant et l'élève). Le contrat est une médiation que l'enseignant propose entre l'élève et le savoir scolaire.

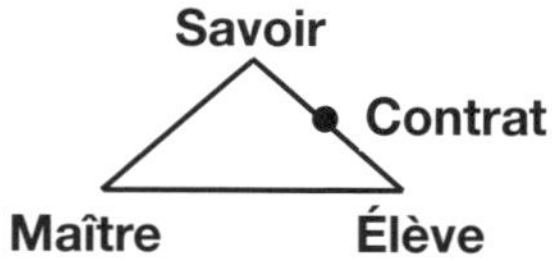

Négocier, c'est permettre à l'élève de reconstruire du sens

La pratique de la négociation ou la pédagogie du contrat s'inscrit délibérément dans le registre du sens à construire dans toute activité scolaire. Roland Viau[1] retient trois facteurs. Il faut que l'élève :

1. *R. Viau,* La Motivation en contexte scolaire, *Renouveau pédagogique Inc., Saint-Laurent (Canada), 1994.*

– perçoive la valeur de l'activité ;
– perçoive sa propre compétence à l'accomplir ;
– puisse percevoir la « contrôlabilité » de son déroulement et de ses conséquences.

Négocier sans sacrifier ses exigences

Négocier des contrats avec des élèves ne signifie pas renoncer à des exigences élevées et aux objectifs généraux de l'éducation ou de sa discipline ; c'est analyser avec l'élève ce qui fait obstacle, alléger des attentes, donner plus de temps. Souvent, avec de petites variations et ajustements qui ne modifient pas la pédagogie, on peut abaisser le seuil à partir duquel l'activité prend du sens, donc touche un plus grand nombre d'élèves. Négocier les situations didactiques, dans cet esprit, ce n'est pas seulement tenir compte de la réalité, du niveau, des attitudes des élèves en planifiant son enseignement. C'est aussi avoir une sorte de capacité de régulation de l'activité en temps réel, pour la proportionner non seulement au public scolaire, mais à l'humeur, l'énergie, la dynamique du moment[2]. Cette technique permet de mettre en place avec l'élève un travail personnel à objectif limité, dans lequel chacun tient son rôle : à l'élève de fournir un effort de travail et d'apprentissage, à l'enseignant de l'accompagner, lui proposer aides et ressources, valoriser ces petites réussites qui reconstruisent un parcours parfois chaotique. Même si les contenus sont nombreux et lourds à avaler, il s'agit de rendre les conditions et le contexte de leur apprentissage accessibles. Cela suppose une instrumentation et un suivi plus fin qu'en situation de cours classique.

> ***« Dans ma discipline, dans mon programme, il y a trop de contenus ; c'est non négociable. »***

L'EXEMPLE D'UN CONTRAT AVEC UN ÉLÈVE

Partons d'un exemple de contrat[3] : la lecture de Julien, élève de CM2 en début d'année (voir page ci-contre). Dans ce contrat individualisé, on s'attache donc à définir ensemble :

2. *Philippe Perrenoud, « Sens du travail et travail du sens à l'école » dans les* Cahiers pédagogiques, 1993, *n° 314-315, repris dans son livre* Métier d'élève et sens du travail scolaire, *Paris, ESF, 1996.*
3. *Sur la page desette.free.fr/pmevtxt/lapedagogieducontrat.htm*

ÉCOLE : .... DATE : 15 SEPTEMBRE ÉLÈVE : JULIEN, CM2

Constat de la situation : j'ai du mal à lire vite. Je ne lis pas beaucoup de livres (romans). Je préfère les BD, mais je n'aime pas lire toutes les bulles. Dans ma famille, je suis obligé de finir les livres commencés. J'ai l'impression de ne pas pouvoir lire les histoires longues.

Objectif : (à quoi dois-je arriver ?) Je veux augmenter ma vitesse de lecture. Je ne choisis que des livres qui m'attirent. J'ai le droit d'abandonner un livre mais je le remplace par un autre. Je m'engage à lire cinq livres et à lire les bulles des BD.

Échéance du contrat : Six semaines, jusqu'aux vacances de la Toussaint.

Moyens pour réussir le contrat :
Quand ? Chaque jour.
Où ? À l'école, chez moi.
Avec quelles aides ? Un autre élève, le maître, mes parents.
Avec qui ? Julien et Émilie (même contrat).
Quels supports ? Lecture rapide : logiciels (Lexidata, Elmo 0) ; lecture plaisir : deux romans, deux BD, un documentaire animalier.

Évaluation : l'évaluation sera faite par moi-même : autocorrection avec Lexidata et Elmo 0. Elle sera faite par les autres élèves à qui je présenterai les livres que j'ai lus. Le maître fera le point avec moi à la fin du contrat.

• ***Je m'engage à remplir ce contrat pour le 20 octobre.***
L'ÉLÈVE : Julien
Signature

• ***Je m'engage à aider Julien en lui aménageant chaque jour un temps de travail personnel.***
L'ENSEIGNANT
Signature

• ***Nous nous engageons à aider notre enfant pour son travail à la maison.***
LES PARENTS
Signature

▸ Pédagogie de contrat

« La pédagogie de contrat est une pédagogie qui organise des situations d'apprentissage où il y a un accord négocié mutuel entre partenaires qui se reconnaissent comme tels »

Source : Halina Prezmiscki : www.limousin.iufm.fr/eps/bulletin/didac/contrat.htm

– le (les) type(s) de production finale qui concrétise(nt) l'objectif du contrat;
– les moyens et le programme pour le réaliser;
– les aides auxquels l'élève fera appel;
– l'échéance finale et les échéances intermédiaires;
– la forme de l'évaluation de la réussite du contrat et des indicateurs prouvant l'atteinte de l'objectif choisi;
– sa diffusion éventuelle.

Ainsi, il y a contrat en pédagogie lorsqu'un élève et un membre du personnel éducatif échangent leurs opinions, leurs besoins, leurs sentiments, partagent leurs projets et décident en collaboration du programme de réalisation et de l'évaluation de l'apprentissage concerné[4].

COMMENT ÉTABLIR UN CONTRAT INDIVIDUEL

Négocier un contrat s'apparente à un processus de projet. Gérard de Vecchi souligne quelques traits marquants[5] : toute la démarche se fait en commun (avec les élèves) ; dans la phase d'élaboration, il est important de faire émerger le plus possible de propositions de la part de ceux qui apprennent avant que l'enseignant fasse les siennes.

L'analyse de la situation de départ

L'analyse des besoins, par une discussion ouverte avec l'élève, est un préalable qui permet de cerner la problématique et de réaliser un diagnostic. De plus, il est intéressant de faire ressortir les points positifs qui préexistent et de s'appuyer sur eux (savoirs déjà présents, volonté de progresser, de réaliser une production, d'atteindre un but convoité...).

4. *H. Przesmycki,* La Pédagogie de contrat, *Paris, éditions Hachette Éducation, 1994, p. 12.*
5. *G. de Vecchi.* Aider les élèves à apprendre, *Paris, éditions Hachette Éducation, 1992, pp. 203-207.*

Fixer des objectifs réalistes

Un contrat modeste, mais réussi, est de loin préférable à un contrat ambitieux et rompu. Choisir un, deux ou trois micro-objectifs, réalistes et atteignables, va rendre possible le suivi par les deux parties (par autoévaluation et coévaluation). De même, l'atteinte des objectifs se manifestera par une production (au sens large) qu'il sera alors nécessaire de bien définir. Les conséquences d'un contrat réussi peuvent être discutées lors de son élaboration.

Définir les modalités de réalisation

L'élève devra connaître dans le détail le type de démarche à suivre, réfléchir sur ses besoins et sur les aides dont il pourra disposer. Un contrat doit être limité dans le temps. Il faut donc parfois élaborer un échéancier.

La prise de décision est un moment important à ne pas aborder comme une évidence. Après élaboration d'un contrat, on peut laisser aux élèves un délai de réflexion. L'enseignant aura peut-être intérêt à s'assurer de l'authenticité du contrat (dans le sens où il ne correspond pas à quelque chose d'artificiel, accepté parce qu'il le faut).

ADAPTER LE CONTRAT À LA SITUATION

On aurait tort de limiter ses représentations et sa pratique au seul contrat individuel, passé avec un seul élève. De fait, de manière plus ou moins formalisée, il existe plusieurs types de contrats, à adapter selon les circonstances.

« Peut-on passer un contrat avec un groupe ? »

Le contrat personnalisé est à privilégier lorsqu'il s'agit de permettre à un élève de dépasser un obstacle : c'est le contrat de Julien. C'est la pratique institutionnalisée dans les PPRE (programme personnalisé de réussite éducative, à l'œuvre depuis 2005).

Le contrat de groupe peut concerner plusieurs élèves pour leur permettre de résoudre une difficulté qu'ils partagent ou de réaliser une production commune. Ce type de contrat est particulièrement utile dans les classes multi-niveaux.

Le contrat lié aux règles de vie visera à instaurer un certain état d'esprit dans sa classe. (Voir « la charte de l'élève », page 241).

Le contrat général de formation peut être élaboré en début d'année avec l'ensemble d'une classe dans une discipline. (Voir par exemple page 117, « La carte conceptuelle de la discipline »).

COMMENT ÉLABORER UN CONTRAT DE FORMATION AVEC UNE CLASSE

Le dernier type de contrat, le contrat général de formation, paraît aujourd'hui intéressant à développer, car il concerne tout le groupe-classe et permet d'intégrer le socle des connaissances dans une pédagogie différenciée. Il touche tous les élèves, là où le contrat *stricto sensu* n'en concernait que quelques-uns, avec les risques possibles de stigmatisation dans un groupe d'adolescents.

Un exemple : les tableaux d'objectifs

Des collègues d'histoire-géographie de l'académie de Caen ont initié une démarche originale et facilement transposable à d'autres disciplines. Elle consiste à proposer à la classe au début de chaque module des tableaux d'objectifs à trois niveaux de compétence.

Mode d'emploi des tableaux. Un tableau a été réalisé pour le nouveau programme d'histoire de sixième (voir page ci-contre). La première colonne porte sur les « repères » (dates, localisations, définitions, éventuellement personnages), la deuxième sur les « questions » (c'est-à-dire tout le reste !). Les exigences sont déclinées sur trois niveaux.

Le premier correspond à ce qu'il est indispensable de retenir. Il correspond à ce que le socle commun des connaissances et des compétences retient depuis la loi de 2005. (« cartes », « repères chronologiques », « documents »). Ce sont des questions simples, ayant souvent recours aux QCM et des savoirs purs. Les deuxième et troisième niveaux sont plus complexes : non seulement le volume des informations à retenir est plus important, mais les questions sont plus larges et font plus appel à une rédaction élaborée et des compétences plus développées.

Prenons l'exemple du tableau consacré à Rome (la cité et son expansion).

Ce qu'il faut savoir sur... Rome (la cité et son expansion)		
Niveaux	**Repères (dates, localisations, définitions...)**	**Questions**
1	1) Placer Rome, l'Italie, la Méditerranée, la Gaule sur une carte. 2) Replacer dans l'ordre chronologique 3 cartes sur l'expansion romaine en Méditerranée. 3) À quel siècle naît Rome ? (QCM) 4) Quelle est la date de la bataille d'Alésia ?	1) Texte de Virgile et document archéologique : lequel de ces documents décrit la légende de la fondation de Rome ? 2) Parmi plusieurs documents (dont *La Louve*), lequel présente les deux fondateurs légendaires de Rome ? 3) Texte à trous simple sur la République (avec des mots donnés et à replacer : SPQR, Sénat, citoyens, République, démocratie...). 4) Quel général romain s'empare définitivement de la Gaule ? Reconnaître un de ses textes parmi plusieurs documents écrits. 5) À quelle bataille les Gaulois sont-ils battus ? Par qui étaient-ils dirigés ? 6) Qu'étaient les légions ? 7) Les conquêtes romaines sont transformées en QCM (royaumes, empire, cités, provinces...).
2	1) Placer Rome, l'Italie, la Méditerranée, le Latium, la Gaule sur une carte. 2) Replacer dans l'ordre chronologique 5 cartes sur l'expansion romaine en Méditerranée et les relier à leur légende (mises en désordre). 3) À quel siècle naît Rome ? À quelle date exacte selon la légende ? 4) Quelle est la date de la dernière défaite gauloise ?	1) Textes de Virgile, de Tite-Live et document archéologique : lequel de ces documents décrit la légende de la fondation de Rome ? Lequel décrit le héros arrivant dans la région de Rome ? Lequel décrit le premier roi de Rome ? 2) À partir de *La Louve* : qui sont les deux enfants ? 3) Quels sont les premiers dirigeants de Rome (QCM : des rois, des empereurs, des pharaons, des stratèges...). 4) Que signifie SPQR ? Compléter un organigramme simple du fonctionnement de la République. Cette République est-elle plus ou moins juste que la démocratie d'Athènes ? 5) Quel général romain s'empare définitivement de la Gaule ? Reconnaître un de ses textes parmi plusieurs documents écrits. 6) Quelle bataille et à quelle date les Gaulois sont-ils battus ? Par qui étaient-ils dirigés ? 7) Quelle raison explique la supériorité des Romains sur les peuples qu'ils ont battus ? (QCM : l'armée, leur nombre, leur richesse...). 8) Les conquêtes romaines sont transformées en (QCM : royaumes, empire, cités, provinces...), dirigées par des (QCM : rois, gouverneurs, dictateurs...). Ces conquêtes sont (QCM : pillées, détruites, embellies...) par les Romains.

3	1) Placer Rome, l'Italie, la Méditerranée, le Latium, la Gaule, Carthage sur une carte. 2) Replacer dans l'ordre chronologique 5 cartes sur l'expansion romaine en Méditerranée et leur donner un titre. 3) À quel siècle naît Rome ? À quelle date exacte selon la légende ? 4) Localiser la présence grecque et étrusque en Italie. 5) Donner les dates de début et de fin de la République. 6) Que signifie SPQR ? 7) Donner la date du début et de la fin de la conquête romaine de la Gaule.	1) À partir de deux textes : d'après la légende, quel héros troyen arrive dans la région de Rome ? Quel est le premier roi légendaire de Rome ? 2) Expliquer la statue de *La Louve*. 3) L'archéologie donne-t-elle le même siècle de fondation de Rome que la légende ? 4) Quel est le site de Rome ? 5) Citer les deux autres peuples importants vivant en Grèce au début de l'histoire de Rome. 6) Quel est le premier régime politique de Rome ? 7) Quel est le second régime politique de Rome ? Décrire les trois groupes qui exercent le pouvoir. Est-ce une démocratie parfaite ? 8) Qui conquiert la Gaule ? Quand ? Quelle résistance rencontre-t-il ? 9) Reconnaître un texte de César parmi plusieurs documents : quel est le titre de son livre ? 10) Quelle raison explique la supériorité des Romains sur les autres peuples ? 11) Comment sont transformées les conquêtes romaines ? Comment s'y comportent-ils ? 12) Comment s'appelle la période agitée qui termine la République ? (les guerres civiles).

Ces tableaux sont des productions à la fois expérimentales, pragmatiques, non officielles, incomplètes et ouvertes.

Expérimentales, parce qu'elles demandent à être rapprochées du texte relatif au socle des connaissances. Peut-être manque-t-il des questions « incontournables » au niveau 1, ou certaines demandes du niveau 3 sont-elles exagérées ?

Pragmatiques, car on a choisi de formuler les objectifs sous forme de questions le moins équivoques possible, directement utilisables pour l'évaluation.

Non officielles, car si le niveau 1 a été élaboré en suivant le programme à la loupe, les niveaux 2 et 3 ne sont qu'un compromis entre les collègues.

Incomplètes, car ces tableaux doivent être testés en classe, puis éventuellement modifiés. Les objectifs de savoir-faire (ou méthodologiques, etc.) ne sont pas abordés. Il reste donc à en dresser une liste possible en histoire. Et la géographie ? Il faudrait faire un nouveau tableau.

Ouvertes : comment utiliser ces tableaux ? Tout est possible…

Comment utiliser ces tableaux

Nous vous proposons trois solutions : une minimaliste, une contractuelle, une plus ambitieuse.

Première solution (minimaliste) : ces tableaux constituent un simple guide pour l'enseignant, pour élaborer son évaluation. Il choisit seul de positionner l'exigence au niveau 1, 2 ou 3. Les élèves ne découvrent les questions qu'à l'évaluation. C'est déjà un premier traitement didactique.

Deuxième solution (contractuelle) : l'enseignant se sert du tableau pour indiquer aux élèves les objectifs évalués à la fin de la séquence, sur un seul niveau d'exigence. Par exemple, il peut commencer sa séquence en faisant coller à toute la classe le niveau 2 du tableau « Égypte » sur le cahier, estimant que tous les élèves devront atteindre les objectifs de ce niveau. Au fur et à mesure de l'avancée de la séquence, il fait s'entraîner les élèves sur les repères et questions de ce tableau. À la fin de la séquence, les questions de l'évaluation sont celles du tableau : les élèves savent précisément sur quoi ils vont être évalués. Les élèves sont surpris au début par l'infinie bonté de l'enseignant qui leur donne les questions du contrôle à l'avance : c'est un bon moyen pour leur montrer que l'évaluation n'a pas pour but de les piéger ou de les trier mais de leur faire acquérir des objectifs.

Troisième solution (ambitieuse) : au début de la séquence, chaque élève choisit le niveau sur lequel il va travailler (1, 2 ou 3) en découvrant le tableau complet. Dans un souci de justice comparative évident, celui qui choisit le niveau le plus facile sera moins récompensé que celui qui prend des risques avec le niveau 3. C'est pourquoi il est possible de plafonner les notes pour chacun des niveaux : celui qui opterait pour le niveau 1 ne pourrait pas avoir plus de 12 sur 20 (autrement dit, au niveau 1, 12 sur 20 est la meilleure note possible), 15 sur 20 au niveau 2, et 20 sur 20 au niveau 3. Il vaut mieux laisser aux élèves le soin de choisir librement leur niveau, plutôt que de l'imposer arbitrairement (ce qui est mal vécu par les élèves). Mais il faut bien expliquer le rapport plafond de note/niveau choisi en insistant sur le souci de justice de cet équilibre (si c'est plus facile, la note monte moins). Une fois le niveau choisi, l'enseignant mène sa séquence, puis peut prévoir un temps final où les élèves vérifient s'ils peuvent répondre aux questions. À ce moment, pourquoi ne pas regrouper ceux qui ont choisi le même niveau dans une équipe afin de préparer l'évaluation ?

▸ Un Contrat de classe pour traiter le problème de l'absentéisme au lycée

Alors que l'absentéisme n'implique que des individus dans un groupe, sa résolution, tout au moins partielle, peut se fonder sur la dynamique du groupe-classe. Ainsi, dans un lycée du Nord, à partir d'un cahier de relevés d'absences, un histogramme a été établi représentant le taux d'absentéisme pour chaque classe de terminale. L'affichage de ces documents rappelle aux élèves la somme de temps perdue au cours d'un mois par l'amoncellement de petites absences. Certains professeurs principaux utilisent ce document pour favoriser une émulation entre les classes aux meilleurs scores. D'un mois sur l'autre, celles-ci essayent de rester en première position, ce qui renforce la cohésion à l'intérieur du groupe.

Source : Le site pédagogique du ministère de l'Éducation nationale : http://eduscol.education.fr/

De même, il est possible que les informations de la séquence ne soient pas suffisantes pour répondre à toutes les questions du niveau 3 : dans ce cas, il est possible de demander aux élèves qui ont opté pour ce niveau de rechercher ensemble dans le manuel ce qui leur manque…

L'idéal de cette production serait de parvenir non à une norme supplémentaire s'ajoutant aux programmes officiels mais à un consensus négocié et accepté sur ces niveaux d'exigence. Ce type de démarche suppose donc une bonne connaissance de ses programmes, une progression souple et la capacité d'organiser des temps de type bilans de savoirs. (Voir le chapitre 13 « Être le gardien des programmes » et le chapitre 9 « Définir une progression »).

AUTOTEST : RÉDIGEZ UN CONTRAT INDIVIDUEL D'APPRENTISSAGE

Vous assurez des études dirigées avec un groupe d'élèves. Proposez une démarche contractuelle suivant l'exemple de la « lecture de Julien ».

CHAPITRE 5

Guider les élèves

Enseigner ne peut se réduire à une série d'actes et de techniques, si sophistiqués soient-ils. Les pratiques pédagogiques emportent toujours des valeurs, variables d'un enseignant à l'autre. En définitive, des pratiques égales produisent des effets parfois très différents. Les grandes lois de 1989 et de 2005, les textes sur le métier, les instructions du socle commun introduisent une redéfinition de la place de l'élève dans le système éducatif, et par effet rétroactif de la posture de l'enseignant : est-ce la même chose qu'éduquer, instruire, guider, former ? Pas si sûr. Quand j'enseigne quelles sont les finalités que je sers ? Quand je conduis ma classe, qu'est-ce qui me guide finalement ?

APPRENDRE, C'EST EXPLICITER ET FAIRE EXPLICITER

Un proverbe chinois dit : « Mieux vaut apprendre à pêcher que donner un poisson. » En ce sens, avec les meilleures intentions du monde, on peut être tenté de trop assister l'élève dans sa démarche et ainsi vider l'action de tout apprentissage possible pour ne proposer qu'une simple reproduction d'exercice. Ce dont il est question, c'est comment apprendre, plus précisément comment organiser les conditions de classe pour faire en sorte qu'ils apprennent ensemble. À ce titre, la conduite de classe peut être une série d'actes très quotidiens. Par exemple :

> ***“ J'ai tellement de contenus à transmettre que je n'ai pas le temps de faire plus participer mes élèves. ”***

– partez de la question d'un élève pour en faire celle de la classe : renvoyer au collectif, à une résolution progressive et partagée institue le groupe en vraie « communauté apprenante », sans risque de stigmatisation individuelle ;
– enregistrez au tableau les « petits pas » successifs en identifiant les acquis, les savoirs en jeu, en organisant la trace écrite de façon progressive ;

– explicitez en mots, en schémas ce qui a été fait pour permettre à tous les élèves de dépasser la simple approche narrative d'actes sans sens ;
– questionnez plutôt sur les démarches et le processus (« comment as-tu fait ? ») pour travailler avec eux la capacité à interpréter, comme celle à questionner les évidences (« Qu'en savez-vous ? ») ;
– invitez le plus souvent possible à la recherche de l'information dans le cahier, dans le manuel ou dans d'autres supports disponibles, pas nécessairement Internet.

CHOISIR SON MODE D'ENSEIGNEMENT EN FONCTION DES EFFETS RECHERCHÉS

Engager les élèves dans des activités plus efficaces dépend aussi de variables que vous pouvez activer ou non, selon les cas. Les implications en termes d'activités-professeur, d'activités-élèves sont différentes suivant les situations mises en place. Le tableau ci-contre présente et analyse quatre situations d'enseignement : l'explication en continu (sorte de cours magistral), la leçon par séquences, la leçon « dialoguée », le travail sur dossier. On retrouvera la même antienne, à savoir : pas de bon ou de mauvais cas, mais des choix à faire en toute connaissance de cause en termes d'effets et de résultats, et une variété requise des situations (voir aussi le chapitre 24 « Créer des situations d'apprentissage »).

> ***« J'ai du mal à sortir du « cours dialogué », pratique mais usant à force, pour les élèves et pour moi. »***

Donc « pas de solution miracle ! », dirait notre ami formateur.

DONNER DES REPÈRES POUR MIEUX SE CONNAÎTRE ET S'ÉVALUER

Enfin, éduquer renvoie forcément vers un horizon plus ou moins lointain, mais toujours certain, après l'école, le collège ou le lycée... C'est donner assez de repères pour permettre aux élèves de se retrouver dans le paysage toujours complexe de l'orientation scolaire. Sans trop forcer

> ***« Pour moi, l'orientation c'est plutôt l'affaire du professeur principal et du conseiller d'orientation. »***

Quatre situations d'enseignement passées au crible			
Activités et attitudes des élèves	**Utilisation de documents, du manuel**	**Activité et attitude du professeur**	**Production de la trace écrite**
• L'explication en continu Le professeur mène l'explication avec le support éventuel de documents, les élèves suivent et prennent une trace écrite.			
– Passivité, attention vacillante (15 minutes par heure).	–	+	– Aucune assurance d'une compréhension par l'élève.
• La leçon par séquences Le professeur mène une explication entrecoupée par des activités-élèves et par l'élaboration d'une trace écrite sur le cahier.			
+ Alternance des séquences	+ Centrée sur deux ou trois documents, pas plus.	+	– + Si et seulement si la trace correspond aux travaux-élèves.
• La leçon dialoguée Le professeur mène l'explication en interrogeant les élèves et en corrigeant les réponses pour aller vers une trace écrite.			
+ Permet de travailler sur les savoir-faire.	+	+ Démarche d'évaluation formative.	– + Si et seulement si la trace correspond aux travaux-élèves.
• Le travail sur dossier Le professeur, après avoir fourni aux élèves les explications nécessaires, suit l'activité de l'élève sur dossier qui comporte ou non la trace écrite.			
+ Chaque élève est sollicité, étape importante dans l'autonomie de l'élève.	+ Gros travail préparatoire de supports adaptés à la fois aux contenus exigibles et au public scolaire.	+ Application d'une pédagogie différenciée et formative, liberté de déplacement.	+ Produite par l'élève, avec ses représentations, directement réinvesties.

le trait, on pourrait affirmer qu'avant d'être professeur de discipline, on est d'abord « professeur d'orientation[1] ». Ce n'est pas le moindre des paradoxes

1. Le code de l'éducation, issu de la loi d'orientation sur l'éducation du 10 juillet 1989, stipule que l'éducation est la première priorité nationale ; le service public de l'éducation est conçu et organisé en fonction des élèves et des étudiants ; il contribue à l'égalité des chances.

que cette compétence professionnelle ne soit pas très explicitement travaillée en formation initiale, et qu'une fois versé dans le métier, on apprenne tout sur le tas dans ce domaine. D'où les traitements extrêmement divers, voire problématiques selon les établissements. Il est encore trop fréquent de voir reporter cette tâche proprement pédagogique au seul conseiller d'orientation ou de laisser la logique scolaire faire le tri, la « chose » n'étant abordée que tardivement, toujours trop tard et quand il s'agit d'échec. L'orientation ne semble pas concerner les bons élèves, ni les bons profs !

Pourtant, on peut distinguer deux domaines dans lesquels tout enseignant peut avec profit appuyer ses interventions : la découverte des formations et des métiers et la réflexion sur soi et sur ses propres compétences.

@ Le professeur principal, une mission stratégique et un rôle qui se travaille. Médiation, coordination, aide, conseil : le professeur principal doit mobiliser une bonne connaissance du système éducatif, des éléments sur la psychologie des ados et sur l'environnement de l'établissement. Vous consulterez avec profit la brochure éditée par l'académie de Nantes (http://www.ac-nantes.fr:8080/peda/pole_peda/prof_principal/guide_professeur_principal.pdf).

Faire découvrir les formations et les métiers

Au détour de chaque séquence ou thème proposés, nous sommes amenés à rencontrer des traces de l'activité professionnelle : source documentaire, objet produit, démarche employée, compétence valorisée ; les savoirs, les savoir-faire peuvent être utilement mis en perspectives, afin de passer d'une vague représentation à des actes concrets qui caractérisent tel ou tel champ professionnel. Saisir toutes les occasions d'ancrer tout savoir dans la vie réelle, avec ce qu'elle comporte d'incertitudes et d'évolutions possibles, permet à l'École d'apprendre à décoder les activités socio-économiques, très largement méconnues, même chez les lycéens. Cet aspect peut être toujours présent à l'esprit du professeur.

Engager avec l'élève une réflexion sur soi et sur ses propres compétences

Outre les temps proprement réservés à l'éducation à l'orientation, les éventuels entretiens individuels, il faudrait inciter les élèves à mener une réflexion sur eux-mêmes et leurs compétences dans la plupart des cours :

faire apparaître leurs atouts, leurs petites réussites, connaître leurs besoins. Tout cela, les procédures d'autoévaluation peuvent le prendre en charge, que ce soit en phase individuelle ou collective. C'est la solution la plus sûre pour préparer à moyen ou long terme une orientation réaliste, pragmatique et réussie. C'est pourquoi le « portfolio » est introduit dans la nouvelle troisième à découverte professionnelle (cf. Eduscol).

La démarche d'autoévaluation fonctionne, même en primaire

> ***« Des procédures comme l'autoévaluation fonctionnent mieux dans le secondaire que dans le primaire. »***

Le guidage d'un groupe repose donc sur un travail d'entraînement régulier, plus ou moins directif, à l'analyse du travail collectif et contribue à l'élaboration de compétences individuelles. C'est précisément ce que nous propose une enseignante québécoise en primaire grâce à ses « portraits de compétences[2] ». Par exemple, on peut choisir dans la liste des compétences requises, présentées sur le carnet scolaire, la compétence à « lire des textes variés », puis questionner ainsi les élèves : comment peut-on voir que quelqu'un a atteint la compétence à lire toutes sortes de textes ? Comment détermine-t-on que quelqu'un est bon en lecture ? Qu'est-ce qu'un bon lecteur doit être capable de faire ?

À la lecture de cet exemple, vous verrez que l'on trouve tous les ingrédients d'un bon guidage : questionnements collectifs, élaboration progressive, autoévaluation et retour réflexif de l'élève, continuité de l'apprentissage sur l'année. C'est précisément ce à quoi le « socle » nous invite.

Pour aider les élèves à s'évaluer plus facilement, l'enseignant peut s'appuyer sur les composantes de la compétence en commençant chaque énoncé par « Je suis capable de… ». Ensuite, ces énoncés sont classés, avec les élèves, en trois catégories (ou plus) afin de constituer une échelle de niveau de compétence. Voici un exemple, issu d'une classe d'un deuxième cycle de primaire, fin septembre :

Petit lecteur
- Je suis capable de lire tous les mots.
- Je fais des pauses au point.

2. *Site Internet : www.csdeschenes.qc.ca/snaps/portfolio/Portrait/portraitcompetence.htm*

• Il m'arrive de buter sur certains mots.
• Je suis capable de bien répondre à certaines questions en lien avec un livre ou un texte.

Grand lecteur
• Je lis un peu plus vite.
• Je lève ma voix au point d'interrogation.
• Je mets de l'intonation parfois.
• Je commence à faire des liaisons entre mes mots.
• Je suis capable de répondre à toutes les questions.

Géant lecteur
• Ma lecture est fluide.
• Je mets de l'intonation tout le temps.
• Je fais mes liaisons lors de ma lecture.
• Je suis capable de répondre à toutes les questions.

L'élève peut, comme nous vous le suggérons ici, dessiner un livre (petit lecteur), deux (grand lecteur) ou trois (géant lecteur) selon le profil auquel il correspond. Les appellations de chaque niveau de l'échelle ont été décidées par le groupe-classe. Et il ajoute sur son travail : « J'ai choisi ce travail parce qu'il montre que je suis capable de résumer dans mes mots un texte que j'ai lu. » Ainsi, l'élève peut dépasser le critère simpliste affectif ou impressionniste (j'aime, j'aime pas, c'est difficile…) pour s'approprier le concept de compétence plus opératoire dans le monde de l'école, et pour plus tard.

Ce portrait de compétence et son échelle de niveau évoluera au fil de l'année. On peut y ajouter des éléments, en enlever quand on sait que tout le monde est capable de réussir un élément, etc. C'est évolutif et vivant ! L'échelle est affichée dans la classe à chaque fois que les élèves ont à justifier le choix d'un travail. Ils ont aussi la même échelle sur une feuille dans leur portfolio afin de pouvoir s'y référer à leur gré.

FAIRE ÉMERGER SES PROPRES VALEURS

Ce travail d'investigation personnelle que nous demandons aux élèves est relativement nouveau, et donc, n'a pas toujours été mené par les enseignants eux-mêmes. Les valeurs qui fondent notre action restent encore un domaine très insuffisamment investi par la formation initiale et continue des enseignants. Elles ne sont jamais sujettes à débat, et surtout pas en salle des profs ; pour cette raison aussi, elles se cristallisent sur des objets ou des revendications en lutte parfois stérile, car l'invective n'a d'effet que de renforcer les oppositions et d'armer le conflit entre « anciens » et « modernes ». Il ne peut y avoir de gagnant ni de perdant. Le débat n'a de sens qu'en recentrant son objet sur la nécessaire prise de conscience de chacun, sur son implication dans ses propres choix pédagogiques, sur son articulation souhaitée dans le cadre d'un projet pédagogique de l'école ou de l'établissement.

> ***“ Jamais je n'ai eu à m'interroger sur ce qui fonde mon action et mon envie d'enseigner. ”***

Parvenir à ce que je veux

Nous retrouvons ici Choé, jeune professeur qui a décidé d'écrire son journal pendant cent jours sur le site mon.journalintime.com en mars 2003. Cent jours au cours desquels il va nous faire partager sa vie et ses sentiments. Choé écrit quotidiennement. Son style est fluide et très agréable à lire. Il laisse planer le suspense d'un jour sur l'autre et nous invite implicitement à revenir le lendemain.

Un prof chercheur d'or. « J'ai l'impression d'être un chercheur d'or à l'époque de la fièvre avec ma pioche et mon monocle. Je creuse dans une mine à la recherche d'un filon. Des fois, il faut détruire des idées toutes faites et bien dures (la pire ? “la lecture c'est nul”, mais c'est celle que j'ai le plus de plaisir à casser) pour parvenir à ce que je veux. »

« **Ce qui vaut de l'or,** c'est l'éclair de plaisir que je vois furtivement passer dans leurs yeux quand un de mes cours arrive à les emmener loin de leurs préoccupations quotidiennes. J'ai gagné ma journée bien plus sûrement qu'à travers mon bulletin de salaire encore bien maigre ! C'est mon bénéfice à moi, immédiat et éphémère… car le leur ne viendra qu'à bien plus long terme. Je vous souhaite, si ce n'est pas déjà le cas, de connaître cette sensation un jour. »

On retrouve dans le récit de Choé la tension inhérente à toute conduite de classe : un travail constant sur les comportements et les résistances, une ambition élevée portée à la fois par le programme de sa discipline comme par ses intentions plus personnelles. C'est le dilemme toujours actuel éduquer/instruire. « Les emmener » : guider ou gérer sa classe ne prennent un sens que dans les ambitions explicites de Choé (« parvenir à ce que je veux »).

Détecter les valeurs de l'action enseignante

Le « ce que je veux » déclaratif mais trop implicite ne va pas sans poser de problèmes. Pour le décoder, Olivier Maulini propose un schéma intéressant[3] rendant compte de l'interaction entre trois éléments identifiés : 1. Nos projets, nos ambitions, nos intentions sociopédagogiques. 2. Notre représentation de l'apprentissage (de l'élève). 3. Notre représentation de l'action (de l'enseignant).

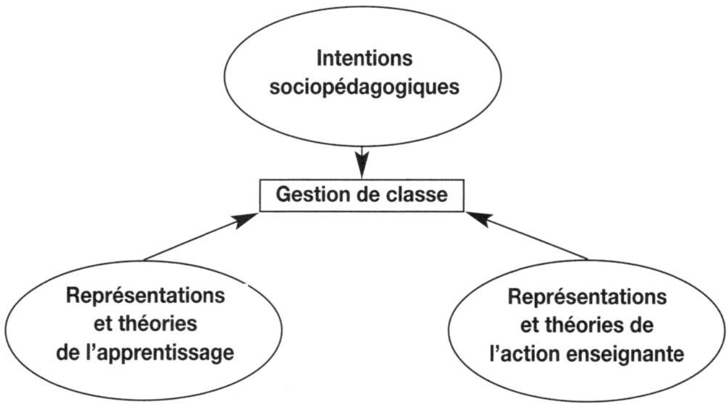

Éduquer ou former?

Pour affiner l'expression de ses propres valeurs relatives à l'action enseignante, André de Peretti propose un exercice destiné à faciliter l'émergence d'un consensus dans un groupe, un Q-sort[4] : c'est une série de propositions parmi lesquelles vous devez faire un choix que vous confrontez ensuite à ceux du groupe. Mais l'exercice peut aussi être solitaire.

> ***“ Ma mission est d'instruire les élèves. Le problème à présent c'est qu'il faut commencer à les éduquer. ”***

3. *Sur le site Life de l'université de Genève : www.unige.ch/fapse/SSE/teachers/maulini/classe.html.*
4. *Sur les consignes de passation du Q-sort et son exploitation, voir A. de Peretti,* Encyclopédie de l'évaluation et de la formation, *p. 257 ; et le site Diversifier : tapez « q-sort ».*

ANIMATEUR

Dans la liste des items ci-dessous, sélectionnez :
– deux items qui vous paraissent les plus importants ;
– quatre items dignes de considération ;
– huit items qui vous paraissent neutres ;
– quatre items qui vous paraissent douteux ;
– deux items qui vous semblent à rejeter absolument.

Q-sort : éduquer, c'est...

1. Éduquer, c'est savoir attendre.
2. Éduquer, c'est inculquer le sens du devoir.
3. Éduquer, c'est permettre aux possibilités d'une personne de se révéler.
4. Éduquer, c'est laisser faire.
5. Éduquer, c'est apporter les conditionnements qui faciliteront l'apprentissage des bonnes habitudes.
6. Éduquer, c'est donner l'exemple.
7. Éduquer, c'est communiquer en profondeur avec un jeune pour l'aider à communiquer avec lui-même.
8. Éduquer, c'est savoir se taire.
9. Éduquer, c'est instruire.
10. Éduquer, c'est dresser.
11. Éduquer, c'est révéler les valeurs essentielles.
12. Éduquer, c'est entraîner les jeunes à obéir.
13. Éduquer, c'est accompagner les démarches tâtonnantes des jeunes pour qu'ils prennent davantage de hardiesse et de sécurité.
14. Éduquer, c'est présenter les modèles de comportements fondamentaux.
15. Éduquer, c'est apporter les contraintes immédiates qui réfrènent les instincts et les pulsions anarchiques.
16. Éduquer, c'est provoquer inlassablement.
17. Éduquer, c'est aider progressivement un jeune à affronter son angoisse et s'ouvrir aux autres.
18. Éduquer, c'est savoir bousculer.
19. Éduquer, c'est faire confiance.
20. Éduquer, c'est s'éduquer.
(Les résultats sont reportés en fin de chapitre, page 88.)

TROUVER SON PROPRE STYLE D'ENSEIGNEMENT

Mois après mois, année après année, l'enseignant va trouver un rythme de croisière en matière de conduite de classe. Avec l'expérience, il se construit peu à peu son style d'enseignement, fait d'intuitions vérifiées, d'astuces expérimentées, de petits échecs résolus et de petites réussites reproductibles. Mais il est toujours délicat de verbaliser « comment ça marche ».

> ***“ Je considère l'enseignement comme une transmission de connaissances. ”***

Les quatre styles d'enseignement selon Therer-Willemart

Pour analyser plus avant son propre style d'enseignement, Therer-Willemart[5] (université de Liège, 1982) identifie quatre styles d'enseignement représentatifs des pratiques pédagogiques observables, à partir d'une matrice bidimensionnelle (intérêt pour la matière, intérêt pour les élèves) et de deux niveaux d'intensité (fort, faible) qui restent indicatifs.

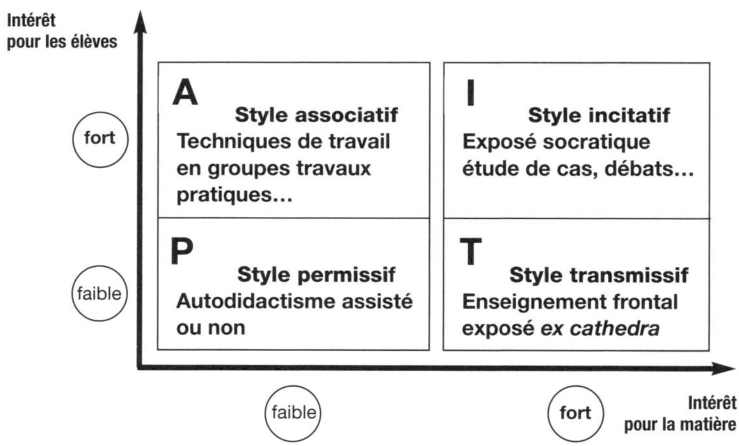

Efficace ou non, selon les circonstances

Chacun de ces quatre styles peut se révéler efficace ou inefficace en fonction des situations et des interventions plus spécifiques de l'enseignant ou du formateur. Il n'existe donc pas un « bon style en toute circonstance ». Ce serait contraire à nos propos et à notre intention. On peut adopter un mode en pilotage automatique (pour vous, ce serait plutôt lequel ?), mais aussi varier les styles en fonction des séquences, des thèmes ou des objectifs que vous abordez. Ce serait même conseillé à la

5. *Therer-Willemart, université de Liège, 1982, cité dans A. de Peretti,* Encyclopédie de l'évaluation et de la formation, *p. 115.*

	Version « moins efficace »	Version « plus efficace »
T style transmissif	Le formateur communique un maximum d'informations dans le temps imparti. Son exposé transpose directement un texte écrit sans l'adapter aux circonstances et au public.	Le formateur fait un exposé, mais en l'adaptant aux circonstances et au public : il annonce des objectifs, il structure, il concrétise.
I style incitatif	Le formateur a le souci constant de faire participer les individus, il sollicite des réponses ponctuelles, mais sans exploitation effective (questions « devinettes »).	Le formateur a le souci constant de faire participer le groupe, il sollicite des avis, il stimule des interventions spontanées, il utilise les réponses (questions plus ouvertes).
A style associatif	Le formateur n'accorde qu'une confiance relative aux apprenants. Il entend les faire travailler, mais n'attend pas grand-chose de cette collaboration, il ne promet pas d'aide effective, il « corrige » et « rectifie ».	Le formateur fait confiance aux apprenants, il se considère et il est perçu comme une « personne-ressource » dont le rôle essentiel est de faciliter les apprentissages individuels et collectifs.
P style permissif	Le formateur reste passif, voire laxiste. Il se contente de meubler le temps qui lui est imparti sans considération réelle pour les apprenants et pour les objectifs.	Le formateur met à la disposition des apprenants des documents de qualité bien adaptés à leur niveau. Il intervient très peu mais répond aux demandes explicites.

fois pour les élèves et pour vous. La pédagogie, c'est peut-être répéter, mais c'est aussi l'art du renouvellement.

AUTOTEST : DONNEZ DE L'ORIENTATION À VOTRE COURS

✪ Prenez votre dernière heure de cours. Avez-vous à un moment ou un autre :

– informé ou explicité un ou plusieurs aspects d'une activité professionnelle en relation directe avec le contenu, le support, le thème, la matière que vous avez enseignée ?

– travaillé avec les élèves d'une façon ou d'une autre sur leur positionnement, le retour sur leur propre progression, sur leurs acquis ?

✪ Résultat du test

Quelle est plutôt votre conception de l'enseignement, entre éduquer et instruire ?

▸ La France citoyenne en retard... à l'école !

Partout l'éducation repose sur le concept de « citoyenneté responsable » qui couvre la connaissance des droits et des responsabilités civiques. « Trois grands types d'objectifs sont poursuivis : acquérir une culture politique, développer les attitudes et valeurs nécessaires pour devenir un citoyen responsable, stimuler la participation active des élèves au sein de la communauté scolaire et locale. »

Une différence essentielle entre États européens réside dans la culture de participation à la vie de l'école. La plupart disposent de délégués de classes, mais aussi d'un conseil d'élèves au niveau de l'école, et, dans la majorité des cas, d'élèves participant au conseil de gestion de l'école et de syndicats d'élèves. La France se distingue comme étant un des pays les moins avancés sur ce point, particulièrement au primaire où ce type d'organisation n'est pas institutionnalisé. Même si rien ne l'interdit !

D'après une étude d'Eurydice, le site éducatif de l'Union européenne.

Vous avez relevé deux items qui vous semblent prioritaires, puis quatre importants. Retrouvez leur place dans le tableau ci-dessous. Vous devez voir apparaître une, si ce n'est deux tendances principales qui caractérisent votre propre conception. Cependant, elle sera susceptible d'évolution vers d'autres tendances, d'une part, en fonction de l'avancée dans votre pratique professionnelle, d'autre part, en fonction des contextes différents d'enseignement et de publics scolaires que vous rencontrerez. L'objectif est ici de faire le point, de prendre ses propres repères.

4, 8, 19	**Attitude expectative.** Non-intervention, retrait, laisser l'enfant se développer, confiance en l'homme.
20	**Attitude de symbiose.** Coéducation élève, enseignant, recherche de l'épanouissement, travail sur soi.
3, 7, 13, 17	**Attitude psychologisante.** Importance de l'affectif, l'élève est un disciple.
16, 18	**Attitude de l'intervention ferme.** Inciter l'élève à apprendre, car il ne sait pas où est son intérêt.
9	**Attitude instructiviste.** L'éducation passe par le développement de l'intelligence et des connaissances, suivre le progrès des sciences.
2, 6, 11, 14	**Attitude moraliste.** Guider les actes « vertueux » de l'élève, importance des valeurs, l'éducateur est un modèle.
5, 10, 12, 15	**Attitude de contrôle.** Moralisant et plus interventionniste, contraindre les pulsions négatives.

CHAPITRE 6

ANIMATEUR

Travailler en équipe

Serait-ce le serpent de mer de l'éducation ? Tous les textes évoquent abondamment les équipes pédagogiques, l'équipe éducative, l'équipe de direction ; les plans de formation et les innovations institutionnelles se construisent sur cette base ; on forme au travail en équipe. Pourtant, cette modalité du travail enseignant est loin d'être acquise. Qu'est-ce qui bloque ? Comment le travail en équipe peut-il être plus performant que le seul travail enseignant prescrit par l'institution ?

UNE ÉQUIPE, C'EST UNE ORGANISATION DU TRAVAIL

Au lycée Ravel à Paris, toute une équipe s'est attelée à réorganiser d'abord le site intranet/internet de l'établissement ; il s'agissait d'améliorer le recrutement des élèves en BTS trilingues. Mais dans un mouvement

▸ L'équipe, bourdonner ensemble

« Cette image est devenue la mascotte de Ravel parce qu'elle symbolise bien l'esprit qui règne dans notre essaim, explique Yolanda Cavalli-Flepp : pas de reine comme chez les abeilles, pas d'aiguillon venimeux, communication en vol, travail pour notre propre profit mais que nous sommes contents de partager avec d'autres... »

Les essaims (dans lesquels il y a toujours un à trois bourdons de l'équipe de base) se constituent pour le temps d'un projet. L'objectif atteint, ils se dissolvent : souplesse, mobilité, créativité, ouverture, sont les maîtres-mots de l'aventure. Retrouvez le travail des « bourdons » sur le site Innovation : innovalo.scola.ac-paris.fr et sur le site du lycée : http://lyc-maurice-ravel.scola.ac-paris.fr/

dynamique et progressif, elle s'est constituée et organisée en plusieurs groupes de production de contenus pour et avec les élèves. Ce dispositif incarne ce que nous identifions comme « intelligence inventive ». Sa coordonnatrice, Yolanda Cavalli-Flepp, en a tiré une « recette » pour faciliter l'intégration de collègues peu coutumiers du fait.

Comment motiver des adultes?

« Comme on motive les élèves! », répond sans hésiter Yolanda. Sous forme de mode d'emploi en 3 temps et 12 règles, « voici comment nous avons réussi à faire en sorte qu'un travail accompli par nécessité par quelques-uns soit devenu un travail réalisé pour le plaisir impliquant plus de 80 personnes de l'établissement. » Cette sorte de recette de cuisine n'est peut-être pas transférable chez vous tel quel, mais comme tout bon chef, vous pourrez l'adapter et ajouter votre note personnelle ! »

Comment nous avons fait pour qu'ils viennent à nos réunions

Règle n° 1 : « Le premier contact est toujours visuel. Nous avons donc veillé à ce que la feuille d'invitation attire le regard et suscite la curiosité...

Règle n° 2 : « ... en utilisant des images (drôles, bizarres, provocatrices, humoristiques, etc.)...

Règle n° 3 : « ... en utilisant un langage inattendu et surprenant.

Règle n° 4 : « ... Nous avons toujours défini clairement l'ordre du jour et les objectifs des réunions...

Règle n° 5 : « ... que nous avons fixées à une heure « stratégique » (= l'heure de midi) où à peu près tout le monde est dans l'établissement. C'est l'heure du repas ? Pas de problème, cela permet de...

Règle n° 6 : « ... veiller à la convivialité en joignant l'utile (réunion de travail) à l'agréable (repas « pique-nique » en commun). »

Comment nous avons fait pour qu'ils restent jusqu'au bout

« Afin d'obtenir le résultat escompté (c'est-à-dire des contributions individuelles et collectives au contenu en vue de la rénovation du site de

▸ De l'importance du moral des troupes

Les enquêtes comparatives internationales, Pirls, pour le premier degré, et Pisa, pour le second degré, montrent l'importance du contexte pédagogique interne aux établissements.

Au nombre des facteurs les plus déterminants pour expliquer la réussite en lecture au primaire, on trouve l'expérience du maître, le climat qui règne dans la classe et le soutien parental. Au second degré, c'est le taux d'encadrement, la formation des enseignants, le moral des enseignants et « l'ambiance » de l'établissement qui favorisent la réussite scolaire.

l'établissement), il ne suffit néanmoins pas de les "prendre par les sentiments." Il faut aussi les convaincre du bien-fondé de l'idée et les impliquer concrètement.

Règle n° 7 : « Nous avons donc suscité d'une part leur envie d'agir et de réagir en montrant tout simplement des images "de choc", en juxtaposant des images de notre site "tristoune" à celles de sites beaucoup plus beaux de deux autres établissements. Ceci a provoqué une prise de conscience immédiate dont est né un objectif commun.

Règle n° 8 : « D'autre part, en nous appuyant sur la technique d'enseignement du pilotage par la tâche (très répandu dans les pays germanophones), j'ai confectionné des questionnaires (toujours dans le même style humoristique) à remplir sur place - travail permettant de faire participer tout le monde de façon active tout en me laissant une trace écrite à partir de laquelle je pouvais faire avancer le projet. »

Comment nous avons fait pour qu'ils fassent leur « devoir »

« Il s'agit de donner aux collègues...

Règle n° 9 : « ... l'envie et les moyens de travailler en permettant, par exemple, une consultation du site à domicile grâce aux adresses cachées (jamais les bourdons correcteurs n'auraient pu faire tout ce travail en si peu de temps s'il avait fallu tout visionner sur place ou imprimer au préalable)...

Règle n° 10 : « ... des tâches à accomplir en tenant compte du degré de leur motivation. Il y a des collègues auxquels j'ai pu demander de rédiger

▸ L'exception française

Eurydice, le réseau d'information sur l'éducation en Europe, a publié en juin 2003 un important document sur la profession enseignante en Europe. Bien des aspects sont analysés, dont *les tâches statutairement requises*.

La France présente un profil en la matière très atypique en Europe. Quasiment aucune des tâches complémentaires au cours n'y est prescrite : supervision d'élèves entre les cours ou après les cours, remplacement de collègues absents, soutien des futurs enseignants ou entrants ; seules sont retenues les tâches d'évaluation des élèves (notations, conseil de classe, contacts avec les parents d'élèves). Le travail en équipe est abordé dans le cadre de rapport, est promu par des formations offertes aux enseignants. La construction européenne se fera-t-elle aussi par l'harmonisation des statuts du métier d'enseignant, notamment en matière de travail collectif ? La commission Pochard a rendu le 4 février 2008 son rapport sur la redéfinition du métier d'enseignant. Affaire à suivre, donc.

➡ www.eurydice.org

un topo, à d'autres de remplir un questionnaire, et encore à d'autres juste de bien vouloir corriger le texte que j'avais rédigé à partir des documents qu'ils m'avaient donnés…

« Constatation assez amusante, mes collègues m'ont souvent fait penser à une classe hétérogène : il y a ceux qui sont très motivés, car ils sont conscients de l'enjeu, ou que cela amuse vraiment et qui "marchent donc tout seuls", ceux qui sont moyennement enthousiastes mais qui travaillent pour "faire plaisir au prof" (genre :"Bon, écoute, c'est bien ce que tu fais ; tu nous dis ce qu'il faut et on te le fait") et puis ceux – pas moins attachants – qu'il faut pousser un peu, non pas parce qu'ils ne sont pas de bonne volonté, mais juste parce qu'ils ont plein d'autres choses à faire. »

Règle n° 11 : « … le bon exemple en travaillant beaucoup soi-même afin de pouvoir leur proposer une base de travail, une solution perfectible (sur papier ou sur Internet) car on avance beaucoup plus vite en critiquant quelque chose d'existant (d'autant plus que cela permet assez bien de canaliser la réflexion) que s'il faut partir de rien. »

« Et pour finir, il ne faut jamais…

Règle n° 12 : « … négliger l'aspect humain. Vous n'imaginez pas combien mes collègues sont contents quand ils se savent appréciés et utiles, quand vous les invitez à une réunion-repas qui se tient dans la joie et la bonne humeur, quand vous leur offrez un simple bonbon au miel et une carte de visite de bourdon en guise de remerciement. »

Ce que le mot équipe veut dire en quelques points

Ce témoignage de pratique permet de mieux appréhender ce que revêt le concept d'équipe :
– un petit nombre de personnes, gage d'efficacité, avec une géométrie variable selon les tâches ;
– une qualité du lien interpersonnel témoignant d'une acceptation et d'une volonté d'adhésion ;
– un engagement personnel dans une communauté d'action, une complémentarité ;
– une unité mentale et sociale, ici une équipe pour la classe BTS, puis touchant peu à peu l'établissement ;
– une intentionnalité commune vers un objectif défini, puis évolutif selon l'ampleur prise ;
– des contraintes acceptées relevant de la tactique, de la coordination, de la discipline ;
– une organisation des rôles et une distribution du travail.

ANALYSER LES RÉSISTANCES AU TRAVAIL EN ÉQUIPE

“ Chez moi, c'est plutôt 30 idées pour enterrer un projet. ”

Voici une planche de formation que j'avais élaborée pour travailler (avec humour) sur les résistances, exprimées ou non, rencontrées au cours des interventions en établissement. On pourrait les résumer en six points : « On n'a pas les moyens » ; « On n'a pas le temps de faire le programme » ; « Ils n'ont pas le niveau. Le niveau baisse. Ils ne sont pas comme autrefois » ; « L'inspection ne veut pas » ; « On n'a pas été formé pour ça » ; « On a déjà essayé et ça n'a pas marché. »

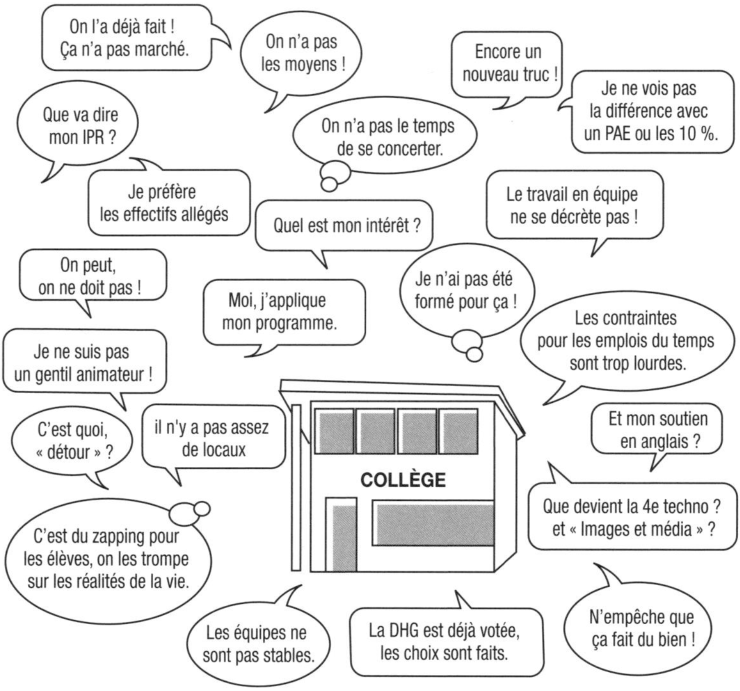

L'analyse des résistances fait apparaître trois points qu'il serait contreproductif d'ignorer.

1. Ce qui est imposé passe beaucoup moins que ce qui est négocié et partagé, une pratique émergeant du terrain est d'autant mieux acceptée.
2. Il faut du temps, beaucoup de temps. On peut évaluer le temps d'évolution vers une pratique collective sur deux à trois ans pour une équipe. Ce n'est pas le temps de l'élève, qui est calé sur l'année scolaire. Ce n'est pas non plus le temps du « politique » et des réformes, qui passent sans être évaluées. Ce n'est pas le moindre des problèmes rencontrés.
3. Les évolutions de pratiques collectives nécessitent à un moment donné un accompagnement externe.

POURQUOI TRAVAILLER EN ÉQUIPE ?

Les résistances, si fondées soient-elles, expriment une étape nécessaire dans l'engagement au travail. Pour que les équipes parviennent à se mobiliser, certains déclencheurs sont cependant plus puissants que d'autres.

Lorsque les programmes l'imposent…

① **Choisir librement un sujet commun de travail** entre enseignants, le développer avec les élèves sur la durée, c'est un cas de figure. Cela se produit souvent sur la base d'affinités communes, sur des projets ponctuels. Ce cas existe certes, mais il n'est pas représentatif.

② **Plus fréquent : le sujet s'impose à vous car il est « prescrit » dans le cadre d'une réforme institutionnelle**, comme par exemple les **TPE** (travaux personnels encadrés) au lycée ou les **IDD** (itinéraires de découverte) au collège : la pluridisciplinarité est obligatoire pour conduire une démarche de projet avec un quota horaire et des éléments de programme. Pourtant, une évaluation a montré que si les formes semblent respectées, le fonctionnement efficace en équipe n'est pas toujours de mise. Cette dimension du travail en équipe est pourtant bien présente dans le document de référence sur le métier d'enseignant de 1997 et dans le texte de 2007 sur la formation initiale (en annexe).

TPE, IDD ↙

Une obligation de service ne déclenche pas automatiquement la collaboration professionnelle.

Lorsque la situation devient critique…

③ **Très souvent, c'est bien une situation problématique,** voire une urgence qui déclenche par réaction un rapprochement des acteurs. C'est-à-dire que le travail collectif, non prescrit, mais conseillé par l'Institution, ne s'impose pas en situation classique. On le constate dans les établissements dits « de centre-ville » et les zones favorisées. Mais il devient nécessaire quand tout devient plus difficile, quand il n'est plus possible de continuer comme si de rien n'était.

Qu'est-ce qui est reconnu comme difficile actuellement ? À l'occasion du grand débat sur l'école, 22 questions ont été débattues dans plus de 15 000 réunions publiques (dans et hors les lieux d'éducation). Voici les sujets traités en priorité[1] :
– « Comment motiver et faire travailler efficacement les élèves ? » : 15,76 % ;
– « Comment lutter efficacement contre la violence et les incivilités ? » : 7,9 % ;

1. *Tous les résultats et synthèses sont sur le site : www.debatnational.education.fr*

► Agir sur son propre rapport au savoir

Les seules informations que l'on s'échange en salle des profs, c'est l'ouverture de la chasse ou le bon établissement à trouver pour son petit dernier », se plaignent de nombreux enseignants. Philippe Perrenoud analyse une résistance au travail en équipe qui vient de loin : le rapport au savoir de l'enseignant[1].

« Croire qu'il n'y a rien à apprendre du collègue le plus proche autorise, en toute bonne conscience, à ne parler avec lui que de sport ou de vacances, et à estimer que travailler en équipe serait du temps gaspillé. Le rapport au savoir masque la peur de la confrontation des pratiques et de la force des arguments pratiques des uns et des autres. Si c'est "à chacun sa vérité pédagogique", à quoi bon se parler ? On peut reprendre l'image de Lortie, à présent classique, de la boîte à œufs comme métaphore d'une salle de profs : chacun reste protégé dans une alvéole, hors de tout contact potentiellement dangereux. »

(1) P. Perrenoud, « Peut-on apprendre du travail d'autrui ? », journée Transférer l'innovation, *Paris, 1999, disponible sur innovalo.scola.ac-paris.fr*

– « Comment prendre en charge les élèves en grande difficulté ? » : 7,33 % ;
– « Comment l'École doit-elle s'adapter à la diversité des élèves ? » : 7,24 %.

Donc, ce sont prioritairement les difficultés des élèves, puis, par réaction en chaîne, les difficultés d'exercice de la profession qui vont générer un sursaut de la communauté éducative dans le meilleur des cas.

Lorsque chacun y voit son intérêt professionnel...

④ Le déclencheur peut venir d'un **changement dans les règles de fonctionnement de l'école** ou de l'établissement, qui rendent désormais la coopération professionnelle nécessaire. Nécessaire ne signifie pas « obligatoire », mais « intéressant », au sens du profit que l'on peut espérer en tirer. Pour la majorité, s'investir dans une démarche collective de projet d'établissement, c'est difficile. « Pour franchir le pas, souligne Philippe Perrenoud, il faut donc de bonnes raisons, et des mobiles plus concrets. Seule l'organisation quotidienne du travail dans les écoles peut constituer une incitation forte à coopérer [...] On voit bien que la voie autoritaire ne mène à rien [...] Le jour où les gens qui veulent travailler en équipe auront la priorité dans la construction des horaires, le choix des formations continues, l'autorisation de s'écarter des normes pour expérimenter, chacun des acteurs reconsidérera ses stratégies. » Équipe signifie très vite... politique !

⑤ Une direction d'équipe motivante. Dans la mesure où le travail d'équipe comprend cette dimension forcément collective, on entre nécessairement en contact beaucoup plus étroit avec le rôle de direction pédagogique que prend de plus en plus le directeur d'école, comme le chef d'établissement. Et cela n'a rien d'administratif. Bien au contraire. « L'injonction "travaillez en équipe" est loin d'être efficace toute seule [...], le fonctionnement simultané de divers groupes (de niveau, de soutien, de projet, de besoins) et de plusieurs dispositifs (remédiation, options, interdisciplinaires) exige une division du travail et une bonne entente entre les enseignants. Il reste à convaincre tous les professeurs que l'organisation du travail devrait être leur affaire, collectivement, à l'échelle de l'établissement et de l'équipe pédagogique, alors qu'aujourd'hui encore, elle reste principalement l'affaire de l'administration centrale ou des chefs d'établissements. Les professeurs ne sont maîtres de l'organisation du travail que dans la classe, pour une petite fraction de la grille horaire », estime Philippe Perrenoud.

Les bénéfices du travail en équipe pour les élèves

Une équipe du collège Buffon (Paris XVe) a croisé ses interventions dans les disciplines scientifiques pendant deux ans : coanimation, programmes communs d'activité, pédagogie de projet, évaluations partagées. Elle s'est efforcée de faire sa propre évaluation du travail au regard des résultats des élèves. Extraits de leurs conclusions.

> ***“Je ne suis pas convaincu des effets d'un travail d'équipe sur les élèves et sur leurs résultats.”***

• « Notre meilleure connaissance des élèves, avec un jugement plus affiné de leurs aptitudes et de leurs difficultés. Les groupes ont, de ce fait, facilité le repérage de ces dernières. »

• « Une meilleure valorisation de chaque élève, selon son propre niveau. Un élève moyen se révèle souvent être un bon expérimentateur, d'où une certaine valorisation, une meilleure confiance et des progrès. »

• « Des échanges oraux plus fructueux parce que plus fréquents et plus individualisés. La relation élève-professeur varie selon la personnalité des individus, mais la disponibilité du professeur n'est pas la même. »

• « Un investissement plus important de chacun d'entre eux, accompagné d'un réel plaisir à participer à l'activité. »

• « Une mise en valeur de l'aspect expérimental de nos disciplines, avec une participation plus active et concrète : ils deviennent acteurs de leur savoir, parce que nous donnons du sens à notre enseignement. »

• « Un développement de l'autonomie de l'élève, car celui-ci se retrouve en situation d'expérimentation pour découvrir la réponse à apporter, en s'aidant de documents ressources et de ses connaissances. L'élève, en début d'année, hésite à se lever pour chercher le matériel manquant ; en fin d'année, ces pratiques sont automatiques. L'élève est capable de gérer son temps, ses besoins.

• « Ce travail permet le passage du concret à l'abstrait et inversement. Cela conduit petit à petit l'élève à modéliser, en faisant appel à un langage rigoureux et symbolique. Le passage de la pratique à la théorie se fait sans difficulté. »

• « L'obligation pour les élèves de faire un effort dans la lecture des consignes, renforce la maîtrise de la lecture. »

• « L'obligation pour les élèves de lire les documents ressources pour pouvoir réaliser les expérimentations ou exercices dirigés les rend désormais capables de lire les consignes attentivement, de réaliser un circuit à partir d'un schéma normalisé, d'observer et de tirer des conclusions d'une expérience. »

• « Toutefois, en SVT, les professeurs déplorent un retard dans la progression, qui ne permettra pas de couvrir la totalité du programme. Malgré tout, les connaissances fixées par les élèves semblent plus enracinées. »

• « En technologie et en sciences physiques, le fonctionnement en groupes n'a pas perturbé le déroulement du travail prévu sur l'année. Les professeurs notent un avancement plus rapide et de meilleure qualité dans le programme. De plus, la déperdition des connaissances semble moins importante. »

• « La manipulation en classe entière se révélant parfois « périlleuse », le problème de la sécurité ne se pose plus en groupe. »

• « Nous avons pu constater une meilleure écoute dans une atmosphère plus agréable et plus propice au travail, et donc une meilleure acquisition des connaissances. »

Le bilan ne masque pas certaines difficultés du côté des enseignants (progression plus lente, programme pas tout à fait terminé), mais met en valeur les changements et les réussites pour les élèves. Un travail en équipe, en croisement de disciplines, une ouverture sur ces pratiques en coanimation ont eu pour effet de concentrer l'attention des acteurs sur les travaux des élèves, sur leurs acquisitions plus solides, sur les occasions démultipliées d'expérimenter dans une ambiance plus sereine, qui ne menace pas la sécurité de chacun et du groupe.

COMMENT ORGANISER LE TRAVAIL EN ÉQUIPE

Travailler en équipe n'est pas un contenu à enseigner, mais une compétence nécessaire pour enseigner aujourd'hui; ce sont des actes de la pratique professionnelle qui ne trouvent sens et intérêt que très contextualisés. On pourrait cependant très bien l'envisager en formation initiale comme modalité de travail d'un ou plusieurs modules, histoire d'éprouver ses propres résistances, sa capacité à négocier, et d'apprendre à organiser un groupe d'adultes, qui plus est, de collègues… Chiche?

> *“Je n'ai pas été formé pour travailler en équipe, encore moins pour coordonner une équipe.”*

L'expérience de l'équipe du collège Marx-Dormoy

Au collège Marx-Dormoy (Paris XVIIIe), une petite équipe (technologie, sciences physiques et SVT) a élaboré un module « démarche expérimentale ». Expérimentale, c'est bien le mot, car pour tous, c'était une première… Leur collaboration s'est effectuée selon trois modalités.

► Les enseignements de l'expérience du collège Marx-Dormoy

Ce riche témoignage d'une pratique d'équipe met en exergue quelques points utiles.

• L'équipe n'a pas attendu des moyens supplémentaires pour initier le travail. Un début d'organisation d'équipe permet au contraire d'anticiper les moyens nécessaires pour continuer si cela vaut le coup.

• La maîtrise des informations passe par l'utilisation des TICE (technologies de l'information et de la communication dans l'enseignement) pour faciliter transfert, échange, partage et création commune.

• Conduire un projet commun, c'est accepter de se confronter à quelques difficultés nouvelles, comme des obstacles épistémologiques, des problèmes de vocabulaire, etc. Avant tout, la démarche est pragmatique, progressive.

• L'accompagnement de cette initiative par la formation peut s'avérer utile : ici, des temps d'échanges de pratiques interéquipes, et un accompagnement *ad hoc* sur ses propres problématiques de travail.

• L'émergence d'une « compétence collective », qui dépasse la somme des compétences individuelles : situations, supports, résultats n'auraient pu se faire sans cette collaboration nouvelle. Ils ne sont pas prêts à revenir en arrière (comme avant) : un seuil a été franchi.

➥ Sur le concept de compétence collective, vous trouverez une définition de Le Boterf sur le site Diversifier : francois.muller.free.fr/diversifier/index.htm

1. La communication au sein de l'équipe

Utilisation d'Internet. « Le courrier électronique est un outil qui a permis de pallier notre manque de concertation en échangeant des informations et des documents sans nous rencontrer » ;

Échange de documents. « Nous avons aussi échangé de manière plus traditionnelle les programmes des matières concernées (sciences physiques, SVT, mathématiques, technologie), en incluant des commentaires et en soulignant des particularités, ainsi des documents concernant notre réflexion sur le projet. Nous avons dû construire une culture et un langage communs. »

Concertation. « Peu, trop peu : l'équipe doit totaliser une douzaine d'heures de concertation et des heures de formation pour structurer ce

▸ L'organisation de l'équipe fait le succès des élèves

L'association américaine Just for the Kids a enquêté auprès de plusieurs dizaines de sites dans une vingtaine d'États. Tous ont pour point commun d'avoir des résultats nettement supérieurs aux chiffres attendus. Comment font-ils ?

Éducabilité pour tous... quelle que soit l'origine sociale, ethnique ou culturelle. À Central Union High School (Californie), « jusqu'à ce que chaque étudiant ait réussi son examen final, on ne se repose pas ». Concrètement, les établissements s'équipent de **tests d'évaluation**. Au Tennessee, on définit « un nombre limité d'objectifs basés sur les résultats des élèves, les programmes de l'école ». Certains districts fournissent des tests locaux.

Pédagogie différenciée. Dans un district new-yorkais, tous les enseignants ont suivi une formation à ce type d'approche et pratiquent des groupes de compétences : « Les enseignants gardent trace des résultats des élèves tous les jours ». À Lockport City, on prône « la différenciation, et non la remédiation ». Ainsi, ils ont pu s'adapter à une population scolaire assez mobile. Certaines écoles n'hésitent pas, même, à bouleverser l'organisation de leur emploi du temps autour de thématiques. Dans une école, on a ainsi bloqué la matinée pour la lecture et l'écriture. Enfin, certains districts proposent des tuteurs pour accompagner les enseignants débutants. À Memphis, ils se rencontrent chaque semaine.

La communication entre enseignants est donc essentielle. Au Tennessee, « on va dans la classe d'un collègue tous les jours ». En Californie, les directions impulsent des groupes de communications où on partage les expériences : « atteindre ses objectifs est vu comme une activité collective et coopérative », rapporte l'association.

http://www.just4kids.org/jftk/twenty_states.cfm

que nous avions fait. L'ordre du jour des séances a donc toujours été précis, clair et souvent respecté. »

2. Une coanimation programmée et organisée

« Nos élèves montraient un manque de méthodes et n'arrivaient pas à transférer des démarches de pensée pourtant identiques dans les disciplines scientifiques enseignées. La séance de coanimation a donc été une occasion idéale pour impliquer les élèves dans ces démarches. Enfin, nous avons tenu à montrer que l'union fait la force ! »

3. Trouver des sujets suffisamment intéressants
Deux années d'expérience leur ont permis d'établir un « cahier des charges » :
– trouver un sujet pouvant être traité dans les trois matières ;
– ne pas se limiter aux programmes si cela nuit à l'efficacité du dispositif mis en place (l'expérimentation article 34 de la Loi de 2005 le permet !) ;
– choisir un sujet ayant un intérêt assez motivant pour les élèves.

L'importance de la direction pédagogique

Que dirait-on si dans un match, on faisait d'abord entrer sur le terrain les joueurs, puis dans la deuxième mi-temps, le goal, les joueurs revenant sur le banc de touche ? Le travail d'équipe est d'abord un travail sur les interfaces et les zones partagées de collaboration.

Où en est votre établissement?

Le travail d'équipe, en équipe, crée de l'animation, voire de la perturbation dans l'établissement. Il est un ferment du changement des pratiques au service des élèves. La direction pédagogique implique dans un même projet enseignants et direction. Elle se manifeste par des signes concrets que Françoise Cros, chercheuse à l'INRP au Centre européen pour l'innovation en éducation et formation, a relevés[2] à l'issue d'une étude comparée sur un certain nombre d'établissements. Ce sont des repères utiles pour analyser la situation dans votre école ou établissement, et déterminer les directions dans lesquelles il faut à présent travailler pour « marquer l'essai ».

> *“ Est-ce que mettre ensemble des professeurs suffit à faire une équipe ? ”*

Voici sept critères possibles pour déclencher le travail en équipe, d'après l'analyse de Françoise Cros.

• Il existe un laboratoire d'idées : distinction et répartition des rôles, existence de choix collectifs prioritaires.

• Il y a des investissements de forme : moyens matériels alloués (crédits, heures rétribuées, salles, temps), réunions de travail, temps de concertation.

2. *Extrait de F. Cros,* Le Transfert des innovations scolaires, une question de traduction, *INRP, juin 2000, p. 14.*

► L'émergence du « conseil pédagogique »

L'organisation du travail en équipe dépasse, à un certain niveau, le domaine de compétences des seuls enseignants. L'équipe a besoin alors d'un cadre affermi par des choix relevant d'un dialogue avec l'équipe de direction. Voici, par exemple, les éléments soulignés par Claire Neira, alors proviseure adjointe du lycée français de Mexico, pour organiser les IDD (itinéraires de découverte) :

• Organiser une journée banalisée de préparation en avril pour préparer le dispositif (vœux des collègues).

• Aligner les horaires des classes l'après midi (implique des choix de service de la part des enseignants).

• Inscrire la concertation dans l'emploi du temps des enseignants.

• Inscrire le CDI dans le dispositif des enseignants pour envisager la mobilité possible des élèves.

• S'appuyer sur un bilan de fin de session pour aménager le dispositif (thèmes, choix, traitement...).

• Acter les grandes décisions au sein du Conseil d'établissement (thèmes, répartition, choix, voyages).

• Faciliter et valoriser les travaux des élèves et des équipes.

• Coordonner et sélectionner les niveaux d'information (élèves, parents, institution...) et de communication.

• Envisager les marges de manœuvre et la souplesse dans l'intervention des enseignants (emploi du temps, heures effectives...).

• S'appuyer sur un ou deux coordonnateurs pédagogiques du dispositif.

Tout cela relève du « conseil pédagogique » : créé par l'article 38 de la loi Fillon, le conseil pédagogique est théoriquement en place depuis 2006 dans les établissements. D'après la loi : « Il doit impliquer plus étroitement les enseignants dans la gestion de leur établissement : leur donner la parole, écouter leurs propositions, dépasser les clivages anciens entre l'administration et la pédagogie pour progresser. Instance consultative et non décisionnelle, il permettra d'expliciter le fonctionnement de l'établissement, de montrer ses forces et ses faiblesses, son rôle sera essentiel en terme d'évaluation de la politique suivie et d'analyse des indicateurs de fonctionnement et surtout il sera force de proposition ».

• Les individus entrent en relation professionnelle par l'intermédiaire d'objets techniques et/ou symboliques : existence de fiches de travail, d'outils, de documents, de textes officiels circulant entre les personnes.

• Les acteurs sont mobiles : parcours géographique, statutaire, professionnel, des personnes, appartenance à des réseaux internes et externes. Réalisation d'expériences réussies.

• Le chef d'établissement favorise la constitution d'un réseau sociotechnique : degré de participation effective au laboratoire, faire connaître et reconnaître le travail à l'intérieur et à l'extérieur de l'établissement, intérêt pour l'action et les personnes.

• Il existe dans l'établissement des controverses qui amènent à aligner les intérêts particuliers dans un projet d'ensemble minimum : temps de problématisation avant d'agir ; aller-retour entre théorie et pratique, négociations, régulations.

• Des porte-parole mobilisent des réseaux : partenaires de l'équipe (parents, communes, collectivités territoriales, rectorat), un système organisé de communication.

La question du pouvoir est toujours présente

Dans la vie d'une équipe, la question du pouvoir est une difficulté qui, si elle n'a pas été abordée explicitement, ressort comme le fantôme du placard. Une certaine culture identitaire mal comprise (au sens de dérive égalitaire) dans la profession, ainsi qu'une défiance endémique envers tout pouvoir établi (un paradoxe pour des professionnels de l'Institution), renforce ce phénomène.

La question se complique avec l'apparition de « rôles émergeants », tel coordonnateur de dispositif par exemple, dans la mesure où la reconnaissance institutionnelle n'est pas acquise d'entrée. Elle doit passer par la validation du chef d'établissement, en accord avec l'ensemble des personnels concernés. Un « investissement de forme », comme le signale Françoise Cros, à savoir la délégation de quelques HSE (heures supplémentaires effectives), peut alors signifier à l'équipe la reconnaissance du travail de coordination, à la manière de ce qui existe déjà dans les disciplines.

Différents rôles de coordination d'équipe		
Inscription des rôles dans l'institution	**Pour une classe**	**Sur plusieurs classes, sur l'établissement**
Des rôles inscrits institutionnellement	Professeur principal	Coordonnateur de discipline. Responsable de laboratoire ou d'un cabinet spécialisé. Coordonnateur de niveau. Élu au conseil d'administration.
Des rôles émergents	Chef de projet Tuteur	Chef de projet. Coordonnateur de dispositif. Coordonnateur d'un groupe de réflexion. Coordonnateur d'une commission. Membre du « conseil pédagogique ».

@ Une analyse de la DPD d'avril 2002 sur les formes et effets du travail en équipe : ftp://trf.education.gouv.fr/pub/edutel/dpd/ni0216.pdf

ORGANISER UNE RÉFLEXION COLLECTIVE SUR LES SAVOIRS : L'INTERDISCIPLINARITÉ

Se rapprocher de ses collègues sur des objets partagés de travail, c'est faire le pari d'une plus grande efficacité dans les apprentissages : le questionnement porte sur les finalités et les modalités de l'interdisciplinarité. Cela évite quelques dérives que des évaluateurs nationaux ont pu constater, de type animation socioculturelles ou récréatives. Il s'agit bien d'organiser une réflexion collective sur les savoirs à enseigner.

Les objectifs de l'interdisciplinarité

Des enseignants en formation ont proposé leur déclinaison de l'interdisciplinarité ; la grande variété des items permet ensuite de recentrer le concept sur deux ou trois items pertinents pour le groupe.

L'interdisciplinarité, selon les enseignants, c'est :
– mettre l'élève au centre du processus d'apprentissage ;
– remettre à sa juste place chacune des disciplines enseignées, un moyen et non une fin, un outil dans la formation de l'individu ;
– montrer aux élèves qu'ils ont déjà souvent résolu hier un problème qu'ils se posent aujourd'hui ;

– voir les choses en grand. Mettre au service des élèves le meilleur de chacun ;
– mettre en lumière le mode de raisonnement commun à toutes les disciplines ;
– construire des ponts qui relient plusieurs matières en se basant sur des compétences ou des aspects du programme commun à ces matières ;
– intervention de plusieurs matières dans le processus d'apprentissage ;
– faire participer plusieurs disciplines au travail d'un thème sur lequel elles peuvent avoir des approches différentes ;
– intégrer dans sa pédagogie de classe ou de groupe des compétences développées acquises ou en voie d'acquisition par d'autres disciplines pour améliorer sa propre pédagogie et donner un sens à tous les enseignements prodigués à un élève au cours de sa scolarité ;
– le travail de plusieurs disciplines avec des objectifs et des compétences communs ;
– croiser deux ou plusieurs disciplines pour mettre en valeur les points de convergence et travailler plus explicitement sur des objectifs transversaux ;
– le décloisonnement des enseignements généraux ;
– la complémentarité d'un sujet ou d'un thème grâce à l'intervention de plusieurs domaines d'approche ;
– le regroupement de plusieurs disciplines ;
– mettre en relation un nombre supérieur ou égal à deux matières, soit par un même professeur soit par plusieurs profs qui travaillent ensemble ;
– la communication entre plusieurs disciplines afin de réaliser une production commune ;
– intégrer plusieurs disciplines pour arriver à réaliser un projet précis ;
– rassembler quelques objectifs de plusieurs matières en un thème pour que les élèves se rendent compte que les matières ne sont pas des mondes isolés et qu'ils peuvent les appliquer dans la vie quotidienne ;
– permettre aux élèves de comprendre la complexité d'un problème en leur montrant la multitude des approches possibles et des capacités utilisées pour le résoudre ;
– travailler un thème ou bien un programme en harmonisation avec une autre matière, en trouvant des points en commun pour que chaque enseignant puisse développer son programme ;
– le croisement de connaissances et d'expériences de deux enseignants ou plus au profit des élèves ;
– un mélange de matières afin d'obtenir un travail complet. Une organisation autour d'un point commun ;

– la relation qu'on peut établir entre plusieurs enseignants qui travaillent dans différentes matières pour aboutir ensemble aux mêmes objectifs ;
– travailler ensemble, dans un même lieu, en même temps, sur une activité où deux disciplines sont incluses ;
– un but pédagogique qui vise à mettre en relation les différentes disciplines ;
– une pratique pédagogique qui a pour but d'intégrer plusieurs disciplines pour l'enseignement d'un thème. Pour ce faire, on élabore ou on établit des projets autour d'un thème ;

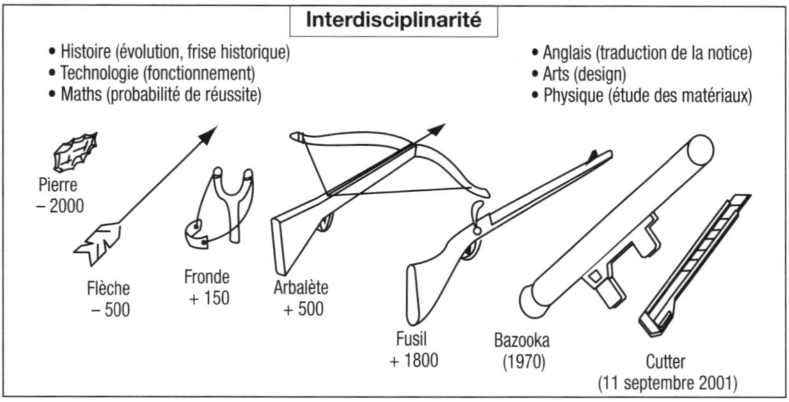

Dessin pendant une formation. Mexico, 2002.

– la mise en œuvre par les élèves d'un projet qui englobe plusieurs disciplines ;
– avoir des objectifs communs et les atteindre en travaillant ensemble avec des méthodes propres à sa discipline ;
– donner du sens au terme « équipe pédagogique ». Équipe de travail structurée autour de quelques points du programme ;
– trouver différentes entrées à un même thème. Reformuler le même thème à partir de points de vue différents. Varier les approches d'un même champ de connaissances. Comprendre qu'il n'existe pas de vérité absolue mais des fragments de connaissance. Chercher un sens au savoir et répondre à la question : « Pourquoi apprendre ? »

Il n'y a donc pas une bonne et seule définition, mais des définitions : l'interdisciplinarité, plus qu'un objectif, est d'abord une modalité de travail entre les enseignants ; les croisements plus ou moins approfondis sont souvent concomitants dans un établissement, ou aussi progressifs dans l'exercice professionnel d'une équipe, pour peu qu'on lui laisse le temps de se trouver.

ORGANISER LA « CONCERTATION » : DES TECHNIQUES POUR MIEUX TRAVAILLER

Si vos réunions se révèlent décevantes, c'est aussi souvent parce qu'on les dévalue, soit en les organisant trop fréquemment (c'est la fameuse « réunionnite » si exaspérante), soit en attendant si peu de ces échanges qu'à force de ne pas y croire, on finit par créer ce qu'on craint : des réunions où rien ne se dit. Chaque réunion peut pourtant surprendre par sa richesse et ses rebondissements... pour peu que de réelles possibilités de communication soient accordées aux participants. Question d'organisation !

“ On a de gros problèmes de méthodologie et de surcharge de travail. C'est un peu la « réunionnite ». ”

Il n'existe pas en réalité de bonnes ou de mauvaises réunions, mais plutôt des réunions suffisamment ou insuffisamment préparées. Au-delà d'une efficace organisation matérielle, une bonne préparation suppose aussi, de la part des responsables, d'être ouverts à tout ce qui pourrait se passer, d'accueillir l'imprévu comme les opportunités.

Comment éviter la réunionnite aiguë

Quelques règles simples permettent de prévenir le syndrome de la réunionnite aiguë.

• Déterminez un calendrier prévisionnel de réunions d'équipe, ni trop, ni trop peu, de façon à permettre à chacun de s'organiser en terme de disponibilité matérielle (et mentale).

• Quelques jours avant une réunion, consultez et fixez un ordre du jour réaliste en quelques points, centrés sur le projet mené ou le problème rencontré, afin d'éviter tout débordement ou toute surcharge qui ferait dévier l'objet même de la réunion.

• Donnez-vous un protocole des rôles, tournants si possibles, à tenir : animateur, secrétaire de séance, gardien de l'ordre du jour, ambassadeur de l'équipe, etc.

• Chaque fin de réunion doit se clore par la récapitulation des points de décision prise, des questions encore à traiter, de la date de la prochaine réunion.

• Organisez le travail entre deux réunions en constituant des minigroupes, ou des binômes chargés de collecter de l'information, de produire un document qui sera soumis au groupe

• Tenez un cahier de bord de l'équipe, collectant à la fois les relevés de décision, les documents de travail, les documents ressources utilisés. Cela permettra de dépasser l'impression pénible de la stagnation et d'informer les éventuels absents ponctuels.

Se donner quelques référents communs : une technique pour stabiliser un concept en équipe

La dimension « valeurs » apparaît la plupart du temps quand les membres d'une équipe s'exposent. Mais les valeurs ne sont pas une donnée en soi, elles se construisent en équipe. À cet égard, la technique du Q-sort (choix à partir d'une série de propositions, voir page 85) peut être appliquée, par exemple sur le concept et/ou les pratiques de l'interdisciplinarité.

Chacun reçoit la liste des propositions numérotées et deux bulletins de réponse : un qu'il garde pour aide-mémoire, un autre qu'il communique au groupe. Le dépouillement des choix de propositions, affectées chacune de coefficient, puis le total des points par proposition font alors apparaître deux ou trois propositions largement partagées, mais aussi autant d'items rejetés. Ce début de consensus qui permet à tous les membres d'approfondir, par exemple dans une étape ultérieure, les modes et les techniques d'évaluation du travail des élèves.

Se donner une identité de groupe, la technique du blason

La formalisation par l'écriture est un moment obligé dans le travail d'équipe afin de dépasser le niveau « café du commerce » ; la mise en mots permet de faire des choix et de mieux communiquer ensemble puis à l'extérieur. L'écriture collective peut s'enrichir de supports métaphoriques simples, mais efficaces : c'est le cas de la technique du blason. Un blason partitionné (c'est le terme héraldique, chaque partie a une attribution de thème, modulable selon les cas) peut être proposé à chaque membre, ou à un binôme ou un trio, puis les productions sont exposées au groupe. On détermine ensemble ce que sera le blason du projet de l'équipe. Par exemple, un groupe peut proposer :

Notre objectif pour cette année : Mettre en place un dispositif de tutorat pour les élèves en grande difficulté au collège	
Trois sous-objectifs : Suivre deux élèves sur l'année Coordonner les interventions Faire un bilan de compétences	**Trois qualités :** Dynamique du projet Volontariat des élèves Implication du CPE, du COP
Trois points d'appui : Expériences de trois collègues Appui-formation programmée Attribution d'HSE	**Trois points faibles :** Manque d'heure de concertation Matériels informatiques insuffisants Lourdeur des programmes
Mots-clefs Remotivation - Évaluation - Remédiation	

Ensuite chaque groupe défend son blason et on synthétise par « quartier ». Au-delà du support emblématique et « identitaire », c'est bien un processus d'élaboration collective et progressive qui est à l'œuvre. Trace symbolique et pourtant tangible de la structuration d'une équipe.

AUTOTEST : PARTICIPEZ ACTIVEMENT À LA RÉGULATION D'UNE RÉUNION

✪ Lors des toutes prochaines réunions prévues d'une équipe de classe ou d'école, vérifiez si les points méthodologiques suivants sont appliqués :

❏ réunion annoncée à l'avance ;
❏ points de l'ordre du jour prévus ;
❏ ordre du jour respecté ;
❏ distribution des rôles ;
❏ alternance échanges oraux, mise par écrit ;
❏ relevé de décisions ;
❏ constitution en groupes de travail ;
❏ communication prévue à l'externe ;
❏ tenue d'un cahier de bord d'équipe ;
❏ programmation à l'avance de la réunion suivante.

✪ Proposez une amélioration sur au moins deux points qui vous semblent importants.

1. ....
2. ....

CHAPITRE 7

Créer un outillage

RÉALISATEUR

A quoi reconnaît-on une institutrice de maternelle ? C'est elle qui organise, auprès de ses voisins de palier, la collecte des petits pots et des rouleaux de papier ; les enfants sont associés à cette quête du Graal pédagogique qui permet d'aboutir à de magnifiques et touchantes réalisations pour la fête des mamans. C'est loin d'être caricatural. Les enseignants passent un temps certain à fourbir leur arsenal. Comment passer le degré de l'artisanat pour devenir expert en ingénierie pédagogique, ce qui n'interdira pas le bricolage...

TOUT RÉINVENTER À CHAQUE FOIS ?

C'est une véritable démarche de recherche alchimique qui suppose un objectif, une règle, du matériel, un mode d'animation ; il s'agit d'un processus d'innovation engagé à chaque fois avec la même concentration d'attention et de création. Les conjoints d'enseignants le savent bien. Quels sont donc les points communs entre les pots de yaourt de l'institutrice de maternelle et la charte de vol en ECJS (éducation civique, juridique et sociale ? D'où viennent ces bricolages qui font le quotidien et les soirées des enseignants ?

> ***“ Je passe un temps fou à préparer mes supports de cours, même après dix ans d'exercice. ”***

Pourquoi les profs « bricolent »...

Les professeurs sont amenés à « bricoler », pour plusieurs raisons[1] :
– la rareté relative des documents et matériels disponibles sur le marché ou dans les réseaux d'échanges ; Internet commence à jouer son rôle de

1. D'après P. Perrenoud, sur le site Life de l'université de Genève : www.unige.ch/fapse/SSE/teachers/perrenoud/php_main/php_1983/1983_01.html

banque de données pédagogiques dans le secondaire, pas tout à fait encore dans le primaire. Les frais professionnels restent aussi trop souvent à la charge de l'enseignant ;
– la difficulté, lorsque ces documents existent, de trouver un moyen terme entre une simple piste (faire une enquête sur, traiter un thème pluridisciplinaire, utiliser l'actualité, pratiquer la correspondance scolaire, etc.) et une activité complètement structurée, qu'il suffirait de reproduire sans rien inventer. Les listes de discussion sont ici utiles pour faire appel à un échange de savoirs ; on mesure aussi la limite des kits ou des valises pédagogiques très en cour dans le primaire ;
– l'envie, justement, d'inventer, de façonner soi-même l'activité pour mieux l'investir, de sortir de la simple consommation de moyens d'enseignement ; rien ne sera aussi adapté à sa progression, aux niveaux de ses élèves ;
– le choix de travailler aussi souvent que possible à partir des propositions et des intérêts des élèves, de ce qui leur arrive, de l'environnement proche (le fameux « vécu »), des projets qui s'élaborent au sein du groupe-classe ;
– l'individualisme des enseignants, leur tendance à réinventer personnellement ce que d'autres ont probablement déjà expérimenté ailleurs.

Ce serait très mal comprendre la logique de la pratique enseignante que de combattre de front cette tendance. Pour les maîtres, la réinvention d'activités et du matériel correspondant est un élément important dans l'enrichissement et l'appropriation personnelle du rôle professionnel.

@ Le Café pédagogique : sans conteste la ressource en ligne la plus complète et la plus actuelle en matière d'initiatives et d'outillages pédagogiques. wwww.cafepedagogique.net… Une bonne page d'accueil pour son navigateur favori. Bon expresso !

○ ÉLABORER SON TABLEAU DE BORD : L'EXEMPLE DU PROFESSEUR EN DÉBAT

Patrice Baffico, jeune enseignant, a assurément sa place dans cet ouvrage. Il s'est transformé en « pilote de ligne » pour accompagner ses élèves de première dans l'apprentissage du débat démocratique dans le cadre de son cours d'ECJS (éducation civique, juridique et

> « ***Mes élèves doivent apprendre à débattre ; ils n'ont jamais appris, et moi, je n'ai pas été formé à ça.*** »

sociale). Voici le document, établi après quelques mois d'expériences, qu'il distribue à ses élèves :

CHARTE DE VOL-ECJS

PARTIE 1 : DE L'ORGANISATION GÉNÉRALE DES SÉQUENCES D'ECJS

Article 1. L'éducation civique, juridique et sociale s'organise en séquences. Chaque séquence traite un des thèmes définis dans le Bulletin officiel de l'Éducation nationale. Les élèves choisissent les thèmes.

Article 2a. Chacune des séquences d'ECJS s'organise en deux grandes phases : une phase préparation et une phase débat. Ces deux phases se divisent en quatre étapes : étape 1 - le briefing; étape 2 - le décollage et la feuille de route; étape 3 - les contrôles de vol; étape 4 - l'atterrissage.

Article 2b. L'image du « vol » est choisie pour faciliter la compréhension du déroulement des séquences d'ECJS. Le décollage et l'atterrissage d'un avion nécessitent de contrôler beaucoup de paramètres. Débattre oblige aussi à la maîtrise de nombreux éléments (savoirs, savoir-faire) sous peine de « crash ».

Article 3. Une séquence d'ECJS dure au moins cinq heures (voir article 4).

PARTIE 2 : DE L'ORGANISATION PRÉCISE DES DIFFÉRENTES PHASES QUI COMPOSENT LES SÉQUENCES D'ECJS

Article 4. La phase de préparation (3 étapes) et la phase de débat (1 étape)

■ **La phase de préparation est organisée en 3 étapes :**

Étape 1 : le briefing (durée : 55 minutes)

Dans cette étape, il s'agit d'abord de définir le thème à traiter lors de la séquence. C'est un choix des élèves (voir article 1). Puis, le groupe réfléchit à des pistes de recherche possibles (« pistes d'envol ») : par exemple, le thème choisi est la sécurité routière (programme de première) et les pistes de recherche sont la prévention, le traitement des infractions. Ensuite, est posée la question d'une recherche au CDI. Si la réponse est négative, les élèves font une recherche personnelle entre le briefing et le décollage; si la réponse est positive, les séances au CDI se situent entre les deux étapes citées ci-dessus et augmentent donc le volume horaire des séquences. Enfin, des groupes de travail sont constitués. Le choix des exposants, rapporteur(s) et président (voir article 5) est fait au même moment.

RÉALISATEUR

Étape 2 : le décollage et la feuille de route

Le décollage et la feuille de route sont deux étapes de traitement des informations. La première dure 55 minutes. La seconde a une durée indéterminée car elle dépend de la capacité des groupes à analyser les documents et peut donc s'étaler sur plusieurs heures.

• L'étape « décollage » permet, d'une part, le classement des différents documents trouvés par les élèves en dossiers et, d'autre part, la répartition de ces derniers à chaque groupe. Un dossier correspond à un « sous-thème » : par exemple, le « sous-thème » prévention des accidents de voiture appartenant au thème sécurité routière. Cependant, un paquet « hors classement » est envisageable. En effet, certains documents trop volumineux ou étant les seuls à traiter d'une idée peuvent être écartés par les élèves et réutilisés par les exposants (voir article 5).

• L'étape « feuille de route » est l'étape de l'analyse et de la compréhension des documents composant les dossiers. Dans cette phase, il est demandé aux élèves de construire un questionnaire à partir des documents analysés. Il a pour but de les obliger à comprendre ce qui est écrit dans les documents.

Étape 3 : les contrôles en vol (55 minutes)

Cette étape est un « petit débat » car elle permet à chacun des groupes, pendant 30 minutes, de résumer leurs recherches et leurs réflexions aux autres. Elle est suivie d'une « phase de cours » où le professeur (« contrôleur aérien ») apporte des informations complémentaires où il resitue le thème dans son contexte historique, géographique...

■ La phase de débat est organisée en une étape : l'atterrissage

Le débat est organisé par un président (voir article 5) et mis en « forme écrite » par un rapporteur (voir article 5). Il se place après l'exposé.

Article 5. Les exposants, le(s) rapporteur(s) et le président sont choisis parmi le groupe.

• Les exposants ne doivent pas être plus de deux. Ils travaillent en « quasi autarcie » pendant les trois premières étapes. Cependant, il leur est possible de rencontrer les différents groupes pour leur demander de l'aide ou des documents lors de la deuxième étape. Ils exposent leur travail au début de la phase débat.

• Les rôles du président et du (ou des) rapporteur(s) sont clairement définis par les deux fiches distribuées « je joue le rôle d'un président de séance », « je joue le rôle d'un rapporteur ».

Enseignant débutant, il est pourtant parvenu en peu de temps à monter son dispositif pédagogique en créant son outillage et en le communiquant : charte de vol, fiche des rôles, création d'un rituel facilitant l'organisation. Il entraîne tous les élèves à s'impliquer dans toutes les étapes du processus ouvert et souple dès sa conception. Cet arsenal pédagogique n'est apparu que sur l'obligation institutionnelle de l'ECJS, il ne préexistait pas. La créativité pédagogique est souvent issue de la rencontre entre ces éléments que sont le cadre des enseignements, les besoins des élèves et la réactivité de l'enseignant.

Ce qui est nouveau avec Patrice Baffico, c'est sa promptitude à participer au réseau pédagogique sur Internet ; sa pratique a été largement signalée dans le domaine de l'ECJS. Il rend possible la transposition de l'outil et de la méthode, tout ou partie, selon les cas et les lecteurs.

Il conviendrait de signaler encore trois types de ressources émergeantes, à investir : **le jeu, la carte conceptuelle et l'affichage.** Trois pratiques très différentes les unes des autres, qui ont en commun de solliciter la dimension créative et inventive de l'enseignant.

@ Le réseau Innovation, créé en 1997, vous met en relation avec un correspondant dans chaque rectorat. Il a pour objectif de repérer, accompagner et valoriser les initiatives enseignantes. Une riche banque de données, descriptive et analytique, est disponible en ligne sur le site Internet : eduscol.education.gouv.fr. N'hésitez pas à le contacter, il saura vous guider dans une analyse plus approfondie, voire des ressources encore inconnues. À Paris, vous pouvez visiter le site : innovalo.scola.ac-paris.fr

CRÉER UN ESPACE DE JEU EN CLASSE

Et si l'Histoire avec un grand H était faite avec des « si » ? Dans un collège de Seine-Saint-Denis (le « 9-3 » comme aiment à le surnommer certains élèves), Pascal avait déjà fait le tour du *pensum* sur le déroulé obligé des phases de la Grande Guerre de 1914-1918. S'appuyant sur sa propre expérience du jeu de stratégie, il a conçu de toutes pièces un jeu de plateau reproduisant la carte des États d'Europe en 1914.

> ***“ Sur des questions difficiles, le cours n'a plus l'air de suffire ; il faut autre chose. ”***

Dans la peau d'un général

Des pions de couleurs pour chaque grande puissance, une règle simple, des dés qui inscrivent le jeu dans le temps (un tour, c'est un mois de passé), des phases de concertation pour gérer les alliances et la stratégie. On joue et rapidement, les élèves devenus stratèges découvrent les possibles. « Et là, j'ai le droit ? » ; qui parle ? Le « je » de Rachid ou le JE du général en chef allemand. Rien ne l'interdit ; le combat dure une heure, quatre années sur le terrain des opérations. L'enchaînement des microdécisions aboutit toujours à un même résultat : la faillite des empires centraux.

Debriefing : les élèves découvrent les principes d'alliances stratégiques, de mobilité et d'enlisement, de double front. C'est bien une leçon de géopolitique qui s'est déroulée mettant en œuvre des concepts opératoires pour une compréhension du monde contemporain. L'attention des élèves était au maximum.

Les vertus pédagogiques du jeu

Avec des jeux, on peut aborder de nombreux domaines, et souvent d'une manière combinée. On peut, par exemple, apprendre avec d'autres, résoudre des conflits, faire un *brainstorming*, remplacer des réunions inutiles et/ou inefficaces, résoudre des problèmes, ordonner les idées par ordre d'importance, apprendre à vivre avec d'autres, faire un debriefing d'une activité complexe, apprendre à travailler ensemble, comprendre un raisonnement complexe, etc.

> ***« Le cours n'est pas un jeu, le jeu n'est pas un cours. »***

Le jeu en pédagogie présente des avantages certains :
– il mise sur le vecteur « plaisir » ;
– il donne du « sens » en situation virtuelle ;
– il rend l'apprentissage actif ;
– il fait vivre un monde fictif ;
– il permet un véritable processus d'acculturation (groupe, espace, temps défini).

Mais attention il faut prendre en compte tous les aspects :
– le jeu table sur une motivation extrinsèque des élèves. Veillez à ne pas la tarir par un recours trop systématique et lassant à force ;

– le jeu requiert un engagement et une libre participation, une adhésion ;
– un problème de « compétences » peut se poser (par sexes, niveaux scolaires) ;
– le jeu se fonde sur un apprentissage par imitation, différent d'une véritable organisation du savoir ;
– en tant que mode d'évaluation formative, évitez de noter ; on se trouve dans un espace fictif.

Les bilans du jeu. Il y a donc toujours un « après-jeu » en pédagogie comme un atterrissage dans l'aviation : que s'est-il passé ? Quelles leçons pouvons-nous en tirer ? Qu'avons-nous appris pour la suite ?

@ Le réseau LUDUS, animé par D. Sestier et Y. Hochet, a été créé en 1998 pour promouvoir l'utilisation pédagogique du jeu dans les cours d'histoire, de géographie et d'éducation civique. Primé en 2002 comme innovation pédagogique, il produit régulièrement des jeux utilisables en classe... Site internet : http://histgeo.discip.ac-caen.fr/ludus/. À compléter par la lecture de *Place au jeu ! Jouer pour apprendre à vivre*, de Patrice Huerre, Collection « L'enfance en questions », Nathan, 2007.

CONSTRUIRE ENSEMBLE DES CARTES CONCEPTUELLES

Organiser des idées, des éléments de savoirs, tenter d'être fidèle à la complexité du raisonnement et aux liens, ce sont des défis pour l'enseignant. Un support préconstruit ne peut que suivre très imparfaitement ces entrelacs à la manière des synapses neuronaux de notre cerveau. Un support, non, mais un outil oui. C'est l'objet de la carte conceptuelle développée, par exemple, par le logiciel MindManager (téléchargement en version démo). Mais vous pouvez en réaliser plus simplement avec les outils proposés par le logiciel de type Word.

> ***« J'ai toujours l'impression que c'est moi qui fais le travail, à la place de mes élèves. »***

La carte conceptuelle, ou schéma heuristique, est fondée sur le principe des cartes mentales de Tony Buzan, générateur de cartes de concepts arborescents et évolutifs par hyperliens de toutes sortes, et de relations

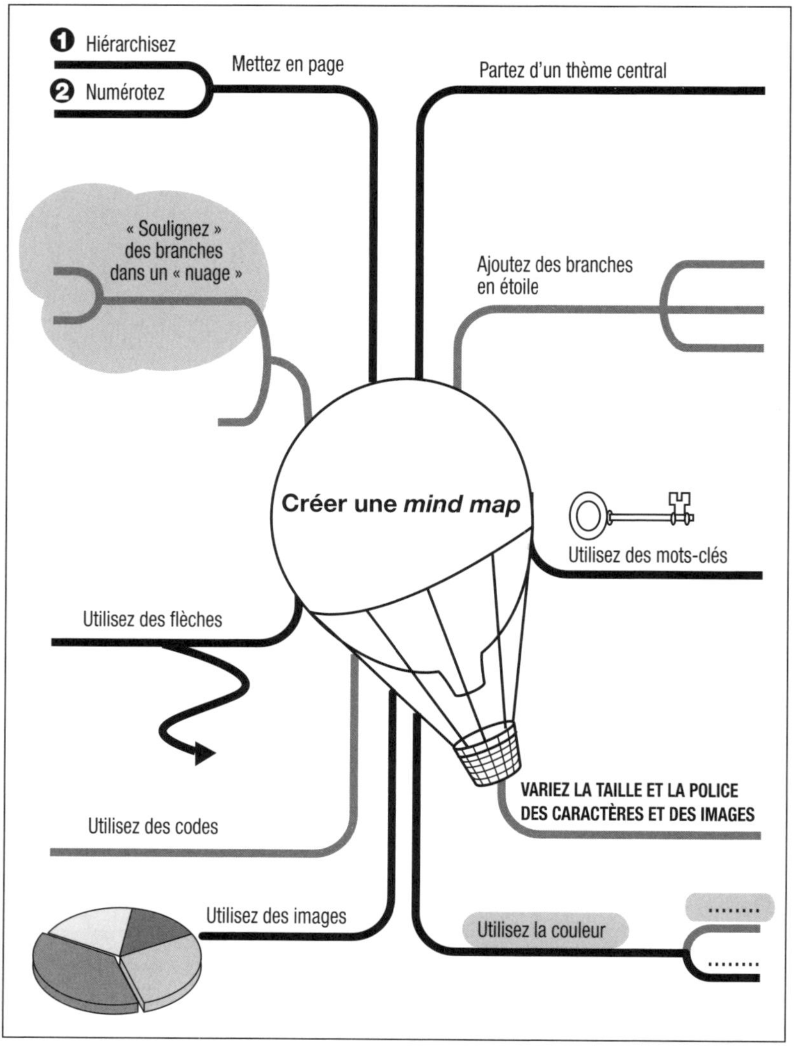

transversales… Les *mind maps* sont des listes de mots structurés et organisés en arborescence pour représenter une idée, un concept, un projet, un plan… Ils permettent d'organiser, générer et présenter des idées graphiquement avec possibilité de détacher ou grouper des branches (des développements selon une logique fractale).

Le graphique met en scène les principes d'élaboration de la carte mentale. Souple, évolutive et personnalisée, elle peut faire l'objet également d'une élaboration collective. La formalisation des connaissances par représentation sous forme de carte semble être un bon outil[2], surtout lorsque ce sont les élèves qui les construisent eux-mêmes. En assemblant progressivement entre eux les éléments acquis, il est possible de comprendre le détail et la globalité d'un champ de connaissance.

La carte, enregistrée sur un poste, dans le dossier élève du réseau, permet de travailler dans la durée. C'est-à-dire qu'elle ne sera pas utilisée seulement sur une séance, mais pendant une séquence, voire une année scolaire. L'élève peut remplir sa carte au fur et à mesure des apprentissages . D'abord individuellement, puis en confrontant les premiers essais, collectivement, cela permet des réajustements. Le schéma heuristique peut ainsi être assimilé à un outil d'aide à la structuration des prises de notes.

@ MindManager. Nombreuses possibilités d'importation et surtout d'exportation sous différents formats, dont une bonne conversion des cartes liées en PréAO (présentation assisté par ordinateur) ou en pages hypermédia pour le Web : www.mindmanager.fr

BRICOLER ET AFFICHER SES OUTILS D'ENSEIGNEMENT

La classe offre un espace de création à l'enseignant. L'affichage, en primaire bien sûr, mais aussi dans le secondaire, est un facteur capital d'efficacité : en jouant sur l'environnement scolaire, il permet d'étayer les apprentissages fondamentaux. La permanence de certains affichages ou le changement régulier de certaines parties permettent à l'élève de se confronter aussi fréquemment que possible à des notions auxquelles le maître reviendra aussi souvent que nécessaire.

> ***« Mis à part mon autorité « naturelle » et le manuel, je me trouve démuni en terme d'outils. »***

La classe devient livre ouvert et interactif au fur et à mesure des projets conduits ensemble. Les murs dazibaos se revêtent progressivement d'une mémoire collective. Cette dimension devrait assurément être développée dans le secondaire, dans la mesure du possible.

2. *D'après un article paru dans* Epinet, *janvier 2001, en ligne sur : www.cepec.org/disciplines/ntic/artiepi.htm*

Les documents à afficher

Les affichages réglementaires. Dans les classes primaires, certaines informations doivent être affichées :
– les progressions ;
– l'emploi du temps ;
– la pyramide des âges des élèves de votre classe ;
– la liste des chants (à compléter au fur et à mesure) ;
– la liste des poèmes (à compléter au fur et à mesure) ;
– la liste des élèves.

Mais la liste est loin d'être complète.

Les outils pédagogiques. Voici, à titre d'exemples, ce que vous pourriez utilement afficher (nous vous précisons, le cas échéant, le niveau d'enseignement correspondant) :
– tableaux de sons, maisons de sons (pour la lecture). Cycle 2 ;
– dessins avec article + mots et graphème (lecture). Cycle 2 ;
– travaux d'arts plastiques, reproduction de tableaux d'artistes peintres (pour décorer la classe et pour apprendre !) ;
– textes produits par les enfants (poèmes...) ;
– cartes ;
– le règlement de la classe (après élaboration avec les enfants) ;
– tableau des jours de la semaine (hier, aujourd'hui, demain). Cycle 2 ;
– les calendriers de chaque mois de l'année ;
– les dates d'anniversaire/un calendrier des anniversaires. Cycle 2 ;
– le programme de la journée (des dessins représentant les matières, que vous fixez contre un mur, sur une corde, à l'aide de pinces à linge, pour le cycle 2. Pour le cycle 3, écrivez ou faites écrire tout simplement le programme-menu de la journée dans un coin de la classe sur un petit tableau : la recette, le GN, la division, EPS...) ;
– une frise numérique. Cycle 2 ;
– une frise chronologique ;
– les tables d'addition. Cycle 2 ;
– les tables de multiplication ;
– un abécédaire ;
– le vocabulaire nouveau et les mots difficiles à orthographier ;
– les règles de grammaire, d'orthographe ;
– les tableaux de conjugaison ;
– les règles de mathématiques ;

– des référents pour la production d'écrits (maquette...) ;
– un tableau des rôles de communication, de responsabilité, de gestion, de production d'organisation... (à transposer pour le secondaire) ;
– un code de correction (MD = mal dit, ACC = accord, etc.) ;
– des guides de correction ;
– des guides de relecture ;
– des affiches, des photographies (en rapport avec un thème de travail en vocabulaire, sciences, histoire ou géographie, ou simplement pour décorer la salle de classe) ; donner à voir !

Comment organiser les affichages

Les affichages correspondent aux apprentissages faits en classe et doivent donc évoluer (de toute façon, vous êtes limités en espace !). Les affichages devraient être visibles depuis n'importe quel endroit de la classe.

• Pensez à créer des « coins » pour chaque type d'affichage : un coin mathématiques, un coin anglais, un coin français, etc., pour que les élèves puissent se repérer facilement.

• Réalisez, si possible, les affichages avec le concours des élèves : cela les valorisera, et ce sera une bonne occasion pour eux d'apprendre à présenter leur travail (lisibilité, propreté, concision et précision des informations).

AUTOTEST : AMÉLIOREZ VOTRE MISE EN ESPACE PÉDAGOGIQUE

✪ Affichez les apprentissages
Faites le tour de votre salle de classe ou de la salle où vous exercez le plus souvent : quels sont les affichages importants pour votre enseignement ? Que pourriez-vous améliorer ? Comment pourriez-vous mieux les mettre en valeur ? Faut-il intégrer des supports produits par des élèves ?

✪ Établir la carte conceptuelle de votre discipline
Au tout début de l'année, peut-être même lors des deux premières heures avec la classe, après avoir réglé toutes sortes de formalités, dressez avec vos élèves la carte conceptuelle de la discipline que vous enseignez : « Pour vous, apprendre l'anglais, c'est... » Chaque élève fournit deux réponses. Petits papiers, collecte, puis dépouillement par des élèves,

▶ Bricoler son quiz c'est facile, riche… et efficace pour les élèves

« Réduire l'utilisation des quiz à ce système de notation rapide, n'y voir qu'un outil pour le professeur qui n'aime pas corriger les copies et souhaite y consacrer peu de temps, c'est passer à côté d'un instrument pédagogique important, surtout depuis l'apparition des quiz informatisés qui enrichissent considérablement le contenu des questions et permettent facilement de faire et refaire le questionnaire. Ludique, esthétique, varié (du texte, des images, des sons, des vidéos…), le quiz a tout pour séduire. Il permet de s'adresser autrement que par le discours à l'étudiant, favorise le dialogue, l'autonomie, l'implication. »

Le GRID Économie-gestion de l'académie de Créteil publie un intéressant dossier sur les quiz informatisés. Il montre que le quiz n'est pas qu'un outil d'évaluation mais aussi un instrument pour apprendre et consolider ses connaissances. Il analyse les différents logiciels disponibles en montrant leurs potentialités.

➥ ***www.ac-creteil.fr/economie-gestion/FT/grid/grid_01_quiz.pdf***

vous êtes au tableau pour faire la synthèse et proposer une organisation, toujours validée par le collectif. Un schéma « solaire » s'établit peu à peu, avec plusieurs satellites.

Vous aurez alors défini une véritable charte de la discipline pour la classe, en entrant par le sens.

CHAPITRE 8

Préparer une sortie, un voyage, un stage

RÉALISATEUR

L'École, pour préparer ses élèves à la vie professionnelle, doit s'ouvrir et permettre d'aller voir ailleurs que dans son sein ; c'est au moins une attente forte du public et des familles. Comment faire pour que les exigences et les rites de l'École s'ouvrent à la société civile, comment mieux préparer les élèves à décoder l'extérieur du sanctuaire scolaire ?

ARTICULER L'ORDINAIRE ET L'EXTRAORDINAIRE DANS LA CLASSE

Lors d'une information aux enseignants, le professeur responsable du service pédagogique d'un grand musée parisien vantait les mérites du parcours « maths et art contemporain » en s'appuyant sur le côté attractif, voire ludique, une approche différente de celle des maths en classe. Diversifier l'apprentissage des maths en modifiant son « affichage » disciplinaire peut augmenter les performances des travaux d'élèves, mais il ne faut pas limiter cette approche aux murs d'un musée, loin de l'école. Le retour en classe, le travail dans un atelier « arts » peuvent être un bon prolongement.

> ***“ Il n'y a que les sorties pour motiver les élèves ; le reste du temps, c'est l'apathie. ”***

Au moment de la relance de la politique de l'éducation prioritaire et du bilan des pratiques, de nombreux textes ont circulé concernant notamment une dérive activiste de l'école, parfois oublieuse des apprentissages ; à multiplier les projets de toutes natures, on mettait presque entre parenthèses le quotidien de l'École ; l'« extra-ordinaire » attractif des projets et des sorties prenait le pas sur l'ordinaire de la classe. Une arme à double tranchant car en continuant dans ce sens, nous adressons aux élèves un message peu engageant : l'école, c'est mieux ailleurs ou autrement…, mais malheureusement 95 % du temps, ce sont : un enseignant, une classe, des programmes…

SORTIR POUR APPRENDRE ENSEMBLE

La sortie pédagogique est assurément une pratique conseillée, plébiscitée par les élèves et les familles, parfois décriée par les enseignants, mais toujours utile pour tous. Rien ne la prescrit dans les textes, mais elle contribue de façon certaine à élargir l'horizon scolaire, que l'on exerce dans un milieu très urbanisé et dégradé ou dans une petite école rurale isolée. Elle donne à voir que l'on apprend en toutes circonstances et permet de mettre en situation certains savoirs et capacités prescrits de l'École.

> ***« Une sortie, c'est beaucoup trop lourd en temps, en organisation et en responsabilités. »***

À éviter! À tenter!

On évitera la sortie pour la sortie, ou la sortie de fin d'année qui n'a aucun fondement pédagogique, si ce n'est d'occuper des élèves dont on ne sait que faire quand le programme est bouclé ! Il y a là une réflexion en établissement à mener sur la restructuration des trois dernières semaines de l'année scolaire pour établir un pont avec la rentrée suivante, par exemple préparer les élèves aux orientations décidées, organiser des préparations plus efficaces aux examens, tester un emploi du temps plus mobile… Innovons!

Comme toute autre activité pédagogique, la sortie ressort d'un projet, d'objectifs, d'une planification et d'une organisation spécifiques : pour quoi, avec quoi, comment? Elle est une modalité de l'enseignement ordinaire. Ce qui peut la rendre extraordinaire, c'est sa rareté, et cela dépend en partie de vous. La ramener dans le champ de l'ordinaire, c'est lui assurer un traitement égal à celui que vous réservez à vos propres cours.

Faire sa *check-list* pour partir

La sortie a un impact sur l'organisation de l'établissement et la vie scolaire, et nécessite donc une préparation logistique un peu plus lourde que d'autres activités plus « classiques ». Pour vous aider, nous vous proposons la *check-list* suivante de la sortie pédagogique.

Élaboration du projet :

❑ la sortie s'inscrit dans la programmation annuelle des séquences ;
❑ la sortie est en cohérence avec les programmes ;
❑ la sortie est en cohérence avec le projet d'établissement ou de classe ;
❑ les élèves ont été informés tôt de la sortie (motivation entretenue).

Organisation logistique :

❑ la réservation du créneau horaire est faite ;
❑ la réservation du moyen de transport est faite ;
❑ l'autorisation administrative a été remplie et signée ;
❑ la sortie a reçu l'aval du conseil d'administration (cas des voyages) ;
❑ les élèves ont TOUS rendu l'autorisation parentale dûment complétée ;
❑ la participation aux frais individuelle a été collectée ;
❑ tous les élèves concernés par la sortie participent ;
❑ la vie scolaire est prévenue ;
❑ l'encadrement adulte est suffisant (1 pour 13 dans le secondaire) ;
❑ les professeurs restant au collège sont prévenus ;
❑ l'aire et l'heure du déjeuner sont prévues ;
❑ les horaires et lieux de rendez-vous ont été reprécisés.

Organisation pédagogique :

❑ les contenus correspondent à mes attentes disciplinaires ;
❑ les contenus sont adaptés au niveau de mes élèves ;
❑ Le type de sortie est adapté aux modes d'apprentissage de mes élèves ;
❑ l'intervenant extérieur peut se modeler à l'attente des élèves ;
❑ la sortie a été préparée en classe (prérequis) ;
❑ la feuille de route (parcours-exploration) est adaptée à la sortie ;
❑ les groupes et le mode de travail ont été précisés ;
❑ les objectifs ont été clarifiés en classe ;
❑ l'exploitation (évaluation) a déjà été prévue et construite.

Au moment de la sortie :

❑ les consignes de sécurité sont respectées (traversée, trottoirs…).

Tous les élèves participent à un moment ou un autre :

❑ les élèves ont les moyens ou le temps de souffler un peu ;
❑ les élèves sont responsabilisés ;

❏ le professeur est disponible pour répondre à toutes les attentes;
❏ les accompagnateurs sont compétents pour répondre ou régler divers problèmes;
❏ aucun problème matériel ne doit se poser.

L'exploitation de la sortie pédagogique :
❏ un bilan de satisfaction est distribué;
❏ les contenus sont réinvestis directement en cours;
❏ la sortie fait l'objet d'une évaluation dans un devoir;
❏ les leçons sont tirées : quelles sont les réussites et les problèmes posés lors de la sortie.

ORGANISER UNE CLASSE TRANSPLANTÉE

> ***« Je voudrais partir avec ma classe, mais je ne connais pas bien la procédure administrative. »***

Dans le cas d'une « sortie scolaire avec nuitées », dans le jargon Éduc'nat (plus de 30 000 classes en 2005), durant plusieurs jours, conception et élaboration d'une classe transplantée, par exemple, passent toujours par la production d'un projet pédagogique. Ce n'est pas un *pensum* exigé par l'Administration avec un grand A ni par un IEN sourcilleux des textes officiels, mais la garantie d'un ancrage sur les objectifs de l'École et une marque de votre expertise professionnelle.

Un stage intensif d'apprentissages tous azimuts

Une classe de découverte quelle qu'elle soit doit être un moyen d'atteindre des objectifs d'apprentissage clairement identifiés. Elle contribue à donner du sens aux apprentissages en favorisant le contact direct avec l'environnement naturel ou culturel, avec des acteurs dans leur milieu de travail. Ce type de classe donne une place significative à l'activité des élèves et permet d'étayer des apprentissages sociaux, moteurs et cognitifs.

De la dominante du projet dépendra l'appellation de la classe : classe architecture, classe patrimoine, classe historique, classe lecture/écriture, classe de mer, classe de neige, classe verte, etc. Sa conception et son organisation sont loin d'être des vacances, ce serait même plutôt du genre « stage intensif ».

La préparation d'un projet pédagogique en vue d'une classe transplantée peut être l'objet et le support d'apprentissages peu sollicités par ailleurs, en associant plus étroitement les élèves : recherche de partenaires, communications et démarches hors de l'établissement, plans de financement, recherche documentaire, tout est *a priori* prétexte pour apprendre dans toutes les disciplines. C'est même ce qui va permettre de différencier une simple prestation de service sous-traitée par un centre ou par un organisme quelconque d'un acte éducatif. Cette phase de préparation permet surtout de transformer le projet d'un professeur en un projet porté par les élèves.

Rédiger le projet pédagogique de la classe transplantée

La rédaction du projet pédagogique suit la matrice somme toute classique de tout projet, avec le cas échéant, une partie spécifique concernant les déplacements, la sécurité et l'hébergement... avec les élèves. (Voir le chapitre 21 « Diriger des projets »).

➢ Introduction

À partir du contexte spécifique de l'école/établissement, présentez l'opportunité d'un projet de classe transplantée dans le cadre de votre programmation.

➢ Constats et manques

En partant du plus général au plus particulier, partez de la présentation du contexte géographique, social de l'école, quelques données socio-économiques puis scolaires sur les élèves de la classe concernée ; enfin, des données pédagogiques et disciplinaires souvent difficiles à traiter dans le cadre strict de l'école. Reportez-vous alors aux instructions officielles.

➢ Les objectifs

Les objectifs généraux. Ce sont plutôt des finalités de l'éducation dans lesquelles le projet peut s'inscrire. Par exemple : développer l'autonomie de l'enfant, apprendre à vivre ensemble. Connaître la diversité des milieux, s'initier aux activités de pleine nature.

Les objectifs évaluables. Plus précis et opérationnels que les objectifs généraux, ce sont ceux sur lesquels vous allez directement travailler avec les élèves. Ils se vérifieront par des indicateurs et des actes relevant de l'évaluation. Concrètement, ils couvrent tous les domaines abordés (connaissances, savoirs, compétences...). Pas d'exhaustivité, mais un souci de pragmatisme.

➢ Les moyens

C'est la partie la plus technique où l'enseignant peut avoir le sentiment d'être dépassé. Bien souvent, il s'appuie sur un prestataire ou alors cette rubrique est sous-traitée par un service de la mairie, par exemple s'il s'agit d'une école. Il n'en reste pas moins que le commanditaire reste l'enseignant et l'objectif demeure pédagogique. Donc, vigilance ; la direction de l'école peut vous être d'une grande aide dans cette partie.

Les moyens financiers[1]. Le budget : le financement (parents, caisse de l'école, subvention de la mairie, conseil général).

Les moyens matériels. Les transports, le matériel pédagogique, les infrastructures (présentation du centre, conditions d'hébergement, avec au besoin une présentation plus longue reportée en annexe).

Les moyens humains. L'enseignant, les animateurs, l'hôtelier, les intervenants pédagogiques, les prestataires d'activités, la directrice de l'école, les parents, le maire, selon le cas.

Les moyens pédagogiques. Le planning d'activités (en tenant compte du temps – prévoir éventuellement un planning « s'il pleut »), les temps de vie quotidienne, la journée type, les moyens donnés pour la réalisation des objectifs évaluables.

Les moyens logistiques. La sécurité (dans les transports, au cours des activités, au centre) ; la correspondance avec les parents, l'école ; l'organisation du départ, du retour ; la coordination avec d'autres classes éventuellement présentes en même temps.

➢ La mise en œuvre

– programmation des activités d'enseignement et de découverte ;
– répartition des groupes et des travaux ;

1. Vous trouverez une fiche budget pour effectuer le montage financier ainsi que le plan de financement de la classe transplantée ainsi que sur les sites Internet suivants : www.123sejours.com/classes/budgetvierge.xls ; www.123sejours.com/classes/planfinance.xls. À adapter ou simplifier selon votre cas spécifique.

– supports pédagogiques déjà prévus ;
– prolongements pédagogiques et exploitations des résultats.

➢ Les évaluations

Le dispositif d'évaluation touche des niveaux et comporte des formes variables :
– un compte-rendu sur le déroulement et les termes remplis du contrat logistique et matériel ;
– une enquête de satisfaction des participants ;
– un bilan des compétences spécifiques développées pendant le stage ;
– une étude sur les changements (positifs) du groupe ;
– une perspective pour l'exploitation pédagogique dans les semaines suivantes.

➢ Les annexes

Celles-ci peuvent comporter des notes ou documents évoqués dans le projet susceptibles de mieux faire connaître les éléments du dossier, par exemple : devis, brochure, extrait de site Internet, etc. Mais plus la scolarité avance, plus les sorties s'orientent vers la découverte du monde professionnel, en fait dès la classe de quatrième.

@ Primaire : séjours scolaires et classes de découvertes. Une circulaire sur l'organisation des séjours scolaires et des classes de découverte met l'accent sur la préparation et l'exploitation pédagogique du séjour : décloisonnement des enseignements, apprentissages transversaux. Elle institue un « livre de bord » qui permet de suivre et piloter la sortie ou la classe de découvertes (avec un s). Le texte précise également la circulaire de 1999 sur la sécurité. En ligne à l'adresse : www.education.gouv.fr/bo/2005/2/MENE0402911C.htm

◐ L'OBJECTIF DU STAGE : L'OUVERTURE AU MILIEU PROFESSIONNEL

Difficile d'aborder la question des stages sans parler de leur finalité : l'ouverture au milieu professionnel. Depuis la réforme Bayrou de 1995, les collèges tentent, avec des différences notables suivant les établissements, d'ouvrir au

> *« Je dois faire de l'éducation à l'orientation, mais je ne vois pas bien ce que cela recouvre. »*

RÉALISATEUR

▸ Les objectifs de l'éducation au choix

L'éducation au choix au collège n'est pas un enseignement, encore moins une discipline parmi d'autres. Transversale, elle implique tous les enseignants dans l'exercice de leur cours pour des objectifs importants tels que :

1. S'autoévaluer sur le plan scolaire (travailler sur la connaissance de soi, apprendre à s'évaluer dans le domaine scolaire notamment par le renforcement du dialogue élève-enseignant, travailler le discernement notamment quant aux notions de qualités et de défauts).

2. Les métiers de l'environnement scolaire (travailler sur la citoyenneté, sur l'environnement, impliquer l'élève, impliquer tous les acteurs éducatifs : les personnels ATOSS peuvent présenter leurs activités aux élèves).

3. À la découverte des métiers (impliquer l'élève, travailler sur son environnement, sur les métiers de la région et les métiers extérieurs, faciliter l'ouverture, élaborer une grille d'interview, réaliser une enquête, créer une grille des compétences exigibles à l'oral, s'exprimer devant un public, construire un document d'une quinzaine de pages sur un métier).

maximum le choix des élèves. Ils leur proposent notamment de découvrir le monde professionnel sur le temps scolaire, en prévision d'une possible orientation en lycée professionnel. Dans tous les cas, il s'agit de répondre à la grande hétérogénéité des élèves au collège, mais en aucun cas de faire de la préorientation précoce, tel l'ancien palier d'orientation en fin de cinquième, et la sortie d'une partie des élèves, souvenir encore présent dans l'esprit des enseignants qui l'ont connu.

Une demande et une attente exprimées par les élèves

Rapprocher l'École de la « vraie vie », tout au moins des réalités socioprofessionnelles, c'est aussi une revendication non seulement des parents, mais également des élèves eux-mêmes, enregistrée par Stéphanie Leloup. Dans sa thèse récente sur l'ennui à l'école[2], elle consacre une partie à cet aspect, une piste pour rénover le lycée général, peut-être.

2. S. Leloup, « L'Ennui à l'école », thèse, à consulter sur le site de Jacques Nimier : www.pedagopsy.eu/causes_de_lennui.htm

▸ Une orientation, cela se prépare ensemble, et avec tout le monde

Fanny, une jeune enseignante de SES à Montpellier, témoigne de l'importance de travailler « ensemble », équipes pédagogiques et familles, sur l'orientation des élèves.

Lisa, pas si « nulle ». « Pour Lisa, une élève en grande difficulté au lycée, timide mais bien intégrée, le conseil de classe a préconisé une réorientation en BEP. Sa mère préfère un redoublement pour décrocher un bac SMS, archibouché et hypersélectif. Lisa préfère par élimination être infirmière plutôt que coiffeuse. À l'issue de l'entretien, la mère confie que sa fille n'est pas une travailleuse acharnée : elle dépense la plus grande partie de son énergie à faire de l'équitation. « Ah, tu fais du cheval », « Oui, j'ai un galop 7 (niveau de compétition). » Cette adolescente apparemment « nulle », paresseuse, fumiste, découragée et perdue est en fait une adolescente passionnée et fougueuse sur un cheval.

Naïvement, Fanny demande si elle a pensé à travailler dans l'équitation plutôt que dans le médical, qui semble inaccessible par rapport à son niveau scolaire, ou la coiffure, qui la motive si peu. « C'est mon rêve, mais je ne peux pas. Il faut le bac et puis je ne sais pas comment accéder aux formations. » Grâce aux connaissances de Fanny sur les formations « Jeunesse et Sports », et à quelques coups de fils ciblés, Lisa a pu trouver un projet motivant et atteignable au vu de ses compétences.

Fanny fait l'analyse de ce cas d'école : défaut de communication, rétention d'information, manque de concertation entre élèves, familles, professeurs, conseiller d'orientation, Éducation nationale et Jeunesse et Sports, entreprises et instituts de formation. Chacun son boulot, chacun son information, sa formation, tout semble segmenté et cloisonné. On n'a pas su reconnaître ses talents. « Ce n'est pas notre rôle. » Alors qui, si ce n'est nous ! Nous, en équipe, bien sûr[1].

Le cas de Lisa n'est pas un cas isolé, il bute sur nos propres limites à faire un bilan sérieux de toutes les compétences des élèves en phase d'orientation ; ce devoir de prise en charge de la préparation à l'orientation nous appelle à sortir de visées strictement disciplinaires pour s'intéresser à l'élève et ses potentialités ; on construit mieux sur des bases solides que sur des lacunes.

1. D'après le témoignage de Fanny O'Sullivan, professeur de SES au lycée Arago de Perpignan, académie de Montpellier, cité dans « Premiers pas dans l'enseignement », Cahiers pédagogiques, *n° 418, CRAP, novembre 2003, p. 20.*

« Au lieu d'enseigner que de la théorie au lycée, on devrait avoir des cours pratiques comme dans le professionnel », suggère un élève de terminale SMS. « J'aimerais faire plus de pratique, d'expériences et un peu moins de théorie », regrette un élève de seconde.

Découvrir l'entreprise. L'opposition entre le « scolaire », asssimilé à un cours magistral et donc ennuyeux, et la « pratique », plus intéressante et tellement plus formatrice, s'entend souvent. Un remède traditionnel que les élèves proposent pour résoudre ce problème est alors le recours aux stages dans les entreprises. Faire un stage permet de se faire une idée par soi-même de ce que peut être le monde de l'entreprise et d'apprendre à s'y intégrer. Il y a en effet un désir très prégnant de savoir comment se comporter sur le marché du travail, désir qui peut passer par la demande de stages.

Élargir et diversifier les projets. Éduquer au choix, c'est permettre à tous les élèves de faire le point sur leur propre parcours scolaire, d'en découvrir d'autres et bien souvent méconnus, c'est faire l'épreuve de choix nécessaires quant aux options à prendre, en fonction de ses goûts, ses compétences, ses besoins. Faire un stage chez un artisan maçon, ce n'est pas se préprofessionnaliser, mais plutôt retrouver le sens de certains savoirs scolaires en situation, de comprendre l'intérêt d'une bonne formation initiale, c'est très différent.

RECHERCHE DE STAGE : APPRENDRE À COMMUNIQUER AVEC L'ENTREPRISE

Dans les classes où les élèves sont le plus en difficulté, la recherche de stage se révèle particulièrement chaotique. Qui doit alors entreprendre les démarches de recherche de stage ? Dans une logique purement libérale, on laisse les familles se débrouiller pour trouver une place pour un stage de découverte. Mais est-ce que dans une démarche de projet, les parents doivent avoir l'initiative ? Comment cela peut-il être interprété par un (futur ?) employeur ?

> *« Une bonne partie de ma classe n'a pas trouvé de stage, ce n'est pas à moi de le faire à leur place. »*

Ou alors, l'enseignant se mobilise pour trouver des lieux d'accueil, pas forcément en adéquation avec les souhaits de l'élève. Là encore c'est réaliste, mais contradictoire avec les objectifs de l'opération.

Déjouer les solutions de facilité avancées par les élèves

On est toujours frappé de la force de quelques déterminismes qui n'en sont pas : privilégier la proximité du quartier au détriment de l'intérêt pour un lieu de stage plus éloigné, s'inscrire dans une logique familiale professionnelle, attribuer à certaines activités une connotation sexiste, restreindre son investigation à quelques activités visibles. Assurément, les enseignants ont ici un gros travail d'accompagnement et d'analyse à conduire avec leurs élèves, et ils y sont peu préparés.

> *« Les filles envisagent un stage dans les « services », les garçons dans le commercial ou l'informatique. On ne sort pas des clichés. »*

Élargir les sentiments de compétences. Des études sur ce point convergent sur la difficulté de travailler l'orientation en particulier pour les jeunes filles. L'académie d'Amiens a notamment mené de nombreux travaux sur la question. Sa conclusion étant que l'orientation contraint toujours le sujet à des négociations identitaires coûteuses. Si l'on veut que les jeunes puissent diversifier leurs projets, il est important de travailler à l'élargissement de leurs *sentiments de compétence*. Cela permettra d'élargir leur champ d'intérêt sur lequel s'appuie l'élaboration des projets. Ainsi, filles et garçons ne seront plus en situation de transgression. Il ne faut pas aider les jeunes à transgresser, mais les amener à ne pas avoir le sentiment qu'ils transgressent.

Préparer un stage. C'est donc faire en sorte que la prospection des terrains possibles, la communication, l'élaboration des supports soient des occasions d'apprendre.

Une expérimentation de sa communication en temps réel

Arnaud Savin, ancien responsable du recrutement en entreprise, a développé une approche de la communication et des outils très accessibles pour des élèves. La technique peut paraître simple, elle n'en est pas moins efficace. Elle tient en trois mots : communiquer, écrire, pousser des portes. Le module le plus innovant pour un groupe d'élèves se déroule autour d'un téléphone portable amplifié. Tous les élèves doivent préparer une liste de 20 contacts. Puis, il faut que l'un d'entre eux

► Quels sont les déterminants de l'orientation ?

Le n° 72 de la revue *Éducation et formations* est consacré à l'étude d'un panel de jeunes entrés au collège en 1995... et est, en cela, très instructif ! Premier enseignement : le niveau en maths reste le facteur déterminant de l'orientation. Il pilote l'entrée en S, mais détermine également le choix de la filière L. Aucune autre discipline n'a cette importance.

La catégorie sociale joue également fortement dans les choix : « les enfants de cadres, d'enseignants, mais aussi de parents exerçant une profession intermédiaire s'orientent davantage vers une première générale que les enfants d'ouvriers, d'agriculteurs ou de personnes inactives », peut-on lire. Mais entrent aussi en jeu, le niveau de diplôme des parents et la composition de la famille : « Le fait d'être enfant unique favorise l'accès en première générale. À l'opposé, les élèves en situation familiale atypique (ne vivant avec aucun de leurs parents) ont moins de chances de poursuivre leur second cycle dans l'enseignement général ».

Le sexe ne joue que modérément sur l'arbitrage entre général et technologique mais intervient davantage dans le choix de la série, particulièrement dans l'enseignement technologique : entre STI et STT, la part des jeunes filles varie de 7 à 61 % !

L'orientation est plus contrainte que voulue pour quatre jeunes sur dix. « Si près de 60 % (des jeunes) sont satisfaits de l'aide apportée par leurs parents, moins de la moitié estiment avoir été bien informés par les professeurs et les conseillers d'orientation », souligne l'étude. Ce sentiment d'être « mal informé » est d'autant plus fortement ressenti chez les jeunes d'origine étrangère : « Exprimé par seulement 17 % des jeunes de familles non immigrées, ce sentiment grimpe à 30 % parmi les enfants d'immigrés originaires du Maghreb et à 28 % parmi ceux originaires d'Afrique subsaharienne. »

Source : ftp://trf.education.gouv.fr/pub/edutel/dpd/revue72/article4.pdf

accepte de jouer le jeu avec l'intervenant. Tous deux simulent un premier **contact téléphonique** : le rythme des échanges est serré et saccadé ; la prise d'information décontenance l'élève ; on répète.

contact téléphonique ↙

L'élève passe en situation réelle, l'intervenant est à ses côtés, tout le groupe est très attentif.

Tout se joue en direct. Intonation, dynamique de la voix, prise par écrit des renseignements donnés. Adapter sa communication à la taille de l'entreprise (PME-PMI ou grand groupe, se repérer dans les organigrammes possibles : « Bonjour, pourrais-je parler au responsable de l'entreprise ou à un collaborateur? » ; « Bonjour, je m'appelle X, pourrais-je avoir le responsable des ressources humaines, du recrutement, ou le service du recrutement ou des stages? »). On s'entraîne en situation réelle : « Ne quittez pas. » Musique de Vivaldi. « Bonjour, êtes-vous bien le responsable du recrutement? » Ne rien expliquer tant que le bon interlocuteur n'est pas joint. « Pourriez-vous répéter? Pourriez-vous m'épeler votre nom? »

RÉALISATEUR

Dans le cadre de la communication professionnelle, il faut connaître tous les codes sociaux pour réussir. Si la demande brute « C'est pour un stage » n'aura aucune chance d'aboutir, une requête plus surprenante comme « Je voudrais rencontrer un professionnel de tel secteur pour mieux connaître l'activité » aura plus de chances. Les élèves sont frappés de la relative bonne réception de ce type de message.

Dynamique collective. Contacter, dix, vingt entreprises à la file. Question d'entraînement et de dynamique individuelle mais aussi collective : le groupe soutient. Les notes prises par les élèves s'appuient sur l'expérience directe de celui qui passe en *live*. En deux heures, c'est la moitié du groupe qui a décroché une ou plusieurs entrevues. Il faudra rebondir sur les démarches immédiates : assurer le suivi, recontacter, écrire, aller rencontrer.

On peut avoir des difficultés : peur des photos d'identité (alors qu'elles ne sont pas forcément obligatoires), angoisse de l'agressivité prétendue des interlocuteurs, fantasme de l'analyse graphologique… Les enseignants ne reconnaissent plus leurs élèves après une telle séance. La pompe est amorcée. Certains apprentissages retrouvent du sens.

Les exercices qu'Arnaud Savin[3] met en œuvre, les enseignants peuvent les reprendre à leur compte. C'est même inscrit dans le référentiel d'une discipline telle que la « communication » dans les formations tertiaires. Tout est alors une question de mise en pratique avec les élèves. Au final, ce sont bien eux qui trouveront les contacts car vous leur aurez donné les « clefs » !

3. Voir le reportage sur http://innovalo.scola.ac-paris.fr/zoom/savin.htm

@ **Trouver un stage, conseils pratiques et mode d'emploi,** sur le site de l'Etudiant : http://www.letudiant.fr/jobsstages.html

AUTOTEST : *CHECK-LIST* DE PRÉPARATION DU STAGE

Vous êtes professeur principal d'une classe ou enseignant de technologie, de communication, de VSP (vie sociale et professionnelle) et vous devez accompagner les élèves dans leurs démarches de stage.

Avez-vous fait dégager aux élèves

❑ trois points forts

❑ trois compétences scolaires (ou non) qui permettent de valoriser ressources, micro-expériences, acquis, compétences ?

Avez-vous aménagé un temps suffisant avec eux pour préparer

❑ un entretien ?

❑ un contact ?

❑ une démarche ?

Grâce à

❑ des jeux de rôles ?

❑ des mises en situation ?

❑ des contacts téléphoniques ?

Mettez-vous à la disposition des élèves

❑ un carnet de stage ?

❑ un relevé des contacts ?

❑ un suivi des rendez-vous ?

Faites-vous un « retour de stage » pour faire le point ensemble sur l'évolution des projets en fonction des situations vécues ? Et sur les conséquences en matière de travail scolaire et d'accroche à différentes disciplines ?

CHAPITRE 9

Définir une progression

Quand un guide part en randonnée avec un groupe, il prend sa carte topo, son relevé météo et sa boussole. Le pilote de ligne doit déposer son plan de vol et avoir fait sa « check-list » avant d'embarquer. Et l'enseignant ? Quels sont ses outils privilégiés pour programmer son action, ses indicateurs pour accompagner ses élèves à l'ascension du mont « Programme » ?

RÉALISATEUR

QU'EST-CE QU'UNE PROGRESSION ?

> *“Je ne sais pas ce que représente ce qu'on appelle « progression ».”*

La progression annuelle dans sa discipline, ou dans une matière (en primaire), n'est pas obligatoire – quoique cela dépende souvent des souhaits de l'inspecteur –, mais elle vous est nécessaire. C'est un élément qui entre dans la composition de votre propre tableau de bord : une sorte de feuille de route, un « outil de gestion du temps et de la classe, représentant l'organisation prévisionnelle, le déroulement séquentiel et le suivi du programme ».

Les ingrédients de votre progression

À partir de la lecture attentive des programmes (instructions officielles et documents d'accompagnement), la progression, c'est votre projet prévisionnel d'activités qui, souvent dans un tableau synoptique, comprend :
– les compétences attendues en fin de formation, puisées dans le programme ou le référentiel de formation ; ce ne sont donc pas seulement des contenus de savoirs ;
– les évaluations de connaissances, de compétences ;
– les méthodes pédagogiques pour développer les compétences visées ;

– les modalités de la différenciation des parcours des élèves et de la gestion du temps (cours, TP, groupement, à distance).

La progression organise votre travail de formateur. Sans programmation, le danger est grand de ne pas avoir le temps de « finir le programme » ; mais elle n'est qu'indicative. Une progression trop « serrée », par exemple calculée sur trente-cinq semaines ouvrables, sans prise en compte des temps nécessaires de bilans de savoirs, d'**impondérables** de toutes sortes indépendants de votre volonté (visites médicales, temps d'orientation, sorties scolaires, projets émergents et autres événements forcément imprévisibles), vous accule dès le départ à un contrat non tenu.

Impondérables ↙
Il faut se ménager de la souplesse et des temps de respiration.

La recette de cuisine en six étapes

L'équipe Éco-gestion de La Martinique propose un *vademecum* aux enseignants, complètement transposable à toute discipline. « Les définitions en sont aussi nombreuses que les pratiques... mais notre équipe s'accorde sur les points suivants[1] » :

➢ **Les ingrédients obligatoires :**
– référentiel (une grande partie d'entre eux est disponible en ligne sur le site du CNDP et reprise et développée sur nombre de sites académiques ;
– guide d'accompagnement et autres documents officiels s'ils existent (mêmes remarques) ; pensez aux tableaux du « socle » !
– textes officiels de la répartition des horaires, quand ils existent ;
– calendrier de l'année en cours (vacances, voyages, périodes de formation en entreprise quand c'est le cas) ;
– ouvrage de la classe ;
– emploi du temps de l'enseignant ;
– papier, crayon, gomme. Mieux encore sur un tableau Excel.

➢ **Les ingrédients recommandés :**
– plusieurs ouvrages, à titre de comparaison ;
– référentiels de la discipline en amont (classe précédente) et en aval (il vous précise ce qui doit être acquis en fin d'année) ;
– emploi du temps de la classe ;

1. *Site Internet : www-peda.ac-martinique.fr/ecogest/ressources/progress.shtml*

– micro-ordinateur, tableur, accès Internet et navigateur, c'est beaucoup mieux pour produire un travail collectif, communicable et susceptible d'ajustement ;
– doses de courage et de patience.

➢ **Étape 1. Préliminaires :**
– survoler en premier lieu l'ensemble du programme ou du référentiel ;
– diviser le programme en grandes masses : le recours aux ouvrages peut ici être utile (nombre de chapitres, de pages consacrées à chaque partie…) ; le travail peut d'abord se faire par trimestre ;
– connaître le référentiel de l'année précédente vous permettra de vous appuyer sur les prérequis de votre classe ;
– identifier le cycle ;
– si possible, travailler selon l'organisation prévue dans l'établissement : trimestre ou semestre selon le cas, en vous basant sur des périodes courtes, de vacances à vacances (soit six à huit semaines en général).

➢ **Étape 2. Découpage précis :**
– dans la répartition effectuée, repérer les concepts fondamentaux, les notions essentielles. Il est alors essentiel de s'imprégner du référentiel, d'y repérer les champs notionnels, les compétences à acquérir, etc. ;
– puis reprendre le référentiel point par point ;
– s'appuyer au besoin sur les documents annexes types guides d'accompagnement, fiches méthodologiques pour approfondir ce travail ;
– repérer l'organisation de la classe (heures de cours-TP ou TD, classe entière-groupes…) dans les textes officiels ;
– travailler en équipe ou avec des collègues plus expérimenté(e)s peut être particulièrement utile à ce stade (par des évolutions communes).

➢ **Étape 3. Gestion du temps :**
– placer sur le calendrier les vacances de votre zone et les périodes hors cours (type stage), ou les événements locaux et manifestations prévues qui peuvent jouer sur votre enseignement (journée portes ouvertes, Salon du lycéen, examens blancs…) ;
– laisser une marge de manœuvre suffisante pour tenir compte d'aléas possibles (en général, une à deux séances par trimestre) ;
– comparer la durée prévue (ou recommandée) dans le référentiel avec la durée réelle en totalisant les heures d'intervention possibles (et au besoin utiliser une règle de trois ou appliquer un coefficient de réduction à l'ensemble si l'écart est trop grand) ;

– procéder au découpage effectif du programme, d'abord en grandes périodes, puis en affinant la répartition interne des points abordés.

Vous trouvez également sur le site, une grille horaire de base sur trente et une semaines (sous Excel), et un calendrier à adapter à vos besoins.

➢ Étape 4. Construction de la progression :
– penser dès le départ aux évaluations : forme, durée, fréquence... pour les intégrer à ce stade dans votre calendrier ;
– vérifier que vous traitez l'ensemble du programme ;
– préparer ensuite aussi efficacement le contenu de chacune de vos interventions (détail par séquences, en fonction de la progression). Mais il n'est pas forcément possible de le faire dès le début de l'année pour l'ensemble des séquences : il ne faut pas oublier l'actualisation des données et d'éventuelles opportunités qui vous obligeront à vous adapter.

➢ Étape 5. Adaptation en cours d'année :
– suivre autant que possible la progression prévue ;
– contrôler son déroulement au fur et à mesure de l'année pour rattraper au plus vite d'éventuels retards ;
– l'adapter si nécessaire, sans perdre de vue votre objectif principal : traiter l'ensemble du programme, pour la réussite des élèves et des étudiants. La progression est un guide de travail, flexible et évolutif, à adapter à la classe, à son rythme, au vôtre, pour mieux réussir ensemble.

➢ Étape 6. L'année suivante :
Recommencer... en tenant compte de l'année passée et des nouvelles données : durée de certaines séances à revoir, modifications éventuelles des évaluations, difficultés des élèves sur certains points, mise à jour ou rénovation des programmes à prendre en compte...

Au travers de cette question de **progression** prévisionnelle, on perçoit bien que le métier a changé : on a dépassé progressivement la représentation fantasmatique de la maîtrise totale des contenus, du temps et de l'espace pour passer à une logique d'ajustement et de régulation *a posteriori* de l'exercice. On est presque dans une démarche expérimentale pragmatique :

progression ↙

Finalement, une bonne progression sera celle qui aura passé l'épreuve de l'expérience sur deux à trois ans.

on fait une hypothèse de travail, on la soumet à l'épreuve de la réalité, on analyse les résultats, on en tire des leçons pour réguler la pratique.

@ **Voir, par exemple, en lettres les tableaux synoptiques d'organisation des programmes** (compétences, contenus) en matière de lecture et d'écriture, de la sixième à la terminale, sur le site de l'académie de Versailles : www.ac-versailles.fr

RÉALISATEUR

COMMENT AMÉLIORER SA MÉTHODE

Comme toute recette, il faut se l'approprier, y ajouter sa touche personnelle, et au-delà des techniques, ne jamais oublier que ce n'est qu'une organisation des savoirs et du temps scolaire destinée à faciliter votre travail et les apprentissages des élèves.

Investir sa liberté pédagogique

Bien souvent, dans les programmes de discipline, il n'y a pas d'ordre si ce n'est celui de l'énumération dans le *BO*, à moins d'une prescription explicite. Par exemple, dans les textes relatifs à l'enseignement de la géographie en classe de seconde : « Les enseignants déterminent leurs approches pédagogiques, décident, après l'étude du thème introductif, de l'ordre des autres thèmes et du choix entre littoraux et montagnes, ainsi que des exemples significatifs qui constituent les supports du raisonnement géographique conduit avec les élèves » (*BO* hors série n° 6 du 31 août 2000).

La progression est donc d'abord une affaire de sens que vous voulez donner à l'organisation des apprentissages, contenus et savoir-faire. Pour aborder chacun des thèmes du programme, le professeur devrait répondre (et donc faire des choix) aux trois questions successives :
– quelles notions vais-je construire en m'appuyant sur ce thème ?
– quelle problématique pour atteindre ces notions ? Ce qui revient à poser la question du sens à donner à chacun des thèmes. Qu'est-ce que je veux qu'en fin de compte mes élèves retiennent, quel « message » ? Quel axe vais-je privilégier ?
– quelle est l'étude de cas la plus pertinente et quelle démarche paraît la plus appropriée pour aboutir à ce résultat ?

C'est l'inverse de la démarche du cours : le cours doit partir d'une étude de cas pour aller au général. Alors que construire la programmation, c'est d'abord réfléchir aux problématiques et aux notions à construire pour faire ensuite le choix cohérent des études de cas[2].

Se donner un temps souple et des réserves pour durer

André de Peretti rappelle aux enseignants l'utile « loi des tiers » : « À chaque séquence d'activités d'un groupe (par exemple, un trimestre, un stage de formation, mais aussi une heure de travail), il se produit comme une crise au voisinage du premier tiers, puis du second tiers de la durée concernée. Cette loi nous permet de prévoir et d'apprécier la montée de certaines difficultés dans des groupes, comme dans des classes. Et nous savons bien que demander à des élèves les mêmes facultés d'attention ou de réalisation au début ou à la fin de l'année scolaire, au début ou au milieu d'un trimestre, est irréaliste. Mais on peut remarquer aussi que les moments qui précèdent la fin d'un travail ou d'un trimestre peuvent être extrêmement riches si on y prête attention. Comme c'est vers la fin d'un entretien ou d'une réunion que se disent souvent les choses essentielles. »

« Je ne parviens pas à tenir ma progression ; je suis en dépassement constant. »

La progression que vous élaborez peut utilement prévoir une certaine souplesse en résistant à compléter toutes les cases du tableau de votre programmation. Et en planifiant ce que de Peretti appelle un temps « sabbatique », en fin de séquence, ou en fin de trimestre, de sorte à faire un bilan des savoirs, un point sur les réussites et sur le dégagement de l'horizon en mettant en perspective les projections des élèves.

Panoramique et zoom, une autre manière de progresser

Je me souviens que André de Peretti m'a personnellement guidé en me proposant une lecture « cinématographique » de mon propre programme : le « programme » d'un trimestre ou d'une année peut être proposé, après des

2. D'après « Comment construire une programmation pour le programme de géographie de seconde ? », IUFM Aix-Marseille, groupe de développement géographie – document de travail –, juin 2002. Site Internet : www.aix-mrs.iufm.fr/formations/filieres/hge/gd/gdgeographie/niveau/niveauseconde/consprog2.htm

moments de prise de contact, en une, deux ou trois leçons : dans un mouvement panoramique bien fait, appuyé sur un transparent, des diapositives, un résumé accompagné de plans et de quelques textes. Et on peut ensuite, plus librement, proposer plusieurs travellings avant, pour approfondir tel ou tel morceau de programme, sélectionné par soi-même ou par les élèves, ou encore par un choix concerté compte tenu de leurs motivations éventuelles. On pourra ensuite terminer un trimestre ou une année en présentant avec force un nouveau panoramique, ainsi que quelques notes complétant les parties moins étudiées. Certaines des études poussées, des travellings avant, pourront être réalisées en séminaires, avec l'aide d'enseignants d'autres disciplines ou d'élèves d'autres classes, voire aboutir à des réalisations des élèves (exposition, film produit par les élèves, pièce jouée, schémas de mémorisation, systèmes de fiches, etc.).

“ Je ne parviens pas à me libérer d'une progression fortement suggérée par le programme. ”

MA PROGRESSION À L'ÉPREUVE DES RÉALITÉS

L'invitation à la liberté en matière de progression pédagogique rencontre fréquemment quelques obstacles à prendre en compte, pour mieux les « négocier ». C'est le cas d'un ouvrage imposé sans votre avis, comme de la liberté tout aussi irréductible des collègues. La progression est bien la combinaison complexe d'invariants programmatiques, mais de variantes contextuelles, professionnelles et personnelles.

Ma progression et celles de mes collègues

L'harmonisation dans une discipline d'une progression annuelle entre plusieurs collègues n'est pas obligatoire, mais elle présente des avantages certains : la charge de travail est répartie, l'échange de compétences entre enseignants expérimentés et jeunes est permis, le croisement de modules possibles, l'évaluation partagée et facilitée. Elle devient nécessaire quand le constat est fait de différences très importantes en matière de performances scolaires au moment des conseils de classe. Il s'agit alors de

“ Ma progression est incompatible avec celles de mes collègues de discipline. Difficile de faire autrement. ”

réduire les nombreux facteurs intervenants dans les résultats pour mieux analyser les difficultés rencontrées. Ainsi, aligner ses progressions permet d'envisager des regroupements différenciés d'élèves, des exercices communs, des organisations de type « professeur à la carte » qu'on a pu voir tester dans quelques établissements.

Comment conjuguer ma progression et leur ouvrage?

Une pratique fondée sur la réalisation successive et méthodique des chapitres d'un ouvrage est, malgré la rigueur de la démarche, vouée à connaître les affres d'une progression inachevée. Le manuel est un outil parmi d'autres à votre disposition, il est une ressource pour vous comme pour les élèves et ne peut être le « prescripteur » de votre propre travail. La meilleure progression est celle que vous vous construisez, pas à pas, en vous appuyant au besoin sur d'autres ressources. Dans ce cas, il vous sera utile de revenir sur le processus décrit page 139, au niveau de l'étape 2.

> ***“ Avec le manuel avec lequel je dois travailler, la progression s'impose ; je ne dispose pas de marge. ”***

AUTOTEST : TROIS RECETTES POUR PARFAIRE VOTRE PROGRESSION

✪ Dans une matière ou dans votre discipline, sur le niveau qui vous pose le plus de problèmes, demandez à un ou deux collègues leur propre progression.

✪ Faites une rapide recherche sur Internet (par exemple dans le « Top 10 » du Café pédagogique) pour retrouver un exemple de progression. Comparez, et à partir de ces exemples, élaborez une progression qui sera la vôtre, c'est la bonne.

✪ Tenez un petit carnet hebdomadaire avec deux colonnes au regard des séquences : FAIT et À RETRAVAILLER. Vos propres notes vous guideront pour faire les ajustements nécessaires en fin d'année.

CHAPITRE 10

Mettre en œuvre des outils

On dit qu'on reconnaît un bon artisan à ses outils. Pour l'enseignant moderne, les outils matériels et les supports pédagogiques à sa disposition sont nombreux : présents dans sa classe, ils peuvent aussi se trouver dans les ouvrages « nouveaux programmes » et dans les armoires (secrètes ?) des intendants, voire dans des cabinets spécialisés ou dans des salles dédiées aux TICE ; mais parfois, le mieux est l'ennemi du bien.

FAISONS LE POINT SUR VOTRE BOÎTE À OUTILS

Vous avez, un jour, pu tenir un ou plusieurs des propos suivants. Cochez les cases correspondantes.

❑ Mon écriture est illisible au tableau.
❑ Je ne parviens pas à organiser l'espace de mon tableau.
❑ Je ne sais même pas me servir du minitel, alors l'ordinateur…
❑ Le rétroprojecteur, c'est dans quel sens ?
❑ Des outils ? J'ai pas les moyens.
❑ Je ne boucle pas mon programme, pourtant je suis scrupuleusement le manuel.
❑ Je ne sais pas comment faire pour renouveler mon manuel.
❑ Ils n'ont qu'à recopier le tableau, c'est le résumé du cours.
❑ Il faut les faire gratter pour les faire taire.
❑ S'ils sont sages, en fin de trimestre, je leur passe un film.
❑ L'ordinateur avec les élèves, j'ai essayé une fois, ne m'en parlez plus.
❑ Je n'ai ni le temps, ni l'envie de lire en classe ; le cours, c'est plus sérieux.
❑ Certains cahiers d'élèves sont de vrais torchons.
❑ Les élèves ne sont pas attentifs à ce que je passe au magnétophone.
❑ Je suis allergique à la craie, je ne sais plus comment faire pour écrire au tableau.
❑ Je n'arrive pas à m'occuper du cahier de textes, c'est accessoire.

❑ J'ignore où passe le matériel pédagogique.
❑ De toute façon, moi, je préfère les photocopies.
❑ La vidéoprojection, c'est réservé à la technologie.
❑ Moi, j'arrive les mains dans les poches.
❑ J'ai passé un super PowerPoint et les élèves n'ont pas accroché.
❑ Ils n'arrivent pas à produire un court texte écrit.
❑ Je n'ai pas été formé pour utiliser ce type d'appareil.
❑ Cela ne marche pas, pourtant, j'ai toujours fait comme cela.
❑ Le portfolio, c'est du latin ?
❑ Ils ne savent pas lire, pourquoi le livre en classe ?
❑ C'est le boulot du CDI (centre de documentation et d'information).
❑ Le B2i, c'est l'affaire du prof de technologie ; moi, ce sont les lettres.
❑ Comment faire pour travailler sur le tableau du *Sacre de Napoléon* quand je suis dans une ZEP rurale au fond de la Creuse ?

Vos résultats au quiz

Entre 1 et 5 cases cochées

Reportez-vous directement à la page et au paragraphe qui concerne l'outil ou le support coché ; ce sera un complément d'information pour le technicien expert que vous êtes.

Entre 6 et 10 cases cochées

Lisez attentivement ce chapitre, puis refaites le quiz ; d'ici à la semaine prochaine, essayez de mettre en œuvre au moins un outil et un support inhabituel dans votre pratique.

Plus de 11 cases cochées

Attachez-vous à ce chapitre. La compétence « technicienne » n'est qu'un volet du métier, mais il est aussi important que les autres. N'hésitez plus à vous inscrire à une formation TICE et enseignement, niveau 1 au PAF (plan académique de formation). Si vous ne le faites pas spontanément, ce sera soit votre inspecteur, soit votre chef d'établissement qui le fera.

COMMENT BIEN UTILISER DES OUTILS

Avant de passer ensemble en revue les différents outils, ou de se précipiter sur le dernier modèle du catalogue du fournisseur de l'intendant du lycée, attardez-vous sur trois précautions méthodologiques préalables.

▶ À chaque objectif son matériel

Pour vérifier si votre dispositif technico-pédagogique (outil et support en relation avec votre objectif principal) est au point, optez pour l'objectif qui colle le plus au vôtre (les chiffres entre 1 et 6), puis découvrez les supports les plus adaptés.

En fonction de l'objectif que vous assignez à la séquence pour les élèves :

- 6- Acquérir un automatisme psychomoteur
- 5- Reproduire un geste professionnel
- 4-Acquérir certaines attitudes
- 3- Découvrir ou s'informer sur un sujet
- 2- Analyser et comprendre une situation
- 1- Mémoriser une information

Vous pouvez opter pour un ou plusieurs supports efficaces	1	2	3	4	5	6
Enregistrement sonore	○	○	○	○		○
Document écrit	○	○				
Photo, dessin, graphisme	○	○	○			
Maquette, objet réel	○	○	○		○	○
Tableaux	○	○				
Tableau de feutres	○	○				
Projection de diapositives	○	○	○			
Film	○	○	○		○	
Magnétoscope	○	○	○	○	○	○

Source : d'après une idée de Didier Noyé

L'adéquation à votre objectif

Les documents utilisés ne font pas la qualité du cours. La projection d'un diaporama PowerPoint en 3D surround n'est pas forcément le meilleur support pour faire apprendre la règle de trois en mathématiques. La sophistication des outils ne garantit pas la pertinence pédagogique du travail proposé aux élèves, elle ne peut que l'accompagner. L'outil doit rester au service du projet pédagogique.

L'adaptation à votre style d'enseignement

C'est ce que l'on appelle le principe de « congruence ». Un outil n'est efficace que si l'on s'en sert ! Cette lapalissade couvre trois conditions nécessaires :

Pouvoir s'en servir. Des conditions techniques et matérielles sont requises. En début d'année, faites le tour des ressources matérielles disponibles, prévoyez du stock (transparents, feutres, lampes, cassettes...) sur les crédits pédagogiques. Si votre établissement ne dispose pas de rétroprojecteur, allez voir diplomatiquement votre intendant et sur ses catalogues de fournisseur, négociez le modèle adéquat. Même chose pour la remise en état des rideaux dans votre classe. Cela pourra demander un peu de temps, mais ce sera fait, n'hésitez pas à suivre l'affaire. Les crédits doivent être engagés avant la mi-octobre.

> ***« Je ne sais même pas me servir de Word, alors la PAO... »***

Savoir s'en servir. Dans ce domaine, l'improvisation peut aboutir à un bazar organisé. L'argument de la difficulté purement technique ne tient pas la route à terme. Introduire l'informatique en classe pose d'abord la question de votre propre capacité à conduire des travaux individualisés dans un groupe (classe ou demi-classe). Trois solutions sont à votre disposition selon le temps que vous voulez y consacrer, l'urgence de vos besoins et les ressources de votre environnement proche (professionnel et/ou familial...) :

– vous vous autoformez ; c'est possible avec le rétroprojecteur ou le magnétoscope ; c'est vraiment une question de pratique ;

– vous vous appuyez sur un collègue « qui sait » et qui vous fera une démo du vidéoprojecteur par exemple. En cas de pépin, il sera toujours là. Dans les grands établissements, il existe une personne-ressource TICE dont c'est précisément la fonction ;

– vous vous inscrivez à une session de formation TICE niveau B2i (voir ce que doivent faire vos élèves, c'est un minimum). Plus tard, à une session dédiée à l'utilisation des TICE dans votre discipline qui permettra d'aborder différents dispositifs de mise au travail en groupe. Le mieux est de bénéficier d'une formation sur site, avec les instruments du cru : le réseau n'aura plus de secret pour vous (dans un premier temps).

Vouloir s'en servir... Partons du principe que c'est justement votre projet.

La variété requise

Tous les supports doivent être envisagés et plus la gamme sera large, plus il sera facile de varier les activités (dans leur apparence au moins, sinon dans leur contenu). La variété n'est pas synonyme de complexité ni de

► « Il nous faut les outils adéquats à l'éducation que nous voulons donner »

« Il faut débarrasser notre verbiage pédagogique de ce mot "nouveau" ou "nouvelle" qui nous a fait tant de tort, parce qu'il fait croire que nous cherchons la nouveauté avant tout, alors que ce qui nous préoccupe exclusivement c'est de rendre plus rationnel, plus intéressant, plus efficace, notre travail scolaire. Pour cette fin, nous employons les outils qui nous paraissent le mieux répondre à nos besoins, qu'ils soient anciens ou nouveaux. Nous devons dire même que nous nous méfions au contraire de la nouveauté qui est trop souvent mercantilisée et que nous savons prendre dans la tradition tout ce qu'elle contient de sagesse, de bon sens et d'adaptation au milieu et aux nécessités humaines. "Nouveauté" n'est pas nécessairement une recommandation. Il nous faut les outils et la technique adéquats à l'éducation que nous voulons donner. Là réside le seul et véritable problème. »

➥ Célestin Freinet, 1938.

profusion documentaire. Il faut rappeler, pour la forme, les problèmes posés par le « photoco-pillage », très répandu dans une époque de restriction drastique des crédits dévolus aux établissements.

LES OUTILS BASIQUES

On dirait les « fondamentaux » ; ce sont les outils que l'on trouve dans toutes les salles des écoles et établissements, mis à disposition de l'enseignant. Il y en a au moins deux : le célèbre tableau noir et le cahier de textes.

Le tableau du maître

Support emblématique de l'enseignant : le « tableau noir », – même s'il s'agit de plus en plus souvent de tableaux blancs Velleda avec feutres couleur qui ont l'avantage de présenter une surface plus conforme à ce que sont les cahiers des élèves (écriture sur page blanche). Nous vous proposons quelques conseils simples, mais qui sont loin d'être naturels, pour mener à bien cet exercice d'écriture et de communication auquel il faut se livrer à chaque fois…

• Soigner son écriture, adapter la taille de l'écriture à la salle.
• Jouer avec des couleurs signifiantes. Plutôt que d'écrire du texte linéaire, pensez à visualiser graphiquement l'information. Vous touchez alors à la fois mémoire auditive et mémoire visuelle pour renforcer l'apprentissage[1].
• C'est aussi l'occasion de faire passer régulièrement des élèves au tableau : vous n'en vérifiez que mieux la compétence en prise de notes, en maîtrise orthographique, celle de mise en espace ; vous ne serez plus dos à la classe, mais avec les élèves.
• Diviser physiquement l'espace : organiser ce qui est écrit (les nouveautés à gauche, le plan à droite, ou l'inverse, mais il faut une partition de l'espace) :
• Ne pas tout écrire, mais éviter aussi les mots et structures isolés qui ne signifieront plus grand-chose pour les élèves lorsque le contexte sera oublié.

Les tableaux blancs constituent une surface de projection inespérée (en période de pénurie, c'est à noter) à coupler avec un rétroprojecteur, un projecteur de diapositives, mieux encore, un vidéoprojecteur relié à un système informatique. Toute image fixe peut alors faire l'objet d'un travail d'analyse sur pièce ; les élèves ont alors l'impression d'entrer dans l'image pour mieux la décortiquer. Les petits auront donc le droit d'assister au *Sacre de Napoléon*, sans être à Paris.

Le cahier de textes de la classe

C'est le cahier de l'enseignant et de la classe où l'enseignant reporte cours après cours, ou jour après jour, le travail effectivement conduit et le report des leçons à faire. C'est bien le seul document-outil officiel et obligatoire de l'enseignant. À ne jamais négliger, il est un médium institutionnel et non une simple charge pour un élève bien gentil de le porter. Il s'accompagne d'un intérêt pédagogique si :
– les contenus et la progression sont explicites. Un cahier de textes utile ne peut consister uniquement en une liste de numéros de leçons et d'exercices mis en regard de dates. Dès le début de l'année, collez-y la « charte de votre discipline » (voir page 241) et la feuille de séquencement prévisionnel de votre enseignement (page 137) ; pensez à en avoir un double, de sorte à découper et à coller à chaque séance le passage qui a été effectivement traité. Vous gagnerez du temps ;

1. *Voir la pratique des « cartes conceptuelles », page 117.*

– chaque page se divise en deux colonnes : complétez par une phrase la problématique spécifique à la séance, puis en face, dans la seconde colonne, ce qui reste à faire ou à étudier pour la fois suivante ;
– ne collez que les évaluations données aux élèves ;
– reprenez et amendez périodiquement le cahier (au moment d'un devoir sur table par exemple). Créez une pochette pour y ranger tous les documents et supports de cours distribués aux élèves. Pratique, cela en allégera la lecture ;
– bien complété, il est un outil auquel on peut facilement renvoyer un élève absent.

LES OUTILS MODERNES DE L'ENSEIGNANT

Il y a moderne et moderne. Certains comme le magnétophone ou le rétroprojecteur ont déjà une période de vie pédagogique ancienne, d'autres sont « innovants » ou ne sont pas d'actualité pour le moment, cela dépend des contextes matériels, mais aussi des ambitions professionnelles.

> ***« C'est difficile de capter l'attention des élèves avec le seul magnétophone. »***

Le magnétophone

En langues vivantes, l'usage du magnétophone est aussi important au lycée qu'au collège. Pour une utilisation optimum, il faut d'abord régler toutes les questions d'ordre technique :
– le placer dans un endroit adéquat (pour que le document puisse être entendu par tous les élèves) ;
– régler le volume (ni trop faible, ni trop fort : aller soi-même dans le fond de la salle pour effectuer ce réglage) ;
– repérer au compteur le début et la fin de l'enregistrement utilisé, afin de ne pas perdre de temps (ni la face !) devant les élèves.

Mais son usage pédagogique est précis et limité :
– sélectionnez des passages très limités. C'est un exercice de compréhension orale, assimilable à une conversation téléphonique. Un enregistrement de trois ou quatre minutes est un document long ! Un véritable travail d'apprentissage requiert plusieurs écoutes (en continu ou fractionnées selon les objectifs fixés) ;

– déterminez le protocole de l'écoute : la définition de tâches précises qui solliciteront l'attention sélective des élèves. On ne peut tout travailler en même temps, la compréhension globale, la précision phonétique, la richesse du vocabulaire, le détail des situations…

L'ordinateur

L'ordinateur suscite généralement l'enthousiasme chez les élèves. Mais au-delà de son aspect ludique, il présente également des vertus pédagogiques, pour le professeur comme pour l'élève… à condition de l'utiliser à bon escient.

Les avantages. Au professeur, il permet de trouver et récupérer des documents (sous réserve des droits…), de présenter des supports écrits sous une forme adaptée ou différenciée selon les publics, d'archiver ces documents en vue d'une réutilisation sous une forme éventuellement modifiée. Aux élèves, il facilite notamment l'apprentissage linguistique, grammaire, lexique et phonologie (c'est, comme le magnétophone, un répétiteur inlassable) ; la recherche documentaire soit sur CD-Rom, soit sur Internet ; la communication avec des partenaires proches ou éloignés ; l'entraînement à la production (grâce au traitement de texte et au correcteur automatique) et son évaluation (voir les quiz, page 122).

Les précautions. L'outil n'est rien sans accompagnement pédagogique : l'expérience menée au lycée avec les TPE et au collège avec les « itinéraires de découverte » montre l'utilité et la nécessité d'un carnet de bord de l'élève quand vous organisez une séquence sur poste informatique. Même sous forme de brouillon, il permet d'enregistrer le thème de la séance, ce qui a été fait, consulté, extrait, ce qu'on a appris d'utile pour la suite, les questions ou ce qui reste à faire pour la suite. Ce peut être une feuille type que l'élève colle dans son cahier pour l'intégrer dans le déroulement normal du cours. Dans tous les cas, l'enseignant est bien l'organisateur de la situation et le médiateur. Il introduit l'outil, veille à sa mise en œuvre, accompagne son appropriation, questionne sur son utilisation, guide selon les besoins ou les intérêts des élèves.

> ***“J'ai n'ai pas été formé pour utiliser ce type d'appareil avec des élèves.”***

Le rétroprojecteur

Il s'agit d'un appareil que professeurs et élèves peuvent manipuler très facilement. Sur un mur blanc, ou mieux, un tableau Velleda, il permet de focaliser l'attention collective sur une élaboration progressive et dynamique. Le support du transparent autorise :

– l'exposition d'un plan construit et détaillé ;

– la découverte progressive d'un document figuré reproduit par photocopie extrait d'un livre (gain de photocopies !), l'analyse d'une image, d'un paysage, d'un tableau (voir les usages de l'image, page 187) ;

– la correction des devoirs des élèves, à la fois plus rigoureuse et plus rapide si l'un (ou plusieurs) de ces élèves ont écrit sur une bande de transparent pouvant être rétroprojetée ;

– la construction progressive d'une trace écrite, d'un schéma. Dans ce cas, il permet à tous de voir comment un élève écrit et prend la mesure de l'espace de la page, comment il organise sa prise de notes. Le professeur, parmi ses élèves, assiste et commente autant le contenu que la méthode. L'élève garde le transparent qu'il joint à son cahier.

Le magnétoscope

Le document vidéo diffusé dans son intégralité est souvent un « piège à élèves ». C'est dommage(-able) de se limiter à une projection de film en fin de trimestre, même accompagnée d'une exploitation plus ou moins

▶ Sept conseils pour bien utiliser le rétroprojecteur

- **Pas plus de 25 mots par transparent.**
- **Utilisez des grandes lettres pour être bien lisible (corps 24, 36 points).**
- **Employez quelques couleurs comme un code pour mettre en valeur une idée.**
- **À proscrire : la reproduction de pages dactylographiées. Seul un court texte en corps 24 ou 36 est lisible.**
- **Laissez le temps de le lire, ne parlez pas d'autre chose en même temps.**
- **Avec un cache, dévoilez progressivement le contenu du transparent : une idée à la fois.**
- **Pour recentrer l'attention des élèves sur ce que vous dites, éteignez le rétroprojecteur.**

“ S’ils sont sages, en fin de trimestre, je leur passe un film. ”

substantielle sur le plan linguistique ou culturel. On peut reprendre les conseils prodigués pour le magnétophone (voir ci-avant). De plus :
– n’oubliez pas de faire le choix de séquences très courtes qui contribuent à l’apprentissage difficile de l’analyse de l’image, au décryptage. On le fera d’autant mieux dans le cours si la classe est équipée. C’est un support qui ne doit pas monopoliser l’heure entière ;
– se déplacer dans une salle vidéo dédiée invite à une autre pratique dans la mesure où toute l’heure est alors consacrée à l’utilisation de l’outil ; réfléchissez bien alors à votre objectif et au nombre d’extraits bien calés que vous allez enchaîner.

La liste des outils que vous pourrez utiliser en classe n’est pas exhaustive, elle se veut généraliste, c’est-à-dire valable pour tout enseignant, quelles que soient sa discipline ou son niveau. Nous n’envisagerons pas ici les matériels plus spécialisés de type ExAO (expérimentation assistée par ordinateur), tableur Excel ou le TBI (tableau blanc interactif). Les sites disciplinaires sont nombreux à détailler utilisations, pratiques et évaluations.

DES OUTILS À PARTAGER AVEC LES ÉLÈVES

Ces outils se différencient des précédents en ce qu’ils ne sont ni donnés, ni obligatoires, et ne nécessitent pas de compétences particulières pour les utiliser. Plus que de simples outils, ils participent à une démarche

► « Parasites » dans les cahiers...

« Il m’arrive de vérifier quelquefois la tenue des classeurs en seconde, souvent découragée par le désordre, les gribouillis, les graphismes, les silhouettes de BD esquissées, les phylactères grossiers, les éclairs noirs. Plus jamais en première. »
Et si ces parasites étaient des clés qui facilitent l’appropriation de savoirs ardus ?

➥ Catherine Henri, *De Marivaux et du loft, petites leçons de littérature au lycée*, éditions POL, 2003, p. 116.

constructive avec et pour les élèves. En cela, ils illustrent ce que le mot pédagogie veut dire : un processus d'apprentissage mené en commun.

Le cahier de roulement

Cette pratique encore confidentielle présente de nombreux intérêts. C'est un cahier tenu à tour de rôle par les élèves (un des nombreux rôles que vous aurez à cœur de leur confier). Il permet de garder une trace écrite complète de chaque cours ainsi que celle du travail donné à la maison et des évaluations. Il constitue la mémoire collective du groupe-classe. Il doit pouvoir être consulté par les élèves à tout moment soit après une absence soit pour leur permettre de corriger ou compléter leurs notes personnelles. Le professeur le vérifie après chaque leçon et peut concevoir grâce à lui la suite de sa progression et des évaluations (à court et long terme). Ce cahier peut être un relais passé au professeur de l'année suivante.

Le cahier des élèves

On peut se contenter de déplorer le manque de soin, les documents laissés en vrac, l'absence des évaluations, et estimer que le cahier reste « la chose de l'élève », qu'il y apprend son autonomie. Certes, mais le professeur est responsable de ce qui demeurera dans ces cahiers, de la sixième à la terminale. Le guidage est indispensable.

• Relevez les cahiers soit progressivement par lots, selon les occasions de travaux plus personnalisés ou d'interrogation orale, soit tous en fin de séquences.

• Vous êtes naturellement libre d'organiser le travail comme vous l'entendez (parties des cahiers consacrées à la « grammaire », au « lexique », aux « exercices », au « cours »...) ou partition gauche pour la méthodologie et les exercices, droite pour la trace écrite commune. L'essentiel est d'avoir une méthode de travail rigoureuse et continue sur l'année. C'est un repère pour l'élève, pour la classe et pour vous.

• Une fois par trimestre, consacrez un temps de « bilan de savoir-faire » en échangeant les cahiers : chaque élève reçoit le cahier d'un autre, l'examine, on reporte au tableau les « petites réussites », les « améliorations nécessaires », les « dérives constatées ». Un excellent moment de régulation où le professeur joue son plein rôle de médiateur pédagogique. On travaille mieux sous le regard attentif et bienveillant de l'autre...

Des documents du cours à la trace écrite des élèves

Chaque support peut à lui seul constituer la base d'une séquence et la justification d'une trace écrite dans le cahier, à condition d'en aménager sa lecture, sa compréhension, son analyse et sa transposition. Tout document n'est important que parce qu'il fourbit l'arsenal intellectuel de l'élève, toute analyse n'est pertinente que si elle contribue à développer la compétence de l'élève à passer d'un code à un autre, à naviguer d'un registre à un autre, à construire les passerelles nécessaires entre les domaines du savoir.

« Ils n'arrivent pas à produire un court texte écrit. »

Un résumé écrit, une œuvre parfaite (comme on peut le faire dans une épreuve de recrutement du CAPES) est gratifiante pour le professeur, mais ne répond pas aux différentes formes d'apprentissages et capacités réelles de nos élèves. La phase de transposition est capitale, sa médiation

Tableau des combinaisons possibles entre un document et la trace écrite sur le cahier de l'élève

Passer de	à		Intérêt	Niveau de difficulté
Texte	>	réponses	❍	
Réponses	>	paragraphe	❍	
Textes	>	résumé	❍	❍
Manuel	>	résumé	❍	❍❍
Texte	>	carte	❍	❍
Texte incomplet	>	texte complet		
Texte lu	>	réponse		❍
Texte	>	tableau écrit	❍❍	
Texte de tableau	>	légende	❍	
Carte	>	réponse		
Carte	>	tableau	❍	
Carte, image	>	schéma	❍❍	❍
Cartes	>	modèle	❍❍	
Image	>	légende ou texte	❍	
Film	>	texte		❍
Graphique	>	texte	❍	
Graphique	>	tableau écrit	❍	

par un enseignant tout autant. Le vocable « transfert » de connaissances d'un support à une autre situation s'avère trompeur car il laisse l'élève seul face à une tâche qui n'aura pas été envisagée. Et dangereux car l'enseignant sera donc amené à évaluer ce que l'élève n'aura pas appris directement. Il s'agit donc de travailler très explicitement, en cours, la mobilisation de ses savoirs en vue d'un réemploi dans des situations approchantes.

La trace écrite doit refléter cette variété des processus d'élaboration des connaissances. Loin de se limiter au seul résumé terminal à « apprendre par cœur », elle doit être un outil élaboré en commun qui permet de transformer un contenu. L'étude documentaire permet de décoder puis de réencoder l'information, comme peut le faire le modem de nos ordinateur.

Le tableau ci-dessus peut être un guide des savoir-faire exigibles au collège, un petit tableau de bord pour vérifier ce qu'on a déjà fait et ce qu'on n'a pas encore tenté. Chaque combinaison (les lignes) représente une opération intellectuelle déjà complexe. Ce n'est que si on travaille bien cette passerelle entre le document brut et son traitement que l'élève sera à même de produire un court texte écrit. Pas d'emblée.

Par exemple, décrypter un texte à l'aide d'un tableau à compléter est une opération écrite d'un réel intérêt pour la compréhension, et son résultat sera une bonne trace écrite pour permettre la mémorisation. Une suite possible sera de passer d'un tableau d'analyse à un texte linéaire. Encodage, décodage.

« Faire que le temps de la classe soit le travail de l'élève » : une sentence que l'on trouve dans les documents d'accompagnement des programmes d'histoire-géographie au collège. Le travail de l'élève, c'est donc le temps de mobilisation de connaissances et de processus de transposition dont la trace écrite élaborée individuellement ou collectivement, à l'issue de l'étude de tout document, sera le témoin. (Sur l'organisation de la trace écrite comme modalité d'apprentissage, voir le chapitre « Faire une conférence ».)

Le portfolio, un outil partagé avec l'élève

Dans la continuité du cahier de l'élève, il faut signaler cette pratique largement développée chez nos amis québécois, qu'est le journal de bord de l'élève. Varié et adapté dans ses formes et ses supports au niveau,

“ *Le portfolio, c'est quoi ?* ”

à l'école, aux types d'élèves concernés, il exprime un concept identique. C'est un dossier évolutif rassemblant quatre catégories de documents :

– des « œuvres » et travaux que l'élève a produits au cours d'une année scolaire (ou même de plusieurs, mais ne soyons pas extrémistes), signes visibles de compétences acquises ;

– des appréciations des professeurs, des remarques sur le travail de l'élève. Le portfolio est par nature pluridisciplinaire. Les fiches de compétences du B2i (brevet informatique et Internet), obligatoire en fin de CM2 et en fin de troisième, y trouvent naturellement leur place ;

– des jugements personnels, des conseils, des autoévaluations de ses méthodes de travail ;

– des mesures à prendre pour aider l'élève à améliorer son apprentissage, établies lors d'entretiens (avec un tuteur, son professeur principal, en fin de mi-trimestre, par exemple).

Le portfolio témoigne de la réflexion que l'élève mène sur son propre apprentissage et de compétences acquises dans son parcours scolaire. Il est signe de continuité, là où souvent il y a risque de discontinuité (au collège notamment). C'est un outil formatif puissant pour l'élève et très objectif pour une équipe d'enseignants, si équipe il existe. (Voir page 89.) Il est naturel donc de le voir apparaître en troisième à découverte professionnelle.

@ Le portfolio, concept efficace pour l'apprentissage et son évaluation : rendez vous sur le site québécois : http://ntic.org (mot clé : Portfolio) et notamment la page de Robert Bideau (le portfolio basque). Les documents du porfolio proposés par Suzanne Harvey, enseignante à la Commission scolaire de Saint-Hyacinthe peuvent être reproduits (téléchargement en format ClarisWorks pour PC ou Mac) : www.cssh.qc.ca/enseignants/api/portfolio/index.html

▸ Le B2i (brevet informatique et internet)

Les fiches compétences et le livret sont téléchargeables et adaptables sur le site Eduscol : www.eduscol.education.fr

Les fiches sont organisées comme un portfolio de compétences, une sorte de contrôle continu qui valide les acquisitions progressives de l'élève dans un domaine. Elles préfigurent en quelque sorte le livret d'évaluation du socle commun (voir page 177).

Le manuel

Un manuel est indispensable au collège et nécessaire au lycée. L'utilisation d'un manuel évitera de multiplier exagérément (et d'ailleurs souvent illégalement) les photocopies de manuels ou de divers autres documents. Il se révèle utile pour le professeur, pour l'élève, et bien utilisé, permet de boucler son programme.

Un « outil » pour le professeur. Il n'est pas le programme officiel. L'étude systématique d'une unité du manuel après l'autre, exhaustivement, condamne le professeur à avancer trop lentement dans ce manuel. Il est également illusoire d'attendre des « exercices de grammaire » une efficacité absolue et des connaissances acquises pour toujours.

Un « outil » pour l'élève. Une grande partie du début d'année consiste à apprendre aux élèves à s'en servir, à l'examiner avec eux pour en montrer toute la richesse et favoriser une utilisation autonome que l'on sollicitera toutes les fois que l'on pourra, en cours.

Il convient de progresser assez rapidement dans le manuel tout en proposant des retours aussi souvent que possible. Des choix doivent être faits par le professeur en fonction de ce principe fondamental. Une avancée assez rapide dans le programme qui s'accompagne de révisions (ou reprises) fréquentes sera beaucoup plus efficace qu'une compilation lente d'acquis limités.

Pour toutes ces bonnes raisons, le choix du manuel est important, il conditionne votre travail et celui de vos élèves. S'il est imposé quand vous arrivez dans l'établissement, vous pouvez en explorer ses potentialités et ses limites pour éventuellement en juin proposer à vos collègues de discipline d'en changer. Mais sur quels critères ? Des collègues de Caen ont, à l'occasion d'une formation, élaboré le tableau ci-contre de notation des manuels. Quatre critères principaux ont été retenus. Cette grille n'est pas fermée, vous pouvez encore la compléter par d'autres questions. Pour compléter ce tableau[1], il vous suffit de cocher la colonne qui porte la réponse la plus appropriée.

1. D'après un document réalisé par J. Vieuxloup et F. Hervé à partir des travaux du stage en didactique de l'histoire 1997-1998.

Grille d'analyse comparée pour un manuel (d'histoire)			
Savoirs scientifiques	**+**	**~**	**–**
Savoirs scientifiques à jour			
Savoirs scientifiques en adéquation avec le programme			
Documents écrits en adéquation avec les savoirs scientifiques			
Présence d'extraits des textes fondateurs (liste des textes fondateurs)			
Documentation iconographique en adéquation avec les « passages obligés » (photos du général de Gaulle avec Konrad Adenauer à Reims en 1963 et de François Mitterrand avec Helmut Kohl à Verdun en 1984) et les savoirs scientifiques			
Présence d'informations complémentaires sur les auteurs de films au programme : – Jean Renoir – S.M. Eisenstein			
Présence des repères cartographiques du programme : – (liste de cartes et de repères)			
Références des documents indiquées			
Autres			
Didactique	**+**	**~**	**–**
Un ou des axes épistémologiques sont-ils perceptibles ?			
Les objectifs de savoirs sont-ils définis ?			
Y a-t-il une progression notionnelle ?			
Les objectifs du savoir-faire sont-ils définis ?			
Y a-t-il une progression méthodologique ?			
Une évaluation est-elle prévue ?			
Y a-t-il concordance entre les objectifs et la leçon ?			
Y a-t-il concordance entre les objectifs et l'évaluation ?			
Une problématique est-elle annoncée ?			
Quelle utilisation des documents est proposée ? – illustrative – inductive			
Y a-t-il une gradation des difficultés propre à permettre une pédagogie différenciée ?			
Types d'évaluations présentés : – diagnostique – formative – formatrice – sommative			
Autres			

Pédagogie	+	~	–
Manuel à base de documents et de questions (TP)			
Manuel alliant leçons, documents, questions			
Manuel alliant leçons, documents, questions et TP en fin de chapitre			
Mise au point méthodologique			
Mise en page : – leçons à gauche, documents à droite – leçons à droite, documents à gauche			
Le vocabulaire des leçons, des questions est-il accessible aux élèves ?			
Le vocabulaire scientifique et technique est-il important en quantité ?			
Le vocabulaire scientifique et technique est-il défini sur les pages de la leçon ?			
Le vocabulaire scientifique et technique est-il défini dans un lexique final ?			
Les cartes historiques sont-elles lisibles pour des élèves de troisième ?			
Les schémas, graphiques, histogrammes sont-ils exploitables par les élèves : – clarté de la représentation – questions induisant une méthode			
Autres			
Utilisation	**+**	**~**	**–**
Présence d'un index : – au début de l'ouvrage – à la fin de l'ouvrage			
Présence d'un lexique accessible			
Y a-t-il des pages récapitulatives à la fin de la leçon ?			
Y a-t-il un résumé succinct à la fin de la page de leçon ?			
L'ouvrage est-il d'un poids et d'une taille raisonnables ?			
Est-ce un ouvrage que l'on a envie d'ouvrir (typographie, mise en page, richesse de l'iconographie) ?			
L'ouvrage comporte-t-il plusieurs parcours de lecture pouvant satisfaire des élèves de niveaux différents ?			
Les relations entre les différentes parties d'une double page sont-elles suffisamment explicites ?			
Le livre est-il clair pour des parents peu au fait de la pédagogie actuelle, et des périodes historiques concernées ?			
Autres			

Légende : « + » : le manuel répond de manière globale positivement à la question ; « ~ » : le manuel répond moyennement à la question ; « – » : le manuel ne répond pas à la question.

En effectuant le bilan des points positifs pour chaque manuel, on aura sur des critères objectifs une meilleure idée de la valeur du livre de classe. Bien évidemment, d'autres critères peuvent intervenir, en particulier le prix proposé par l'éditeur. Mais rien ne remplace une année scolaire pour pouvoir se faire une bonne idée du manuel. Avec l'hétérogénéité des classes, pourquoi ne pas prendre une collection de chaque édition ? C'est une option envisageable dans le cadre d'une réflexion en équipe disciplinaire.

Et le livre dans tout cela ?

Nous ne pouvions donc pas terminer ce chapitre sur les outils de l'enseignant moderne sans envisager la place du livre en général et des pratiques de lecture plus spécifiquement.

La réflexion porte sur l'activité effective de l'élève dans son parcours scolaire et son « temps d'exposition » aux apprentissages fondamentaux. À la manière d'un papier photographique, a-t-il été assez exposé à la lecture et à ses différents usages pour comprendre de manière conséquente ?

Cette question concerne absolument tous les enseignants, et comme tous les problèmes partagés, il est facile de reporter la charge sur le voisin, l'autre discipline ou le cours de l'année précédente, tant que la réflexion n'est pas explicitement abordée et prise en charge par un collectif organisé en ce sens. En témoigne la faiblesse numérique au moins en terme d'affichage des objectifs des projets d'établissement portant sur la maîtrise des langages et la pratique de la lecture. Alain Bentolila évoque le « long tunnel » de l'illettré, car tout se passe comme si le problème n'existait pas. À l'échelle d'un établissement, il ne s'agit peut-être que de quelques individus, mais à l'échelle de la nation, ce sont plusieurs dizaines de milliers de personnes concernées. Les évaluations portent sur plus de 10 % de la population scolaire.

À l'occasion de l'accompagnement d'une mesure du collège 2000, la mise en place d'atelier-lecture en sixième – mais le propos dépasse ce seul dispositif –, l'équipe des inspecteurs de l'académie de Nantes avait produit un texte remarquable de clarté et de pertinence dont nous pouvons reprendre ici quelques points. Ce sont autant de conseils pédagogiques assez simples à mettre en œuvre.

Premier principe : pendant les temps d'atelier lecture, les élèves lisent
Les pratiques de lecture que les élèves auront dans ce temps réservé doivent contribuer à développer leurs compétences de lecture. Réserver un moment régulier de lecture peut par ailleurs devenir un rituel dans tout cours. Ces activités de lecture (papier ou ordinateur) restent toujours nécessaires, au moins pour certains élèves. Certaines relèvent de dispositifs de consolidation, remise à niveau..., d'autres des contenus des programmes disciplinaires (outils de la langue, vocabulaire spécialisé) travaillés sur le reste de l'horaire.

Deuxième principe : le professeur multiplie et varie les documents proposés à la lecture des élèves
Pour cela, le prof fait largement appel aux ressources du CDI ou BCDI dans le primaire et organise des activités qui conduisent les élèves à y recourir comme à celles d'autres bibliothèques. Il peut aussi s'appuyer sur des lectures spontanées des élèves.
Les activités de l'atelier de lecture s'inscrivent le plus naturellement possible dans l'enseignement de la discipline pour aider les élèves à en atteindre les objectifs.

Troisième principe : les activités de lecture en atelier sont finalisées par un projet
Des questions peuvent donner du sens à ces lectures et stimuler l'intérêt des élèves pour les documents proposés. Quand on est lecteur, on ne lit généralement pas pour lire, dans l'absolu, mais parce qu'on a des raisons de lire ce qu'on lit, les lectures s'inscrivent dans un projet (réaliser quelque chose, trouver des réponses à des questions qu'on se pose sur un sujet, dans un domaine...)

Quatrième principe : échanger sur les lectures
Le projet pédagogique prévoit des moments d'échanges oraux concernant des lectures déjà faites et l'écriture de textes à l'intention d'autres lecteurs identifiés.

Cinquième principe : l'atelier doit permettre de (re)construire ou de consolider cette expérience et d'exercer cette liberté
Cela suppose que tous les élèves, même ceux dont les compétences de lecture sont encore très incertaines, soient reconnus positivement comme des lecteurs, accompagnés et encouragés : quelles que soient leurs compétences, dans le cadre de l'atelier ils ne sont jamais stigmatisés comme mauvais lecteurs, et les lectures spontanées dont ils font état ne

doivent pas être stigmatisées comme « mauvaises lectures » : il vaut mieux leur faire expliquer pourquoi elles les intéressent et leur plaisent, et susciter un débat dans la classe à leur propos.

Les propos étaient complétés par 11 questions dont les réponses sont développées dans le document en ligne : Et le programme ? Est-ce du loisir ? Que faire lire ? Lire la même chose ? Quelles modalités ? Lire tout haut ? Le vocabulaire ? Et les élèves en difficulté ? Du travail à la maison ? Noter ? Quand le CDI est pauvre ?

@ Lire au collège. L'exposé de l'expérience lancée par l'équipe des IA-IPR de l'académie de Nantes qui replace la lecture dans la continuité des apprentissages et dans l'ordinaire des cours : www.ac-nantes.fr/peda/disc/lettres/ipr/lectocol.htm. Autre site à consulter : Lecture, la référence en la matière : lecture.org.

AUTOTEST : L'ENSEIGNANT ET SES OUTILS

✪ Sur le tableau des outils et supports possibles de l'enseignement,

– j'utilise souvent	– j'utilise parfois	– je n'utilise jamais
1.	1.	1.
2.	2.	2.
3.	3.	3.

✪ Pour les trois prochains mois, je souhaite mettre en œuvre :

1.
2.
3.

CHAPITRE 11

Utiliser les TICE

Les enseignants utilisent (enfin) les TIC (technologies de l'information et de la communication). Ainsi 86 % des élèves utiliseraient l'ordinateur à l'école dont un tiers « tous les jours ou presque » et 40 % des enseignants utiliseraient Internet avec les élèves. Seulement un élève sur quatre a passé le B2i (brevet informatique et Internet), qui est obligatoire en tant que domaine du socle depuis 2006, alors que trois sur quatre « surfent » quotidiennement[1].

Les enquêtes internationales font état d'un net retard français aussi bien sur le plan scolaire que dans l'équipement des ménages.

Dans le primaire, la fréquence d'utilisation est forte : la moitié des professeurs des écoles s'en servent en classe au moins une fois par semaine. Dans le secondaire, les jeunes enseignants seraient plus actifs que leurs aînés. Dans l'ensemble, beaucoup de professeurs ne s'estiment encore pas assez formés à ces techniques.

Au lycée, ce sont les problèmes d'organisation et d'assistance qui font aussi obstacle : incompatibilité des horaires, difficulté de gestion des classes, défaillance des réseaux. C'est à présent le cadre scolaire qui ralentit l'inévitable pénétration des TICE (technologies de l'information et de la communication pour l'enseignement).

LES TICE BOUSCULENT L'ÉCOLE ET LE MÉTIER

Le développement des TICE bouscule l'école car il remet en question les différentes dimensions du système d'enseignement. L'espace de l'école devient poreux par exemple par la mise en place des ENT (environnement numérique de travail). Le temps scolaire se prolonge grâce aux

1. Sondage réalisé par Médiamétrie en 2006 auprès de 1 500 élèves de 11 à 18 ans.

> **► Un B2i pour les enseignants**
>
> **Après le B2i pour les élèves, et le C2i pour les étudiants, le ministère définit un C2i « niveau 2 enseignant » destiné aux stagiaires des IUFM. Ce niveau 2 « vise à attester des compétences professionnelles communes et nécessaires à tous les enseignants pour l'exercice de leur métier dans ses dimensions pédagogiques, éducative et citoyenne » : maîtrise des problématiques et des gestes liés aux TIC dans l'éducation, du travail en équipe et en réseau, et des espaces numériques de travail. (*cf. BO2004*, n° 46).**

réseaux de telle sorte que la frontière entre le scolaire et l'accompagnement scolaire se brouille. Les ressources pédagogiques se perdent dans un océan d'offres de toutes sortes... Un rapport de l'IGEN en 2006 conclue : « Dans cette nouvelle configuration, l'organisation de l'école est appelée à se modifier, que ce soit dans les contenus étudiés, les formes de travail des élèves ou le service des enseignants ».

Dans un rapport récent, l'Inspection appelle donc à « un renouvellement profond de la pédagogie et de la didactique. Deux objectifs doivent guider l'élaboration de ces nouveaux outils : l'individualisation des parcours et l'interactivité »[2]. Quatre axes de développement des TICE ont été fixés à moyen terme : la documentation, la pédagogie, la communication et l'évaluation. « Le développement des TICE... est de nature à améliorer la prise en charge de l'élève, à mieux garantir l'égalité des chances, à infléchir la pédagogie pour assurer la maîtrise de l'échec scolaire et favoriser l'adaptation individuelle des apprentissages. »

La place, le rôle et le service des enseignants devront évoluer : « Le professeur produit des contenus dans un format qui permet leur mutualisation. Il prend en charge ses élèves hors temps scolaire, y compris le soir : cela peut-il devenir la spécialisation de quelques uns ? »

« La montée en charge des TICE accentue le divorce entre les nouvelles formes de la pédagogie et le conservatisme des modes d'évaluation...

2. *Rapport de l'Inspection générale sur « La promotion de l'usage des TICE dans les activités d'enseignement », Anne-Marie Bardi, Jean-Michel Bérard, Guy Menant (IG) et Alain-Marie Bassy et Robert Jammes (IGAEN), février 2006, non publié.*

On ne pourra pas continuer à exiger des élèves des compétences dans l'usage des TIC et éviter de les vérifier lors des grands rendez-vous ». Le rapport invite à étendre les épreuves sur ordinateur et le contrôle en cours de formation. Pensons-y pour évaluer les compétences du socle, dans tous les autres domaines ! L'utilisation des technologies n'induit donc pas un nouveau métier, mais exige des compétences en phase avec l'évolution du monde contemporain.

CONJUGUER SA DISCIPLINE AVEC LES TICE

L'équipe du lycée français de Mexico a confronté les objectifs de leurs programmes d'histoire et géographie et leurs pratiques en TICE et s'est posé la question essentielle suivante : « Les TICE permettent-elles de répondre efficacement aux objectifs de notre matière ? » (Voir leurs travaux dans le chapitre 12 « Utiliser l'audiovisuel »).

> *“ Les TICE s'ajoutent à mon programme. Ce n'est pas ma priorité ni mon objectif. ”*

L'impact des TICE selon les objectifs d'une discipline

Par l'intermédiaire d'une appréciation personnelle modulée de 1 (faible impact des TICE sur l'objectif observé) à 3 (fort impact), les membres de l'équipe se sont efforcés de comprendre quelle était la meilleure adéquation entre TICE et poursuite des objectifs fondamentaux de l'histoire-géographie.

Le tableau d'impact (voir la page ci-contre) montre que les TICE sont d'utiles supports pour le cours lui-même, en guide de cours, en mode de présentation assistée par ordinateur par exemple. Les TICE ne sont donc pas innovantes en soi, mais elles trouvent une place de choix dans tous les autres modules plus différenciés (on le verra plus loin).

Un tableau d'intégration des TICE dans une séquence ordinaire

L'équipe propose une série complémentaire de tableaux de bord (voir page suivante) de séquence sur la Première Guerre mondiale et ses conséquences, par exemple. La facture même de ce tableau de bord atteste que son enjeu est moins l'étude de l'informatique que l'étude

Tableau d'impact des TICE en fonction des objectifs de programme au lycée					
Objectif	Sous-objectif	Outils, fiches méthodes, techniques			
		Supports utilisés par l'enseignant	Seconde Module « Internet »	Première TPE	Terminale études des paysages
1. Situer dans l'espace et le temps	1. Espace		3	1	3
	2. Temps		3	1	1
2. Traiter des informations dans différents supports documentaires	1. Présenter, identifier		1		3
	2. Observer, décrire		2	1	3
	3. Expliquer, mettre en relation, ouvrir, critiquer			2	3
	4. Synthétiser		3	3	
3. Enrichissement des connaissances	1. Cours	3 PP, Word, sons, web			
	2. Recherche		2	3	
4. Mettre en œuvre des connaissances	1. Établir et justifier des relations		3	3	2
	2. Utiliser des notions, concepts, vocabulaire spécifique		2	2	2
5. Réaliser des documents	1. Construire une légende				
	2. Construire un croquis, schéma, organigramme, graphique				
	3. Élaborer une production écrite			3 html	
	4. Élaborer une production multimédia			1	

tout court d'une période et de contenus de programme de la discipline. Ici, la recherche par Internet, la compilation de ressources par mail sont des moyens de servir l'objectif pédagogique. Ni plus, ni moins.

Loin de se substituer à l'enseignant, les TICE le rendent plus nécessaire que jamais en organisateur, en facilitateur, en médiateur, en synthétiseur, en évaluateur. Bref, des rôles relativement classiques… (voir la case « Résultats observés, au plan méthodologique »). Hegel aurait dit : « C'est une ruse de l'Histoire… »

INTÉGRER LES TICE DANS UN PROJET PÉDAGOGIQUE

> « *J'ai essayé de mettre mes élèves sur une recherche Internet, mais quel temps perdu pour si peu de résultats !* »

Une fois passées les principales résistances à l'outil, il n'en reste pas moins que les activités possibles et les pratiques effectives des TICE à l'école doivent être interrogées au même titre que toutes les autres. Tout n'est pas TICE et les TICE ne sont pas tout. Le choix est d'abord didactique et pédagogique. On peut proposer une typologie en cinq cas :

– coopérer et mutualiser ;
– produire et créer ;
– rechercher et se documenter ;
– se former, s'autoformer ;
– animer, organiser, conduire.

@ Le site Educnet, pour chacun de ces domaines, propose dans une page portail des tableaux synthétiques très aisés dans leur emploi, montrant les champs d'application, la valeur ajoutée des TICE, et des liens vers quelques exemples en ligne. Un site très varié et riche : www.educnet.education.fr.

Communiquer et coopérer en classe

Si les fonctions de recherche et de production sont déjà bien investies par l'enseignement, la fonction de communication et de coopération l'est moins. Jackie Pouzin, professeur d'histoire-géographie dans l'académie de Nantes, nous livre quelques pistes intéressantes en la matière.

Classe réelle, classe virtuelle

Le principe. Une enseignante de secondaire de l'académie de Nantes témoigne : « Je mets en œuvre une pratique de classe qui intègre l'utilisation régulière du courrier électronique :

– en seconde, je permets aux élèves de créer leur boite électronique dans le cadre du partenariat avec la Poste (education.laposte.net). Puis nous commençons nos échanges qui visent à la maîtrise de la net-étiquette. Leur adresse électronique est surtout utile dans le cadre de l'ECJS, elle leur

Description de la séance			
Niveau	Collège : 3e	❑ Lycée :	Durée : 2 heures
Partie du programme **La Première Guerre mondiale et ses conséquences**		Intitulé de la leçon **Une guerre totale**	

Support		
Choix du support		**Cohérence avec les objectifs attendus**
• Image fixe □ Photo □ Ressource Web-prof □ Ressource Web-élèves • Image animée □ Extrait de film	• Animation – aide description □ Animation-schémas □ Animation-croquis géo • Sons □ Voix radiophoniques □ Chansons et ambiances	Les outils utilisés (moteurs de recherche et diaporama PowerPoint) placent les élèves dans une relative autonomie. Le fait de pouvoir choisir l'aspect du conflit qu'ils souhaitent illustrer, les images et les informations qui doivent leur servir à commenter ces images les placent dans une situation où ils produisent eux-mêmes le discours historique et s'approprient ainsi les connaissances de la leçon

Mise en œuvre

Description succincte de la leçon : **Illustrer un aspect de la guerre de 1914-1918**

Travail par groupe de 2 ou 3 : rechercher au CDI sur Internet 3 images permettant d'illustrer un aspect de la Première Guerre mondiale, les commenter et élaborer, en salle informatique, un diaporama sous PowerPoint pour présenter les résultats de la recherche. Les données sont sauvegardées par courrier électronique et présentées lors d'une séance de synthèse de cours

Objectifs de la séance	Résultats attendus de l'utilisation du support	Résultats observés
Au plan des connaissances • Comprendre le concept de « guerre totale »	**Au plan des connaissances** • S'approprier des connaissances	**Au plan des connaissances** • Attitude très active des élèves • Les connaissances dégagées sont de bonne qualité • Le concept est très largement assimilé
Au plan méthodologique • Commenter un document • Rechercher de l'information • Sélectionner l'information pertinente • Apprendre à argumenter	**Au plan méthodologique** • Savoir utiliser des outils informatiques pour la recherche d'information et pour la production des résultats	**Au plan méthodologique** • Le commentaire se réduit souvent à une simple description de l'image et l'intervention de l'enseignant est primordiale • La démarche pour le commentaire d'un document est mieux comprise

permet, par exemple, d'interroger un député sur une question débattue au Parlement et d'avoir une réponse rapidement ;
– en première, sûr de garder la classe jusqu'au bac, je mets en place une liste de diffusion grâce aux services des clubs voilà.fr. Chaque semaine, j'envoie à tous un message soit en liaison avec le cours (complément d'informations, sélection de site Web) soit en liaison avec la vie du lycée. Les élèves sont invités à participer à un webzine et à contribuer à l'animation d'un site sous SPIP (un éditeur HTML en ligne, gratuit) dont le but est d'accompagner le programme. Une question pertinente d'un élève est ainsi répercutée sur le site collectif.

« Enfin, un site personnel accueille mes cours aux formats RTF et PDF, associés à des productions d'élèves et des compléments : dossier de presse, aide méthodologique, entre autres. C'est cet ensemble qui constitue la “classe virtuelle”. Au départ limitée aux terminales, j'ai élargi cette offre aux classes de premières. »

Le bilan. « Jusqu'à présent, aucune réticence n'a été émise tant de la part des parents (qui fournissent l'autorisation de création d'une adresse électronique scolaire) que des élèves, plutôt enthousiastes. [...] Les élèves respectent très bien la net-étiquette : aucun débordement constaté depuis quatre ans ; ils n'abusent pas et je ne suis pas noyé par des courriers indésirables.

« Les élèves multiplient entre eux les échanges qui portent surtout sur les questions posées dans les devoirs à la maison. L'entraide, le partage des tâches fonctionnent bien. Je reçois beaucoup de demandes d'aide directe sur des points de compréhension qui posent problème, pour des conseils méthodologiques.

« Le média impose une certaine distanciation. Il faut écrire son texte, l'envoyer à la bonne adresse. Cependant bien des élèves expriment par ce biais ce qu'ils n'oseraient dire en classe ! Ce lien en dehors du temps de la classe renforce la dynamique du groupe incontestablement et donne une visibilité nouvelle aux interactions entre élèves. Les meneurs sur le Web ne sont pas les plus extravertis en classe.

« Mon meilleur souvenir : le débat d'ECJS sur la place de la technologie dans nos sociétés modernes qui a connu une extension inattendue sur la liste de diffusion interne à la classe !

▸ Pédagogie : TICE et maîtrise du langage

L'ordinateur facilite-t-il la maîtrise de l'écriture et de la lecture ? Qu'apportent les outils d'entraînement à la lecture ou d'aide à l'écriture, le traitement de texte ou Internet pour la maîtrise du langage ? Quels liens établir entre la maîtrise du triptyque écran-souris-clavier et celle de la structuration de la pensée ? Quels outils utiliser pour préparer l'élève à une véritable autonomie ? Voilà quelques-unes des questions soulevées dans le numéro 42 des *Dossiers de l'ingénierie éducative*. Il présente de nombreuses applications pédagogiques de l'école au lycée mais aussi en prison et en maternelle.

➥ www.cndp.fr/DOSSIERSIE/42/som42.asp?menu=sdl

« Cette intégration des échanges électroniques me semble très largement profitable : le service rendu aux élèves est modeste mais précieux. Ils savent qu'ils peuvent disposer d'une écoute en ligne avec le bénéfice pour le prof que je suis de la communication asynchrone. Ma classe de terminale scientifique a souhaité garder pour elle cette liste de diffusion créée dans le cadre scolaire pour maintenir le contact entre eux après le bac : les échanges continuent donc. Pour finir, leurs résultats au bac est de 94 % de réussite. L'utilisation du courrier électronique ne semble donc pas nuire aux résultats ! »

@ Site Internet de l'académie de Nantes : www.ac-nantes.fr

Quatre conseils pour réussir avec les TICE

En matière de conduite de classe, les TICE s'accommodent mal d'une pratique frontale, purement disciplinaire, sauf avec le TBI (tableau blanc interactif). Ne serait-ce que par sa mise en scène, une moitié de classe, un poste pour un ou deux élèves, la possibilité d'avancer à son rythme, cette situation requiert donc de la part de l'enseignant :
– une maîtrise des objectifs assignés à la séquence. Pour éviter la dérive de l'occupationnel (les TICE pour les TICE) ou la perte de temps, vérifier toujours son ancrage aux objectifs ;
– un pilotage par projets, assez souple et réactif aux occasions rencontrées ;
– la capacité d'organiser, suivre et évaluer les travaux par groupes ;

► « Une mosaïque d'usages pédagogiques »

Le CRDP (centre régional de documentation pédagogique) d'Orléans-Tours propose en ligne une collection de comptes-rendus d'usages pédagogiques des TICE, au primaire et au secondaire. Quatre grands thèmes sont abordés : les TICE pour apprendre du professeur, les TICE pour apprendre par soi-même, les TICE pour apprendre en communiquant, les TICE pour apprendre en produisant. Extrait de l'éditorial :

« Cette première mosaïque d'usages pédagogiques liés aux TICE veut participer d'une construction coopérative indispensable et fructueuse. La diversité des contributions traduit la richesse et la variété des initiatives, au plan disciplinaire comme méthodologique, et montre bien que l'enseignant reste toujours l'artisan créateur de la séquence pédagogique, responsable des choix; un artisan au milieu d'élèves actifs et productifs, acceptant parfois la prise de risque, passeur de connaissances et de savoir-faire, lui-même attentif à la capacité inventive du groupe ou de la classe. »

➡ À consulter sur : www.ac-orleans-tours.fr/brochure/sommaire.htm

– la possibilité éventuellement de s'appuyer sur d'autres intervenants (documentalistes, enseignants d'autres disciplines, assistants d'éducation), et donc de travailler en équipe et en interdisciplinarité. (Voir aussi « Définir des objectifs » et « Diriger des projets ».)

@ **Tous les produits multimédias RIP** (reconnus d'utilité pédagogique)... sur le site : www2.educnet.education.fr/contenus/rip/

ADAPTER SA PRATIQUE AUX CONDITIONS MATÉRIELLES

Il ne s'agit pas de tout faire tout de suite, mais de s'adapter à ce qu'il est déjà possible de faire selon les conditions locales. L'équipement nécessaire à l'utilisation des TICE dans les disciplines au collège et au lycée dépend surtout de la taille des établissements. En théorie, les lycées disposent de davantage de crédits et donc de matériels que des spécificités

> *“ Ma salle ne dispose pas d'équipement spécifique, ne parlons pas du réseau en panne un jour sur deux. ”*

d'utilisation. Tout au plus, le travail autonome des élèves peut être plus approfondi au lycée.

Quels sont les temps impartis aux TICE ?

Il est nécessaire de distinguer clairement deux moments de ces activités.

Le temps de classe pour intégrer l'informatique dans son cours au même titre qu'un autre auxiliaire pédagogique. Il peut atteindre jusqu'à 10 % du temps. Une séquence par trimestre constitue déjà un très bon début.

Le temps hors de la classe au cours duquel l'élève poursuit un travail amorcé en classe (réseau ou clé USB), reprend et améliore une tâche ou réalise de manière entièrement autonome un travail, seul ou au sein d'un groupe. Celui-ci est beaucoup plus difficilement mesurable et est fonction des capacités matérielles de l'établissement. Cet apprentissage de l'autonomie est bien sûr privilégié au lycée.

Faut-il un lieu spécialisé ?

La salle d'informatique. Une salle spécialisée comporte huit à dix ordinateurs en monoposte ou en réseau (un ordinateur pour deux élèves), une imprimante en réseau ou deux à trois imprimantes (dont une couleur de préférence). Un nombre croissant de machines multimédia doit être envisagé (la moitié serait une configuration optimale, notamment, pour l'utilisation des CD-Rom). Un ou plusieurs postes Internet sont aussi indispensables dans cette salle. Celle-ci permet d'accueillir 16 à 20 élèves travaillant en binôme. Les réseaux permettent de reprendre une tâche sur tout autre ordinateur de l'établissement.

Une salle de travail autonome ou le CDI. Le nombre d'ordinateurs qui l'équipent (en monoposte ou en réseau) est fonction de la capacité de l'établissement. Les machines peuvent y être de nature variée (selon les tâches) ; la connexion Internet est indispensable. Ce site peut être localisé dans le CDI de l'établissement. L'évolution actuelle tend à l'intégrer au réseau général de l'établissement, pour pouvoir retrouver ses travaux sur tout poste dans l'établissement.

L'ordinateur dans la classe. L'ordinateur (de un à huit) peut aussi être présent dans la classe et être utilisé comme tout autre outil pendant le cours,

▸ Les TICE, « ça marche, quand... »

L'usage des TICE améliore les résultats scolaires des élèves, dans les conditions suivantes :

1. La technologie améliore les résultats scolaires quand le dispositif d'enseignement :

- soutient directement les objectifs du programme d'études qui sont évalués ;
- offre aux élèves des possibilités de collaboration ;
- s'ajuste aux capacités de l'élève et à son expérience antérieure et fournit une rétroaction au sujet de ses résultats et progrès dans l'application ;
- s'intègre aux activités pédagogiques courantes ;
- présente aux élèves des moyens de conception et de mise en place de projets qui dépassent le contenu du programme d'études ;
- est utilisé dans des établissements qui soutiennent l'utilisation de la technologie.

2. La technologie permet le développement des opérations cognitives d'ordre supérieur quand :

- on enseigne aux étudiants à appliquer le processus de la résolution de problèmes et qu'on leur donne des occasions d'appliquer la technologie à la recherche de solutions ;
- les étudiants travaillent dans des communautés d'apprentissage à l'aide des technologies pour résoudre des problèmes ;
- les étudiants emploient des outils de présentation et de communication pour traiter, présenter, éditer et partager des résultats de recherches.

3. La technologie améliore la motivation et l'intérêt quand les élèves emploient des :

- applications informatiques qui adaptent les problèmes et ajustent la difficulté des tâches pour maximiser leur expérience de réussite ;
- applications pour produire, présenter et partager le travail avec des pairs ;
- applications ludiques pour développer des habiletés et des connaissances de base.

Source : article de Robert BIBEAU, « Les Technologies de l'Information et de la Communication peuvent contribuer à améliorer les résultats scolaires des élèves », Revue de l'association EPI Enseignement Public & Informatique (http://www.epi.asso.fr/)

par les élèves ou le professeur. L'évolution tend à le connecter à un vidéoprojecteur dont les coûts ont baissé récemment, afin de visualiser toutes sortes d'écran et donc les travaux de l'enseignant et des élèves. Cette configuration remplacera le projecteur diapo ou le rétroprojecteur.

TRAVAILLER AVEC ET POUR LES ÉLÈVES

Ces toutes dernières années ont été déterminantes, en matière d'équipements domestiques et scolaires. Le niveau de pratique TICE s'est amplifié chez les élèves de manière exponentielle. Et pas forcément grâce aux pratiques scolaires d'ailleurs : SMS, mp3, podcast, téléchargements (plus ou moins légaux) mais aussi le développement furieux de la blogosphère ont réintroduit l'écrit et la créativité. Connaissez-vous vraiment vos élèves sur ces points précis ? Que fait l'école de ces compétences non formelles ?

Actuellement, dans une classe, on trouve tous les niveaux de maîtrise chez les élèves, du webmestre expert en html à celui qui se perd dans ses propres fichiers. Cette hétérogénéité est de même nature que celle rencontrée sur des contenus et des savoirs plus « scolaires ». La question porte non sur les TICE mais bien sur la capacité pour l'enseignant à prendre l'hétérogénéité comme une ressource et non comme une contrainte.

Faire des différences de niveaux des rôles positifs

À cet égard, la pédagogie des rôles, avec l'invention du rôle de « dépanneur », offre quelques ressources. Pourquoi ne pas envisager des formes de tutorat ou d'assistance quand des enfants ont déjà acquis une certaine aisance dans le maniement du clavier et dans les applications de l'ordinateur? Ces « ressources humaines informatiques » seront profitables à tout le monde. En plus de partager ses habiletés avec les autres, l'élève dépanneur sera valorisé par ses pairs grâce à son implication.

Évaluer les besoins. Pour quelles activités a-t-on besoin de dépanneurs? Une fois les besoins repérés (clavier, traitement de texte, gestion des fichiers, imprimante, messagerie électronique...), il faut identifier les dépanneurs qui ont déjà les compétences souhaitées. Au cas où il manquerait un « dépanneur » dans un domaine, il faudrait songer à en former un ou plusieurs.

Faire connaître les dépanneurs. Plusieurs solutions sont possibles : affichage d'une liste des dépanneurs avec leur spécialité dans le coin ordinateur(s), faire porter un badge aux élèves concernés au moment des travaux dans la salle informatique...

Élaborer des règles de fonctionnement :
– le « dépanneur » n'est pas toujours disponible ; il a son travail personnel à assurer, d'où l'intérêt d'en prévoir plusieurs ;
– le « dépanneur », en règle générale, « ne fait pas » à la place de l'autre, il explique et montre à l'autre en utilisant un vocabulaire adapté ;
– le « dépanneur » a une durée de vie (la semaine, le mois…) ; il faut permettre à d'autres de le devenir ;
– un « dépanneur » n'est pas dépanneur en tout ;
– l'enseignant fait le point de temps à autre avec ses « dépanneurs » ;
– ces règles sont à adapter selon sa situation personnelle ; elles seront différentes si on travaille en classe avec un (deux) ordinateur(s) ou si l'on dispose d'une salle multimédia.

C'est l'occasion aussi d'envisager d'autres enfants « experts » dans des domaines moins techniques. Des élèves bons en français par exemple pourront être désignés comme « relecteurs » des productions avant la mise en page finale.

Exemples de dépanneurs :
– dépanneur **édition** : pour centrer, justifier, souligner, mettre en gras, en italiques, modifier la police, faire un saut de ligne, insérer du texte, copier, couper, coller…
– dépanneur **fichier** : pour copier un fichier, chercher un fichier, enregistrer dans un répertoire, sur disquette… faire la différence entre enregistrer et enregistrer sous…
– dépanneur **clavier/souris** : pour connaître les touches spéciales, produire les accents, utiliser les boutons de la souris…
– dépanneur **impression** : pour imprimer, remettre du papier, de l'encre, retirer une feuille coincée…
– dépanneur **messagerie** : pour ouvrir la messagerie, récupérer le courrier, le classer, y répondre, gérer le carnet d'adresses…
– dépanneur **Internet** : pour se connecter sur le réseau, faire une recherche, retrouver les favoris, naviguer grâce aux liens hypertexte…

PEUT-ON ÉVALUER LES TICE ?

Utiliser les TICE à l'école représente donc un facteur d'entraînement. En intégrant les multiples aspects de l'école, les TICE passent de fait aussi sous le joug de l'évaluation scolaire, même si les enquêtes montrent qu'actuellement moins de la moitié des collèges a mis en application le

> “ ***Le B2i reste encore une injonction non concrétisée dans mon établissement. Quel est son intérêt ?*** ”

B2i. C'est qu'il sous-tend ou qu'il est l'occasion de faire jouer plusieurs domaines encore très innovants dans les établissements :
– des pratiques en TICE suffisamment développées dans plusieurs disciplines ;
– la coordination d'une équipe en matière d'échanges de pratiques professionnelles et notamment sur l'évaluation (voir les quiz, page 122) ;
– des pratiques mêmes émergentes de l'évaluation par compétences ;
– le suivi plus organisé des parcours des élèves, sur un niveau ou un cycle.

Les tableaux de suivi de l'élève par compétences sont des prototypes de ce que peut représenter une évaluation partagée et suivie par compétences. Des équipes s'en sont servies pour des « itinéraires de découverte » au collège par exemple. Car, avant même de poser les questions de contenus et de techniques, ils posent la question d'une évaluation collective organisée et coordonnée. C'est bien un thème de formation sur site.

@ **Le B2i.** La présentation, les documents d'accompagnement et les certifications sont disponibles à partir du site Eduscol : eduscol.education.fr/D0053/default.htm. Tout un dossier à consulter sur le Café pédagogique : www.cafepedagogique.net/

AUTOTEST : LES TICE, QUELLE PLUS-VALUE ?

Claude Bertrand[3] nous propose une volée de questions qui nous renvoient à une utilisation raisonnée et donc plus efficace. Prêt pour la phase d'autovérification avant lancement ?

- En quoi ces pratiques sont-elles innovantes ?
- Où se situe l'innovation ?
- Y a-t-il une plus-value pédagogique ?
- Comment mesurer les bénéfices attendus ?
- Quelles sont les conceptions pédagogiques sous-jacentes ?
- Comment est organisée l'activité de l'enseignant ? de l'élève ?
- Quelles modifications sociales, spatiales ou temporelles sont induites par l'introduction des TICE ?
- Quelle nécessité préside à l'introduction des TICE dans cette situation ?

3. Claude Bertrand, IUFM Aix-Marseille, septembre 2001 : www.aix-mrs.iufm.fr/formations/tice/fi/confweb/conf1.html

CHAPITRE 12

Utiliser l'audiovisuel

« M'ame, c'est nul, c'est en noir et blanc et y a des sous-titres! » C'était pourtant un bon documentaire sur la dissection des batraciens, conseillé par France 5. On ne vous y reprendra plus; l'audiovisuel, c'est bien, mais à la maison et dans son fauteuil. Finalement, est-ce qu'un cours sans la vidéo n'aurait pas été plus approprié? Et plus efficace? Difficile cependant de faire sans l'image à l'École quand la vie en est saturée. Comment l'enseignant peut-il travailler avec une plus grande intelligence l'image et le son avec et pour les élèves?

QUELLE PLACE POUR L'ÉCOLE?

Nos élèves sont tout autant enfants de la télé qu'élèves à l'école. Faire comme si cette réalité n'existait pas ne ferait que renforcer le sentiment exprimé d'une rupture entre l'école et la « vraie vie ». À l'école ou au collège[1], les garçons passent en moyenne plus de temps que les filles devant un écran! Les filles passent en moyenne 2 h 20 mn par jour devant la télévision et 55 mn devant l'ordinateur ou les jeux. Les garçons passent en moyenne 2 h 25 mn par jour devant la télévision et 1 h 15 mn devant les autres types d'écran. Sur une semaine, pour 26 h d'école, le garçon passe en moyenne 16 h 50 mn devant la télé, 8 h 45 mn devant l'ordinateur et les jeux, et consacre 9 h 45 mn à une activité physique et sportive. La fille a un compte un peu différent : 16 h 20 mn devant la télé, 6 h 25 mn devant l'ordinateur et les jeux, 7 h 20 mn d'activité physique et sportive. On se trouve en plein paradoxe : si la vie est « tout image », même à l'École, si nombre de matières sont consommatrices, utilisatrices et

> *« Ils passent déjà trop de temps devant la télé : la classe, c'est pas la télé. »*

1. *Pendant l'hiver 2003, une vaste enquête a été menée dans le cadre de l'opération « Bien manger, bien bouger » auprès de 4 600 élèves (de CM1 à la sixième) dans l'académie de Paris : bouger.org*

▸ Télévision, mode d'emploi

Un premier ouvrage qui reste toujours d'actualité : *Télévision, mode d'emploi*[1]. Vingt thèmes sont traités, chacun sur une double page avec un article explicatif à gauche et des propositions d'activités pédagogiques à droite. Plusieurs références bibliographiques et des liens avec des sites Internet sont aussi proposés. Par exemple : comment se construit le langage télévisuel (montage, séquences, sons), comment s'organise une grille de programmes (cahiers des charges, stratégie, contre-programmation) ou comment faire la différence entre fiction et réalité.

A compléter utilement avec... de la vidéo en ligne : CAP CANAL, une véritable chaîne de la connaissance et de l'éducation, à Lyon, Grenoble, Rennes et ailleurs, sous la direction de Philippe Meirieu. Le projet : mettre à disposition de tous des ressources audiovisuelles sur l'éducation en constituant une véritable « encyclopédie vidéo » dans ce domaine. L'émission CAP INFO met déjà en ligne une série d'émissions : les récrés, le plaisir de lire, le professeur principal, le métier de collégien, etc. www.meirieu.com/VIDEO/capcanal.htm

(1) Télévision, mode d'emploi, SCEREN-CNDP et CLEMI en partenariat avec France 5, mars 2004. (Encore plus de références sur www.cndp.fr/nouvens/educ_medias-Imp.htm)

productrices d'images, cependant l'École survalorise la production écrite alors que le mode de transmission est essentiellement oral. Le divorce est-il consommé ?

REGARDER, CE N'EST PAS VOIR NI COMPRENDRE

L'approche quantitative ne suffit pas ; manifestement, ce qui ressort le plus souvent, ce n'est pas la dichotomie image-pas image, mais plutôt la façon de regarder. Il s'agit donc bien d'éducation. Une expérience a été menée par Alain Lieury (ORDP, *Résonances*, n° 5, janvier 1997), un des experts reconnus en neuropsychologie actuellement sur la mémoire. Il s'agissait de présenter une adaptation d'un documentaire télévisé à des élèves de

> « ***Malgré toute leur « culture » audiovisuelle, les élèves ne « voient » pas ce qu'il faut voir.*** »

Type de support / Profils d'apprentissage	Verbal	Imagé + verbal	Imagé
Visuel	Lecture 30 %	Manuel 31 %	Télévision muette 0 %
Auditif	Cours oral 21 %	Télévision 11 %	–
Audiovisuel	Cours oral + tableau 21 %	Télévision + sous-titres 20 %	–

sixième et de cinquième, selon différentes modalités; des QCM de mémorisation étaient délivrés après les séances. Lieury livre les scores des profils d'apprentissage selon les modes de présentation du message :

À l'école, l'image ne crée pas de miracle

L'image n'est donc pas magique en terme de performances scolaires, loin de là. Elle affiche des scores comparables à des situations classiques : on apprend aussi en dehors de l'école. Sa différence n'est pas là. Elle représente un « attracteur étrange » pour les élèves, en ce sens qu'elle les trompe.

• L'image semble offrir un message accessible sans médiation de l'écrit. C'est loin d'être vrai : près de 80 % du message délivré le sont par le commentaire. C'est souvent plus difficile que le cours, dans la mesure où on observe un décalage entre l'image elle-même et le commentaire dejà très condensé.

• L'image est de l'ordre du perçu, non du raisonné ; elle met en jeu un système de sensations et de perceptions non organisées.

• L'image délivre un message sans hiérarchisation, comme pourrait l'être une carte géographique : l'image est polysémique, plurivoque.

Il y a donc bien lieu de participer à l'éducation au regard analytique et à l'outillage intellectuel de l'élève pour lui permettre de décoder le monde.

L'ENSEIGNANT EST UN ÉDUCOMMUNICATEUR

Penser ou agir par cloisonnement n'est sans doute pas le meilleur moyen de donner du sens à votre enseignement comme au travail de vos élèves. Si l'image, toutes formes confondues, est partout, il nous faut l'accueillir

▶ Lesite.tv

C'est un des éléments du nouvel « espace numérique des savoirs » mis en place progressivement par le ministère. Il donne accès par Internet à une banque d'émissions éducatives, principalement issues des archives de France 5, de l'INA et du CNDP.

Depuis son domicile ou son établissement, le professeur recherche les émissions relatives à son enseignement (elles sont classées par niveau). Il peut ensuite les diffuser à ses élèves, ou les inciter à les utiliser. Chaque émission est accompagnée d'une fiche pédagogique et de liens Internet qui favorisent la diffusion de « bonnes pratiques ».

➥www.lesite.tv

comme des occasions d'apprendre. Les renouvellements des programmes et les factures des manuels incitent fortement à le faire. Les uns et les autres peuvent conduire à faire évoluer nos pratiques. Geneviève Jacquinot, professeur à l'université Paris 8, connue pour son expertise en technologies éducatives, n'insiste pas particulièrement sur une nécessaire formation, mais d'abord sur des postulats et sur la compréhension intelligente d'un phénomène contemporain. Elle esquisse le portrait de l'enseignant en « éducommunicateur », un rôle encore à investir[2].

Le portrait de l'éducommunicateur

Selon Geneviève Jacquinot, « l'éducommunicateur » doit :
– être conscient qu'une éducation « de masse » et « multiculturelle » se situe au-delà de l'acquisition des seuls savoirs scolaires ;
– chercher à ne pas dévaloriser la culture médiatique, notamment télévisuelle, des jeunes ou leur spécificité culturelle, mais prendre appui sur elles, dans les cours d'éducation aux médias comme dans les autres cours ;
– voir dans les médias une richesse, par leurs contenus informatifs certes, mais aussi par la façon dont ils donnent une représentation du monde : d'où la nécessité d'analyser et de comparer, voire de rectifier lesdites représentations ;
– considérer que le visionnage d'une émission n'est pas un acte « passif », mais mobilise quantité de « microsavoirs » accumulés ; l'enseignant est là

2. *Extrait de « (In)novatio 4, les pratiques de l'image à l'École », mars 2003, Paris. L'intervention complète est disponible sur le site Innovation :innovalo.scola.ac-paris.fr*

pour aider l'élève à mettre en relation ces derniers, pour construire son savoir et lui donner un sens ;
– savoir que, quand il introduit les médias comme objet d'étude, ce n'est pas pour faire de l'élève un pseudo-journaliste ou un apprenti-présentateur, mais pour lui apprendre à les analyser sous un triple point de vue : « pouvoir » économique et politique qui les produit, « mises en discours et en scène » qui construisent les messages et audience qui leur donne « du sens » ;
– accepter un nouveau rapport d'éducateur-adulte à l'élève, des élèves entre eux et de tous à la connaissance : l'élève peut apprendre au maître (notamment la manipulation des technologies nouvelles), les élèves peuvent apprendre entre eux (notamment en confrontant leurs points de vue ou leurs sources d'informations ou leurs solutions au problème posé, en dialogue direct, par courrier électronique ou forum interposés) ;
– accepter de faire entrer à l'école d'autres univers et d'autres modalités d'appropriation de la réalité : en particulier, il peut, à partir des émotions provoquées par la télévision, travailler sur les diverses « mises en scène du réel » et construire progressivement une pensée rigoureuse.

Changement de regard de l'enseignant, mais aussi, selon Geneviève Jacquinot, évolution dans les postures vis-à-vis du savoir scolaire et en ce qui concerne la gestion de la classe :
– cela dépossède l'enseignant de l'unique expertise qui se trouve ainsi davantage dispersée ;
– l'enseignant qui travaille sur les médias ne dispose pas d'un corps de connaissances transmissibles de celui qui sait vers celui qui ne sait pas car l'information appartient à tous et les médias « mettent (presque) sur le même pied d'égalité élèves et professeurs » ;
– en conséquence, quand on travaille avec les médias, on centre davantage l'attention sur celui qui apprend, et pas seulement sur ce qu'il apprend ;
– enfin, ce qui est appris à l'école sort du cadre de celle-ci et se prolonge dans la vie de tous les jours.

Quatre attitudes pour l'enseignant

Dans son livre *Une autre télévision* est possible, publié aux éditions Chronique sociale en 2007, Philippe Meirieu nous propose quatre attitudes à adopter :
1. Résister et accepter l'importance de la télévision auprès des enfants, ainsi que l'intérêt qu'y portent les adultes : « avouez » que vous regardez la télévision pour discuter des émissions avec vos élèves plutôt que de les

laisser le faire seuls en récréation et de permettre aux stéréotypes de s'infiltrer insidieusement ;

2. Apprendre à regarder « autrement, progressivement, petit à petit », du début à la fin et en se donnant le temps d'en parler en s'isolant du flux par segmentation et appropriation, pour « reconstituer du cinéma dans la télévision » : la télé « scotche » alors que le cinéma, comme le théâtre, est une institution avec des codes, un rituel d'entrée et de sortie dans un lieu réclamant une attitude mentale particulière ;

3. Eduquer à l'image pour comprendre ce qui se fabrique et comment, car à la télévision « rien n'est réel mais tout est construit, fabriqué par des gens » ;

4. Former au symbolique « pour métaboliser notre violence en vue de la transformer en création, imagination, jouissance intellectuelle et résister à la toute puissance de l'obscène ». Le symbolique s'oppose à l'obscène où tout est montré de façon spectaculaire de sorte à ne plus rien laisser à penser : « quand tout est montré, il n'y a plus rien à penser ».

CONCILIER MÉDIA ET PROGRAMME DE SA DISCIPLINE

L'éducation aux médias est un domaine du socle commun. Elle est transversale à toutes les disciplines. Autrement dit, ce ne sont pas des objectifs en plus, mais ce sont des finalités que les objectifs des disciplines peuvent utilement servir. Cette éducation est une incitation à traiter un contenu et des savoirs en piochant dans l'infinie variété des médias, de façon à ne pas présenter un savoir scolaire complètement décontextualisé et sans prise sur les réalités contemporaines.

Un exemple d'utilisation du son en histoire-géographie

À cet égard, l'équipe d'histoire-géographie du lycée français de Mexico[3] (retrouvez une partie de leurs travaux dans le chapitre 11 « Utiliser les TICE ») propose un type de séquence qui gagnerait à être transposée dans bien d'autres situations : elle table sur l'utilisation de documents sonores en appui à un cours pourtant classique. La fiche présentée ici est d'autre part un exemple bien abouti de tableau de bord.

3. L'ensemble de la contribution est visible sur le site Innovation de l'académie de Paris, partenaire de la zone Amérique centrale : innovalo.scola.ac-paris.fr/PAI4/1/16/cadres.htm

Grille d'analyse de l'utilisation des TICE dans l'enseignement de l'histoire et de la géographie	
Description de la séance	
Niveau : ❑ Collège : .... ❑ Lycée : première L, ES	Durée : 55 minutes.
Partie du programme : Nations et États du milieu du XIXe siècle à 1914.	Intitulé de la leçon : Les aspirations libérales.
Support	
Choix du support : ❑ Image fixe ❑ Photo ❑ Ressource Web-prof ❑ Ressource Web-élèves ❑ Image animée ❑ Extrait de film ❑ Animation - aide description ❑ Animation - schémas ❑ Animation - croquis géo Sons : ❑ Voix radiophoniques ❑ Chansons et ambiances	Cohérence avec les objectifs attendus : Des extraits de musique accompagnent le cours à des moments précis (écriture d'un titre au tableau, fin de lecture d'un texte, début et fin de séquence). Ils peuvent permettre une meilleure contextualisation du cours. Nous utilisons par exemple : The Crickard Brothers, *Greenfields of America* ; Johann Strauss I, *Radetsky-Marsch* ; Johann Strauss II, *An der schönen blauen Donau*.
Mise en œuvre	
Description succincte de la leçon. Les morceaux peuvent être diffusés à plusieurs moments du cours pour : – souligner certains aspects : la musique permet de renforcer l'intensité d'un moment clé du cours ; – accompagner des moments de « creux » dans le cours : la musique permet de créer un sursaut, ou tout simplement de garder les élèves dans le contexte à des moments où le cours est moins intense (écriture au tableau, passage du surveillant...) ; – « habiller » toute une séquence en faisant moduler le volume de la musique : pour une immersion totale dans une époque. On peut projeter simultanément des images fixes ou animées.	

L'apport de la musique à la discipline

Ainsi, l'évocation musicale, à divers moments de la séquence, contribue à ancrer des connaissances et des savoirs parfois difficiles à « faire passer » ; cette technique crée un contexte d'apprentissage favorable à la mémorisation, et les élèves « sont demandeurs ».

Objectifs de la séance	Résultats attendus de l'utilisation du support	Résultats observés
Au plan des connaissances	**Au plan des connaissances**	**Au plan des connaissances**
Comprendre les raisons de l'émigration irlandaise aux xixe et xxe siècles. Comprendre la situation politique, sociale et culturelle de l'Empire austro-hongrois, et ses évolutions.	Comment la musique peut-elle représenter une situation politique, sociale et culturelle (appel de l'Amérique pour les Irlandais, rigueur et douceur des valses viennoises représentatives de la fin de l'Empire). Mieux connaître le patrimoine musical international.	↘ Lors des premières séances avec accompagnement musical, effet de dispersion (voir suite dans au plan méthodologique). ↗ Découverte culturelle : les élèves voient leur patrimoine culturel se renforcer.
Au plan méthodologique	**Au plan méthodologique**	**Au plan méthodologique**
Écouter. Associer mémoire visuelle et mémoire auditive.	Réaliser des transferts culturels : pouvoir associer une connaissance à une musique.	↗ Après les premières séances, les élèves sont demandeurs : ils deviennent curieux de savoir quelle musique peut être mise en relation avec une connaissance.

D'autre part, l'originalité de la démarche crée un climat de travail tout à fait sympathique. Je me souviens personnellement que dans une classe connue pour son agitation permanente, j'avais obtenu une attention forte et un niveau sonore inhabituellement bas lorsque pour travailler sur le monde médiéval, j'avais inscrit en fond sonore de la musique grégorienne. Les élèves l'ont redemandée pour le contrôle sur table. Résultats garantis.

D'ailleurs les collègues de Mexico proposent deux utilisations de ces documents sonores. S'il s'agit de créer une ambiance, ils diffusent des fonds musicaux[4], s'ils veulent travailler sur la musique et les paroles, ils passent des chansons[5].

4. Valses viennoises en première pour aborder les évolutions démocratiques dans les régimes autoritaires, musique japonaise en terminale pour le chapitre sur le Japon en géographie…

5. Charles Trenet, Douce France *et* La Mer *(première, géographie, la France) ; Yves Montand,* Le Temps des cerises *(première, histoire, les évolutions politiques en France) ; André Dassary,* Maréchal nous voilà *; Bordas,* Ah ! Que la France est belle ! *; Jacques Pills,* Marché rose *; Yves Montand,* Le Chant des partisans *(terminale, histoire, la France dans la guerre). La liste est encore longue ! 300 morceaux de musique et de discours.*

AMÉLIORER LES USAGES DE L'IMAGE DANS SA CLASSE

Alain Lieury, directeur du laboratoire de psychologie expérimentale de Rennes 2, l'avait déjà noté : l'image n'est pas en soi plus performante que la parole du professeur ; elle ne peut être un substitut jugé plus efficace ou plus attractif. Les usages de l'image en classe sont pourtant nombreux mais restent limités à des fonctions simples d'illustration sans activité propre pour l'élève : la photographie-prétexte pour rendre plus concrète une idée (une vue du Sahara pour exprimer une situation géographique de faible densité) ; la photographie-symbole qui doit signifier une idée annonçant un développement (par exemple, le World Trade Center comme image de la puissance américaine défiée et vacillante) ; la photographie-décor qui défile sans attention requise, pour supporter le discours du professeur, comme au JT ; la photographie-synthèse reprenant les différents éléments identifiés dans le cours.

Comment utiliser les images

L'image est cependant plus riche et pourrait être un excellent support pour construire les savoirs. Gérard Hugonie[6] suggère quelques pistes :
– poser la problématique et formuler une hypothèse, par exemple en confrontant deux images contrastées d'une même réalité, d'une même période ;
– identifier, reconnaître les éléments constitutifs de l'image : prendre le temps de dessiner (sur un tableau blanc) et de nommer ensemble permettent de construire une relative objectivité du regard, en dépassant l'impression et les regards toujours subjectifs et sélectifs sur l'image ;
– élaborer une définition après identification des éléments : en passant du particulier au général, en proposant un type parmi une typologie, donner des repères facilement applicables dans une autre situation spécifique ;
– élaborer un savoir-faire : apprendre à lire et à interpréter un paysage, un tableau ; distinguer les grands ensembles, la composition, les lignes de forces, repérer la notion de point de vue ;
– construire un croquis explicatif, synthétique, qui permet de transposer les éléments observés en les mettant en lien dynamique ;

6. D'après Gérard Hugonie, conclusion du rapport sur l'utilisation de l'image (novembre 1995), édité par l'inspection pédagogique de l'académie de Paris.

▸ Une autre solution : le transparent

À partir d'une image extraite d'un support papier et photocopié ou d'Internet (en couleurs), vous en tirez un transparent à utiliser avec le rétroprojecteur. Vous pouvez – l'élève peut aussi le faire – écrire sur le support ou sur le tableau, si vous entendez préserver le support. Très souple d'utilisation et très efficace. (Voir le chapitre 10 « Mettre en œuvre des outils ».)

– en faire un support d'évaluation. Cet usage couple celui de l'identification en demandant de décrire les éléments constitutifs choisis et celui de la recherche d'une définition déjà abordée.

PETITE TYPOLOGIE DES IMAGES DANS UNE CLASSE

Serait-ce dire que mettre en avant la difficulté ou l'absence d'équipement relève du faux débat? Et de renvoyer aux hussards noirs de la IIIe République qui, face à des publics importants et pas toujours en phase avec la culture de l'école, enseignaient à coups de panneaux dessinés et d'images édifiantes et largement commentées. Si tel est le cas, contactez très vite le coordonnateur de votre discipline, sinon le gestionnaire de l'établissement, ou le directeur de votre école, pour étudier avec elle un devis d'équipement (les crédits sont à engager avant la fin octobre). Après, c'est une affaire de quelques semaines.

A minima en terme d'équipement, on peut toujours s'appuyer sur la diapositive, l'image du manuel, l'image filmique ou l'image satellite.

La diapositive

Classique, même évidente, elle peut être prise comme racine d'une séquence. La démarche est plus approfondie, le support plus grand, la situation idéale étant la projection sur le tableau blanc, de façon à travailler directement sur la diapositive : une réelle appropriation du document… L'élève se trouve plongé dans l'image elle-même pour mieux la décortiquer. Pour la décrypter, il faut :
– passer par une phase de définition : nature du document, sujet, auteur;

– s'attarder sur la phase de description du document : angle de vue, analyse des différents plans ou de la structure (lignes forces d'un tableau) ;
– décoder les différents éléments constitutifs par la réalisation d'un croquis analytique simple identifiant les éléments majeurs ;
– ouvrir le champ de l'explicitation par la mise en rapport des éléments entre eux et du contexte soit historique, soit géographique, mais aussi scientifique, artistique : le document est porteur d'enseignement par lui-même.

L'image du manuel

Les nouveaux manuels sont riches d'images de toutes natures : photos, gravures, tableaux, graphiques, plans, cartes… Il est la « chose » de l'élève, à la différence des autres images et supports plus externes. (Sur le manuel, outil d'enseignement et son choix stratégique, voir le chapitre 10 « Mettre en œuvre des outils ».)

Outre les différentes utilisations détaillées ci-dessus, on peut tout autant organiser la lecture du manuel comme un véritable stock de représentations visuelles et mentales dans la mesure où la méthodologie est suivie :
• nature du document ;
• titre du document et son producteur ;
• décryptage des codes, produits et organisés en fonction d'un effet recherché. Ce moment est essentiel pour enraciner la représentation mentale chez l'élève : celle-ci passe par la compréhension et la dénomination de signes.

L'image filmique

L'image filmique, extraite d'une vidéo d'un film ou d'un documentaire devient un support comme les autres avec la baisse des prix des magnétoscopes et des lecteurs de DVD. Si son cas est traité à part, c'est qu'encore trop souvent son utilisation nécessite des conditions exceptionnelles, à commencer par le déplacement du groupe-classe dans une autre salle inhabituelle, une salle spécialisée « audiovisuelle », pas forcément adaptée aux exigences d'une séquence de cours (avec tables et chaises).

> ***« Les séquences de film sont complexes, coûteuses en temps, en formation personnelle. Ce n'est pas pour moi. »***

UTILISATEUR

Désormais les salles sont généralement dotées d'un système vidéo (TV + magnétoscope ou lecteur DVD) soit fixe, soit sur chariot roulant, de sorte à l'utiliser dans la classe comme tout autre matériel (par exemple : rétroprojecteur ou diapositives.).

La méthodologie. Elle est *a priori* similaire à tout autre document étudié.

• Une nécessaire identification des sources filmiques : comme tout document, l'image est une production avec sa date, son auteur, son « générique ». Bien distinguer fiction de documentaire, reconstitution, reportage, etc.

• La détection des éléments d'accompagnement de l'image qui nourrissent l'image et lui donnent un surplus de sens : texte incrusté, fond sonore, illustration ou citation musicale. C'est un condensé d'informations qui passent la plupart du temps dans la sphère de l'inconscient ou de la sensation.

• L'identification des éléments purement filmiques de production de l'image qui renforcent le sens ou l'intention du message de l'extrait choisi : les mouvements de caméra (fixe ou mobile, travelling avant, arrière, zoom), les différents plans (plan général, rapproché, plan américain, gros plan), les angles de prises de vue (plongée, contre-plongée), le découpage par plan-séquence (à chaque fois qu'il y a coupure et déplacement de position de la caméra).

Attention : le meilleur des documentaires ne sera pas par autant le meilleur des alliés pour votre cours. Ainsi, par exemple, l'excellent commentaire de Philippe Meyer dans *De Nuremberg à Nuremberg* est parfois en grand décalage avec des images sélectionnées de la Seconde Guerre mondiale : du très grave sur du très anodin, en apparence. En cela, c'est un « piège à élèves ».

Un support pour le cours. Il ne s'agit pas toujours d'organiser une séquence autour de l'image ; elle est un des supports possibles qui s'intègrent dans un déroulé de tâches variées.

• On peut penser aux cinq minutes intenses du *Dessous des cartes* de Jean-Christophe Victor[7]. Comme un rendez-vous régulier hebdomadaire avec une classe, ou un début de cours où vous pouvez extraire une donnée plus précise.

7. *Cartes et commentaires sont accessibles sur le site d'Arte : www.arte.tv/fr (Dessous des cartes).*

▸ Le Quai des images : site national pour l'enseignement du cinéma

La rubrique « Les enseignants » regroupe une sélection de travaux pédagogiques divers réalisés dans le domaine du cinéma et de l'audiovisuel.

Exemple : découpage et analyse du *Comte de Monte-Cristo,* de Josée Dayan, réalisés par des enseignants et élèves du lycée Henri-Poincaré (Nancy).

Le Quai des images met également en ligne des critiques de films actuellement à l'affiche réalisées par des lycéens.

L'espace de création audiovisuelle « Microbobines » : on peut envoyer les films réalisés dans les classes (maximum 3 minutes).

➥ www.ac-nancy-metz.fr/enseign/CinemaAV

• La série *Palettes* (durée : vingt minutes) d'Alain Jaubert, consacrée à l'étude d'un tableau[8]. Une occasion d'introduire l'art et son histoire dans un cursus français qui l'exclut, contrairement à nos amis italiens. L'étude d'œuvres graphiques, picturales, représente un détour pédagogique toujours efficace pour travailler avec les élèves, en particulier des élèves « en difficulté », la méthode, la description, l'analyse, le point de vue, les codes, les symboles, et introduire des savoirs historiques, culturels, artistiques, patrimoniaux, difficiles à faire passer d'une manière plus classique[9].

• L'image peut aussi être le prétexte d'un cours, à l'instar de l'étude de *Paysages*, à partir des fantastiques émissions de Jean-Loïc Portron (Arte)[10].

Un support pour dessiner. Le recours au transparent (par capture d'image et édition couleur), à l'infographie (logiciel de traitement d'image, PowerPoint par exemple), permet de triturer la matière et de mettre l'élève en activité dans une situation-problème complexe et, par nature, pluridisciplinaire. La méthode est transposable avec une diapositive et quelques feutres.

8. Extraits disponibles sur le site d'Arte (Palettes).
9. De nombreux exemples d'analyse de tableaux proposés sur le site Diversifier : tapez « Tableau ».
10. Un recueil des pages et supports pédagogiques créés à partir des émissions de « Paysages » sur le site Diversifier, tapez « Paysages ».

L'image satellite

Son emploi est encore limité dans les classes. Pourtant, c'est une image comme les autres, peut-être plus attractive par son aspect innovant et la qualité des couleurs, par sa vulgarisation aussi dans les manuels et à la télévision. Il suffit de savoir qu'il s'agit de compositions colorées établies à partir des données numériques enregistrées par les capteurs du satellite. Elles sont datées. La première lecture est souvent affective parce qu'on reconnaît l'espace présenté ou qu'on apprécie la composition colorée ; cependant, Gérard Hugonie, professeur à l'IUFM de Paris, propose pour l'analyse de l'image satellite une démarche en cinq étapes.

1. Le repérage dans l'espace et dans le temps.
2. La lecture de l'image qui s'effectue sur quatre critères appelés descripteurs : les éléments linéaires, la couleur, la structure et la texture.
3. Le zonage qui est la recherche de plages à l'intérieur desquelles les descripteurs sont homogènes.
4. L'interprétation qui est la véritable exploitation géographique par la formulation de questions et d'hypothèses d'explication.
5. La cartographie synthétique ou thématique à partir de la grille de description et d'interprétation.

Cet autre « regard » sur le monde participe à la formation intellectuelle des élèves en proposant de nouvelles attitudes, de nouvelles habilités dans les approches de la connaissance.

L'IMAGE DE SOI

Jusqu'à présent, nous avons envisagé l'audiovisuel sur des supports externes, permettant de travailler sur des éléments de savoirs. Il en va tout autrement quand le travail est centré sur les compétences propres de l'élève. Deux pratiques sont mises en œuvre : l'autoscopie et le laboratoire de langues.

L'autoscopie

L'autoscopie est la confrontation de l'individu ou du groupe qui a été filmé avec sa propre image, c'est donc une observation différée de soi-même ou du groupe. Les résistances normales à se confronter à sa

> *« Mes élèves ont un problème avec leur propre image ; impossible d'utiliser la vidéo en cours. »*

propre image peuvent se réduire en inscrivant la pratique dans une problématique formative (et non évaluative) et en affichant clairement les objectifs. Le contenu scolaire ou le thème choisi ici est le moins important. Car il s'agit de travailler sur les compétences liées à la communication, domaine encore peu approfondi à l'école, mais capital dans la réussite scolaire de l'élève ; il s'inscrit dans de nombreux référentiels, dès le collège (*cf.* Le socle commun).

Prenons l'exemple d'une expérience réalisée dans une classe de première L pour l'entraînement à l'oral de français du bac. Le professeur interroge l'élève dans les mêmes conditions que celles de l'examen. Cadrage en plan rapproché : table, torse et tête, le professeur apparaissant de dos dans la partie gauche de l'image. La caméra est mise en route et le reste du groupe observe en direct dans la salle à côté avec le documentaliste. Trois élèves passent par séance. Ensuite, le visionnage est collectif avec réponse aux items de la grille. Après le mise en commun des résultats, le professeur donne la note finale.

Les domaines observés concernent le paraverbal (la voix, etc.) et le non-verbal (toute la gestuelle). On peut distinguer trois types de gestuelle : la gestuelle d'imitation (le geste mime l'action du discours) ; la gestuelle de ponctuation (on parle plus ou moins avec les mains, on bouge plus ou moins, etc.) ; la gestuelle dite « autique » qui indique un malaise ou un stress.

L'autoscopie permet de travailler sur quelques objectifs :
– prendre conscience de soi et de son comportement ;
– apprendre à s'analyser et à s'évaluer objectivement. Évaluation formative ;
– apprendre à regarder et à évaluer les pairs qui composent le groupe.

La mise en œuvre nécessite auparavant quelques précautions :
– tous les participants sont volontaires ;
– on explique soigneusement les objectifs et les modalités de la séquence ;
– on prend le temps d'élaborer ensemble la grille d'évaluation, autant que possible à partir d'une grille existante qu'on s'efforce d'améliorer. Il est extrêmement important que les élèves eux-mêmes la construisent et s'approprient les critères d'évaluation ;

– on dispose, dans le CDI, d'un local où la caméra et le micro sont installés à demeure et, à côté, d'une salle pour l'observation en direct et le visionnage collectif avec téléviseur témoin, magnétoscope.

L'autoscopie peut avoir un objectif différent de celui de la communication. On peut citer le cas pratique en EPS : on filme une courte séance de jeu collectif, puis les élèves visionnent la cassette en repérant le placement des équipiers, le passage de la balle, les éventuelles corrections techniques... comme à Clairefontaine !

S'entendre parler : le laboratoire de langues

Les performances en France en langues vivantes sont loin d'être extraordinaires et les échanges linguistiques montrent qu'après deux ans de pratique, un jeune Allemand est déjà bien avancé par rapport à son collègue français. Une enquête, il y a quelques années, avait estimé le temps moyen pendant lequel un bachelier avait effectivement parlé anglais au cours de ses sept années d'apprentissage. On arrivait à... vingt minutes. Confrontées à ce déficit de formation, les techniques audiovisuelles conservent tout leur intérêt, en particulier celle du laboratoire de langues, quand il existe (c'est le cas des lycées).

> ***« Faire parler les élèves devant les autres en langue vivante est un véritable calvaire. »***

Le labo, très apprécié des élèves. Les élèves apprécient les activités en laboratoire de langues et savent qu'il n'y a pas meilleur moyen d'évaluer correctement et d'améliorer leur prononciation qu'en écoutant leur voix enregistrée. Dans la cabine, les timides sont rassurés : pas de moqueries de la part des camarades. On dialogue avec le professeur, comme « en privé ». Certains parlent ainsi plus en une heure qu'ils ne le feraient pendant une année en classe entière. Les plus lents ont tout leur temps, quant aux plus rapides, il sera facile de leur proposer une autre série d'exercices. Enfin, chaque élève est actif : à chaque question posée, 18 élèves peuvent répondre et être contrôlés alors qu'en classe une réponse ne peut être formulée que par un seul élève, ou au mieux par un groupe restreint.

Un laboratoire ne remplace pas le prof. Ces dernières années ont vu l'émergence des laboratoires de langues multimédias, c'est-à-dire de

► Accent, grammaire, compréhension, discussion : on peut tout faire en labo

Il ne faudrait pas croire que le laboratoire se limite à des exercices de phonétique. On peut s'y perfectionner en grammaire, par exemple, quand il faut transformer des phrases selon un modèle grammatical bien précis. Même s'il y a toujours la possibilité d'arrêter la cassette afin de réfléchir avant de répondre, la succession assez rapide des questions permet de développer les réflexes.

En ce qui concerne l'entraînement à la compréhension orale, le professeur peut choisir de proposer un temps limite durant lequel chacun et chacune a tout loisir d'écouter plusieurs fois un document, de revenir autant de fois qu'il ou elle le désire sur un passage difficile. Là encore, ce n'est pas l'enseignant qui impose son rythme à la classe, c'est la classe qui travaille à sa propre vitesse dans un cadre défini à l'avance.

Parler une langue ne se limite pas à répéter ou modifier une succession de modèles. Encore faut-il pouvoir évaluer la capacité de chacun et chacune à parler « sur la longueur », pendant plusieurs minutes. C'est difficile dans une classe, où l'on ne peut donner trop longtemps la parole à quelques-uns si ce n'est au détriment des autres.

Il est donc intéressant d'enregistrer un commentaire, d'une seule traite ou en plusieurs prises, afin de se rendre vraiment compte de ce qu'entendent nos interlocuteurs... Sans oublier que le professeur peut ramasser la cassette en fin de séance pour la corriger, chez lui, comme une copie... Il est aussi possible de se « téléphoner » d'une cabine à l'autre et ainsi de converser, dans la langue étrangère, « en situation ». Bien entendu, ici aussi, la conversation est enregistrée puis écoutée, évaluée, et éventuellement notée.

➥ Voir donc la belle page du lycée P.E.-Victor d'Osny (académie de Versailles) : www.ac-versailles.fr/etabliss/lyc-victor-osny/lablang.htm

dispositifs constitués d'un réseau d'ordinateurs qui permet de proposer non seulement du son, comme dans un laboratoire classique, mais aussi de l'image fixe ou animée, du texte, des exercices, etc. La seule configuration où le laboratoire multimédia donne toute sa mesure, c'est celle du cours multimédia en présentiel, où le professeur peut mettre en œuvre une grande richesse de supports pour son enseignement.

L'équipe des enseignants engagés volontairement dans cette voie doit bénéficier d'une solide formation, à la fois technique et pédagogique, dès le début des opérations, de manière à lui permettre de participer aux décisions en toute connaissance de cause. Elle doit être soutenue par un service technique adéquat, et l'institution doit montrer son engagement par l'octroi de journées de formation dès que le besoin s'en fait sentir, et aussi par la valorisation, pécuniaire ou autre, de l'investissement consenti par les enseignants[11].

AUTOTEST : LES CINQ DERNIÈRES FOIS...

Les cinq dernières fois que j'ai utilisé l'audiovisuel (sous ses formes les plus variées) avec les élèves, c'était :

Support audiovisuel	Thème abordé	Intégration dans la séance (partie ou tout)	Rapide bilan point fort point à améliorer
1			
2			
3			
4			
5			

11. Vous trouverez beaucoup d'informations sur le site du Centre de ressources de langues de l'université Marc Bloch : http://spiral.u-strasbg.fr/

CHAPITRE 13

Être le gardien des programmes

« Mon programme ! » l'enseignant dispose d'un pare-feu infaillible en apparence face à toute innovation d'en bas ou d'en haut, face à toute injonction à faire évoluer sa pratique. Gardien vigilant et sourcilleux des objectifs disciplinaires nationaux, il défend son quota horaire, sa progression, ses examens des attaques internes (l'interdisciplinarité, la gestion de la DHG (dotation horaire globale)), mais aussi des offensives de l'extérieur (la baisse du niveau et la « marchandisation »). « Mon programme », c'est en quelque sorte « mon credo ». Est-ce si simple ?

J'ENSEIGNE UNE DISCIPLINE OU UN PROGRAMME D'UNE DISCIPLINE ?

Poser la question des programmes, c'est s'interroger sur le concept de discipline. En quelques pages éclairantes, Jean-Michel Zakhartchouk et Florence Castincaud[1], enseignants et formateurs, collaborateurs assidus des *Cahiers pédagogiques*, rappellent ce que l'enseignant doit avoir vu en formation initiale.

« J'enseigne d'abord une discipline, je me fonde peu sur le programme, qui change tous les deux ans. »

• Une discipline scolaire n'est pas une discipline scientifique. Celle-ci a pour but de produire du savoir, celle-là l'appropriation de connaissances.

• Une discipline a une histoire, souvent récente et évolutive, résultant d'approches pragmatiques, telle… la grammaire.

1. Croisements de disciplines au collège, *éditions CNDP et CRAP, Amiens, 2000, page 18.*

CONTRÔLEUR

• Une discipline a une existence institutionnelle caractérisée par :
– des contenus d'enseignement auxquels on accède par un programme et par un concours ;
– des horaires d'enseignement ;
– des programmes ;
– une inspection, garante de leur application ;
– des formes d'évaluation cadrées ;
– des activités classiques ;
– des manuels.

Les frontières floues des disciplines

Dans l'introduction de l'ouvrage cité page précédente, Philippe Perrenoud invite à une conception élargie de la discipline pour les élèves : « Les disciplines font partie d'un projet global de connaissance, d'un rapport au monde dont chacun participe à sa manière. Elles résultent d'une façon, partiellement arbitraire et changeante, de découper la réalité pour mieux l'étudier. Les unes qui prétendent rendre le monde intelligible ne seraient rien sans celles qui permettent de formaliser des relations (mathématiques, logique), de formuler des énoncés (langues et autres codes), de figurer ou de schématiser le réel, voire de le simuler ou d'en calculer les états ou les transformations. À ses frontières, chaque discipline rencontre ses voisines et de telles rencontres peuvent naître un métissage autour de problématiques qui appellent plus d'un regard disciplinaire. La résolution de la plupart des problèmes complexes (de société, d'urbanisme, de santé, de technologie, d'environnement) mobilise plusieurs disciplines. »

Ce n'est que pour les besoins d'un enseignement collectif chargé de faire acquérir un programme que l'organisation scolaire cherche à établir des groupes homogènes relatifs à ce programme. Le programme est donc avant tout celui d'un cycle, d'un niveau d'enseignement, décomposé en sous-programmes disciplinaires, liés et normalement cohérents entre eux.

Le programme est un compromis susceptible d'évoluer

C'est une réalité et même une spécificité de l'École française qui embrasse encore par certains aspects une approche encyclopédique : les programmes sont la résultante du poids historique de leur fondation et de leur filière « savante » (universités, associations disciplinaires, personnalités reconnues et inspections). Tout nouveau programme est le fruit d'un compromis jamais satisfaisant entre le trop (pour les élèves) et le pas assez (pour les autres). « De plus, l'école est soumise en permanence à de multiples pressions pour enseigner de nouvelles disciplines ou s'intéresser à de nombreux domaines. Tant que cela a été possible, on a pris sur l'instruction religieuse. C'est ainsi qu'on a pu développer l'éducation physique. Mais, lorsqu'il n'y a plus eu de discipline à bouter hors de l'école, on a empiété sur le français en disant qu'il était, de toute façon, pratiqué dans toutes les matières. C'est parfaitement exact, mais pour que cela devienne opérationnel, il fallait un changement radical dans les pratiques pédagogiques qui n'a pas eu lieu[2] »

> ***« Mon horaire a diminué, pas mon programme ; cela devient impossible à gérer, pour moi et pour les élèves. »***

Dans un monde en complète réactualisation, le programme de collège est celui du lycée d'il y a à peine vingt ans. Reprenez les manuels et comparez, on gagne à tous les coups. La tendance forte des enseignants de discipline, pour qui la partie est le tout, est de maximaliser les exigences, là où le programme est volontairement limité. Quand un enseignant dit « programme », de quoi parle-t-il ? Des textes prescrits ou de la représentation qu'il se fait de la formation disciplinaire pour ses élèves au regard de sa propre formation de spécialiste ?

> ***« Je suis obligé de faire des choix, mais sur quelles bases ? »***

CONTRÔLEUR

Le programme n'est pas une spécialité ni une expertise

La spécialisation dans un champ disciplinaire est relativement tardive dans le cursus de l'élève. Il ne s'agit pas en effet de former un spécialiste de la discipline, mais plutôt de questionner la discipline pour savoir dans quelle mesure elle peut servir l'appréhension globale du monde par l'élève. Les textes eux-mêmes, pour peu qu'on s'y attache, sont assez clairs sur ce point.

Par exemple, on peut lire dans l'introduction au programme de physique-chimie en seconde : « Ceci interdit de laisser l'aval piloter l'amont : ce ne sont pas les connaissances dont on estimerait que les élèves doivent

2. *P. Meirieu,* Libres Propos sur l'École, *2003, un livre non édité, dont certains extraits sont parus dans* Le Monde *daté du 14 septembre 2003.*

disposer en terminale ou à l'université qui doivent déterminer le contenu du programme de seconde. Il convient plutôt de se demander, de façon schématique, ce qu'il faut enseigner d'une discipline à quelqu'un qui ne la pratiquera plus. La réponse s'impose d'elle-même : elle découle de ce que l'on estime devoir être la culture scientifique commune. Les choix du présent programme ont pour arrière-plan une conception de cette culture commune dont les cinq points suivants constituent une partie importante :
– le monde observable s'étend vers l'infiniment petit et l'infiniment grand ;
– le monde naturel a une histoire ;
– le monde est constitué de particules en interaction ;
– la diversité du monde macroscopique résulte de la diversité des formes d'organisation et des comportements des constituants microscopiques ;
– il est à la fois utile et intéressant de s'intéresser à ces questions[3]. »

Visualiser son programme : l'exemple de l'histoire-géographie en seconde

Sur le même niveau de seconde, mais dans une discipline différente, l'histoire et la géographie, l'équipe du lycée français de Mexico a produit un document remarquable sur ce point[4] : « Nous nous sommes efforcés de remettre à plat notre métier d'enseignant en histoire-géographie : à quoi sert notre matière ? À quels objectifs pédagogiques travaille-t-elle ?

« Pour répondre à ces questions, nous nous sommes appuyés sur la grille de référence fournie dans les livrets d'évaluation d'entrée en seconde. Nous avons complété certains objectifs pour détailler au mieux toutes les étapes du travail pédagogique en HG (histoire-géographie). Il ne semble pas exister une grille officielle des objectifs pédagogiques poursuivis par l'HG, mais des grilles. Il s'agit surtout d'établir une base de travail commune pour notre recherche, sur laquelle nous étions tous d'accord ». C'est là une véritable anticipation de ce que proposent aujourd'hui les tableaux du socle commun.

« Notre organigramme (voir page ci-contre) nous a permis de dégager cinq objectifs essentiels :

3. « Les programmes de chimie et de physique de la classe de seconde », Groupe technique disciplinaire de chimie et physique, sur le site : sfp.in2p3.fr/Debat/lycee/Seconde/prog28juin.html
4. Disponible sur le site Innovation : innovalo.scola.ac-paris.fr

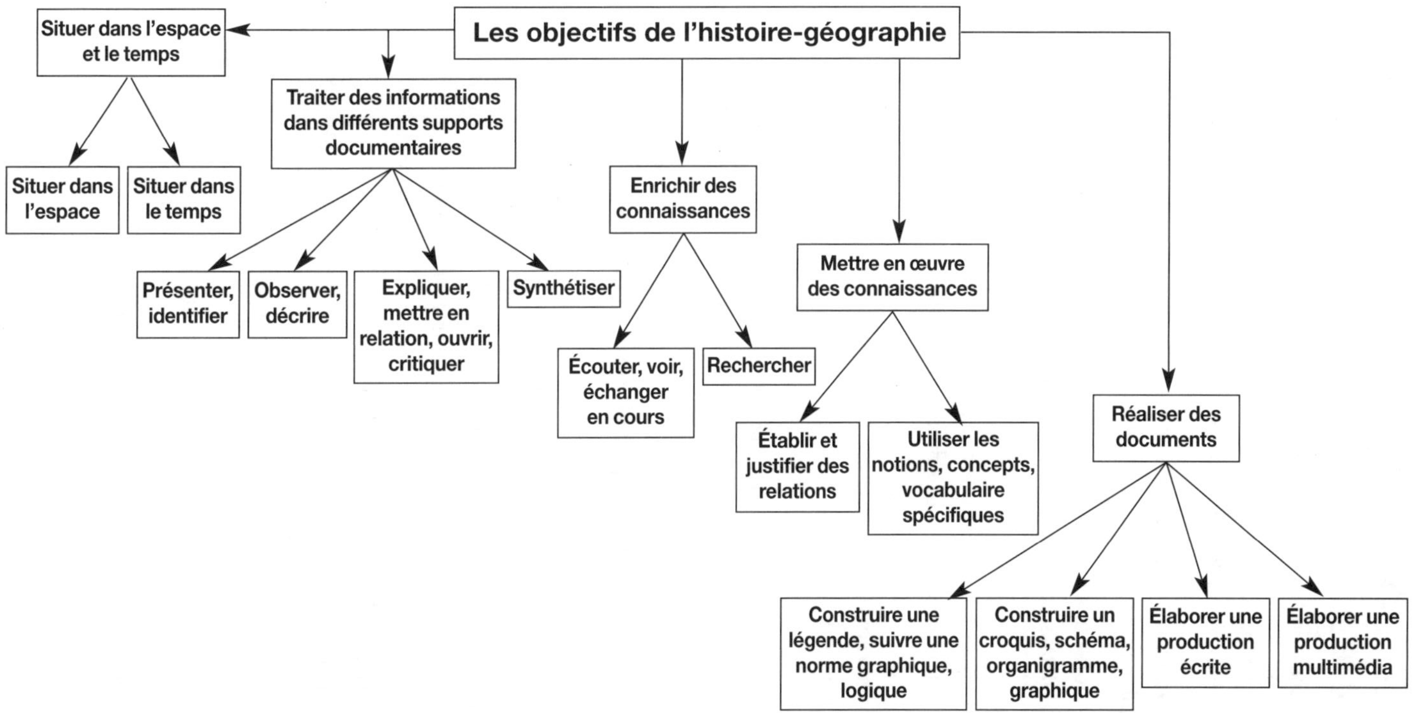

Source : « Évaluer l'impact des TICE dans l'enseignement de l'histoire-géographie », Recherche formation, Lycée franco-mexicain, 2001-2003, Mexico, Mexique, Pierre Chazelet, Georges Coumes, Jérôme Péméja.

> ▶ **Trois conseils utiles**
>
> **1. Revenez aux textes initiaux, tous consultables sur le site du CNDP.**
>
> **➥ www.cndp.fr, tous les programmes en trois clics, histoire de se rafraîchir la mémoire ou de découvrir le socle commun.**
>
> **2. Attachez-vous aux objectifs premiers dudit programme, avant de vous précipiter sur les contenus de savoirs.**
>
> **3. Élaborez une progression réaliste et pragmatique en conséquence. Plus de détails dans le chapitre 9 « Définir une progression ».**

– situer dans l'espace et dans le temps;
– traiter des informations dans différents supports documentaires;
– enrichir des connaissances;
– mettre en œuvre des connaissances;
– réaliser des documents.

« Ces cinq objectifs ne sont pas hiérarchisés : ils ne sont pas plus ou moins importants ni ne se succèdent dans des temps d'apprentissage différents. »

MON PROGRAMME PARMI LES AUTRES PROGRAMMES

Au moment du lancement du « nouveau collège », le ministère avait fait parvenir à chaque enseignant la version papier de tous les programmes des disciplines enseignées. Masse considérable de documents, et incompréhension parfois rageuse des collègues. C'était peut-être trop tôt ou pas la bonne formule. La consultation sur Internet n'était pas encore possible et l'accompagnement à l'entrée dans les nouveaux dispositifs a été relativement frileux, voire inexistant.

> *“ Pourquoi connaître les programmes des autres disciplines ? C'est une perte de temps. ”*

Connaissez-vous votre programme?

Le sentiment de déstabilisation peut venir parfois d'un manque d'assurance et de connaissances sur ses propres programmes; vous ne pouvez entrer en communication et en relations riches avec des collègues d'autres disciplines que si vous êtes assez ancré dans la vôtre. Dans un paradoxe qu'il faut travailler collectivement, l'interdisciplinarité ne peut exister que par approfondissements disciplinaires et n'est pas équivalente de moins de disciplines; elle sous-tend aussi une connaissance minimale des autres disciplines. C'est une manière de valoriser la spécificité propre de son programme. Mais le connaissez-vous réellement? À ce titre, vous pouvez vous livrer à ce petit quiz proposé par les collègues de Dijon :

> ***« J'ai le sentiment d'être noyé dans l'interdisciplinaire et de perdre ma spécificité. »***

En classe de cinquième, quel **programme de discipline** affiche les points suivants dans son programme[5] ?

1. Exprimer sa pensée à l'aide de croquis.
2. Présenter une série statistique sous la forme d'un tableau.
3. Mise en relation des propriétés d'un matériau avec son utilisation.
4. Unités de longueur, de volume, de masse.
5. Lien entre tableau et graphique.
6. Le poids de l'histoire ancienne et récente est mis en évidence.
7. Partir d'une œuvre d'aujourd'hui pour mettre à jour ses racines dans les œuvres du patrimoine.
8. Qualités physiques des matériaux.
9. Exprimer un avis, un désaccord.
10. Se familiariser avec les règles d'hygiène de vie.
11. Importance collective et personnelle des règles d'hygiène.
12. Apprentissage de la sécurité, sauvegarde de la santé et respect de l'environnement.
13. L'homme est responsable de son environnement.
14. Utiliser la conjonction « donc » de façon pertinente dans des argumentations.
15. L'exercice de l'esprit critique et la pratique de l'argumentation sont privilégiés dans les démarches pédagogiques.
16. Adapter son niveau de langue à l'interlocuteur et à la situation.
17. Rédaction de ce qu'on retient d'un texte ou d'un document avec leurs références.

5. Extrait du site Internet : http://www.dijon.iufm.fr/static/formform/idd_site/index.htm, rubrique « Interdisciplinarité ».

18. Développer chez l'élève une dynamique de questionnement.
19. Incitation à la lecture de textes dans des éditions adaptées à l'âge des élèves.
20. Situer dans l'espace.

☞Vous trouverez les bonnes réponses à la fin de ce chapitre.

LE PROGRAMME EST-IL VALABLE POUR TOUS ?

On enseigne un programme à un groupe-classe théoriquement homogène en âge pour un niveau scolaire. L'homogénéité cependant est toute relative quand la scolarité reste obligatoire jusqu'à 16 ans ; la composition des groupes est forcément hétérogène, de par ses individus qui les composent, et ce malgré les tris successifs que sont les examens de fin d'année et les recherches d'homogénéisation avouée ou cachée. Classiquement ce sont les épreuves de fin d'année qui permettent de s'assurer que le programme est acquis.

> ***“ Mes élèves de 3ᵉ ont des projets si différents que mon programme ne semble plus adapté à toute la classe. ”***

Comment adapter le programme pour répondre à la diversité

Sans avoir l'ambition de former des spécialistes, nous l'avons dit, il faut donc avoir présent à l'esprit qu'actuellement plus de la moitié des bacheliers sont issus des filières technologiques et professionnelles. Les programmes du collège s'adressent à tous et non à ceux seuls sélectionnés pour faire le « bon lycée », c'est-à-dire un bac des séries générales. Ce n'est donc pas le programme qu'il s'agit d'adapter, ce qui n'est pas de votre ressort, mais votre pratique individuelle et l'organisation collective des enseignements pour répondre à cette diversité, qui d'un certain point de vue se comprend comme une richesse pour la société de demain.

Prenez connaissance à partir des vœux d'orientation de vos élèves, avec l'aide des services d'orientation de votre établissement, de votre région, non seulement des filières possibles mais surtout des référentiels dans votre discipline. Ils vous permettront de mieux cibler les compétences à développer pour tous les élèves. Mieux, profitez des portes ouvertes ou des

▸ Un exemple d'interdisciplinarité

Des enseignants en formation avaient avec humour travaillé sur la polysémie du triangle; il désigne des concepts différents suivant les disciplines, pourtant c'est bien la même forme. Pour l'élève, c'est tout cela, le triangle; aidons-le à choisir la bonne acception suivant le contexte approprié.

Travail sur les logotypes

△	**une pyramide**	**Histoire-géo**
△	**un triangle**	**Maths**
△	**un bouton interactif**	**Techno**
△	**un volcan**	**SVT**
△	**le triangle de la vertu**	**Français**
△	**un obstacle**	**EPS**
	**composition de la Joconde**	**Arts**
△	**Attention !**	**Éducation routière**

stages de découverte pour vous entretenir avec les collègues des lycées technologiques et professionnels de ce qui leur paraît nécessaire comme prérequis.Vous serez surpris !

Adaptez le niveau de maîtrise des compétences disciplinaires au projet de vos élèves : le programme ne suggère pas une maîtrise à 100 % des contenus et des savoirs (qui le pourrait ?).Vous pouvez développer des « contrats d'études » en fonction des finalités que vous fixez avec les élèves, par groupes. (Voir par exemple le chapitre 4 « Négocier des contrats d'études »,)

Plutôt que de lutter pour toujours homogénéiser et jamais y arriver, participez à l'organisation de temps spécifiques pour les élèves qui semblent « largués » par trop de contenus ou qui deviennent intenables. Cela peut se faire par une gestion des groupes différenciés dans le cadre de votre propre enseignement, mais plus sûrement en s'appuyant sur un projet pédagogique de niveau. Soit en organisant des groupes d'appropriation des savoirs (voir l'expérience du lycée Europe à Cholet, page 424), soit en prévoyant un dispositif d'aide individualisée à la demande, comme des équipes ont pu le faire sous le vocable « SOS maths » ou « SOS français ». Des enseignants sur des plages horaires identifiées sont à la disposition d'élèves qui viennent les consulter : aide à la compréhension, relecture de devoirs, méthodologie spécifique à une discipline. (Voir « Mettre en groupe », page 42.)

TERMINER LE PROGRAMME

> ***« Je ne parviens pas à terminer mon programme. Alors, comment faire ? »***

Cela vous est déjà arrivé ou vous arrivera ; votre progression était trop serrée, les impondérables inhérents à la vie de l'établissement, la conduite d'un projet ambitieux, des obligations professionnelles (les examens par exemple), tous ces facteurs ont grignoté le temps imparti au traitement du programme. On brûle un cierge à sainte Rita, patronne des causes désespérées, et on prend de bonnes résolutions.

Vous n'avez pas fini le programme

L'année s'achève et vous n'avez pas pu terminer votre programme. Faites un bilan de l'année en trois points.

• Conservez précieusement votre carnet de bord de l'année en cours qui n'est autre que votre progression en temps réel, en ayant reporté ce qui est fait, les imprévus et ce qui n'a pas été traité, de sorte à opérer la régulation qui s'impose en matière de gestion du temps consacré à tel ou tel module d'enseignement, mais aussi en terme de priorités à accorder. Vous avez dû opérer des choix, il vous faut alors les réexaminer à la lumière de votre expérience non aboutie.

• Signalez à votre collègue qui prendra la classe l'an prochain qu'il lui faudra revenir sur un module pour faire le lien. Ce n'est pas forcément dans l'habitude de la profession, mais c'est une question d'honnêteté pour les élèves.

• Ce sera donc l'occasion de lui demander comment il a fait pour ce niveau et peut-être de suggérer d'en faire un thème prioritaire du futur conseil d'enseignement. On est plus fort quand on partage les mêmes outils, plus vigilant aussi dans son propre exercice, plus protégé enfin en cas d'inspection.

Des réflexes en début d'année

C'est la suite de l'épisode précédent : votre collègue n'a pas pu terminer son programme l'année précédente et c'est vous qui récupérez sa classe cette année. Adoptez, dès le début de l'année, les bons réflexes pour commencer sur des bases solides avec vos élèves.

> “ ***Mon programme demande des prérequis que mes élèves visiblement ne possèdent pas. Que faire ?*** ”

• Dans la mesure du possible, enquérez-vous auprès des collègues de ce qui a été effectivement traité, de sorte à faire la part du déclaratif et du réel. On constate souvent des phénomènes de « désapprentissage » après les grandes vacances, preuve s'il en est que même si le programme a été traité sur le cahier de textes, les compétences visées étaient encore très fragiles.

• Il n'est pas inutile non plus de faire un bilan de savoirs à partir du programme de l'an dernier, avant d'attaquer bille en tête les contenus de l'année. Une remobilisation de l'attention, des connaissances et des savoir-faire sur les deux premières semaines (à intégrer dans votre progression) vous permet d'apprécier le niveau de maîtrise de vos élèves.

• Si le bilan s'avère chargé, pensez alors à organiser un dispositif souple et temporaire de « rattrapage » en groupes différenciés, ou de monitorat en classe en associant un fort et un faible en classe ; le cours s'effectue alors par alternance de temps d'apports, puis de travail en binôme.

COMMENT FAIRE AVEC UN PROGRAMME « FLOU » ?

Certains programmes de disciplines ne sont pas formatés comme d'autres manifestement : plus court, moins développés sur des contenus listés, plutôt organisés sur des

> “ ***Mon programme est constitué de grands objectifs ; comment organiser mon année ?*** ”

compétences terminales. C'est le cas par exemple du programme d'éducation artistique en cycle central de collège (disponible sur le site du CNDP).

L'éducation artistique au collège

« L'élève arrive au terme de trois années au cours desquelles il a suivi un enseignement spécifique, centré sur son éducation artistique. Au cours des deux années de cinquième et de quatrième :
– *l'élève a pratiqué en deux dimensions et en trois dimensions, il a eu recours à des matériaux différents, il a pratiqué dans des formats et sur des supports variés* ;
– il a développé ses compétences dans l'observation et l'analyse du réel et des œuvres : il s'y intéresse, *sait exprimer oralement les grandes caractéristiques de ce qu'il voit et regarde* ;
– il a affiné son attitude de questionnement et il commence à savoir situer ce qu'il voit et à amorcer une critique ;
– *il a acquis des références artistiques et connaît des œuvres et des artistes significatifs* dont il sait l'intérêt dans l'histoire de l'évolution de la pensée et de la société ;
– il a acquis du vocabulaire : le travail commencé en sixième est poursuivi, en revenant sur les mots déjà introduits et en vérifiant que la relation entre le mot et le sens a bien été établie. L'élève sait le sens des mots relatifs à la pratique, *il sait les employer dans un sens spécifique aux arts plastiques et sait les resituer par rapport au sens général.* Parmi les mots couramment travaillés en arts plastiques (vocabulaire de la forme, de la couleur, de la matière, des gestes du métier) et en plus des termes explicitement présents dans le texte du programme, on s'assure que quelques termes relatifs aux questions introduites par le programme sont acquis : *limite, contour, format, planéité, image fixe, image mobile, reproduction, photographie, cadrage, point de vue, prise de vue, flou, touche, empâtement, fluidité, épaisseur, transparence, passage, pictural, effet.*

« Dans l'organisation de son projet pédagogique, le professeur tient compte des exigences minimales pour ces deux années, qui sont indiquées en italiques, et sur lesquelles portera l'évaluation sommative. »

Ferme sur les objectifs, souple sur les modalités

Ce type de programme prend en compte de façon très explicite l'enjeu du cycle, encore insuffisamment travaillée à l'école et au collège ; dépassant une simple approche par savoirs et par contenus, il intègre la dimension temps d'apprentissage et laisse une réelle initiative à l'enseignant pour proposer des situations permettant à l'élève de « se frotter à la tâche ». Les savoirs sont mobilisés dans des situations variées qui vont permettre à l'élève d'opérer des transferts et finalement de se construire un sens.

Ferme sur les objectifs terminaux, mais très souple sur les modalités, un tel programme restitue à l'enseignant sa capacité en ingénierie pédagogique pour établir une progression adaptée à ses propres conditions d'enseignement, à ses élèves. Il pourra établir une progression faisant jouer plusieurs compétences, qui ne seront validées qu'en fin de cycle. C'est bien le programme qui l'affirme !

AUTOTEST : MENEZ UNE ENQUÊTE SUR LES CAHIERS DE TEXTES

Faites une étude comparée des manières de remplir le cahier de textes par disciplines ou dans votre école. On apprend beaucoup des règles respectées, des écarts pris avec le programme, des petits silences et des documents fournis. Très formateur pour construire « son » programme.

SOLUTIONS DU QUIZ

1. Technologie
2. Mathématiques
3. SVT
4. Sciences physiques
5. Technologie
6. Géographie
7. Musique
8. Arts plastiques
9. Allemand
10. EPS
11. Éducation civique
12. Sciences physiques
13. SVT
14. Sciences physiques
15. Éducation civique
16. Anglais
17. Lettres
18. Arts plastiques
19. Histoire géographie
20. Allemand.

CHAPITRE 14

Évaluer des travaux

Ce soir, vous tirez de votre cartable un paquet de copies d'un devoir sur table. C'est la quinzième fois du trimestre pour cette classe, l'avant dernière avant le conseil de classe. Votre carnet d'évaluation est presque rempli. L'objectif est atteint : la courbe de Saint-Gauss se dessine. Vous êtes un bon prof. Vous avez préparé une bassine de café car l'expérience vous a appris que le pensum représente trois heures de travail lancinant avec toujours une question sans réponse : « Mais à quoi je vois que cet élève a réussi ? » L'élève, de son côté, n'a pas la réponse.

QUE DISENT LES ÉLÈVES SUR NOS PRATIQUES D'ÉVALUATION ?

Interrogés par leurs enseignants, 119 élèves ont répondu à la question : « Les enseignants notent-ils de façon objective ? » Pour une proportion élevée (plus de la moitié), les notes seraient davantage le fruit des hasards heureux ou malheureux, voire de logiques obscures, que d'une analyse objective de la copie des élèves… À la question : « Pensez-vous que vos progrès sont suffisamment pris en compte dans l'évaluation ? », l'EPS semble se démarquer des autres disciplines où, encore une fois, plus des deux tiers des élèves estiment que leurs progrès ne sont pas suffisamment pris en compte. Manifestement, si « évaluer, c'est communiquer » (d'après Weiss), alors, il y a du travail !

ÉVALUER, C'EST D'ABORD CHOISIR POURQUOI ÉVALUER

L'acte d'évaluation est consubstantiel de l'activité de l'enseignement : enseigner, c'est évaluer. Évaluer, c'est enseigner. Pas sûr que les deux sens se valent. La question nous renvoie immanquablement au « complexe de l'origine », à savoir, l'objet même de l'évaluation : savons-nous définir un objectif ?

▸ Quel évaluateur êtes-vous ?

Une étude de la DEP (ministère de l'Éducation nationale) analyse les pratiques d'évaluation des enseignants au collège. Trois portraits types apparaissent :

Un premier groupe, qui comprend la moitié des enseignants, principalement des professeurs des disciplines scientifiques : « peu soucieux de différenciation ou de remédiation, ces enseignants décident seuls des modalités de l'évaluation, à partir des manuels. Leurs pratiques évaluatives, centrées sur les contenus disciplinaires, s'appuient sur des écrits de restitution, dans une démarche d'évaluation plutôt sommative, située en fin de séquences d'apprentissage».

Un second groupe (38 % des enseignants), principalement des professeurs de français, de langues et d'histoire-géographie. Ils ont une approche plus collective et plus diversifiée : « appel à l'autonomie et à la créativité des élèves dans des tâches qui sollicitent des compétences transversales prises en compte dans les barèmes de notation, élaboration des évaluations au fur et à mesure des séquences en fonction du niveau d'acquisition réel des élèves ; importance donnée à la correction, au repérage des erreurs, à l'implication des élèves dans cette phase ; utilisation des résultats des évaluations pour individualiser les apprentissages, proposition de remédiations, réorganisation des contenus enseignés. »

Le troisième groupe le plus innovant, composé de professeurs d'EPS et d'arts plastiques. Ces enseignants placent l'évaluation en début de séquence, l'élaborent collectivement et pratiquent l'évaluation-diagnostic et l'évaluation formative.

Mais, selon l'étude, les pratiques seraient en pleine évolution et un tiers, voire la moitié des enseignants repenseraient leur façon d'évaluer en observant les résultats des élèves.

La fréquente confusion des fonctions de l'évaluation

Le minicas évoqué en introduction livre implicitement plusieurs objectifs de niveaux différents et variés selon les acteurs en présence.

Pour l'enseignant :

– satisfaire une obligation de moyenne dans sa discipline sur un livret scolaire, en alignant assez de notes chiffrées sur son carnet dans un temps limité ;

▸ Est-ce évaluer ?

La courbe de Gauss n'est pas le modèle idéal de répartition des notes sur une classe de 30 élèves. Elle s'applique uniquement à la répartition aléatoire pour des grands nombres de même consistance. Tout sauf des copies d'élèves !

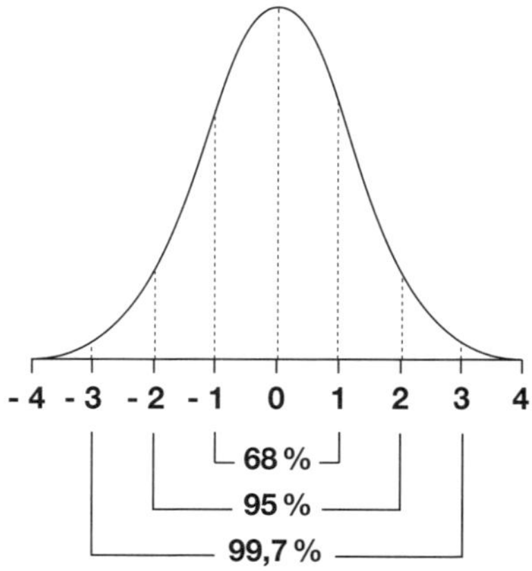

– se conformer intuitivement à un modèle mathématique (la distribution aléatoire de données suivant une courbe en cloche) devant restituer le classement des performances de ses élèves ;
– noter la production écrite comme significative de l'atteinte de compétences élaborées pendant les cours (de préférence).

Pour l'élève :
– répondre une fois de plus à l'exigence d'une évaluation sommative régulière ;
– décoder avec les moyens qui sont les siens les attentes trop implicites de l'exercice, de l'enseignant, de la discipline concernée ;
– tenter de pondérer un résultat qu'il ne maîtrise pas, vu l'addition, la multiplication, la division des notes, tempérées par des coefficients variés et secrets, véritable alchimie entre les mains de son enseignant préféré.

Plusieurs questions de fond restent en suspens, dans le désordre : faut-il tout noter ? Évaluer, est-ce (toujours) noter ? Pourquoi évaluer ? Qu'est-ce qu'évaluer ? Comment évaluer ?

Définir la fonction de l'évaluation

L'hypothétique fiabilité de la note. Dans la pratique, l'évaluation sommative a contaminé tout rapport entre enseignant et élèves. Un principal de collège de moyenne importance avait calculé le nombre approximatif de notes chiffrées délivrées au cours d'une année scolaire : sur les seuls bulletins trimestriels, près de 18000 notes, mais rapporté aux nombres de notes dans les disciplines, près de 90000 notes. On espère qu'elles ont toutes une fonction bien assurée et bien comprise.

> *« J'ai pris l'habitude de tout noter ; pourtant je sens bien que j'ai du mal à bien cerner les difficultés de mes élèves. »*

La « fabrication industrielle » de la notation cependant pose aujourd'hui problème :
– qui pourrait dire à quelles compétences renvoie une note de 8,74/20 ? (Voir le chapitre 27 « Définir des objectifs ».). Qu'est-ce que cette « dictature invraisemblable de la moyenne », selon les termes du courageux rapport de Roger-François Gauthier, IGAEN, qui réduit considérablement la précision de l'analyse des acquis et des manques ?
– Pour stabiliser une note en français, il faudrait 147 évaluateurs, et 54 en mathématiques !
– Comment expliquer que toute classe se répartisse sous le joug de l'évaluation répétée, en trois catégories distinctes et hiérarchisées ? Serait-ce une nouvelle « loi naturelle » dont l'École serait le berceau ? André Antibi dénonce cette « constance macabre »[1], véritable pratique solitaire et récurrente de l'enseignant.

Il s'agit de faire en sorte que l'évaluation soit objet de réflexion partagée, collective, plus harmonisée, plus stabilisée : qu'elle devienne une activité elle-même évaluée ! L'approche par tableaux de compétences proposée par le socle commun en primaire et au collège constitue de ce point de vue un progrès notable.

1. Voir l'analyse et les propositions de résolutions d'André Antibi sur http://mclcm.free.fr/, en complément des pages de Jacques Nimier consacrée à l'évaluation http://www.pedagopsy.eu/dossier_evaluation.htm

Une définition générique. Il y a lieu d'abord de revenir à une définition de l'acte lui-même. Car si les pratiques s'imposent aux enseignants, jeunes et moins jeunes, par reproduction d'expériences (subies ?), par routine, par formation sur le tas, il est très rare que l'acte soit remis en questionnement et en sens. On peut s'appuyer sur la définition proposée par Stufflebeam[1] assez large pour englober toute pratique : « processus [1] par lequel on définit [2], obtient [3] et fournit [4] des informations [5] utiles [6] permettant de juger les décisions possibles [7] » :

> ***“ On me dit d'évaluer mes élèves ; j'improvise car je n'ai jamais appris à le faire. ”***

[1] processus = activité continue
[2] on définit = identifier les informations pertinentes
[3] on obtient = collecter, analyser, mesurer des données
[4] on fournit = communiquer ces données
[5] des informations = faits à interpréter
[6] informations utiles = qui satisfont aux critères de pertinence
[7] décisions possibles = actions d'enseignement, d'orientation, etc.

Rien n'est dit sur la façon de noter ou d'effectuer des calculs de moyennes. Il s'agit d'extraire de la valeur d'un acte, d'un travail, au regard de décisions : l'évaluation est ou doit être finalisée.

LES CINQ FONCTIONS RECONNUES DE L'ÉVALUATION

Classiquement, on attribue cinq fonctions à l'évaluation :
– une fonction diagnostique : analyse des situations, des besoins, des profils et prérequis d'élèves ;
– une fonction pronostique : élaboration d'un projet, test initial ;
– une fonction formative-formatrice : accompagnement de l'apprentissage, remédiation ;
– une fonction sommative-certificative : bilan, jugement, décision par tests terminaux, diplômes ;
– une fonction d'orientation : liaison études-emploi, conseil de classe.

2. D.I. Stufflebeam, L'Évaluation en éducation et la prise de décision, *Édition NHP, Ottawa, 1980, 464 pages.*

Avant de penser à noter, repérez au préalable la fonction que vous assignez à l'évaluation que vous allez mettre en œuvre. Assurément, la fonction sommative ne doit être réservée qu'à des évaluations terminales de modules, de séquences. Ce n'est pas parce que les carnets de notes édités par des fabricants de papier comporte douze colonnes que toutes doivent être remplies à l'issue du trimestre.

Éviter la confusion des genres

L'analyse des pratiques de l'évaluation dans un établissement et leur confrontation amènent quelques discordances importantes. Les évaluations diagnostiques installées depuis une dizaine d'années à l'entrée en CE2 et en sixième créent parfois des dérives dues à une fascination pour l'outillage informatique, quand les résultats mal interprétés (de fait, l'analyse est complexe) ne sont pas assez corrélés avec des observations plus fines issues d'entretiens ou de connaissances relatives au rapport de l'élève à l'école, son environnement familial, son histoire scolaire. De plus, l'exploitation des résultats fait très souvent défaut. (Sur les évaluations nationales, voir le chapitre 19 « Analyser les ressources des élèves ».)

> ***“ J'ai essayé d'utiliser une grille formative étudiée en stage, mais cela a été très long et pas satisfaisant. ”***

Les expériences tentées en matière d'évaluation ou d'autoévaluation avec indications des critères surchargent le travail de l'enseignant et des élèves parfois inutilement. Certaines grilles rassemblent plus de 20 critères pour une seule situation. Rien ne garantit que les élèves peuvent s'approprier une telle *check-list* élaborée par leur professeur. Cette dérive maximaliste, dans un souci de perfectionnisme louable, s'applique à tous les élèves. De plus, ces tentatives de clarification de l'évaluation ne parviennent pas à compenser des pratiques sommatives toujours trop présentes. Les deux pratiques ont des objectifs et des effets contradictoires pour les élèves.

Pour mieux communiquer sur son évaluation, quelques conseils

• Préférez des démarches et des supports élaborés avec les élèves : le temps de construction de quelques critères de réussite ou d'une cible d'évaluation, par exemple, est un temps d'appropriation qui garantit plus certainement leur propre capacité à l'utiliser en autonomie ; plus simple, plus pragmatique, peut-être moins « savante », ce sera plus efficace. L'outil pourra être réinvesti en phase finale comme grille de rapport du travail effectué.

• Une approche plus technique, par un support avec quelques indicateurs de réussite, est sans doute plus utile en groupe restreint pour des élèves en découverte ou en difficulté devant une tâche nouvelle. Tous les élèves n'en ont pas forcément besoin.

• Trouvez des alternatives à la note sur 20 réservée au « sommatif », au risque de la confusion des genres et du brouillage du message pour les élèves rendus alors dépendants. Par exemple, voici neuf modalités pour évaluer des travaux d'élèves :

1. Appréciation du travail selon le niveau de maîtrise constatée par symboles (*smileys*), par couleurs, par codes.
2. Appréciation par cible critériée : chaque branche correspond à un élément de l'appréciation, avec trois niveaux de réussite. (Voir quelques exemples sur le site : francois.muller.free.fr/diversifier/index.htm, tapez « Cible »)
3. Bilan personnalisé en s'inspirant du blason (voir page 109) : trois points forts, trois difficultés rencontrées, trois pistes pour aller plus loin, une appréciation d'ensemble du travail.
4. Appréciation concentrée sur un élément partiel, volontairement pris en considération (compétence, éléments de connaissances, savoir-faire).
5. Synthèse de notes partielles établies pour les différentes parties d'une même copie ou prestation ou dossier, selon des critères explicités (par exemple : compréhension du sujet, logique, pertinence du plan, clarté du style, argumentation, qualité des références, originalité, travail, exactitude des opérations ou calculs, raisonnement, valeur des graphiques ou schémas, intérêt des exemples présentés, écriture, orthographe, présentation, concision, précision, complétude, habilité, communicabilité).
6. Notation traduisant le pourcentage de réponses exactes à un QCM ou autre forme de questionnaires brefs.
7. Rectification d'une note d'autoévaluation (proposée par un individu), d'une note donnée en coévaluation (proposée par un groupe).
8. Notation valorisant la conscience du degré d'exactitude des réponses données par une personne.
9. Notation en fonction d'un barème élaboré en négociation avec les élèves ou apprenants à partir d'un tableau de critères.

Reportez les moments d'évaluation sommative en toute fin des grandes séquences ou modules, c'est-à-dire quand des apprentissages sont assez constitués et travaillés en classe. Pourquoi pas une seule notation par trimestre du moment que vous assurez la régulation des compétences durant le reste du temps ? C'est bien ainsi que les enseignants d'EPS font à la fin de chaque cycle d'activité. Ainsi, la démarche d'évaluation devient très formative et plus efficace quand on procède alors au bilan sommatif. En témoignent les résultats et la distribution des notes : on évite la courbe en forme de L, on oublie la courbe en cloche (Gauss), on évolue vers une courbe en forme de J.

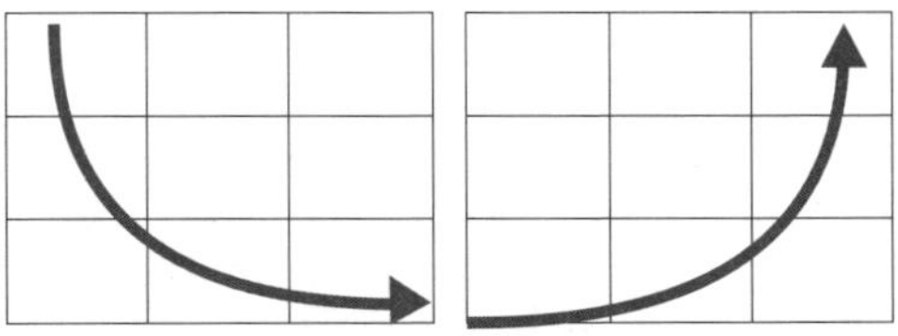

En début d'apprentissage **En fin d'apprentissage**

○ CONNAÎTRE LES PIÈGES DE L'ÉVALUATION

« J'ai du mal à stabiliser ma manière d'évaluer les copies des élèves. »

Faisons-nous toujours ce que nous disons en matière d'évaluation ? La rationalité apparente et affirmée de l'évaluation dans ses formes et ses outils, recèle des pièges que les études en docimologie se sont attaché à dépister. Humain, trop humain !

Contrez les effets pervers de l'évaluation

Ainsi, face à un paquet de copies, vous pourrez être trompé par quelques effets.

Il peut exister d'autres effets : de récentes études ont montré quelques pratiques inégalitaires en rapport avec le sexe de l'élève et la discipline. À copie égale, en lettres ou en maths, la notation finale ne sera pas exactement la même.

Effet de fatigue ou d'ennui	Effet de halo	Effet de relativisation
Peut engendrer laxisme ou sur-sévérité	Le professeur, influencé par des caractéristiques de présentation (soin, écriture, orthographe) surestime ou sous-estime la note.	Plutôt que de juger intrinsèquement d'un travail, les professeurs jugent ce dernier selon les travaux dans lesquels il est inséré.

Effet de contamination	Effet de tendance centrale	Effet de l'ordre de correction
Les notes attribuées successivement aux différents aspects d'un même travail s'influencent mutuellement.	Par crainte de surévaluer ou de sous-évaluer un élève, le professeur groupe ses appréciations vers le centre de l'échelle. Un travail moyen paraîtra bon s'il suit un travail médiocre.	Devant un nouveau travail ou un nouveau candidat à évaluer, un juge peut se laisser influencer par la qualité du candidat précédent.
Effet de stéréotypie	**Effet de flou**	**Effet de trop grande indulgence et de trop grande sévérité**
Le professeur maintient un jugement immuable sur la performance d'un élève, quelles que soient ses variations effectives.	Les objectifs poursuivis et les critères de notation ne sont pas toujours définis avec précision.	Certains juges sont systématiquement trop indulgents ou trop sévères dans toutes leurs évaluations.

Voici cinq conseils pour s'efforcer de déjouer les pièges de l'évaluation.

• Ayez présent à l'esprit ces effets toujours possibles ; on conduit mieux quand on connaît la route et ses obstacles, et son code !

• En même temps que vous concevez l'évaluation, constituez-vous le barème de notation, c'est-à-dire ce que vous allez explicitement évaluer : des connaissances, rien que des connaissances ? Mais aussi, la gestion du temps par l'élève, la lisibilité du travail, l'explicitation de la démarche, la correction orthographique. Tout n'est pas sur le même plan. Et faites connaître votre choix aux élèves, au besoin en le mentionnant sur le support.

• En cours de correction, n'hésitez pas à revenir en arrière ; marquez une pause.

• Envisagez de corriger des copies de manière transversale, en analysant d'abord un item, un critère dans chaque copie, et ainsi de suite.

• Réduisez le nombre d'évaluations sommatives de sorte à y consacrer suffisamment d'attention et de valeur, pour vous comme pour l'élève.

RÉDIGER L'APPRÉCIATION : FORMALITÉ ADMINISTRATIVE OU EXIGENCE PROFESSIONNELLE ?

« Vu l'espace sur le bulletin, mes appréciations sont très laconiques. »

Évaluer les travaux des élèves est loin de se limiter à la simple note ; l'appréciation portée sur les copies et les bulletins trimestriels doit aussi en extraire la valeur, c'est le propre d'une évaluation.

La prose des appréciations

La lecture attentive des bulletins trimestriels pour une classe, pour un élève, est férocement révélatrice, et on peut comprendre le désarroi si ce n'est l'angoisse de l'élève, mais aussi des parents devant un document si peu clair dans sa formulation, ses objectifs, ses raccourcis, ses silences. Par exemple :
– « Majid apprend bien ses leçons. Mais il est terriblement distrait. Il oublie son ouvrage de maths, ses chaussures de gym et parfois sa tête. »
– « Bonne application. Kevin fait des efforts. Qu'il continue ! »
– « Ne connaît pas ses temps primitifs. Quid du vocabulaire de la semaine dernière ? »
– « Attention aux commentaires pour faire rire. »
– « Merci pour ta belle énergie dans le travail d'improvisation et dans les coups durs. »
– « Le calcul des intégrales reste un problème. Faudrait s'améliorer. »

On oscille entre le pur constat, l'invitation vague, la menace ou le panégyrique. Les informations portent souvent sur un diagnostic des difficultés, tous ordres confondus (psy, comportement, méthodes...). Le destinataire est tour à tour : l'administration, l'élève, les parents. On peine à extraire la valeur du travail effectué, les compétences atteintes par l'élève, et les moyens de l'améliorer. Le parasitage de l'information donnée est constant dans ce domaine. La plus grande prudence est de mise, cela devient même une exigence professionnelle.

Comment sont reçues les appréciations ?

Une enquête originale, menée auprès d'élèves et de parents et portant sur une liste de 1 000 appréciations non reconstruites extraites de bulletins

▸ Sept conseils pour remplir les bulletins

Nous vous proposons sept conseils pour remplir les bulletins scolaires.

1. Impliquez-vous dans le message transmis : privilégiez le « je ».

2. Précisez au besoin le destinataire (élève ou parent) des différentes informations transmises.

3. Rédigez des phrases complètes.

4. Privilégiez les verbes d'action.

5. Contextualisez : les compléments d'objets et les compléments circonstanciels.

6. Préférez plutôt le futur et le conditionnel.

7. Évitez les termes ambigus ou neutres.

d'élèves de fin du secondaire[3], donne un éclairage particulier à la question : les élèves comme les parents attendent en priorité des informations précises, claires, personnelles, justes et vraies, rejetant les formules « banales et insipides » pouvant s'appliquer à toute la classe.

L'étude des mots contenus dans les appréciations distingue quelques thèmes dominants, à savoir, par ordre décroissant d'importance : le travail, envisagé tant sous l'aspect quantitatif que qualitatif ; l'élève (sa personne, ses capacités, son attitude...) ; la participation ; et les résultats, en fin de classement seulement.

Parmi les mots utilisés, les termes à connotation positive sont majoritaires, avec une préférence marquée pour les adjectifs « bon », « sérieux » et « satisfaisant ». « Insuffisant » et « difficultés » sont les termes les plus utilisés pour exprimer un jugement négatif, alors que « moyen » et « juste » sont considérés comme ayant un sens neutre ou ambigu et peuvent dès lors être interprétés diversement. Par exemple « spontané », « constant », « discret », « réservé » sont des mots ambigus relatifs au degré d'implication de l'élève, qui peuvent indiquer des défauts ou des qualités en fonction du contexte. L'emploi de ces derniers doit donc être accompagné de précisions quant au sens à leur accorder, par des compléments circonstanciels,

3. Les Appréciations scolaires. Ce que cachent les mots, *1996, CRDP de Franche-Comté, Montbéliard, lycée Le Grand-Chênois.*
Voir surtout sur le site de l'inspection académique de la Sarthe le dossier consacré au conseil de classe : http://www.ia72.ac-nantes.fr/ (tapez : « changer le conseil de classe »)

de nature à enrichir considérablement le jugement évaluatif et à intégrer dans celui-ci à la fois le diagnostic et les possibilités de remédiation.

A été également relevé le caractère généralement bref des appréciations, réduites le plus souvent à une seule proposition syntaxique non verbale. Le style télégraphique utilisé par de nombreux enseignants, s'il permet à l'évidence de « gagner du temps et de la place », renforce toutefois le caractère doublement impersonnel des appréciations. D'une part, elles ne paraissent pas traduire un avis que l'enseignant prend réellement à son compte, d'autre part, elles ne s'adressent pas à l'élève ou aux parents de façon explicite[4].

ÉVALUER DES COMPÉTENCES : TOUT UN ÉTABLISSEMENT !

Confrontées aux dérives et aux paradoxes de l'évaluation scolaire traditionnelle, nombre d'équipes se sont lancées dans des modalités alternatives plus satisfaisantes ; mais toutes se voient rattrapées par l'obligation d'une évaluation sommative exprimée en note sur les bulletins. Par nécessité, dans une classe à examen en troisième ou au lycée, ou parce qu'on n'envisage pas encore d'aller jusqu'au bout de la démarche. La quadrature du cercle, une équipe l'a peut-être trouvée.

> ***« Pour moi, l'acquisition de compétences est l'essentiel ; la notation trimestrielle me semble inadaptée. »***

L'expérience Prévert : concilier compétences et notation

Depuis la rentrée 2002, un groupe d'enseignants du petit collège Jacques-Prévert (rue des Écoles, à Saint-Genis-Pouilly) dans l'Ain a profondément revu ses modes d'évaluation tous niveaux, toutes disciplines. Une approche par compétence les a conduits à établir des tableaux, des grilles, des notes d'informations (aux parents) afin de résoudre un dilemme qui ne satisfait plus personne.

Le préambule présenté au conseil d'administration et aux parents offre toute la complexité de la réalité scolaire en matière d'évaluation. Outre

4. D'après une fiche sur l'évaluation, éditée par la communauté de l'Éducation nationale belge : www.agers.cfwb.be

CONTRÔLEUR

▸ Évaluer autrement

Dans une brochure en ligne, la Desco (direction de l'enseignement scolaire, au ministère) fait connaître les modes d'évaluation développées par des enseignants de la maternelle au lycée autour de trois priorités : évaluer pour motiver, évaluer pour gérer l'hétérogénéité et évaluer pour orienter.

Ainsi, pour **motiver** les élèves, les enseignants du collège Jean-Moulin de Revigny-sur Ornain s'appuient sur des exercices interactifs et des « missions virtuelles» développées par les professeurs et déposés sur l'intranet du collège. Au collège du Brédenarde, à Audruicq, c'est une plateforme de travail pour l'évaluation, l'objectif principal étant de restaurer l'estime de soi des jeunes en difficulté. « Le projet consiste à amener les élèves à choisir le moment de leur évaluation quand ils sont capables de passer d'une évaluation formative à une évaluation sommative. »

Au lycée Louis-Feuillade de Lunel, des ateliers sont proposés aux élèves pour l'enseignement de l'anglais. Les élèves ont une heure hebdomadaire avec leur professeur référent et choisissent leur atelier en fonction des compétences à travailler et de leur niveau. L'équipe professorale peut ainsi mieux **gérer l'hétérogénéité**.

Au collège du Bugey à Belley, les enseignants privilégient **l'orientation**. Le conseil de classe ne se limite pas à un constat mais aboutit à une fiche de travail où chaque élève trouve des outils de remédiation.

Site Internet : http://eduscol.education.fr/index.php?./D0171/eval_savoir_plus.htm.

les nombreux problèmes que soulève la notation traditionnelle (en particulier les problèmes de fiabilité), les équipes se sont posé les questions suivantes :

« **Comment redonner de l'estime** de soi à des élèves en grande difficulté ? Comment informer clairement et simplement les élèves, même les plus en difficulté, des savoirs et des savoir-faire qu'ils paraissent avoir acquis pour invalider définitivement les jugements du type : "Je suis nul en maths" (ou ailleurs…) ? »

« **Que signifie ce fameux 10 sur 20** qui semble satisfaire tout le monde, élèves, parents, administration et souvent professeurs ? Signifie-t-il que

▸ Boite à outils et logiciels d'évaluation

Des expériences existent pour le primaire, avec les mêmes caractéristiques que celles du collège Jacques-Prévert : approche des compétences, souplesse et pragmatisme. À suivre...

• *Livret : suivi individualisé des élèves et gestion des évaluations »*, Jean-Marie Fontaine (Carvin, Pas-de-Calais) : www.jmfsoft.net/

• « Livret scolaire » sur le site de l'académie de Paris concernant les niveaux de l'école primaire : http://livretscolaire.scola.ac-paris.fr/.

• On consultera avec profit le dossier « conseil de classe » de l'ESEN : fiche de suivi, panorama des logiciels existants. Le site : www.esen.education.fr/ (tapez « conseil de classe »)

l'élève ne sait faire que la moitié des tâches demandées, auquel cas on peut se demander qui accepterait qu'un mécanicien automobile ne sache remonter que la moitié d'un moteur de voiture. Signifie-t-il autre chose et dans l'affirmative, signifie-t-il la même chose dans chacune des disciplines ? Signifie-t-il la même chose pour tous les enseignants d'une même discipline ? Signifie-t-il la même chose pour un même enseignant dans telle classe jugée "faible" et dans telle autre jugée "forte" ? »

« **Comment rendre plus efficace la correction d'un contrôle**, d'un exercice ou d'un devoir ? Comment rendre à la correction son véritable statut – faire acquérir à l'élève les savoirs et savoir-faire qui lui manquent – et lui permettre de prouver ensuite qu'il maîtrise ces savoirs et savoir-faire ? »

« **Comment peut-on simplifier le travail** de toute personne voulant aider un élève ? Comment aider cette personne à répertorier rapidement les difficultés de l'élève ? Quelles informations peut-on apporter grâce à l'évaluation des productions de l'élève ? »

« **Comment harmoniser les évaluations ?** Comment éviter qu'une même compétence soit évaluée aussi différemment d'un enseignant à l'autre, voire chez un même enseignant suivant le moment ? »

« **Comment valoriser l'acquisition du savoir ?** Le principe des moyennes fait que l'échec primitif est pris en compte au même titre que la réussite ultérieure alors que finalement, il maîtrise aussi bien cette compétence que celui qui a réussi dès la première fois. Comment peut-on éviter de pénaliser un élève qui met plus de temps qu'un autre à acquérir tel savoir ou savoir-faire ? Comment diminuer, voire éliminer l'impact d'un échec sur une réussite ultérieure ? » « Ayant estimé que la notation traditionnelle ne répondait pas – ou qu'elle y répondait trop partiellement – à nos questions, nous l'avons abandonnée au profit des fiches de compétences qui nous paraissent résoudre bon nombre des problèmes exposés précédemment. »

Des fiches de compétences dans toutes les disciplines

Ainsi donc, dans toutes les disciplines, un travail a été mené en appui sur les programmes et les objectifs pour proposer aux élèves une fiche-compétences modulable et évolutive.

• Chaque élève dispose pour chacune des matières concernées de grilles de compétences ayant deux fonctions :
– elles récapitulent les compétences que devrait posséder l'élève à la fin de l'année scolaire et précisent les objectifs qui lui sont fixés, en conformité avec les programmes officiels ;
– elles sont un outil de communication entre les enseignants, les élèves, les familles et les personnes responsables des études dirigées et du soutien.

• Chaque ligne d'une grille énonce une compétence exigible et permet le report des résultats de l'élève aux différents exercices d'évaluation grâce au codage suivant :
👍 indique que le jour du contrôle de telle ou telle compétence, l'élève a largement atteint l'objectif qui était fixé ;
☺ indique qu'il a atteint l'objectif (malgré une maîtrise imparfaite) ;
⊖ indique qu'il n'a pas atteint l'objectif mais qu'il n'en est pas très loin ;
☹ indique que tout est à reprendre concernant l'objectif en question.

Outre des réévaluations effectuées lors d'un contrôle collectif ultérieur, des professeurs de certaines disciplines organisent des séances de réévaluation « à la carte » au cours desquelles un élève peut choisir lui-même la ou les compétences sur lesquelles il souhaite être évalué à nouveau.

À la fin de chaque trimestre, il n'est tenu compte, lors de plusieurs évaluations d'une même compétence, que du dernier résultat obtenu par l'élève, ce que l'on pourrait traduire par : « Aux dernières nouvelles, l'élève savait (ou ne savait pas)... »

Passer d'une évaluation par compétences à une notation sur 20

Un problème classique qui a pu freiner les autres expériences alternatives était de faire coexister, ou mieux, de rendre compatible une approche-compétences, rendant compte du travail et des progrès effectifs de l'élève, et l'obligation trimestrielle de reporter un travail sur le bulletin scolaire. Il semble que nos enseignants aient pu trouver une parade : la transcription en note sur 20 (celle qui figure sur le bulletin trimestriel) se fait grâce à un « convertisseur » paramétré par les enseignants et qui permet de transformer les nombres de compétences ☺⊖☹👍 de chaque élève en note sur 20, le convertisseur utilisé étant le même pour tous les enseignants d'un même niveau.

> *“ Dans mon établissement, on classe les élèves à la décimale près, on passe quasiment sous silence les appréciations. ”*

		Présentation/soin/rédaction				
	G 3	Mettre en valeur les résultats	☒			👍
	G 2	Soin de la copie	☒			👍
	G 3	Rédaction	☒			👍
		Statistiques-révisions sur les relatifs, les fractions et les puissances				
	S 1	Proposer une valeur médiane de cette série et en donner la signification	❑			👍
	S 2	Savoir compléter un tableau d'effectifs (cumulés) et fréquences (cumulées)	❑			👍
	S 3	Savoir calculer et compléter une moyenne ou la valeur approchée d'une moyenne dans le cas de classe de valeurs	❑			👍
		Nombres entiers et rationnels				
	N 1	Savoir calculer le PGCD de deux entiers naturels (soustractions successives ou algorithme d'Euclide)	❑			👍
	N 2	Savoir qu'une fraction est dite irréductible si son numérateur et son dénominateur sont premiers entre eux	❑			👍
	N 4	Savoir simplifier une fraction donnée pour la rendre irréductible	❑			👍

Facultatif : temps estimatif à consacrer au chapitre

Code de la compétence

Intitulé de la compétence

Cochée si la compétence doit être appliquée en permanence

À cocher lorsque la compétence a été abordée en classe.

La présentation de la situation à un instant donné

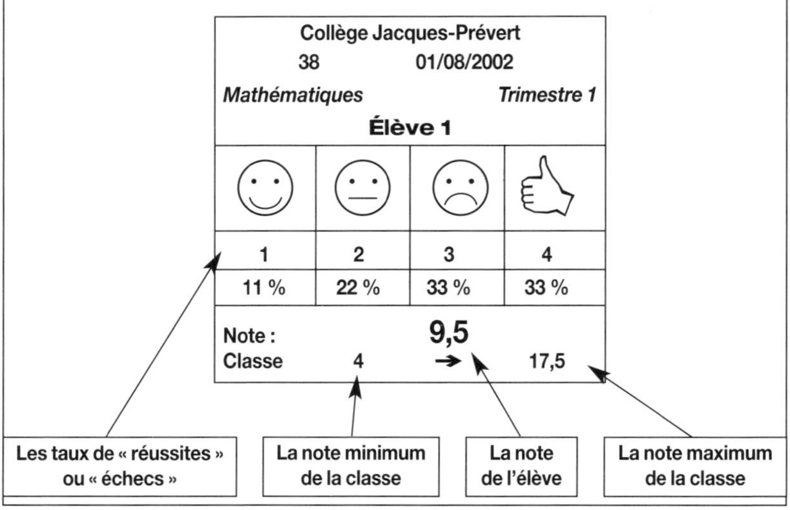

Par ailleurs, les élèves qui le souhaitent disposent de ce convertisseur, ce qui leur permet de suivre l'évolution de leur note[5]. Le paramétrage de ce convertisseur a été établi de telle façon que la note 10 soit attribuée à un élève ayant 65 % de ☺ et au maximum 15 % de ☹.

Comment procéder. Dans chaque matière et pour chaque niveau, l'enseignant (ou l'équipe disciplinaire) détermine la liste de toutes les compétences à acquérir d'ici la fin de l'année scolaire (voir le tableau de la page ci-contre).

Le principe « c'est le dernier résultat qui compte » que nous avons adopté nous a amenés à inscrire sur les bulletins des deuxième et troisième trimestres la note correspondant aux résultats obtenus par l'élève depuis la rentrée scolaire : en particulier la note du troisième trimestre traduit donc la position de l'élève par rapport au « contrat » que représente la liste de toutes les compétences évaluées dans l'année.

La note inscrite sur les bulletins n'est donc pas à proprement parler une note trimestrielle puisqu'elle ne traduit pas, sauf au premier trimestre, les résultats de l'élève au cours du trimestre écoulé. Insistons sur le fait que

5. Le convertisseur est disponible sur tous les postes du réseau pédagogique du collège et est accessible sur le site Internet du collège : www.prevert.org/pedagogie/competences/index.html

▶ Évaluer.net : une autre ressource pour aller plus loin

Vincent Obaton met à notre disposition un système logiciel libre permettant de créer nos propres groupes et de paramétrer les compétences à évaluer. Inscription en ligne et téléchargement possible sur www.ac-grenoble.fr/college/chambery.cote-rousse/evaluer/

cette note n'est pas le résultat d'un calcul plus ou moins obscur faisant intervenir des coefficients arbitraires, calcul réalisé sur des notes diverses : elle est le résultat donné par le convertisseur uniquement à partir des points compétences ☺⊖☹👍, ce que peuvent facilement contrôler les élèves.

L'expérience mérite d'être suivie, en ligne, pour d'éventuels aménagements et régulations d'usage à l'épreuve de la réalité. Cependant, sa dimension collective dans les disciplines, dans les différents niveaux d'enseignement, sa lisibilité pour les élèves et les parents attestent de la qualité et de la pertinence de la pratique.

La conclusion peut être donnée par Charles Hadji[6]. « Une évaluation qui présenterait le triple caractère d'être « **compréhensive** » (capable d'interpréter la situation mesurée), « **conscientisante** » (fournissant des repères éclairants à l'élève au lieu de le tancer), et « **formatrice** » (préoccupée de donner les outils de la réussite) ne serait-elle pas le plus bel auxiliaire et le premier moyen d'une pédagogie enfin efficace ? »

CONTRÔLEUR

AUTOTEST : ET SI VOUS ÉCRIVIEZ À VOS ÉLÈVES

Philippe Meirieu, ancien directeur de l'IUFM de Lyon, racontait que, professeur, il avait pris l'habitude d'écrire à ses élèves.
En fin de premier trimestre, écrivez une lettre à chaque élève en prenant en compte les consignes d'écriture relatives à l'appréciation portée sur le bulletin, rappelées dans le présent chapitre.

6. Sciences humaines, *hors série n° 12, février-mars 1996.*

CHAPITRE 15

Assurer la sécurité

D'après un sondage effectué au moment des présidentielles de 2007, la sécurité dans les établissements scolaires est une priorité pour 47 % des Français, quel que soit le bord politique. Cette préoccupation arrive loin devant le nombre d'élèves par classe (27 %) et l'apprentissage de la lecture (24 %). Ce qui relève du contenu des enseignements, qu'il s'agisse du « renouvellement des méthodes pédagogiques » (9 %) ou de « l'apprentissage des langues vivantes » (6 %), ne constitue pas à proprement parler un enjeu pour l'opinion publique. On pourrait estimer que les enseignants partagent peu ou prou les opinions exprimées. De quoi parle-t-on exactement quand on dit violence, incivilités ou insécurité ? Que peut faire l'enseignant, seul, ou mieux en équipe, pour assurer ou rétablir un climat de sécurité suffisant pour apprendre ? Avant que de traiter une urgence, c'est d'abord un devoir.

LA SÉCURITÉ NE VA PAS DE SOI EN CLASSE

Dans une classe de cinquième d'un collège de la petite couronne, à l'est de Paris, on a proposé une étude de cas aux 19 élèves : « Un professeur se fait agresser physiquement par un élève, qu'en pensez-vous ? » Quatre élèves sont contre ; six expriment des sentiments partagés ; trois sont fatalistes ; sept cherchent une justification à l'élève agresseur. Ce qui donne quand même un total de plus des trois quarts des élèves qui pensent l'acte possible. La perception de l'École par les jeunes a profondément changé, la séparation des univers culturels est trop importante, une série d'inhibiteurs de l'action est tombée.

> *“ Un élève m'a violemment pris à parti en classe, c'était physique ; les autres n'ont pas bougé. ”*

Une analyse rapide de cette évolution en trois dimensions

On peut expliquer cette évolution par trois faisceaux convergents :

1. Un accroissement des inégalités socio-économiques et la fin de l'École-récompense. En bout de chaîne, par cumul de problèmes, l'École ne respecte plus la règle du jeu que la société politique lui avait assignée, elle ne joue plus le jeu du progrès social depuis 1979. Apparaît une nouveauté : la pauvreté des jeunes ; la « promesse sociale » (soumission contre récompense) ne tient plus et agresse littéralement l'idéologie de l'École (la rétribution). On assiste donc à la désarticulation d'un système logique, où les nombreuses failles permettent l'intrusion de la violence. Les paradoxes de l'École sont nombreux :

> ***“ Les enseignants ne peuvent rien ; c'est la faute de la société.”***

– égalité des chances *versus* excellence scolaire ;
– éducation *versus* civilisation des violences ;
– formation *versus* préparation au chômage ;
– promotion des intérêts *versus* promotion du « socialement utile » ;
– ascenseur ascensionnel *versus* ascenseur qui fait descendre (exclusion) ;
– mythe du tout puissant, substitut de la famille *versus* école comme expérience subalterne ;
– premier budget de l'État *versus* sentiment d'être les oubliés de l'État.

La violence, avant même d'être une réalité, est d'abord une ambiance.

2. La mutation accélérée du statut de la jeunesse. Les enquêtes récurrentes sur les valeurs partagées par les jeunes viennent buter sur deux mondes, entre violence et solidarité. Cette représentation un peu noire atteste que le statut d'enfant et d'adolescent a changé, sous les coups de butoir d'une logique d'argent (les jeunes ont de l'argent très tôt et sont des consommateurs, voire prescripteurs, à part entière), d'un accès au monde de la sexualité précoce (même si l'âge moyen du premier rapport évolue peu), de l'exposition à la violence réelle du monde (images télé)... Cela peut entraîner une certaine anxiété qui explique les recherches de protection auprès des adultes, des institutions ou des copains. C'est au choix, ou au moins défaillant des trois ! À ce jeu, l'École ne gagne pas toujours.

3. Les évolutions profondes de la condition enseignante. Les univers culturels et mentaux enseignants-enseignés connaissent ce qu'en économie on appelle la « crise des ciseaux ». Bon nombre de collègues témoignent d'une méconnaissance du public dit « populaire », n'en étant pas issus eux-mêmes, ou étant insuffisamment formés sur la question. Ce phénomène

▸ On a tous besoin de faire le point sur la question !

- **Un ouvrage fondateur sur la question : Éric Debarbieux, *La Violence en milieu scolaire*. Tome II : Le désordre des choses, ESF éditeur, 1999.**
- **Catherine Blaya, *Violences et maltraitances en milieu scolaire*, Armand Colin, 2006.**
- **Jacques Pain, *L'école et ses violences*, Éditions Economica, Paris 2006.**
- **G. Chapelle et D. Meuret, *Améliorer l'École*, PUF, 2006 : un livre salutaire qui restitue la multiplicité des enjeux et envisage plusieurs scénarii possibles. Il se passe bien quelque chose dans l'École.**

est accentué par un changement sociologique quasi historique qui touche par exemple le recrutement des professeurs des écoles au niveau licence et à partir de 2009, avec un master de didactique, qui n'inclut pour l'instant aucune composante pédagogique et professionnelle ; enfin, les écoles connaissent une partition spatiale très inégalitaire. Il y a des « zones » difficiles et des zones préservées.

Depuis une dizaine d'années, la profession se sent menacée dans ses valeurs, ses certitudes, ses espoirs. La formation en IUFM est fortement intégrée à l'université à présent ; l'encadrement traditionnel de type associatif, professionnel ou syndical est en grande perte de vitesse. Confrontés aux difficultés nouvelles du métier, insuffisamment préparés professionnellement et idéologiquement parlant, les enseignants peuvent être soumis à la tentation de la répression et de la pénalisation, une dérive constatée actuellement sur le terrain, renforcée en cela par les évolutions politiques nationales d'avril 2002 et de mai 2007 !

◆ IL EST POSSIBLE D'AGIR DANS DES SITUATIONS DÉGRADÉES

Les études approfondies depuis 1990 sur la violence en milieu scolaire ont montré certes la forte prégnance des indicateurs de type socio-économiques et environnementaux, constat quasi normal dans une société libérale, à hauteur de 75 % des cas. Il n'en reste pas moins que dans 25 % cas, ce sont des facteurs internes à l'École ou au collège qui expliquent les situations. Autrement dit, à conditions égales, recrutement, niveaux scolaires, deux écoles, deux collèges peuvent présenter des « climats de vie scolaire » et des réussites d'élèves radicalement opposés.

Les propositions envisagées ici ne valent qu'**en articulant étroitement pratiques individuelles et cohésion de l'équipe d'adultes**. Nous touchons bien là un point « nouveau » du métier : le nécessaire élargissement du cadre de référence de l'enseignant à son établissement. Le cadre fermé de la classe ne suffit plus dans ce domaine, entre autres. Êtes-vous alors Horace ou Curiace ?

Il s'agit d'abord de s'extraire d'un cercle parfois infernal et de faire le pas de côté nécessaire pour analyser ensemble de quoi il est question. L'ambiance des incivilités répétées n'a pas la même portée qu'un acte de violence caractérisée. Des outils fiables, reconnus car partagés, sont absolument nécessaires.

Définir son objet d'analyse : violence, incivilité, situation violente

Définissez clairement les concepts avant toute chose ; vous pouvez vous fonder sur une littérature à présent bien stabilisée sur le sujet.

La violence s'identifie par des actes relevant du Code pénal : infractions, délits, crimes. Tout le reste est abus de langage ou glissement de sens. Si l'on se tient à cette définition, alors l'École en comparaison avec d'autres milieux (famille, route) est encore préservée. Suivant cette catégorisation, la question n'a pas de signification par rapport aux États-Unis, par exemple.

L'incivilité englobe tous les actes infralégaux, non pénalisables, difficiles à enregistrer, et donc non pénalisés. En masse critique et non sanctionnés, ils renvoient les personnes au sentiment d'impuissance et d'effritement de leur propre représentation du monde (d'après Éric Debarbieux, université de Bordeaux). La crise de la violence à l'école présente donc aussi une dimension identitaire très importante et non prise en compte actuellement.

> *« Le chewing-gum dans la serrure pour la vingtième fois, cela me pourrit la vie. »*

CONTRÔLEUR

► Violence scolaire : des chiffres !

Les chiffres sont très stables depuis trois ans : 82 000 actes violents signalés, mais des différences selon les niveaux d'enseignement : baisse en lycée général et technologique, légère hausse au collège, augmentation en EREA (établissements régionaux d'enseignement adapté). Les violences physiques sans arme et les insultes ou menaces graves sont les plus fréquentes (55 %).

En baisse. Les violences physiques à caractère sexuel, les signalements relatifs aux consommations et aux trafics de stupéfiants ont baissé de 25 % et 32 %. Enfin, les vols ou tentatives de vol enregistrent un recul important de 15 %.

En hausse : les atteintes aux biens ou à la sécurité. On a constaté ainsi une augmentation de 80 % du nombre d'incendies, de 40 % des tentatives d'incendie et de 20 % des jets de pierres ou autres.

Depuis trois ans, la violence (injures essentiellement) est fréquemment le fait d'élèves en direction des personnels. La violence est « concentrée » : les 10% d'établissements qui ont signalé le plus d'incidents en ont déclaré près de la moitié.

Source : le ministère de l'Éducation nationale.

Une situation violente est une épreuve impliquant des enjeux élevés où l'anxiété est prédominante. C'est cette relation entre anxiété et enjeux personnels qui rend les réponses violentes si fortes dans des situations fermées. La violence est alors une porte de sortie rapide ou un court-circuit (d'après Jacques Pain, Paris X-Nanterre).

Procéder à l'analyse du fonctionnement du groupe-classe

Procédez avec plusieurs professeurs de la classe à une analyse du groupe de nature sociologique, voire parfois ethnographique de la situation : quels sont les groupes d'appui ? Qui sont les leaders positifs, les leaders négatifs ? Quelle est la proportion du « marais » ?

> *“J'ai hérité d'une classe composée de tous les « fonds de classe » de l'année précédente. C'est ingérable.”*

Y a-t-il des boucs émissaires ? À cet égard, la technique du sociogramme se révèle plus qu'utile car les élèves participent à ce diagnostic. (Sur la technique du sociogramme et son utilisation possible, voir « Gérer les relations », page 60.)

L'analyse ethnographique n'est pas une étude ethnologique : attention aux dérives « communautaristes » pouvant être générées par l'École elle-même. Le débat sur l'ethnicisation des faits à l'école est actuellement très problématique. Elle est sans doute le fait de certains élèves qui, autour de valeurs « ethniques » se (re)construisent une identité à défaut d'autres identités reconnues. De manière plus ambivalente, elle peut être le fait des adultes par effet de stigmatisation : « ils » ont des difficultés (culturelles, implicitement) par rapport à « nous », leurs difficultés scolaires s'expliquent par « leur » culture d'origine, cela dit avec le meilleur sentiment du monde.

“ Dans mon établissement, il y a la classe des blacks et la classe des blancs. ”

Les enseignants des classes non francophones, des classes d'accueil, connaissent bien cette distorsion. La nouveauté, c'est qu'elle interpelle à présent tout enseignant, pour peu qu'il exerce en milieu urbain ou périurbain, et pas seulement à Paris ou à Marseille. Toute dérive ethniciste arme par conséquent la situation qui peut à tout moment alors dégénérer, parfois pour un prétexte des plus futiles.

Si vous vous trouvez dans ce cas très particulier, qui vous dépasse forcément :
– travaillez à court terme à donner une identité positive à la classe : valorisation des petites réussites, démarche de projet. (Reportez-vous aux chapitres 4 « Négocier des contrats d'études » et 21 « Diriger des projets ».) ;
– recherchez toutes les fois que cela est possible un partage, voire un mixage des élèves avec ceux d'autres classes (dispositifs transversaux, groupes de besoin, ateliers périscolaires, sorties, groupes EPS) ;
– interrogez en conseil de classe, commission permanente, conseil pédagogique, sur les procédures d'affectation, les mesures d'orientation et les pratiques d'évaluation. Toutes ces microdécisions peuvent provoquer des effets pervers et coûteux pour les élèves, pour vous et pour l'établissement. (Voir le chapitre 6 « Travailler en équipe ».)

► Le climat scolaire

Voilà l'analyse d'Éric Debarbieux à propos de la violence à l'école : « La violence scolaire a plusieurs causes. La situation économique, familiale mais aussi des facteurs liés à l'institution scolaire. En particulier, il y a une forte corrélation entre la qualité du climat scolaire et la victimisation. Le climat scolaire c'est la qualité des relations entre adultes et élèves et entre adultes ; la capacité à avoir un dialogue et non un affrontement avec les élèves. C'est aussi la clarté des règles collectives. Le climat peut se dégrader par exemple quand les punitions diffèrent d'un enseignant à l'autre. Les sentiments d'appartenance collective et de justice sont deux composantes essentielles de ce climat » (*La Violence en milieu scolaire.* Tome II : Le désordre des choses, ESF éditeur, 1999).

Appuyer son action sur un collectif plus institutionnel

> *“Je me sens complètement isolé et sans recours dans ma classe.”*

Contribuez à un diagnostic commun en vous fondant sur des indicateurs précis et sur une échelle qui vous redonne la relativité d'un établissement à l'autre. Votre situation est largement partagée par vos collègues. Selon les écoles ou établissements, il peut exister des « groupes violence », des cellules médiation, des commissions vie scolaire qui ont ce rôle. Mais aussi les CESC (comité d'éducation à la santé et à la citoyenneté, groupe intercatégoriel et partenarial en collège, voir ci-dessous, notamment le questionnaire en fin de chapitre).

TRAVAILLER SUR L'AMÉLIORATION DU CLIMAT SCOLAIRE : UN EXEMPLE EN COLLÈGE

Le ministère avait mis en place un logiciel de signalement des actes violents, SIGNA, renseigné par les chefs d'établissement ; ayant fait l'objet d'une publication dans l'Express en octobre 2006, il est remplacé à présent par son cousin, SIVIS. Mais cela dépend encore de la politique de la gestion interne de l'information « sensible » par le chef d'établissement et son équipe. Vous pouvez avoir accès à ces relevés très réguliers dans votre établissement. C'est un indicateur déclaratif, qui restitue partiellement ce que Debarbieux propose dans le concept de « climat scolaire ».

Le diagnostic sur le climat scolaire

Le petit collège Jacques-Prévert[1] dans l'Ain n'est pas plus « violent » qu'un autre, mais il s'est attelé au traitement de situations problématiques sous des formes sur lesquelles nous reviendrons. En 2000, son CESC a procédé à une vaste enquête auprès de tous les élèves, en s'inspirant d'un outil utilisé dans l'académie de Toulouse (voir le questionnaire ci-dessous).

Ta vie au collège cette année

❑ Fille ❑ Garçon

❑ Sixième ❑ Cinquième ❑ Quatrième ❑ Troisième

1. Dans ma classe et pendant cette année, je me suis sentie(e) libre :

- de prendre la parole quand je le souhaitais (absence de moquerie, etc.)? ❑ Oui ❑ Non
- de travailler sans limiter mes efforts sans crainte d'être surnommé(e) l'intellectuel(le)? ❑ Oui ❑ Non
- d'être différent(e) des autres? ❑ Oui ❑ Non
- de choisir mes amis? ❑ Oui ❑ Non

2. Pendant cette année scolaire, un élève ou un groupe d'élèves :

- m'a influencé(e) pour me faire agir d'une façon que je ne souhaitais pas ❑ Oui ❑ Non
- m'a pris mon travail ❑ Oui ❑ Non
- m'a pris mon argent ❑ Oui ❑ Non
- m'a pris mon matériel, mes affaires ❑ Oui ❑ Non
- m'a frappé(e) ❑ Oui ❑ Non
- m'a gêné(e) dans mon travail en classe ❑ Oui ❑ Non
- m'a incité(e) à consommer du tabac, d'autres produits ❑ Oui ❑ Non
- m'a menacé(e) ❑ Oui ❑ Non
- m'a insulté(e) ❑ Oui ❑ Non

3. Pendant cette année scolaire, j'ai ressenti des tensions (pressions) qui ont gêné :

- ma progression et ma participation en classe ❑ Oui ❑ Non

Si oui, je précise : ....

4. J'ai eu peur de la violence dans le collège et aux alentours ❑ Oui ❑ Non

1. *Comité d'éducation à la santé et à la citoyenneté : analyse du questionnaire sur la violence : juin 2000, collège Jacques-Prévert, 01630 Saint-Génis-Pouilly, e-mail : prevert@cc-pays-de-gex.fr*

CONTRÔLEUR

5. Je suis allé(e) au collège :

- avec plaisir quelquefois? ❑ Oui ❑ Non
- sans éprouver de difficulté particulière? ❑ Oui ❑ Non
- avec réticence, sans plaisir? ❑ Oui ❑ Non
- avec des craintes (j'étais mal à l'aise...)? ❑ Oui ❑ Non

6. J'ai trouvé facilement des adultes pour m'écouter et m'aider à résoudre les problèmes que j'ai pu rencontrer

Si oui, lesquels?

- CPE ❑ Oui ❑ Non
- Surveillant(e) ❑ Oui ❑ Non
- Professeur principal ❑ Oui ❑ Non
- Professeur ❑ Oui ❑ Non
- Principal ❑ Oui ❑ Non
- Principal adjoint ❑ Oui ❑ Non
- Assistante sociale ❑ Oui ❑ Non
- Psychologue ❑ Oui ❑ Non
- Autre (à préciser) : ....

7. Pendant le temps que je passe hors des cours (dès l'arrivée au collège), quel est :

- le ou les endroits dans lesquels je préfère me rendre? ....
- le ou les endroits dans lesquels je me sens le plus mal à l'aise, le plus en insécurité?..

8. Pendant cette année scolaire, les adultes du collège :

- m'ont protégé(e), conseillé(e), aidé(e) dans mon parcours ❑ Oui ❑ Non
- ont fait respecter les règles de vie et la charte ❑ Oui ❑ Non
- ont provoqué des tensions, des craintes, des injustices qui m'ont gênées ❑ Oui ❑ Non
- Si oui, je précise : ....

Source : collège Jacques-Prévert, 01630 Saint-Genis-Pouilly, juin 2000.

Le sentiment de violence était-il en adéquation avec la réalité du moment? L'analyse objective de la situation était incontournable avant de mettre en place une action. Il fallait tenter de quantifier les actes de violence, à savoir :

– les actes de violence subis;
– les peurs de la violence;
– l'écoute des élèves dans l'établissement pour lutter contre « la loi du silence »;
– une tentative de cartographie des lieux de bien-être et de mal-être au collège.

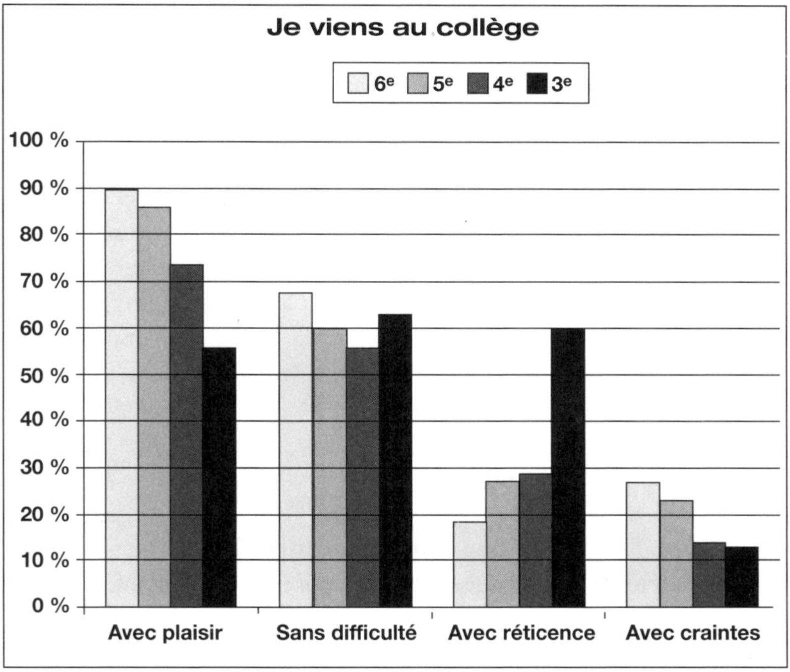

Premier niveau : les agressions verbales

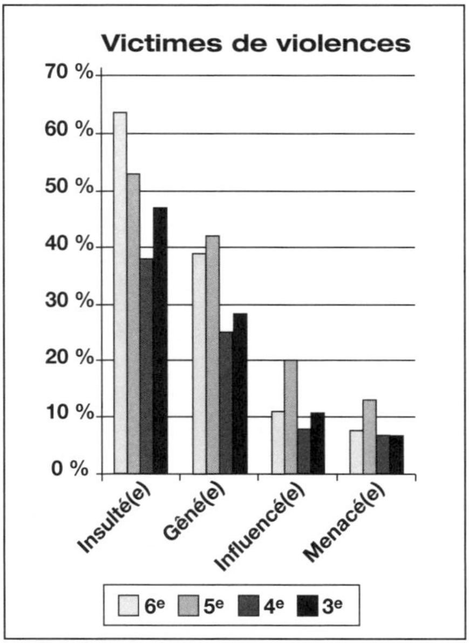

Environ un élève sur deux en cinquième, quatrième, troisième, et deux élèves sur trois en sixième ont été insultés. Plus d'un élève sur trois a été « gêné dans son travail ». Un élève sur dix a été « influencé pour le faire agir d'une façon qu'il ne souhaitait pas ». Il faut remarquer que ce type de violence est peut-être minimisé par le fait que les élèves ne s'en rendent pas compte. Près d'un élève sur dix a été « menacé ». Ces quatre types de violences sont similaires pour les filles et les garçons.

Le racket des devoirs

Près d'un élève sur dix a été victime de racket aux devoirs au collège Prévert, et presque un sur six en troisième. Ce type de violence recoupe un sentiment partagé par de nombreux enseignants : « Les élèves ne travaillent plus. » Un élève sur vingt a été victime de racket tel qu'on l'entend habituellement. Un élève sur cinq a dû « prêter » son matériel. Cela peut être un prêt volontaire, mais souvent ce prêt se renouvelle régulièrement et devient une gêne. Ce prêt est aussi très souvent un vol. Les résultats sont assez similaires pour les filles et les garçons, sauf pour les filles de troisième qui « prêtent » souvent leur matériel et les filles de cinquème qui « prêtent » leur travail.

Les cas de violence avérée

La violence physique est une composante forte de la vie des élèves de collège (différente selon les classes). En ce qui concerne la violence physique, le vol et le racket, les chiffres restent inquiétants. Les résultats sur le racket est identique à ceux des autres établissements (4 % des élèves).

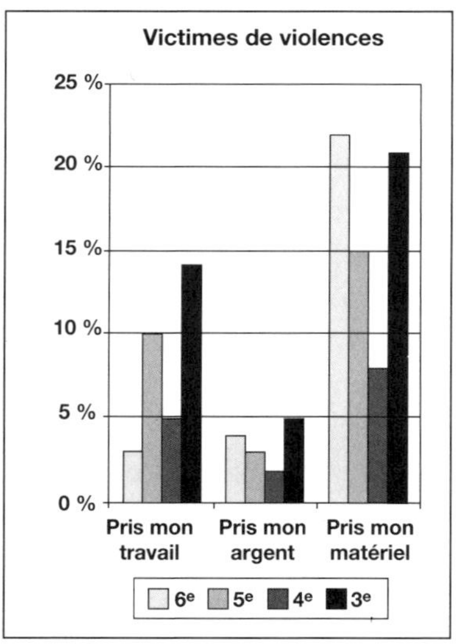

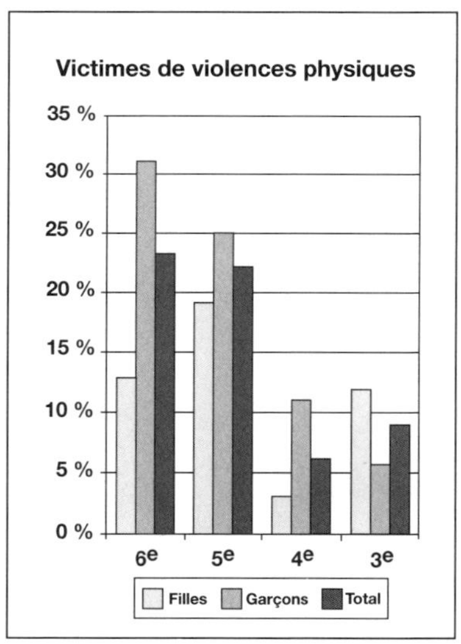

Le rapport aux adultes de l'établissement

Les résultats portent aussi sur les types de rapport entretenus entre adultes et élèves dans l'établissement. Ils sont à peu près 60 % à trouver un adulte

▸ Lutter ensemble contre l'intimidation

Dans la *Vie pédagogique* de décembre 2002, deux psychologues, Peter Hamilton et Kathleen Mauro, définissent l'intimidation comme « une forme particulièrement efficace et blessante de violence. Elle se distingue des incidents de violence gratuite et même de la résolution des conflits par la violence par trois caractéristiques : la préméditation, le rapport de forces et la répétition. La préméditation lui donne de l'efficacité, le rapport de forces rend difficile toute riposte et la répétition finit par blesser profondément ».

Plus insidieuse que la violence classique elle échappe souvent aux adultes. Les auteurs montrent comment un établissement peut faire face au problème en améliorant les compétences du personnel et les aptitudes des élèves.

Source : www.viepedagogique.gouv.qc.ca/

comme médiateur éventuel, au moins comme interlocuteur. Le taux moyen d'encadrement d'un établissement est de l'ordre de un adulte pour sept enfants.

Un quart des élèves (mais 40 % en troisième) signale que l'origine de tensions peut venir des adultes eux-mêmes, notamment parce que les mesures, règles, chartes et règlement ne sont pas forcément respectés. C'est un signal symbolique fort en matière de transgression quand on est adolescent.

Les réponses : intervenir sur l'organisation des relations

Fort de ces constats, la petite communauté scolaire du collège Jacques-Prévert a développé dans une continuité pluriannuelle plusieurs initiatives qui se renforcent mutuellement. Vous pourrez les retrouver en illustration sur le site du collège :
– la charte de l'élève ;
– l'échelle des sanctions ;
– le règlement du collège ;
– un groupe de parole tenu pendant trois ans.

L'étape suivante, après la prévention des conflits, a touché le domaine tabou jusqu'alors de l'évaluation et des pratiques enseignantes : un travail collectif sur l'évaluation par compétences dans toutes les disciplines. (Sur l'expérience d'évaluation par compétences du collège, voir « Évaluer des travaux », page 214.)

Intervenir dans l'organisation, c'est participer, voire initier un travail avec les élèves, mais aussi avec tous les partenaires de la communauté éducative.

Le règlement intérieur s'apprend et se pratique. Analysez ensemble le règlement intérieur de l'école dès les premières heures de l'année.

> ***« Le règlement est lu une fois au début de l'année, et après, c'est la loi de la jungle. »***

Distribué à l'ensemble des élèves et collé dans le carnet de correspondance, il est contresigné par les parents. Il détermine les modalités selon lesquelles sont mis en application[2] :
– le respect des principes de laïcité et de pluralisme ;
– le devoir de tolérance et de respect d'autrui dans sa personnalité et dans ses convictions ;
– les garanties de protection contre toute agression physique ou morale ;
– l'obligation pour chaque élève de participer à toutes les activités correspondant à sa scolarité et d'accomplir les tâches qui en découlent ;
– la prise en charge progressive par les élèves eux-mêmes de la responsabilité de certaines de leurs activités.

L'expérience montre que cette simple formalité est loin d'être suffisante. Dépassez cette présentation qui laisserait penser à votre classe que le règlement, c'est pour les autres et que vous-même en faites bien peu de cas !

Les élèves sont à l'école pour apprendre ; le règlement est un support d'apprentissage, le premier peut-être de votre progression disciplinaire. Le lire, plutôt le faire lire et le faire commenter, discuter, confronter les points de vue, bref, construire du sens, représente pour vous une excellente évaluation diagnostique de ce que savent faire vos élèves. C'est un document vivant, susceptible d'être amélioré, voire radicalement modifié s'il est notoirement inadapté, cela peut arriver : c'est une bonne occasion pour envisager le fonctionnement plus institutionnel (lire l'encadré ci-dessus).

2. Bulletin officiel, *n° 30, 5 septembre 1985.*

▸ Des élèves s'approprient le règlement intérieur de leur lycée

Au lycée Évariste-Galois de Noisy-le-Grand (93), des élèves encadrés par les CPE, un enseignant de lettres et un enseignant d'éducation artistique ont mis le règlement en slogans et en images.

Dans un premier temps, les élèves de seconde ont travaillé en lettres sur la composition des slogans (en utilisant aussi le temps de l'heure de vie de classe). Ceux-ci ont été ensuite proposés à toutes les sections BEP et bac pro qui se les sont appropriés en les adaptant et les illustrant en cours d'éducation artistique. Avec la Région Île-de-France (qui aide financièrement ce type d'initiatives), de grandes affiches très originales ont été produites puis exposées ; certaines ont été sélectionnées et imprimées pour affichage permanent dans divers lieux du lycée.

➥ Pour plus de renseignements sur l'action plurielle de vie scolaire, consultez les *Cahiers pédagogiques*, n° 415, juin 2003, p. 34.

Vous pouvez vous appuyer sur un des membres de l'équipe vie scolaire pour ce travail d'analyse. Vous manifestez ainsi la cohésion de l'établissement et obtenez les précisions nécessaires en matière d'échelle de gravité et des sanctions. Vous prévenez aussi d'éventuelles failles que les élèves sont habiles à exploiter.

CONTRÔLEUR

La charte de l'élève : instituez les formes du travail scolaire. Établissez la charte de l'élève pour l'année en cours. Dans la foulée, demandez à chaque élève de prendre un bulletin blanc sur lequel il est invité à compléter la proposition suivante : « Un élève, c'est... » Les éléments sont collectés en direct à l'aide d'un transparent sur rétroprojecteur, on fait éventuellement des regroupements.

La charte pourra être formalisée en un document mis au propre (un élève peut s'en charger sur un traitement de texte) ; il sera joint au cahier de l'élève, mais vous le communiquerez aussi aux membres de l'équipe pédagogique, à l'équipe vie scolaire et au chef d'établissement.

Faites vivre ces outils aussi souvent que cela est nécessaire : le vieil adage dit que la pédagogie, c'est toujours répéter ; le retour à la règle, l'analyse des écarts à la règle sont des actes de la vie courante, pour les élèves comme pour les adultes; le dialogue ne doit pas être rompu. Dans les matchs de volley, l'entraîneur en cas de nécessité demande « un temps mort » pour remobiliser son équipe sur quelques principes de base. Soyez « entraîneur »!

Exclure, inclure? Comment remobiliser? Nathalie Mikaïloff, CPE au collège Mignet d'Aix-en-Provence[3], constate que cela n'est pas si simple : « Consultons les registres de renvois de cours dans mon établissement : "Mâche du chewing-gum; A oublié son cahier..." ce sont des comportements qui pourraient trouver une solution immédiate au sein de la classe; les professeurs qui réussissent à faire respecter une discipline de travail par leurs propres moyens sont moins vite débordés par de réelles situations de crise dans leur classe. Ce sont eux qui savent au moment opportun faire appel à l'action conjuguée du CPE. »

" Pour moi, c'est simple : c'est exclusion automatique. Chacun sa responsabilité. "

Le premier cours de défense stratégique (lors du feu service national) portait sur la **nécessaire réponse graduée et proportionnée à l'agression**. On peut avancer, par transposition, que tout traiter à l'aune de l'exclusion vous décrédibilise dans vos capacités de négocier. Vous externalisez le problème qui n'en aura que plus d'écho au niveau de l'établissement (surcharge de la vie scolaire, ambiance délétère et perte de sens de l'absence au cours). Les cas de violence avérée sont le fait d'élèves de l'intérieur « mal renvoyés » et non d'intrusions extérieures. Tout ne doit pas être traité au même niveau. Différez le traitement des causes à un entretien en présence du conseiller principal d'éducation, sinon du chef d'établissement; la présence d'un tiers est recommandée sous peine d'affrontement lui/moi.

Les sanctions dites « éducatives » sont fixées par l'établissement. Elles doivent être proportionnelles à l'acte et graduées, à effet instantané. Tout éloignement entre acte et sanction provoque une perte de sens et des distorsions dans le fonctionnement du travail de l'élève et de l'établissement. Enfin, la sanction n'est éducative que si vous la suivez et montrez que vous la suivez avec intérêt.

3. Cahiers pédagogiques, *n° 451, juin 2003, p. 28.*

► Reconstruire progressivement et ensemble le lien scolaire

Le lien scolaire, c'est un peu comme le Lego, il se reconstruit avec des éléments variés qui savent s'articuler entre eux.

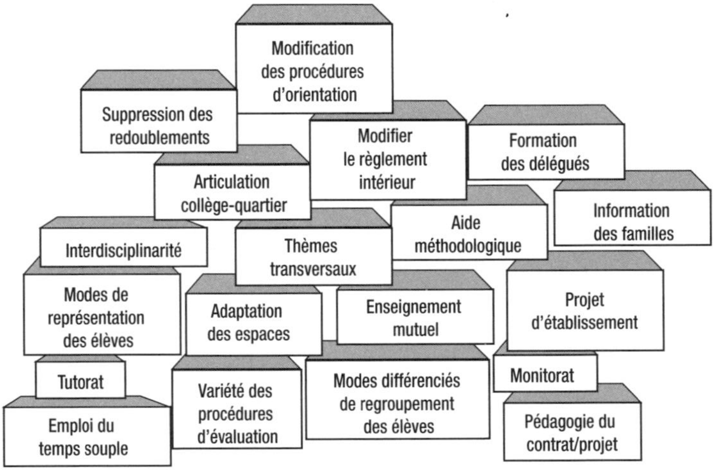

Organiser la médiation. Proposez d'organiser avec un collègue un « groupe médiation » ou une commission règlement dans l'établissement. Composé d'adultes et d'élèves volontaires, il sera un lieu d'analyse, d'études, de propositions, mais aussi de recours (consultatif), une sorte de tribunal de paix à moindre échelle. Cela a été la solution adoptée pendant trois années au collège Jacques-Prévert. Si nécessaire, appuyez-vous sur une ressource externe faisant intervenir des experts. La formation sur site est une réponse qui peut prendre en compte ce type d'intervention dans certaines académies. Dans d'autres, se sont mises en place de véritables cellules d'appui aux établissements (académie de Versailles, par exemple).

Prévenir le décrochage scolaire. Que signifie l'exclusion pour des élèves déjà absents volontairement ? Le phénomène de l'absentéisme interpelle l'École. Ce refus passif du don d'École consenti par la société à chaque élève pose des questions de fond pédagogiques et institutionnelles : que se passe-t-il dans la classe qui provoque la fuite ? Il faut alors jeter son regard sur ces « structures expérimentales » qui s'intéressent de près à ce

> ***“ J'ai systématiquement plus du quart de ma classe absent ; dois-je demander l'exclusion de ces « fantômes » ? ”***

type de public « décrocheur », comme on dit au Québec ; les équipes modifient peu ou prou l'arsenal scolaire en jouant sur :
– le dynamisme pédagogique d'une équipe fortement mobilisée sur... ;
– la pertinence des projets d'établissement centrés sur les besoins analysés et reconnus de leur population spécifique ;
– le recours aux ressources locales ;
– la diversification des cursus, en jouant sur la modularité des enseignements, les groupements, les rythmes ;
– les engagements proposés et le suivi pas à pas des contrats avec les élèves et leur famille ;
– des évaluations constructives, par compétences, semestrialisées.

Rien n'interdit à un établissement « classique » de modifier tel ou tel point. Dans ce domaine, le rôle du chef d'établissement est primordial.

@ **Plusieurs structures ou dispositifs de raccrochage existent dans les académies.** Les plus aboutis peuvent se trouver à Grenoble (http://clept.ifrance.com/), mais aussi à Bordeaux, au collège Clisthène (http://clisthene.net.free.fr/) et à Paris au pôle innovant du lycée Jean Lurçat (http://lvpe-li.scola.ac-paris.fr/site/index.php).

FAVORISER LE DIALOGUE EN CLASSE

L'histoire de l'École a montré l'effort collectif pour intégrer aux savoirs la population rurale et la population ouvrière. Il ne semble pas encore y avoir eu de mobilisation semblable en ce qui concerne la population urbaine et péri-urbaine qui concerne à présent plus de 75 % de la population totale en France. C'est possible si l'École et ses acteurs, les enseignants, comprennent bien le sens de leur métier dans un monde contemporain plus complexe et plus instable.

> *“ Ils n'arrivent pas à apprendre malgré mes « gesticulations ». ”*

En prenant appui sur le diagnostic des élèves d'un « bon cours » et sur la hiérarchie des besoins de Maslow, la sécurité est un des niveaux primaires, de même nature que celui de la physiologie et de l'appartenance sociale. Tant que ces besoins ne sont pas satisfaits, l'élève ne peut pas disposer de son capital d'attention et de relations pour se consacrer à d'autres activités comme écouter, apprendre, participer...

▸ Comment on évite la colère ! Apprendre à communiquer

Aux États-Unis. « On s'est rendu compte que dans 80 % des cas, les élèves violents ont des problèmes de conceptualisation. Un programme vise à les aider à comprendre leurs actes pour changer leur comportement. Par exemple on projette un film sur des élèves en colère et on les invite à juger ce comportement. Puis on débat sur les causes de la colère et sur les façons de l'éviter. Enfin les élèves tournent un film sur les solutions qu'ils ont trouvé face à la colère. Et bien ce programme a un impact réel », explique Éric Debarbieux dans son livre.

Au Québec. Sur le site « Là tu parles », les jeunes partent de situations réelles pour améliorer leur écoute et leur capacité de communication. Des situations types sont analysées et permettent effectivement de s'améliorer. Les adultes, les enseignants y apprennent aussi beaucoup. Le site : http://latuparles.qc.ca/

Prendre la classe, c'est donc s'intéresser de très près aux conditions « de réassurance » et à l'organisation des apprentissages. Le contexte scolaire et les rituels renforcent le degré de sécurité des individus et du groupe.

Le conseil ou le « quoi-de-neuf »

Marie-Andrée Vanhove, professeur d'histoire-géographie dans un collège de l'académie de Lille[4] a instauré un temps régulier de conseil et une procédure de paroles pour déminer le terrain, qu'elle a baptisé « Quoi de neuf ». « [...] Je rappelle les règles de "Quoi de neuf" J'annonce qu'exceptionnellement je tiendrai le rôle de secrétaire (pour moi c'est une manière de me mettre en retrait et d'anticiper sur ma tendance à prendre trop vite la parole, ce que je ne pourrai m'empêcher de faire quand même !). Cinq élèves partisans de Nelly s'inscrivent. Brouhaha.

> **“ *Majid qui dit à Nelly « elle est bonne ! », c'est quoi ? Une incivilité ou une violence verbale ?* ”**

Majid : – Ben ouais, on le savait que vous allez faire un "Quoi de neuf" sur mon dos !

4. Cahiers pédagogiques, *n° 415, juin 2003, p. 60.*

▸ La vie scolaire pour apprendre ensemble

Dans les deux cas pratiques, le conseil et le permis à points, le dispositif mis en place n'exclut aucune question ni aucun aspect de la vie de l'élève à l'école ou au collège. Ce sont deux propositions qui rompent avec la dichotomie très prononcée dans le secondaire entre « vie scolaire » et disciplines scolaires. Elles permettent aux élèves comme aux enseignants de mieux saisir que la vie scolaire bien comprise n'est pas un objectif en soi, mais un moyen affermi pour mieux apprendre, ensemble.

Moi : – Eh bien ! Inscrivez-vous et vous aurez le droit à la parole, on pourra entendre votre point de vue.
Majid : – À quoi ça sert ? De toute façon, on aura tort et les intellos raison. Et puis je m'en fous de ce que vous pensez, je fais ce que je veux. C'est pas maintenant que je vais changer !
Moi : – Bon, alors personne ne s'inscrit pour faire valoir un autre point de vue ?

« Finalement, une fille du groupe de Majid s'inscrit.

« On commence… et très vite, cela tourne à l'affrontement. Je demande à Majid de m'expliquer ce qui s'est passé depuis mercredi et il se moque ouvertement de moi : "Eh bien, je suis rentré chez moi, j'ai mis mes pantoufles… J'ai fait cela parce que je m'ennuie et je suis comme ça. J'aime faire souffrir les autres."

« Je réagis avec des arguments lamentables : "Si tu joues à te foutre de moi, cela va être terminé rapidement par une convocation chez le chef d'établissement." C'est l'escalade : il ne peut que s'enferrer dans son personnage, je ne peux pas perdre la face.

« Heureusement, le gardien du temps nous fait remarquer que le temps de parole est écoulé ! Ouf, sauvés par le gong. Et je mesure là tout l'intérêt de la technique. Elle permet une mise à distance, elle stoppe le processus d'escalade dans la violence. La conversation reprend sur le même thème, mais avec d'autres interlocuteurs, qui osent dire à Majid : "On ne peut pas être d'accord avec toi."

« La discussion est riche Je laisse aller, soulignant l'importance de s'écouter. L'objectif n'est pas de trancher : qui a tort, qui a raison, mais de trouver une solution pour vivre ensemble.

« L'heure s'est passée sur le fil du rasoir. Le lendemain, on fait cours. Je suis incapable de dire si le problème est résolu ou pas. Je n'y fais pas allusion. À la fin de l'heure, je retiens Majid; réaction de défense immédiate : "J'ai rien fait." "Je n'ai pas dit que tu avais fait quelque chose, il faut que je te parle…" Et je lui parle… De l'appariement. [...] »

Marie-Andrée a donc pris soin d'ouvrir un espace de parole, avec le souci de ne pas cristalliser le cas; elle enchaîne sur la vie pédagogique.

Chaque semaine, ou quand c'est nécessaire, à la même heure, dans la même salle, les jeunes et les adultes se réunissent. Le but est de rétablir le processus de symbolisation sociale en s'appuyant sur un formalisme technique et rituel : rôles distribués et tournants, inscription de la prise de parole, écoute et respect d'autrui, réponse différée, triangulation. Chacun doit obligatoirement « s'expliquer différemment ». Il est impossible d'imposer ou d'exercer un ascendant par la force ou le chantage. Partager le pouvoir et les responsabilités, rencontrer les autres, se confronter, travailler avec les mots. Chacun peut avoir sa place, reconnue par le groupe.

Ce système pédagogique prend garde de ne pas se dissocier de la structure totale, car c'est le lien qui permet de négocier, de modeler le groupe et la classe. La vitalité est très importante car elle rend le lien stable, et permet de résoudre les problèmes sociaux et la tension émotionnelle qui, s'ils ne sont pas résorbés, entraînent la « mort symbolique » du groupe.

Le permis à points à l'École

Bernard Alary, alors directeur de l'école primaire de Mouriès (Bouches-du-Rhône) avait imaginé un système de permis à points pour traiter la vie scolaire et pédagogique dans le premier degré.

" Impossible de faire parler les trois élèves devant mon bureau sans attiser les remarques acerbes des autres. "

Chacun dispose d'un permis de 10 points. Chaque fois qu'un article du règlement ne sera pas respecté, il sera enlevé un certain nombre de points sur le permis (tableau affiché en classe). Le numéro de l'article enfreint et la date seront signalés. On ne retrouvera les points perdus, au maximum 4 points, que si, pendant quinze jours, on se sera conduit normalement en classe, en récréation, en atelier et au restaurant scolaire. À 6 points perdus, la récréation est supprimée partiellement. Les parents seront convoqués lorsque les 10 points seront perdus.

Cette pratique se rapproche de celle des ceintures, empruntée au judo, et pratiquée par Fernand Oury (voir le chapitre 25 « Donner des conseils de méthode). Les ceintures signalent l'indépendance et la socialisation de chaque individu à l'intérieur du groupe. Elles visent à la responsabilisation de l'individu et du groupe, et à l'acquisition de comportements « escomptés » au sein du groupe. Chaque enfant sait où il en est et voit clairement ce qu'il doit apprendre pour progresser, et dans quels domaines (indépendance, bonnes manières, respect, effort, etc.). Des tests mesurent les progrès accomplis dans différents domaines, selon la même hiérarchie de couleurs que dans les arts martiaux : auto- et interévaluation.

Il s'agit là d'une forme claire de socialisation : socialisation qui se traduit par la coopération, le jugement intellectuel, la discrétion, ainsi qu'une individualisation comparative et corrélative. Il est important d'encourager les efforts faits par les enfants « pour grandir ».

PLACE ET FORMES DE L'ÉDUCATION « CITOYENNE »

« Depuis la fin du service national, le collège est, avec l'auto-école, pratiquement la seule institution par où passent tous les jeunes ; d'où la tentation de le charger de leur inculquer des connaissances et des savoir-faire, assurément souhaitables, voire nécessaires (sécurité routière, éducation sexuelle et contraception, secourisme, sans parler du sens civique, des faits religieux, de la prévention des risques, etc.), mais dont on ne sait quelle place leur donner : en faire des matières comme les autres avec un programme, un horaire, des évaluations spécifiques, les confier à des professeurs dans leur spécialisation actuelle ou à de nouveaux spécialistes, en

> ***“ Éducation à la… citoyenneté, environnement, santé, sexualité, sécurité routière… Comment faire tout cela ? ”***

▸ Des pratiques et deux « guides » pour éduquer à la citoyenneté

« L'éducation active à la citoyenneté n'est pas une affaire de recettes miracles mais de stratégies pédagogiques sous-tendues par la volonté d'une part de donner sens aux connaissances et aux concepts enseignés et, d'autre part, de mettre les valeurs et les principes que l'École souhaite construire au cœur de son fonctionnement comme au cœur des classes et de la construction des apprentissages », écrit Jean-François Vincent. Il propose un programme en six objectifs : construire l'estime de soi, s'approprier des valeurs nécessaires pour vivre ensemble, faire l'apprentissage de la démocratie participative, construire le rapport à la loi, articuler droits et obligations et finalement éduquer aux médias.

La grande force de ce « guide de poche » est de proposer, sur chaque thème, des questionnaires et des fiches pédagogiques pour agir sur nos pratiques et se lancer dans une éducation à la citoyenneté qui est aussi, celle de l'apprentissage coopératif. (Jean-François Vincent, *Éduquer à la citoyenneté*, Paris, Delagrave, 2006, coll. Guides de poche de l'enseignant).

Autres ressources. Le Guide républicain (Édition CNDP et Delagrave, 2004) propose à la fois un abécédaire des notions républicaines, un recensement des textes de référence et des outils pédagogiques (chansons, poèmes, thèmes en débat, etc.). En ligne sur le site www.education.gouv.fr. Il existe aussi une banque de données très riche et originale : « Droits partagés », pour parler et faire travailler les élèves autour de la citoyenneté et des droits (www.droitspartages.net/)

faire l'objet de journées ou de semaines réservées, animées par des intervenants extérieurs. Chaque formule a des risques, réels ou fantasmés[5]. »

Créer un lien scolaire et un lien social dans les disciplines

Dans nombre de situations, il ne s'agit ni de stratifier ni de surajouter, mais « d'aimanter » les contenus et de les mettre en adéquation avec les finalités réaffirmées par le socle commun. À titre d'exemple, dans chaque discipline des programmes de sixième, avant même les « savoirs » purs et durs de la discipline, des indications en terme d'objectifs sont données pour éduquer à la citoyenneté. Ils peuvent être le but d'une ou plusieurs séquences dans la discipline en appui avec des savoirs disciplinaires.

5. *Extrait du* Manifeste, pour un débat public sur l'École, *note 2, La Découverte, mai 2003 ; sur le site Internet des* Cahiers pédagogiques *: www.cahiers-pedagogiques.com*

▸ Appliquer la science à la société

En fondant l'éducation scientifique sur l'étude des phénomènes réels, l'acquisition d'un savoir-faire et des habitudes mentales scientifiques, on ouvre l'accès à d'autres domaines. Toute personne scientifiquement éduquée doit être capable d'appliquer ses connaissances et son raisonnement à la société et à la technologie. Le cursus devra aborder les questions d'intérêt général, telles la santé, la citoyenneté, la sécurité, la responsabilité. »

➥ Georges Charpak, *Enfants chercheurs et citoyens*, édition Odile Jacob, Paris, 1998.

On s'aperçoit que finalement, la paix sociale, cela s'organise : c'est certes un objectif, mais aussi des pratiques : la coopération sociale, la responsabilité individuelle, l'esprit critique participent d'une ambiance qui habite chaque phase du travail que vous engagez.

Jusqu'à présent, le principal traitement pour maintenir le dialogue ouvert consistait à se centrer sur les difficultés de type « vie scolaire ». Mais le danger est grand : proposer aux élèves des problèmes impossibles à résoudre, concentrer toutes les attentions sur la violence, les incivilités par exemple, risquent d'accroître le problème plutôt que de contribuer à sa résolution.

Le témoignage de Marie-Andrée montre que la résolution du conflit est passée par un entretien sur le projet pédagogique (dans le cas présent, l'appariement) qu'elle partageait avec la classe, un moment où chacun finalement retrouvait son rôle respectif, reconnu et partagé.

Le développement de l'élève et son intégration dans son milieu

Au lycée français de Caracas (Venezuela), deux enseignants (SVT et mathématiques) ont choisi de s'atteler à un thème plutôt original en couplant l'étude d'un facteur personnel et universel, le sommeil, avec les performances scolaires.

Module : l'importance du sommeil dans la réussite scolaire

Le traitement présente quelques caractéristiques importantes :
– un travail de coopération en groupe ;

L'importance du sommeil dans la réussite scolaire	
Type d'itinéraire	Nature et corps humain. Classe de cinquième.
Responsables de l'atelier	SVT - Maths : Alain Corre et Nadège Dorbath.
Compétences à développer	SVT : réaliser une enquête, prendre conscience de l'importance des rythmes physiologiques (le sommeil), être fatigué, c'est quoi ? Maths : construction de diagrammes de divers types (circulaires, courbes, histogrammes…) en utilisant Excel. Transversales : réaliser une tâche en un temps donné, travail en autonomie, analyse des résultats, mise en relation de données.
Intérêt de l'atelier	Réaliser une enquête à l'échelle du lycée sur les habitudes de sommeil des élèves. Construire des diagrammes avec Excel mettant en relation les habitudes de sommeil et la réussite scolaire. Faire un compte-rendu aux élèves du lycée sur les résultats que l'on a obtenus.
Production prévisionnelle	Tableau d'affichage synthétique sur les résultats obtenus. Exposé par chaque groupe de travail des résultats obtenus dans les classes concernées par les enquêtes.
Modalités de travail	Des groupes autonomes. Rédaction d'un questionnaire d'élève adapté au public visé (CP ou quatrième). Réalisation de l'enquête. Traitement statistique. Établir une relation entre les différents items du questionnaire et travail de synthèse accompagné. Bilan général. Compte-rendu.
Moyens financiers	Aucun en particulier.

– un travail d'enquête ouvrant sur les autres classes et niveaux de l'établissement, multipliant contacts, questionnements, créant une animation certaine dans l'établissement ;
– un travail de connaissance sur soi et par rapport à son groupe de pairs ;
– un travail de communication et de valorisation.

On perçoit bien alors que les disciplines, savoirs et savoir-faire à l'œuvre dans les différentes tâches proposées, servent un projet plus global : celui du développement de l'élève et son intégration dans son milieu proche.

@ À consulter, le site du réseau de santé consacré à la prise en charge des troubles chroniques du sommeil : www.reseau-morphee.org/

AUTOTEST : AI-JE BIEN ANALYSÉ TOUS LES ASPECTS DU PROBLÈME ?

Il y a quelques années, j'avais élaboré avec ma collègue Joëlle Borga, professeur d'EPS, une fiche de type QCM qui tentait de rendre compte de la complexité systémique d'une situation donnée pour difficile. Je vous la propose ici.

Pas de bonnes réponses, pas de mauvaises non plus ; ce sont des choix à faire, qui, avec d'autres options prises par vous-même et/ou par l'établissement, font caisse de résonance.

QCM Des propositions de remédiation face à une situation difficile

Il est possible de cocher différents items dans la même proposition

Modifier l'espace
- ❑ je laisse l'espace-classe tel quel (classique)
- ❑ je dispose les tables en carré
- ❑ je dispose les tables en U
- ❑ je dispose les tables en grappes

Utiliser différents supports
- ❑ j'utilise des supports visuels
- ❑ j'utilise des supports auditifs
- ❑ j'alterne les deux types de supports

Utiliser un langage commun
- ❑ un langage scientifique
- ❑ un langage « élève »
- ❑ un langage imagé

Varier le code de communication
- ❑ donner des consignes précises (verbales)
- ❑ donner un modèle (visuel)
- ❑ entrer en contact physique avec l'élève

Gestion du temps dans une séquence de cours
- ❑ cours magistral
- ❑ travail dirigé
- ❑ travail de groupes
- ❑ alternance de deux types de travaux

Gestion du bruit
- ❑ j'exige le silence pendant tout le cours
- ❑ j'exige des plages de silence
- ❑ je tolère un bruit de fond
- ❑ j'accepte le bruit dans certains cas de figure (travail en groupes)

Gestion du rapport de force
- ❑ j'impose mes règles et je sanctionne
- ❑ le groupe professeur-élèves crée sa charte de fonctionnement
- ❑ je laisse le groupe faire son « auto-discipline »

Traitement didactique
- ❑ je fournis le même problème à tout le monde, en fonction du programme
- ❑ je hiérarchise les problèmes du plus facile au plus difficile et je propose le problème adapté au niveau de chaque élève
- ❑ je fais des groupes de niveaux
- ❑ j'alterne les situations précédentes

Varier les groupes de travail
- ❑ je garde toujours ma classe entière
- ❑ je fonctionne par demi-groupes
- ❑ je crée des groupes en fonction des problèmes rencontrés
- ❑ je fais des groupes de motivation
- ❑ je fais des groupes de niveaux

Différencier la pédagogie
- ❑ je propose le même objectif avec des exigences différentes selon les élèves
- ❑ je propose des objectifs différents
- ❑ j'impose le même travail à tout le monde
- ❑ j'applique la même grille d'évaluation à tout le monde
- ❑ je module ma grille d'évaluation en fonction du niveau des élèves

Dialogue
- ❑ je ne dialogue jamais avec mes élèves
- ❑ je propose de temps à autre des QCM de satisfaction
- ❑ j'instaure des plages de dialogue possibles
- ❑ je convoque les élèves à mon bureau
- ❑ j'incite au dialogue pendant le cours

Chartes, projets, contrats…
- ❑ je décide seul des objectifs à atteindre en matière de résultats ou de discipline
- ❑ je suscite des projets de la part des élèves
- ❑ je varie les différentes méthodes précédentes

Adapter l'évaluation
- ❑ je note en fonction du niveau théorique de la classe

❑ je note en fonction du niveau réel de la classe
❑ je note en fonction de la réalisation ou non des contrats
❑ je panache les différents types d'évaluation
❑ je note des productions de types différents (oral, écrit, graphique...)

Ouverture de l'école

❑ je ne sors jamais avec mes élèves en dehors de l'école
❑ j'organise des sorties ponctuelles
❑ j'organise des stages en collaboration avec mes collègues
❑ je fais venir des intervenants extérieurs
❑ je fais revenir d'anciens élèves

Rapport avec le collège

❑ j'établis des objectifs en collaboration avec mes collègues
❑ j'analyse le projet d'établissement et je me situe par rapport à lui

Prise en compte du projet personnel de l'élève (PPE)

❑ je fournis des informations sur l'orientation au groupe-classe
❑ j'aide les élèves à trouver un centre d'intérêt
❑ j'aide les élèves à confronter centres d'intérêt et réalités des résultats scolaires
❑ je dis aux élèves ce qui est mieux pour eux

Donner du sens

❑ je pars des acquis ou des représentations des élèves
❑ je pars des prérequis supposés
❑ je prends le temps de questionner l'élève sur ses méthodes
❑ j'impose ma vision du problème

Proposer des alternatives

❑ je laisse l'élève choisir son cheminement d'apprentissage
❑ je laisse l'élève choisir son mode de production
❑ j'impose un emploi du temps de travail à la maison
❑ je propose une collaboration avec la documentaliste

Faire prendre conscience des ressources de l'élève

❑ je procède à une évaluation-diagnostic
❑ je valorise les points forts de l'élève devant le groupe, en entretien
❑ je construis des relations d'apprentissage à partir des points forts de l'élève
❑ je mets l'élève en situation de réussite
❑ je mets l'élève en situation d'échec et avec lui j'identifie les problèmes rencontrés

► Pour aller plus loin

L'heure de vie de classe. « C'est une heure où l'on parle de ce qu'on veut, de ce qui se passe au collège... Ça enterre toute ma haine que j'ai contre les profs. Elle est utile car les professeurs principaux et les camarades nous écoutent et ça résout les problèmes... Elle fait réfléchir les gens. » Voilà ce que dit Laure, élève de troisième. L'ouvrage d'Arnaud Dubois et Muriel Wehrung lie la mise en place de l'heure de vie de classe au courant de la pédagogie institutionnelle. Cette pratique demande un véritable changement de posture de l'enseignant, et l'ouvrage nous offre des exemples concrets d'utilisation de cette heure. Car l'heure de vie de classe ne sert pas qu'à régler les conflits et nouer un dialogue entre adulte et adolescents. Elle se met aussi au service d'une véritable éducation civique. Les auteurs montrent comment la programmer pour préparer et rendre compte des conseils de classe ou pour aider les élèves dans leur travail personnel. L'heure de vie de classe apparaît alors comme un dispositif particulièrement créatif et innovant pour l'école.

• A. Dubois, M. Wehrung, professeur principal. *Animer les heures de vie de classe*, CRDP d'Amiens, CRAP, Cahiers pédagogiques, Amiens, 2004, 172 pages.

CHAPITRE 16

Guider le travail personnel

Le travail personnel semble être un des plus gros problèmes rencontrés actuellement à l'École, particulièrement dans le secondaire, tous types d'établissement confondus. Dans les bilans de conseil de classe, on en parle en terme de manque, d'absence, d'insuffisance ; les élèves semblent assurer le minimum, c'est-à-dire la présence (et encore). Les « nouveaux lycéens » viennent au bahut comme s'ils pointaient à l'usine, dit-on. Il y a donc là une frontière invisible à franchir pour les enseignants, de nouveaux rôles à investir. Qu'enseigne-t-on quand on assure des études dirigées ou encore l'aide individualisée ? Est-ce qu'en tant qu'enseignant je trouve mon compte dans ces nouvelles configurations du travail scolaire ?

DES TEMPS SPÉCIFIQUES CONSACRÉS À L'ATP

Depuis quelques années, se sont mis en place des temps spécifiques et reconnus consacrés à l'ATP (aide au travail personnel). Même si leur appellation est sujette à variations, le thème est récurrent : comment individualiser l'École et permettre de meilleures performances pour les élèves ?

Parmi ces initiatives, je vous propose celle de Catherine Costadoat, professeur de lettres au lycée Edgar-Quinet à Paris : on y voit plusieurs éléments qui rendent efficace une aide individualisée : la petite taille du groupe induit des interactions fortes entre les différentes personnes impliquées ; le rapport prof/élève s'efface au profit d'échanges beaucoup plus individualisés. De la même façon, il devient impossible à un élève de s'effacer de la tâche requise ; les regards, les attentes exprimées, le sollicitent, plus que dans toute autre situation. Sa participation active est requise ; l'enseignant adopte alors une posture d'accompagnateur qui contraste beaucoup avec celle qu'il peut adopter en situation beaucoup plus classique de « cours » au lycée.

► Le travail : les parents aussi ?

Selon une étude de l'INSEE, les parents consacrent en moyenne 15 heures par mois à aider leurs enfants dans leur travail scolaire, soit 30 minutes de plus qu'en 1992. Un volume horaire qui décroît avec l'âge de l'enfant : 19 heures au primaire, 14 au collège et 6 au lycée. Une tâche qui incombe d'abord aux mères : elles y consacrent trois fois plus de temps que les pères à l'école et au collège, « seulement » deux fois plus au lycée... Même si les enfants de profs sont souvent plus suivis par leur père. Autre inégalité : les enfants d'agriculteurs sont les moins « soutenus » et de l'autre côté de l'échelle, on trouve les enfants d'employés et de professions intermédiaires. Les trois quarts des parents ont le sentiment de bien jouer leur rôle mais la moitié sont dépassés au lycée et déjà un sur cinq dès l'école.

L'aide individualisée en seconde au lycée

Identifier les besoins des élèves. « Dans une classe de seconde, beaucoup d'élèves ont du mal à parler, entre eux, aux adultes, à parler d'eux, de leur travail. Timidité ? Non, l'écrit ne va pas mieux : écriture phonétique, impropriétés, absence de syntaxe, de ponctuation rendent la lecture difficile, voire impossible. Deuxième constat : les élèves qui éprouvent le plus de difficultés à communiquer présentent aussi des problèmes récurrents : absences fréquentes, peu ou pas de travail, oubli de matériel, parfois agressivité. Je constitue donc un groupe de six élèves et décide de partir de l'oral ! »

> *“ Le lycée, c'est différent du collège ; on doit travailler sur des contenus spécifiques. ”*

Première étape : restaurer le dialogue. « Je consacre deux séances à écouter les élèves dans une atmosphère d'écoute réciproque, conviviale, chaleureuse : chacun doit apporter quelque chose et s'intéresser aux autres dans une petite salle avec des tables où chacun voit les autres. Je m'efface tout en écoutant avec bienveillance et en prenant quelques notes. Chaque élève était conscient de ses difficultés à s'expliquer, à communiquer, à s'exprimer. Lors de la troisième séance, un des élèves se porte volontaire pour faire une synthèse de ce qui a été dit. Je présente alors le travail comme un remède, chaque élève du groupe a comme mission de faire

CONSULTANT

▶ Guider, c'est prospecter

L'aide au travail personnel de l'élève est un véritable travail de prospection dans les savoirs à enseigner, un travail inlassable pour chercher comment, à partir de leur logique propre, de leur cohérence interne, de leur épistémologie de référence et des contraintes que la situation scolaire leur fait subir, on peut inventer des moyens pour les rendre accessibles à d'autres sujets qu'à ceux qu'ils sont déjà capables de maîtriser. »

➡ Philippe Meirieu, « Aider à travailler, aider à apprendre », *Cahiers pédagogiques*, n° 336.

bénéficier de ses acquis le reste de la classe pendant les cours ordinaires. Les élèves paraissent confiants. Le vrai travail peut commencer. »

Deuxième étape : travailler la prise de parole. « Je distribue aux élèves un support : texte, groupement de textes courts, document visuel, article de presse, courte nouvelle… avec une consigne : compte-rendu, résumé, réflexion, critique, description… et un temps de préparation, en classe et à la maison pour la séance suivante. Je répartis les élèves en deux groupes, chaque groupe s'adressant à l'autre qui n'a pas les mêmes supports. Les futurs intervenants se désignent. Ils interviendront dans l'ordre où ils se sont inscrits. Chacun introduit son intervention en disant, par exemple : "Je propose à présent le résumé de…" Chaque intervention doit être claire et audible du premier coup : on ne répète pas. Aucun intervenant ne doit répéter ce qui a été dit. Il faut dire, par exemple : "Je n'ai rien à ajouter au résumé que l'on vient d'entendre." La fin de l'intervention doit être clairement marquée par l'intervenant. Il est interdit de lire, on consulte seulement ses notes. Évidemment, toutes ces consignes ne sont pas suivies d'un coup mais les élèves se prennent vite au jeu.

Durant les interventions, chacun prend des notes, moi aussi. À la fin, les élèves jugent les interventions : celles qu'il faut écarter, modifier, etc. Chacun s'exprime en usant de formules : "Je voudrais ajouter, nuancer, expliciter, réfuter […] je te prends la parole pour […] la critique de X me paraît tout à fait fondée, un autre exemple le prouve […] X a omis un point important […]". Au fur et à mesure, les formules s'enrichissent, les élèves notent celles qu'ils préfèrent. «Une prise de parole sans les formes est rejetée. J'écoute, observe ce qui se passe. Un outil précieux :

Des exemples pour faire travailler les élèves

Le dossier « Réussir au lycée » (académie de Lille et DESCO) comporte un important développement sur l'aide individualisée. Outre une partie transversale riche, le volet « Lettres » est bien fourni et donne quelques pistes pour mieux travailler cette approche dans la discipline.

Au chapitre Lecture, vous trouverez des exemples pour faire travailler les élèves sur : « Repérage des ensembles lexicaux; Incitation à la lecture; Lire un texte c'est construire du sens; Améliorer la vitesse de lecture; Lecture d'énoncés; Activité de lecture; Aide à la lecture des textes narratifs; De la prise de notes à l'analyse des informations télévisées... »

Au chapitre Écriture, les exemples concernent : « Atelier d'écriture; Écrire un article de journal; Écriture créative-pastiche; Débloquer l'écriture; Écriture créative : la description; Argumentation; Critique de cinéma et argumentation; Organiser ses idées; Oral; Créer des compétences orales. »

➥ www2.ac-lille.fr/reussite-lycee/AI/ai.htm

le magnétophone. Les interventions sont enregistrées pour se réécouter. Au début, l'élève est sensible à l'élocution, aux blancs et remplissages : ben, euh, donc... Petit à petit sa critique s'affine et sa parole aussi. Les formules d'intervention varient, s'enrichissent. »

Troisième étape : de l'oral à l'écrit. « Je crée trois équipes de deux élèves. Chaque équipe formule par écrit, sur un texte, une question qui doit contribuer à en éclairer le sens, et prépare une réponse. Une équipe pose sa question, un élève d'une autre équipe propose sa réponse : si sa réponse est juste et bien formulée, il fait gagner un point à son équipe. La qualité de la question et de la réponse est appréciée selon des critères définis. Les élèves écrivent les réponses. J'augmente la difficulté avec des exercices tels que le résumé à partir de notes, retrouver le plan d'un court article de presse et reformuler l'article en quelques lignes, conclure en proposant un jugement....»

Résultats. «Les élèves, à l'écrit, retrouvent les formules de réponses, en trouvent d'autres, se corrigent mieux, prennent de l'assurance. En classe, les retombées sont encore plus positives : ils prennent facilement la parole pour résumer une nouvelle, faire une observation... Spontanément, les voilà qui canalisent les interventions de leurs camarades... qui obtempèrent ! Triple succès, car je n'ai plus autant besoin de cadrer les réponses et, surprise, j'entends les élèves du groupe d'aide individualisée qui impressionnent les autres... médusés. Bien sûr, je ne peux qu'approuver et encourager. L'amélioration de l'écrit est plus lente mais réelle. En huit séances, soit deux mois, ce groupe d'élèves trouve une place normale au sein de la classe.»

Synthèse. On peut retrouver dans cette étude de cas, quelques facteurs d'efficacité de l'accompagnement scolaire que Bruno Suchaut (IREDU) synthétise en cinq points :

1 - Les dispositifs les plus efficaces sont ceux qui sont directement en prise avec le travail scolaire. Ce qui revient à soutenir l'idée d'études dirigée effectuées par le professeur.
2 - L'accompagnement scolaire est plus efficace en groupe. Il s'agit d'éviter une trop forte individualisation de l'aide (entre 8 et 15 élèves par groupe semble être un choix pertinent) et de composer des groupes, autant que cela est possible, de profils hétérogènes tant sur le plan scolaire que social.
3 - Le niveau scolaire des élèves au moment où la prise en charge débute. Il apparaît, au CP et au CM1, que les élèves qui abordent l'année scolaire avec le plus de difficultés (environ un quart des élèves) tirent le plus de profit de l'accompagnement à la scolarité alors que ce n'est pas le cas pour les autres.
4 - Les élèves d'un milieu social très modeste et les redoublants bénéficient davantage des actions.
5 -L'accompagnement scolaire est plus efficace quand il associe les parents.

Au moment où l'accompagnement scolaire se développe en 2008 dans tous les collèges, ce sont autant d'alertes qui guideront utilement vos projets et votre action.

Conduire les études dirigées au collège

Les études dirigées au collège sont des moments obligatoires, inscrits dans l'emploi du temps des élèves et des enseignants (souvent volontaires). Elles peuvent faire l'objet d'une négociation sur les objectifs de chaque

> ***« Dans mon établissement, comment organiser les études dirigées dans un travail d'équipe ? »***

▸ Des outils pour conduire les études dirigées

L'équipe du collège Louis-Armand à Golbey (88) propose en ligne un référentiel pour les études dirigées. Cette contribution présente clairement les objectifs poursuivis, en particulier ceux liés à l'apprentissage des méthodes de travail (utiliser un cahier de textes, interpréter l'emploi du temps, apprendre une leçon, travailler sur la mémoire), aux problèmes rencontrés. Vous trouverez aussi les fiches-élèves utilisées (méthodologiques, d'autoévaluation, travail réalisé au CDI...) et les enquêtes réalisées auprès des élèves et professeurs sur l'utilisation du référentiel.

➥ www.ac-nancy-metz.fr/MIVR/ancien_site/GOLBEY/Etudedir.htm

séance ou groupe de séances, soit entre les membres de l'équipe pédagogique, soit entre les personnels des heures d'études.

Plusieurs objectifs possibles. L'organisation en objectifs précis et évaluables est un facteur important qui peut nourrir positivement un entretien ou un bulletin de fin de trimestre[1]. Dans chaque objectif, on cochera ou non un critère de capacité atteinte, à intervalles de temps réguliers (voir tableau de la page suivante).

Que faire en études dirigées. Les études sont souvent prises comme un pensum par les élèves qui ne les identifient pas à une discipline. La négociation avec eux sur le sujet à étudier est donc importante. Le choix peut se faire en fonction de leurs besoins du moment ou des urgences dues au calendrier scolaire.

> *“ Dans les études dirigées en sixième, à part les devoirs pour la semaine, je ne vois pas quoi d'autre « diriger ». ”*

Les sujets que l'on peut aborder avec les élèves pendant les études dirigées sont multiples ; voici par exemple une fiche produite par le collège d'Oisement (Somme).

1. *« Gestion des objectifs d'ATP (aide au travail personnel) », extrait d'un document MAFPEN de Limoges (collège A.-France), cité dans A. de Peretti,* Encyclopédie de l'évaluation en formation et en éducation, *ESF, 1999, p. 286.*

CONSULTANT

On cochera les items qui seront choisis préférentiellement pour définir l'ordre du jour d'une séance (ou d'une série de séances).

- ❑ Examen des résultats scolaires d'une période déterminée (mois, trimestre).
- ❑ Bilan des progrès et des difficultés de la semaine.
- ❑ Point sur le travail (organisation) de la semaine.
- ❑ Reprise de notions disciplinaires.
- ❑ Réalisation de devoirs et leçons avec consultation possible de l'adulte et contrôle.
- ❑ Élaboration de contrats individuels (utilisation du carnet de liaison).
- ❑ Expression des difficultés liées à la vie scolaire.
- ❑ Expression des difficultés liées à la relation de l'élève à une (ou des) disciplines.

À la maison	À l'école, au collège
Objectif 1 : organiser son travail > Gérer son temps : – l'élève sera capable de planifier son temps libre sur une semaine – l'élève sera capable de s'avancer dans son travail – l'élève sera capable d'organiser un planning de révisions > Gérer son espace > Gérer ses outils : – l'élève sera capable d'utiliser son cahier de texte – l'élève sera capable de préparer son sac **Objectif 2 : faire son travail à la maison** > Lire une leçon : – l'élève sera capable de trouver le thème d'une leçon – l'élève sera capable de trouver les mots-clefs – l'élève sera capable de trouver le plan > Apprendre une méthode : – l'élève sera capable de relier l'exercice à une notion de la leçon – l'élève sera capable de dire ce qu'on attend de lui – l'élève sera capable de définir une méthodologie pour apprendre des leçons, matière par matière, en tenant compte de ses variantes personnelles > Faire un brouillon > Faire un exercice > Faire un devoir	**Objectif 3 : organiser sa pensée** > Faire un résumé > Faire une synthèse > Faire une analyse **Objectif 4 : choisir ses procédures d'apprentissage** > Choisir selon la tâche > Choisir selon son propre travail **Objectif 5 : utiliser au mieux sa mémoire** > Apprendre à faire attention : – l'élève sera capable de se mettre en condition de réception – l'élève sera capable de se concentrer – l'élève sera capable d'évaluer ses facultés d'attention en fonction de la situation > Apprendre à percevoir les « bons » indices > Apprendre à faire des associations > Apprendre à mettre en œuvre les conditions de rappel > Apprendre à rappeler les informations stockées en mémoire > Apprendre à utiliser des moyens mnémotechniques adaptés au contenu à mémoriser

GUIDER LE TRAVAIL PERSONNEL EN CLASSE

La démultiplication des temps spécifiques d'aide au travail personnel de l'élève, tant au collège qu'au lycée, si elle atteste des besoins considérables à couvrir, ne doit surtout pas dispenser les enseignants de cette tâche pendant le cours lui-même. Pour reprendre un conseil issu des documents d'accompagnement des programmes de collège, il faut « faire que le temps de la classe soit le travail de l'élève ». Les dispositifs spécifiques ne peuvent compter sur une efficacité maximale que s'ils sont articulés aux pratiques ordinaires de la classe.

Organiser le travail personnel dans des temps variés

Le temps de la classe devient donc, selon les recommandations du ministère, le travail de l'élève. Le guidage du travail personnel au sens propre du terme prend toutes sortes de formes, en jouant particulièrement sur les temps variés et l'organisation de groupements diversifiés[2]. Par exemple :

“Je ne vois pas comment concilier cours classiques et séances ATP avec les élèves.”

– des temps réguliers de conseils méthodologiques sur la façon de travailler et la manière d'améliorer (en petits groupes, avec un ou plusieurs conseillers ou « tuteurs ») en petites classes, ou en forum avec libre choix du conseiller, ou au CDI) ;
– des horaires consacrés à la préparation et l'exécution d'un projet ;
– des séances individuelles ou collectives consacrées aux problèmes d'orientation ;
– passer en « self-disciplines » : des professeurs se tiennent, à heure et à jour fixes, à la disposition de tous les élèves qui ont besoin de faire appel à eux dans le cadre de leur discipline. Ce dispositif est particulièrement efficace et à conseiller dans toutes les fins de trimestre, et en fin d'année, après les conseils de classe, quand l'organisation part « en quenouille ». C'est bien alors l'occasion de « travailler autrement » ;
– des séances organisées d'entraide pédagogique entre élèves (de même classe ou de classes différentes, de même niveau ou de niveaux différents, par exemple élèves de troisième et de sixième).

2. *Extrait de la fiche 4 : A. de Peretti,* Encyclopédie de l'évaluation en formation et en éducation, *Paris, ESF, p. 296.*

La tendance très naturelle est d'opposer le travail en cours et le travail personnalisé, comme si le nombre, grand ou petit, déterminait fatalement le mode d'organisation des échanges et de la transmission. Le suivi et l'analyse des formes adoptées par de nombreuses équipes montrent que non : en classe entière, il est bien possible de « travailler autrement », en particulier en s'appuyant sur les ressources issues du travail personnel.Voici quelques exemples[3].

> *“ En classe, je n'ai ni le temps ni les moyens de guider le travail personnel. ”*

Le petit cours. Sur une suggestion du prof, à tour de rôle, l'un des quatre ou cinq bons élèves de la classe dans une discipline donnée se met à disposition de ses camarades à l'heure du déjeuner une fois par semaine, pour répondre à leurs questions. Il s'agit de réexpliquer, non de donner les solutions des devoirs.

L'alouette. Un élève plus âgé prend sous sa responsabilité un élève plus jeune (au moins deux années scolaires d'écart) environ une heure par semaine pour l'aider à organiser son travail, répondre à ses questions, lui remettre en mots d'élève ce qu'il n'a pas compris, lui faire réciter ses leçons ou chercher des exercices.

Le parapluie. L'enseignant fait son cours magistral pour dix à quinze bons élèves qui le comprennent habituellement, pendant vingt à trente minutes puis s'arrête. Chacun de ces bons élèves reprend alors la leçon à ses deux voisins, en fonction de leurs demandes. Le professeur circule et écoute les explications. Intervient en cas d'erreur manifeste. Refait le point au besoin, en toutes connaissances des difficultés de compréhension rencontrées.

La cordée. Le travail de production est systématiquement fait à deux. L'enseignant ne note qu'un devoir par couple de deux élèves. Le devoir est fait en classe, et, en circulant dans la classe, le prof peut s'assurer que les deux élèves travaillent et dépanner un groupe bloqué. Constitution

3. D'après « Apprendre en s'entraidant », Cécile Delannoy, Cahiers pédagogiques, *n° 304-305, 1992, p. 74.*

des équipes : par affinités ou par similitude de niveau, ou par mixage systématique, à discuter. Valable en version (langue ancienne), résumé de texte français, analyse de documents en histoire, analyse de protocole expérimental… Les élèves aiment ce type de travail qui lève le stress du devoir noté en classe ; l'enseignant peut voir où bloquent les élèves, comment ils travaillent ; l'esprit critique des élèves, l'autoévaluation, sont meilleurs.

DÉVELOPPER LE TRAVAIL PERSONNEL EN COURS ET À LA MAISON

Je me permets une étude de cas issue de ma propre expérience : dans le dernier collège de ZEP où j'ai enseigné, les résultats au brevet étaient les plus mauvais de l'académie (32 %), bien en deçà des résultats moyens des ZEP. Les élèves ne fournissaient quasiment aucun travail personnel. J'ai été confronté à cette réalité qui s'imposait à tous ; elle m'était transmise comme allant de soi, il fallait s'en accommoder, au mieux la réprimer en sanctionnant : vous aviez fait votre devoir, mais pas les élèves…

> ***« Je ne parviens pas à faire travailler mes élèves à la maison ; plus de la moitié ne rend rien. »***

Alors jeune agrégé, je me suis vu attribuer les trois classes de troisième « pour remonter la pente », dit alors le principal. J'en ai donc fait une priorité dans le dispositif que j'ai mis en place dans les cours. Car il me semblait qu'un travail à la maison devait être anticipé, préparé puis réinvesti dans le cours.

Organiser le cadre du travail et contractualiser les élèves

Chaque élève a reçu une fiche « planification des savoir-faire » en histoire-géographie, éducation civique par trimestre. Elle mentionnait d'une part (en colonne) les compétences étudiées plus spécifiquement pendant le trimestre, accompagnées chacune d'une « attente » qui décrivait quelques critères de réussite. Chacune de ces compétences faisait l'objet pendant le trimestre d'une séquence particulière où nous élaborions ensemble les stratégies possibles en vue de la réalisation de la tâche, le cours étant l'occasion de se frotter le plus souvent possible à ladite tâche.

Dans la ligne du haut, figuraient les différents thèmes étudiés pendant le trimestre, selon la progression que j'avais présentée au début de l'année.

Chaque ligne a au moins trois cases remplies : une en grisé qui correspond grossièrement à ce que l'on va faire effectivement ensemble en cours, les deux autres ou plus prennent appui sur des exercices et documents pris dans le manuel de l'élève. Ce sont des modules indicatifs qui vont permettre aux élèves de s'exercer individuellement, plus ou moins selon leur degré de maîtrise de ladite compétence.

Donc, en début d'année, je présente le mode de travail aux élèves pendant une heure, il faut cela pour comprendre la règle du jeu, prendre acte du changement pour eux, pour moi, des conséquences attendues et... inattendues sur leur propre mode de fonctionnement à l'école et à la maison.

Objectifs	**Autonomie et responsabilisation de l'élève** **Être capable de planifier des devoirs**
Conditions de réalisation	**Rendre 2 exercices (au moins) par semaine (le jeudi)** **Choisir au moins 2 exercices par savoir-faire**
Critères de réussite	❑ **Régularité du travail** ❑ **Chaque exercice répond aux objectifs propres au type proposé** ❑ **Propreté, présentation** ❑ **Rédaction, orthographe**

Le rythme est indicatif, mais l'objectif est clair : chaque compétence doit être validée à l'issue du trimestre : au moins un essai, et une validation. À l'époque, je m'étais résolu à « tout noter », ce que je ne ferais plus aujourd'hui. Mais à étudier de près la composition de l'évaluation finale, on peut remarquer qu'en proportion, la notation des exercices est finalement moins importante que la régularité du travail et le respect du contrat de travail.

Régularité du travail	Contrat rempli (2 exercices par savoir-faire au moins)	Moyenne des notes obtenues
/10	/10	/20

Permettre l'individualisation du travail : temps, rythme, nature du travail

Ainsi, je n'avais plus de gros paquets de copies à corriger pour hanter mes nuits, mais tous les jeudis, des productions très variées et personnelles de presque tous les élèves. Certains avaient choisi de ne pas travailler pour un moment, quitte à se rattraper ensuite. C'était reconnaître la place aussi aux autres disciplines et à leurs charges conséquentes de travail. La planification devenait leur affaire, affaire aussi de stratégie dont on parlait régulièrement. Certains préféraient des contenus déjà bien maîtrisés pour « se faire la main ». D'autres allaient systématiquement à la nouveauté et anticipaient des parties entières de programme, selon leur intérêt propre ou des questions entrevues en cours, voire l'actualité. Ils se donnaient les moyens d'appréhender seuls, dans un premier temps, des contenus complexes, quitte ensuite à y revenir. Cela a été précieux pour conduire ensuite le cours en sachant que j'avais déjà des relais fiables et vérifiés dans le groupe-classe, tant en compétences qu'en connaissances.

Prévenir les dérives. Dans ce dispositif complètement personnalisé où la fiche devenait « fiche-navette » reportant les acquis, j'ai rencontré bien sûr la dérive de la captation de devoir : un exercice réussi par une élève était repris sous un autre nom. Une rapide confrontation avec les deux élèves à part, puis l'évocation de ce problème en classe a permis d'y mettre un terme. Cela atteste cependant d'un fait important car il était nouveau dans le contexte : l'émulation réciproque au travail personnel, hors toute comparaison sociale organisée en visibilité, car chaque fiche-navette est strictement personnelle ; le travail par compétences générait une dynamique originale dans et hors de la classe, puisque aux heures perdues, on les voyait au CDI s'attacher à tel exercice, toujours court et facilement réalisable.

Penser le rapport travail et évaluation finale

Cette évaluation du travail trimestriel était complétée par une seule composition « officielle » de type brevet (en troisième), les deuxième et troisième trimestres, par un brevet blanc qui n'était même pas corrigé par moi. Après tout, c'est le propre d'une compétence d'être validée en actes ; en l'occurrence, l'entraîneur n'est pas l'évaluateur. On a le même type de configuration quand vous passez le permis de conduire.

Résultats à la hausse. Les résultats ont été à la mesure de l'investissement des élèves, et de mes efforts quotidiens à relancer, soutenir, avertir. Il ne faut pas le cacher, c'est difficile de ramer à contre-courant d'habitudes scolaires acquises sur plusieurs années dans un environnement qui ne prête pas forcément à la sollicitation personnelle. Le taux de réussite a atteint 74 %, au-delà de la moyenne académique, hors ZEP ; les notes obtenues dans les autres disciplines étaient attendues et sans grand changement, l'augmentation du résultat général venant des scores atteints en histoire-géographie.

LE TUTORAT : UNE RELATION D'AIDE INDIVIDUALISÉE

À la différence de la relation d'aide en petits groupe, le tutorat est une relation d'aide individuelle : c'est la possibilité offerte à certains élèves de bénéficier d'un rapport interindividuel régulier avec un adulte, hors temps de classe. Le tutorat est une des réponses pédagogiques pour ces quelque 10 % d'élèves qui arrivent parfois à « plomber » un collège si rien n'est tenté. D'autres dispositifs peuvent fonctionner en parallèle, par exemple lorsqu'on sort temporairement certains élèves de leurs classes pour les faire travailler sur les « fondamentaux », dirait-on au rugby. Dans les deux cas, on voit bien que ce qui fait bouger les équipes puis un établissement, ce ne sont pas tant les très faibles performances scolaires de leurs élèves, mais la prévention dans le meilleur des cas, la prise en charge dans les autres, du « potentiel de catastrophe » de ces élèves dans la classe et l'établissement.

> **“ *Au collège, on m'a proposé de rejoindre le groupe « tutorat ». Mais que dois-je faire avec ces deux élèves ?* ”**

Comment mener une séance de tutorat

Un collège ZEP de Paris a travaillé plus spécifiquement l'approche tutorat, en éditant, entre autres, une fiche à destination de tous les tuteurs. Voici la fiche-outil pour les tuteurs[4].

Comment terminer la séance

Pensez à faire un petit bilan du travail de votre élève tutoré en lui présentant un point positif (obligatoire) et en proposant un point susceptible d'une amélioration rapide, traité lors de la présente séance.

4. Collège G.-Flaubert, Paris XIIIe, « Innovation 1999-2001 », S Graham, I Veysseyre, MD Kaddour, MD Halet, C Dormigny, F Marcel, A Coupeau, disponible sur le site Innovation.

Difficultés	Conseils pour le tuteur
Organisation du cartable (matériel manquant, matériel inutile)	Dès les premières séances, demander à l'élève de vérifier son cartable avec son emploi du temps. Mettre en évidence ce qui est inutile, ce qui est oublié. Consulter la liste du matériel.
Travail demandé non fait (travail non fait ou partiellement fait)	Relire les consignes, définir les verbes d'action. Se mettre d'accord avec les autres tuteurs pour faire la même chose pendant un certain temps en ayant la même méthode de présentation.
Utilisation du cahier de textes (travail mal noté, oublis : date, matière...)	Conseiller le cahier de textes plutôt que l'agenda pour s'y retrouver d'une semaine à l'autre. Essayer de remarquer ce qui revient souvent dans la demande de chaque professeur. Faire recopier proprement le travail demandé.
Apprendre la leçon, mémorisation (leçon non sue, simple récitation)	Faire lire à haute voix et/ou faire recopier plusieurs fois les phrases importantes. Faire apprendre les définitions par cœur. Faire dire ce qu'on a retenu.
Présentation du travail (non-respect des consignes de présentation, graphie désastreuse)	Faire récrire ce qui est mal écrit. Repérer les exigences du professeur à partir du cahier ou de votre connaissance des professeurs. Proposer un modèle de présentation, si aucun n'a été proposé.
Tenue du cahier, tenue du classeur (absence de documents, absence de mise en ordre)	Aider l'élève à s'y retrouver dans son classeur. Faire noter les indications manquantes : date, matière Numéroter les pages au crayon...
Expression écrite (texte très court, défaut de ponctuation)	Passer un contrat avec lui : ne pas quitter la séance sans avoir fait une partie du travail par écrit. Lui rappeler quelques règles élémentaires (majuscules, souligner, aller à la ligne...).
Écoute, attention (retard dans la mise au travail, pose des questions non pertinentes)	Essayer de le ramener au sujet de la leçon ou de l'exercice. Écarter calmement les questions sans intérêt avec le sujet. Négocier, avant de commencer la séance, le moment précis d'une pause de 2 ou 3 minutes.
Lenteur dans le travail (lenteur excessive)	Lui fixer un challenge : refaire le même exercice en mettant moins de temps. Mettre en valeur les progrès réalisés.

Cette pratique, toujours susceptible d'évoluer au fur et à mesure des cas rencontrés comme des renouvellements des membres de l'équipe, est tout à fait représentative d'une forme de tutorat, ici fortement axé sur une dominante « pédagogique ». Les composantes essentielles sont : méthodologie, gestion de ses propres ressources par l'élève, organisation du travail personnel. Ces dimensions sont essentielles dans la réussite de tout élève ; la seule différence entre un élève « normal » et un élève susceptible d'être accompagné en tutorat, c'est que le premier dispose visiblement d'éléments suffisants de connaissances sur lui, d'expériences scolaires réussies et de ressources de proximité (dont l'environnement familial) pour traiter ces questions, l'autre pas forcément sur l'un de ces trois aspects.

ET SI LE TUTORAT DÉPASSE LE CADRE PÉDAGOGIQUE

Confronté à l'éventuelle difficulté de l'exercice, un collègue peut avoir ce type de défense statutaire à connotation corporatiste. Il est vrai que selon les types de publics scolaires, le tutorat peut prendre des formes plus décentrées de la pédagogie à proprement parler. Il s'agit pourtant du même métier que d'aider l'élève à apprendre à se repérer dans les règles implicites de la réussite scolaire.

> ***“ Je sens la dérive de l'institution ; je suis prof d'anglais, pas psy ou assistante sociale. ”***

L'entretien à dominante psychopédagogique

Il aborde des dimensions telles que :
– les problèmes de motivation (ou plutôt de non-motivation, voire d'anti-motivation : absence d'intérêt pour les activités scolaires, voire refus, rejet...) ;
– les problèmes relationnels avec tel professeur, avec le groupe-classe. L'entretien peut aider l'élève à dissocier ce qu'il éprouve à l'égard d'un prof et à l'égard de la discipline qu'il enseigne. C'est une fonction de médiation entre l'élève, les autres professeurs, les membres de l'administration, voire les parents ;
– les problèmes affectifs à l'égard des actes scolaires (peur de l'examen, trac pour parler en public, angoisse excessive de son orientation ou des résultats scolaires).

L'entretien à dominante psychologique

Il peut arriver que l'élève demande à parler de ses problèmes personnels (relation avec sa famille, problèmes sentimentaux...). Pour éviter les risques de dérapage vers la « direction de conscience » ou la psychothérapie, on peut souhaiter que ce type d'entretien soit organisé à l'échelle de l'établissement et assuré par une équipe d'adultes différenciée (parents,

▸ L'entretien : une technique très utile

La technique de l'entretien est très formatrice ensuite pour améliorer sa conduite de classe.

Par exemple : évitez plutôt :
- le jugement de valeur (« c'est bien/mal de dire ça ») ;
- l'interprétation hâtive (« Tu dis ça parce qu'au fond... ») ;
- l'encouragement gratuit ou la consolation (« Ne t'en fais pas ! ») ;
- la prescription de solution immédiate (« T'as qu'à... »).

Préférez la compréhension d'autrui[1] (d'après l'approche centrée sur la personne, développée par Carl Rogers) :
- considération positive inconditionnelle d'autrui ;
- empathie (accueil des sentiments d'autrui) ;
- congruence (authenticité avec son propre « ressenti »).

En actes, cela peut signifier par exemple :
- accueillir l'élève (notamment au début de l'entretien) ;
- marquer le silence (laisser parler l'autre) ;
- adopter une attitude non verbale d'écoute (regard, geste, accord postural, en accompagnement de celle de l'élève) ;
- travailler en écho (monosyllabe prouvant qu'on écoute) ;
- proposer une reformulation : résumé fidèle, restructuration.

(1) Voir le dossier ATP des Cahiers pédagogiques, *contribution de P. Meirieu, 1989, p. 75.*

conseillers d'éducation, assistance sociale, profs) ayant reçu une formation à l'écoute. Dans ces deux cas, on peut comprendre les craintes *a priori* de certains enseignants, mais :
– d'une part, le tutorat est un acte volontaire et engageant, de la part de l'adulte et de l'élève ;
– d'autre part, l'action doit absolument être étayée par un apport de type formation sur site, pour perfectionner ses propres techniques d'écoute et d'entretien, individuellement, en appui sur le groupe des tuteurs. On n'apprend pas tout seul.

Rester dans son champ de compétence

La vulgarisation d'une certaine culture psychologisante, une approche trop centrée sur les conditions socio-familiales peuvent conduire l'entretien

> **▸ Le tutorat : une tâche urgente**
>
> **« Le tutorat est un outil inestimable pour faire évoluer le système éducatif, à condition que l'on considère que c'est autour de l'acquisition des méthodes personnelles de travail qu'il doit être centré. La tâche paraît modeste, elle n'en est pas moins tout à fait urgente. »**
>
> **➥ Philippe Meirieu, extrait des *Cahiers pédagogiques*, ATP, 1989, p. 75.**

vers des terrains que vous ne maîtriserez pas ; et cela n'aidera pas forcément l'élève, avec qui vous travaillez la dimension « élève ». Afin de se replacer en guidage pédagogique, mieux vaut alors fonder son action et la conduite d'entretien sur des objectifs scolaires qui expliquent que lui, l'élève, et vous, le prof, êtes en face à face. Restez dans votre champ de compétence, vous en serez renforcé et l'élève saura à qui parler. Si des besoins d'un autre type apparaissent, proposez de passer la main vers d'autres compétences existantes dans l'établissement.

> ***« J'ai franchement peur d'aller trop loin dans le « guidage » ; certaines questions me dépassent réellement. »***

L'action du tutorat est centrée sur la personne, non sur le fonctionnement organisationnel, relationnel ou institutionnel de l'École. Vous ne disposez pas du pouvoir de changer l'École, d'autres lieux et instances existent pour cela. Les esquisses de réponses élaborées avec l'élève relèvent de l'analyse enrichie des situations, de l'étude des variables possibles en matière d'amélioration à sa portée. Tout au plus, vous pouvez proposer une médiation avec le ou la collègue.

@ Un blog à destination des collégiens : www.coachcollege.fr/

AUTOTEST : SE DONNER DES OBJECTIFS ATTEIGNABLES EN ATP

En études dirigées, à partir du tableau d'objectifs de la page 260, dégagez deux objectifs à retenir pour les prochaines semaines avec votre groupe d'élèves.

CHAPITRE 17

Prospecter les besoins des élèves

Projets d'école, projets d'établissement ont enregistré depuis quelques années des évolutions notables ; nous sommes passés d'une logique d'offres et d'actions discontinues à une logique de réponses adaptées à des besoins scolaires. Les dispositifs d'évaluations nationales y sont peut-être pour quelque chose. On évoque souvent des notions comme « groupes de besoins », dispositif de socialisation, disciplines renforcées, remédiation. Tout se passe comme si le concept même de besoin était clair pour tous. À l'épreuve des faits, c'est beaucoup moins évident. Cette mutation prendra du temps, parce qu'enseigner, pour beaucoup, n'intègre pas forcément l'analyse des besoins des élèves.

Prospecter les besoins, c'est d'abord se poser cinq questions : Qui sont nos élèves ? Quels sont leurs besoins, notamment lors des changements de cycles ? Que ne savent-ils pas faire ? Comment le savons-nous ? Quelles sont les réponses adaptées et plus efficaces devant des besoins aussi divers qu'importants dans toute classe ?

QUI SONT NOS ÉLÈVES ?

Se confronter à cette question, c'est d'abord accepter que l'élève est une personne, et pouvoir entendre que bien des aspects le concernant nous dépassent dans l'École. Il est cependant utile de savoir qu'ils existent et qu'ils ont une influence sur la vie de l'élève en classe. La littérature dans le domaine de la psychopédagogie abonde dans le sens d'une certaine vulgarisation psychologisante, en prenant appui sur des approches théoriques universalistes,

> ***“ Je suis confronté à de tels besoins, toutes dimensions confondues, que je ne sais que faire. ”***

CONSULTANT

► Bien diagnostiquer les besoins

Les histoires de vie nous apprennent beaucoup sur les destins et les ressorts inattendus de chaque individu (voir le concept de résilience développé par Boris Cyrulnik). Les élèves décrocheurs, ou ceux qui sont concernés par le dispositif « nouvelles chances » montrent des capacités toujours étonnantes à réagir contre un destin scolaire qui avait été trop vite « orienté » sur la voie de l'échec sans suite.

Problème de psy ou de savoirs ? Attention cependant à ne pas trop vite verser dans le domaine « psy » des problèmes qui relèvent de la construction des savoirs. On risque de se priver de comprendre ce qui relève de l'adaptation entre l'activité des enseignants et l'activité des élèves... même si, évidemment, certains élèves, qui posent de gros problèmes, peuvent avoir besoin de thérapies ou d'un suivi d'une autre nature que pédagogique. (Sur les problèmes de savoirs, voir le chapitre 23 « Faire de la didactique »).

Savoir déléguer. Dans ce dernier cas, en confrontant votre analyse avec celles de vos collègues, de la vie scolaire, vous pouvez utilement « passer la main », c'est-à-dire faire un signalement via le directeur d'école ou le chef d'établissement aux services existants (assistante sociale, médecin scolaire, RASED, CMPP – centre médico-psychopédagogique). L'École ne peut avoir toutes les ressources en son sein. C'est une nouvelle collaboration qui s'ouvre, en devant articuler la scolarisation obligatoire et la nécessité d'une aide personnalisée.

➥ Sur la résilience, une excellente page courte et synthétique : www.acsm-ca.qc.ca/virage/dossiers/la-resilience.html

parfois déviées de leur domaine d'étude et mal comprise, comme les stades de développement d'après Piaget. On trouve régulièrement la théorie de la hiérarchisation des besoins élaborée par A. Maslow en 1954.

La hiérarchie des besoins

Selon Maslow, tous les individus souhaitent satisfaire cinq catégories de besoins, classables par ordre d'importance, hiérarchie qu'il matérialise par une pyramide. Pour qu'un besoin soit ressenti, il faut que celui qui le précède soit satisfait.

Les besoins physiologiques seraient, globalement, satisfaits dans la société actuelle (dans les pays développés).

Les besoins psychologiques de sécurité, tels que la stabilité de l'emploi ou le devenir, voient leur acuité croître en période d'instabilité économique.

Les besoins d'appartenance s'expriment par le souhait d'être aimé et d'être intégré dans un groupe.

Les besoins d'estime se traduisent par l'exigence de représenter une certaine valeur tant à ses yeux qu'à ceux des autres membres du groupe.

Enfin, les besoins de réalisation de soi s'expriment par le besoin de mettre en œuvre ses facultés, de faire œuvre créatrice, de repousser ses propres limites et, plus simplement, de se perfectionner. Apprendre…

À noter : répondre à un besoin spécifique qui n'entraîne pas les mêmes effets selon les niveaux : dans les bas degrés de la pyramide, la satisfaction des besoins entraîne une extinction temporaire de ces besoins. Plus on monte les degrés de la pyramide, plus la satisfaction des besoins entraîne une motivation intrinsèque.

Maslow à l'École

En prenant une distance critique, cette approche signale cependant l'importance d'assurer la sécurité des personnes et des relations, et la nécessité de construire des liens d'appartenance, deux dimensions qui assurent un climat favorable aux apprentissages (voir chapitre 15).

Autrement dit, plus vous travaillez, en classe, sur le sentiment d'appartenance, sur l'identité du groupe, sur la valorisation de petites réussites et la dimension créatrice, plus vous avez de chances d'activer le moteur de la motivation si recherchée. (Voir le chapitre 15 et le chapitre 24.)

► Le RASED : une équipe pour épauler l'enseignant

Sous la responsabilité de l'IEN (inspecteur de la circonscription), le RASED (réseau d'aides aux élèves en difficulté) est constitué :

1. d'au moins un maître spécialisé (titulaire du CAPSAIS option E) chargé de l'aide à dominante pédagogique (adaptation) ;

2. d'au moins un rééducateur (titulaire du CAPSAIS option G) chargé de l'aide à dominante rééducative ;

3. d'un psychologue scolaire chargé d'établir des bilans psychologiques, des suivis psychologiques et des relations avec les services extérieurs (soins, etc.).

QUELS SONT LES BESOINS LORS DES CHANGEMENTS DE CYCLES ?

Même s'il est important de rester sensible à l'analyse des besoins tout au long de son exercice, on doit se montrer particulièrement vigilant aux moments de rupture pour les élèves que constituent les passages de cycles, entre école et collège, entre collège et lycée, et il faudrait aussi envisager entre lycée et supérieur. On peut invoquer des prérequis, cela ne dispense pas d'une analyse plus fine. Ou alors que faites-vous si les prérequis sont défaillants pour la plupart des élèves ? Ce sont précisément des besoins à prendre en charge.

> ***« Les élèves doivent avoir des prérequis ; les besoins, ce n'est pas mon rayon. »***

Les équipes ont encore à progresser sur l'analyse partagée des ressemblances/différences entre l'école et le collège : les ignorer ou les méconnaître ne fait qu'aggraver des situations déjà difficiles pour les élèves.

La délicate liaison école-collège

École et collège marquent d'abord des différences de fonctionnement et de cultures, souvent fortes au moins sur trois points.

Un maître, dix profs. À l'école, le maître établit une proximité avec les élèves, à l'inverse du collège où la dimension personnelle est nettement moins affirmée : le professeur se fait plus rare, en tout cas plus distant. Cela signifie d'autre part que le mode de guidage est plutôt centré sur l'enfant au primaire, alors que le secondaire insiste plus sur l'élève dans sa dimension beaucoup plus scolaire. Enfin, là où le maître unique garantit un même niveau d'exigences dans la plupart de matières qu'il prodigue, dès le secondaire, l'élève se trouve confronté à de grands écarts selon les disciplines, selon les attentes souvent implicites de ses multiples enseignants.

Des attentes différentes. De la même façon, le travail et ses conditions diffèrent sensiblement. Si l'élève de primaire peut travailler sur une durée plus longue, au collège se succèdent des temps très rapides où le facteur de réussite est la capacité à écrire rapidement. De plus, le travail personnel est manifestement plus important, alors que le guidage se fait moins présent ou moins efficace.

L'écrit change de sens et de fonction. En primaire, on apprend à écrire, au collège, on copie de plus en plus en cours ; les écrits les plus longs sont réservés aux devoirs à la maison. L'oral, même s'il est sollicité dans le secondaire, est nettement moins valorisé ; les évaluations sont essentiellement écrites.

Ces différences d'encadrement et de culture marquent un saut notable, un seuil de rupture qui permet aussi à l'enfant de grandir ; cette dimension peut parfois engendrer craintes et peurs devant un inconnu. Souvent, le collège est éloigné, les horaires variables, et l'élève doit ainsi gérer une nouvelle responsabilité (on parle d'« enfant à la clef ») en matière de déplacement, mais aussi d'organisation de son temps libre, dans un domaine où les tentations sont grandes.

C'est donc une solitude relative que l'élève doit apprivoiser, en particulier dans l'organisation de ses propres savoirs, quand les liens entre les disciplines scolaires sont loin d'être évidents.

Comment adoucir le passage du primaire au collège

La rupture est manifeste et à ce titre, il faut accompagner les élèves, comme leurs parents d'ailleurs, afin de faciliter cette transition. La prise en compte de la difficulté de ce passage du primaire au collège peut éviter ensuite aux enseignants d'être confrontés un peu plus tard à des besoins impossibles à couvrir. Ce serait par exemple :

▸ Enfin des liaisons réussies !

Voici deux ouvrages co-édités en 2007 par le CRDP d'Amiens et le CRAP-Cahiers pédagogiques :

• Denis Demarcy et Jean-Michel Zakhartchouk, *Réussir le passage de l'école au collège* : indispensable !

• Anne-Elisabeth Laroche, *Réussir le passage de la troisième à la seconde* : une véritable mine pour animer les heures de vie de classe, lancer des réflexions collectives sur le changement et débloquer des situations.

Permettre aux élèves et aux parents de découvrir ce qu'est le collège avant que les enfants n'y entrent :
– proposer un livret d'accueil du collège, lisible et pratique ; ce peut être l'objet d'un projet pédagogique mené avec des élèves de cinquième par exemple ;
– visiter le collège, enquêter au collège, assister à des cours, utiliser le CDI ;
– rencontrer les nouveaux parents à l'inscription de leurs enfants ;
– mettre en place un tutorat quatrième - CM2 ;
– faire travailler ensemble sixième et CM2 (rencontres sportives, projets divers, tests dans certaines disciplines) ;
– étudier en CM2 le système éducatif.

Adapter l'enseignement de part et d'autre :
– en CM2 : aborder les méthodes de travail du collège, développer les activités faisant appel à l'autonomie de l'élève, développer l'usage de l'écrit dans les différentes disciplines autres que le français ;
– en sixième : une seule salle pour la classe en sixième, bien expliciter les nouvelles méthodes de travail, redonner un rôle et une place à l'oral dans d'autres occasions que la réponse à des questions.

Favoriser les rencontres :
– élaborer et réaliser des projets en commun (défis, expositions, sorties) ;
– travailler ensemble à la meilleure connaissance des élèves au moyen des évaluations, en sixième notamment, pour la constitution des classes ;
– assurer un suivi des élèves en difficulté, en passant le relais entre équipes éducatives des écoles et les équipes-relais du collège ;
– participer à des formations conjointes premier et second degré ;
– consacrer un moment à la prérentrée pour une rencontre bien finalisée sur des objets définis.

QUE NE SAVENT-ILS PAS FAIRE ?

Les besoins de l'élève à l'École, ce sont en premier lieu des besoins en formation, définis à partir du cadre scolaire. Le besoin naît de l'écart entre une situation actuelle, correctement diagnostiquée, et une situation attendue, clairement explicitée. Le besoin n'existe que parce qu'un cadre externe est suffisamment fort pour le faire apparaître.

> *« Je ne sais pas ce qu'est un besoin d'élève. »*

Primaire : un écolier sur six maîtrise mal le français

Basée sur l'évaluation de CM2, une étude ministérielle montre la grande hétérogénéité des performances à la fin de l'école primaire. Environ 15 % des élèves ne maîtrisent pas les compétences attendues en langue française. Un quart des élèves n'en ont qu'une maîtrise très partielle et devraient rencontrer des difficultés au collège. 28 % restent mal à l'aise dans des activités de synthèse ou d'analyse. Un tiers des jeunes maîtrisent de façon satisfaisante les compétences attendues en fin de primaire.

Un jeune sur six en échec en fin de collège

On retrouve les proportions du primaire. 15 % des jeunes ne maîtrisent pratiquement aucune des compétences attendues en fin de collège. Ils ne savent ni prélever des informations dans des documents, ni les organiser, ni les exploiter. À l'opposé, un quart des élèves en ont une maîtrise parfaite.

Observer ses élèves

L'observation fine d'un ou plusieurs élèves au travail, à l'écriture, sous la dictée, dans la lecture d'une consigne puis un questionnement poussé sur la formulation des difficultés rencontrées, reste la plus efficace des méthodes, pour peu qu'on sache observer et enquêter auprès des élèves. En ce sens, l'évaluation est permanente en tant qu'instrument de régulation des apprentissages et des parcours des élèves.

Ce que mesurent les évaluations nationales

Depuis une dizaine d'années, le repérage des besoins s'est enrichi d'outils techniques appelés « évaluations nationales », passées en début d'année scolaire en classe de CE2, sixième et seconde. Mais tout dépend de ce que l'on cherche dans l'évaluation : une note ou des repères pour construire une méthode de travail pédagogique ? Attention à la dérive toujours présente de l'utiliser comme moyen de sélection précoce, c'est tentant mais cela ne résout rien, bien au contraire. Il s'agit bien seulement de « mesurer » les écarts par rapport au niveau attendu, les difficultés susceptibles de survenir pour proposer des moyens de remédiation afin de donner des chances d'égalité au savoir. En pratique, il faudra évidemment, ensuite, donner plus de temps, de moyens, d'environnement riche à ceux qui ont bénéficié le moins de tous ces ingrédients pour se développer.

Analyser les difficultés de l'élève

Les centres de ressources, CAREP (centre académique des réseaux d'éducation prioritaire) disposent de moyens pour accompagner une équipe dans l'utilisation de ces outils d'évaluation et opérer le passage, délicat sans cette aide, de l'évaluation de résultats à l'analyse de difficultés des élèves. Sans cela, on en reste au seul constat des manques, souvent sans suite. En ce sens, on comprend le faible rendement du travail des enseignants investis dans la correction en rapport avec les effets produits.

> ***« Les évaluations nationales ne me semblent pas adaptées. Perte de temps considérable, peu d'effets en retour. »***

Les évaluations sont un bon outil, avec les imperfections inhérentes à ce type d'approche, mais elles nécessitent une appropriation et un accompagnement qui n'ont jamais été bien organisés dès l'origine par l'institution. Le rejet *a priori* masque parfois une inappétence ou une résistance forte à se former à l'évaluation diagnostique ; c'est pourtant là un besoin de formation, pour l'enseignant. Là où besoin de l'élève renvoie à un besoin pour l'enseignant.

COMMENT LE SAVONS-NOUS ?

Repérer les besoins des élèves et les analyser ne sont donc pas chose facile ; il importe aussi de les associer le plus possible à la démarche : ils vous donneront des renseignements de première main et ce processus ne peut que renforcer leur motivation.

▸ Comment aider Fanta...

Muriel Salomon, institutrice alors à Paris, s'est trouvée avec une petite Fanta en CP. "T'appe' Ban'ta" (pour : « je m'appelle Fanta ») « Ce fut mon premier contact avec Fanta. »

« Tout à apprendre ». « Cette petite Malienne de 6 ans ne parlait pas et ne comprenait pas tout non plus. En plus de difficultés motrices, ses connaissances semblaient limitées ; elle ne décrochait pas un sourire. Il fallut tout lui apprendre : parler, marcher, être avec les autres, lire, écrire, compter. On partait presque de zéro ! Cette formidable "machine d'intégration" qu'est la classe de CP, s'est mise en mouvement. Petit à petit tout le monde s'est pris d'affection pour elle, Elle a fait des progrès considérables, en langage, sur le plan moteur, et dans les apprentissages. Elle était suivie par le RASED. »

Quatre ans d'efforts collectifs. « En fin d'année, bien qu'elle ait beaucoup progressé, il fallut néanmoins se résoudre au redoublement. La famille a toujours très bien coopéré avec moi. La deuxième année de CP s'est déroulée sans problèmes, dans l'autre classe. Elle s'est épanouie et ses résultats scolaires étaient excellents. En CE1, elle fut affectée dans ma classe (CE1/CE2). Elle était très attachée à moi ; cela facilitait les apprentissages scolaires et comportementaux. En CE2, nous avons décidé, avec son accord, de l'affecter dans une autre classe. Il devenait nécessaire de couper une relation avec moi, qui risquait d'être trop affective et éventuellement négative à long terme pour l'enfant. »

Fanta est « la professionnelle ». « En CM1, ses résultats sont bons, elle s'investit toujours dans son travail et est tout à fait épanouie. Elle connaît quelques problèmes de comportement, parce qu'elle a du mal à ne pas suivre les mauvais exemples de ses copines. Ses difficultés motrices ont totalement disparu. Fanta est la seule qui ose demander la signification des mots qu'elle ne connaît pas. Ses camarades de classe la nomment : "la professionnelle". »

Une réussite impressionnante. « Un jour, lors d'une conversation avec ses camarades, je fus stupéfaite d'entendre sa façon de s'exprimer : un vocabulaire recherché, des mots comme "cependant...", des tournures de phrases que l'on n'entend pas parmi les autres enfants de l'école. C'est à l'école qu'elle est parvenue à ce niveau de langage-là. Son investissement dans les apprentissages lui a permis d'acquérir ce niveau. Cette réussite est impressionnante, d'abord par rapport à ses camarades, mais surtout par rapport à sa propre histoire. »

▶ Identifier les besoins au cycle II conditionne la réussite au collège !

Une étude de Sophie Morlaix et Bruno Suchaut (Iredu) analyse les résultats aux évaluations nationales pour mieux comprendre les acquisitions scolaires : elle insiste sur l'importance du développement des automatismes (orthographe et calcul) et de la mémoire de travail. « C'est donc principalement avant le cycle III que doivent être mises en place ces activités systématiques (habiletés numériques) afin de mieux armer les élèves dans les dimensions des acquisitions les plus prédictives de la réussite ultérieure. L'accès au collège se fera d'autant mieux que les élèves auront développé, et ceci dès la fin du cycle II, des habiletés élevées en calcul en général et plus particulièrement en calcul mental ». Il s'agit donc ici d'un choix pédagogique que l'enseignant doit réaliser en accordant plus de temps à ce type d'activités, organisées notamment dans un cadre périscolaire.

Prendre en compte les résistances des élèves

La confrontation à des élèves en grande difficulté montre que des besoins importants en matière scolaire, qui s'imposent dans leur complexité sans analyse et traitement adéquat, produisent des perturbations relativement importantes, pour les élèves eux-mêmes et pour le groupe. D'après B. Cyrulnik, nous pouvons observer une sexualisation de l'échec. Les filles qui échouent à l'école mettent en jeu des mécanismes de défense qui reposent sur l'immaturité affective et la régression infantile. Au contraire, face à l'humiliation de l'échec scolaire, les garçons réagissent souvent par la rage et la violence. Ces mécanismes psychologiques sont coûteux mais réparent dans l'instant la blessure portée à l'estime de soi[1]. (Voir le tableau « Élèves en difficulté, élèves en échec », dans le chapitre 20 « Analyser les pratiques des élèves ».)

> ***“« Ce dont j'ai besoin est ce qui me menace », Philippe Jeammet.”***

Apprendre invite à un changement de soi, de ses représentations, apprendre a un coût en énergie et en temps que l'élève n'est peut-être pas prêt à payer. On peut rencontrer chez des élèves une intolérance à

1. *Boris Cyrulnik et Jean-Pierre Pourtois,* Ecole et Résilience, *Odile Jacob, 2007*

l'insécurité et une incapacité à se projeter, un refus de la prise de risque, face à toute information qui introduit de la dissonance dans un système fermé.

Répondre à des besoins repérés, c'est donc commencer par construire du sens avec les élèves, du sens aux savoirs scolaires et du sens pour le travail, toutes choses qui n'ont absolument aucune évidence pour une partie du public scolaire. L'École, les enseignants doivent faire un bout de chemin dans leur direction.

Aider les élèves à prendre conscience de leurs besoins

L'enquête sur les besoins est encore plus efficace quand elle implique les élèves. Ainsi, toute une équipe du lycée Guy-de-Maupassant de Fécamp s'est impliquée, avec des collèges environnants, dans une quête de sens autour de la liaison problématique entre troisième et seconde. Ils ont recueilli après visites, échanges, analyses communes des « paroles d'élèves[2] ». Leurs travaux comportent une véritable prospection des besoins des élèves, au moins sur trois points.

Le besoin de réussite. Pour qu'une personne adopte une attitude motivée, il faut que l'objet corresponde à l'un ou l'autre de ses besoins. En outre, elle ne sera dynamique que si ce besoin d'atteindre un but renvoie à un désir profond.

Le contrôle d'une partie de la situation. Il lui faut avoir en tête qu'elle peut – si peu que ce soit – contrôler ce qui lui arrive. Une attitude consistant à se sentir responsable (par exemple, de son échec, comme de sa réussite) alimente la motivation. Rejeter à l'extérieur la cause des événements, expliquer la situation par des causes externes (la chance, le hasard, les autres) induit la passivité.

L'anticipation temporelle. L'attitude motivée va de pair avec la nécessité de penser à long terme, d'attacher du prix à un possible ultérieur plus qu'à un réel présent, et à organiser son travail, sa vie, en conséquence. Avoir un projet, s'organiser pour le réaliser, accepter de faire des efforts aujourd'hui au nom d'un but plus ou moins lointain permettent de tenir une attitude

2. Toute l'expérience est disponible sur : http://lycees.acrouen.fr/maupassant/acti/trois_2.php?choix=trois_2.htm

motivée sur la durée. Une écoute attentive, une analyse partagée sur le sens du travail, sur les avantages et les inconvénients d'apprendre et de s'organiser au lycée ont permis de frayer aux jeunes une voie pour une plus grande réussite. Apprendre reste un travail, les enseignants leur auront permis d'avoir quelques clés et outils d'analyse.

TROIS TRAITEMENTS POSSIBLES DES BESOINS

> *« Une fois les besoins recensés, qu'en faire ? »*

Lorsque les besoins ont bien été recensés, on oscille entre trois tendances fortes dans l'éducation : le développement d'outils de réparation, la pédagogie du dispositif, l'approche par l'individualisation.

La « trousse à outils » de la réparation

Toutes les disciplines, et pas seulement les lettres et les mathématiques comme c'est trop souvent le cas, sont sollicitées pour travailler dans le cadre de leur enseignement sur les points ciblés par les besoins. Le temps de la sixième est un temps qui doit consolider les apprentissages. C'est l'évolution proposée pour la constitution d'un cycle CM2-sixième. Pourquoi pas créer aussi un professeur coordonnateur « remédiation » pour indiquer les priorités et faire le point des interventions dans les disciplines ?

En français, au collège[3], des logiciels de remédiation sont disponibles et sont suffisamment diversifiés pour répondre aux situations locales et à votre besoin propre.

• Outils de la langue, lecture : Lirebel, Grambel[4]. À propos d'un item spécifique, ces logiciels proposent de nombreux exercices organisés selon une progression par séquences mais offrant plusieurs entrées possibles.

• Vocabulaire : Le jeu du MAI[5], édité par le CNDP. Sur la base des jeux langagiers. Dix contextes d'un même mot (le MAI : mot à identifier) s'affichent un par un, permettant une chasse progressive aux indices.

3. À partir de la très riche page du site de Créteil, lettres : www.ac-creteil.fr/lettres/pedagogie/college/6e/remediation/. Voir la page sur Casimir !

4. Site Internet : www.chrysis.com/site/

5. Site Internet : www.cndp.fr/lettres/lemai

▸ Une banque d'outils

On peut s'appuyer très utilement sur l'initiative nationale de collecte d'une véritable banque d'outils, toutes disciplines et tous niveaux confondus, de l'école primaire au lycée intitulée « la banque d'outils d'aide à l'évaluation ».

➥ www.banqoutils.education.gouv.fr

• Orthographe : Escritor[6]. Avec un petit groupe d'élèves, mais celui-ci nécessite des tablettes graphiques. L'élève y écrit avec le stylo graphique et le logiciel enregistre tout ce qu'écrit l'élève sous forme de film (il peut le restituer plus ou moins rapidement). Cela permet de voir les hésitations de l'élève pendant l'écriture. Intéressant pour une dictée, le logiciel peut néanmoins se prêter à de multiples utilisations. Enfin, le BOF[7] (bréviaire d'orthographe française) peut aussi servir au cours d'un travail d'écriture. Se présentant sous la forme d'un fichier d'aide Windows, il propose une navigation en hypertexte dans l'ensemble des règles d'orthographe.

La pédagogie par dispositifs de remédiation

Alternatif à la classe, un dispositif de remédiation permet de regrouper des élèves de plusieurs classes sur le critère d'un besoin repéré pour un temps donné. Cette organisation peut s'avérer efficace si enseignants et chef d'établissement savent agir avec souplesse et réactivité. À la façon, par exemple, du collège Léonard-Lenoir de Bordeaux[8] :

Groupes de besoin. Depuis quelques années, le collège Léonard-Lenoir a mis en place, en sixième, des groupes de besoin. La répartition horaire hebdomadaire d'une classe est la suivante :
– 3 heures en classe entière avec un professeur attitré ;
– 1 heure de remédiation avec le professeur de la classe ;
– 1 heure de groupe de besoin.

6. Site Internet : www.linux-france.org/prj/escritor/
7. Site Internet : http://mapage.noos.fr/mp2/
8. Des exemples et des fiches sont proposés en téléchargement : mathematiques.ac-bordeaux.fr/peda/clg/dosped/gpe_besoin/lenoir/espace.htm

Lors de l'heure de groupe de besoin, les élèves de deux classes sont répartis en trois groupes d'effectifs différents :
- groupe E d'environ 8 élèves ;
- groupe F d'environ 14 élèves ;
- groupe G d'environ 20 élèves.

Durant l'année, trois périodes d'environ dix séances sont organisées. Les groupes restent fixes sur une période, et les professeurs tournent face aux élèves suivant ce modèle :

Période / Professeur	1	2	3
A	E	F	G
B	F	G	E
C	G	E	F

Tests. Un test de prérequis permet de constituer les groupes pour une période. Ce test est soit tiré des évaluations de sixième réalisées au début de l'année, soit élaboré par l'équipe des professeurs. Il porte sur des notions qui ont été abordées en primaire et qui sont en cours d'acquisition pour certains et acquises par d'autres. Aucun travail préalable n'est effectué avant ce test. À l'issue de l'étude de chaque thème, un test d'évaluation commun à tous les groupes est proposé aux élèves.

Fonctionnement. Les élèves du groupe G travaillent en relative autonomie, à un rythme soutenu, sur des notions qu'ils maîtrisent et peuvent approfondir. Ceux du groupe F reprennent rapidement les bases et consolident leurs acquis. Les élèves du groupe E retravaillent les notions de base, participent librement sans crainte du regard d'élèves plus à l'aise, tout étant facilité par un effectif réduit et un niveau homogène. Trois thèmes ont été définis : techniques opératoires et calcul de durées ; tableau et traitement de l'information ; espace, patron d'un pavé droit, perspective, volume. Le premier thème porte sur un chapitre essentiel abordé en début d'année, les deux autres peuvent être « déconnectés » du programme.

Les enseignants ont en plus une heure de concertation hebdomadaire qui sert à élaborer les tests (prérequis et évaluation) ainsi qu'à mettre en commun les préparations de cours et à faire le bilan de ces travaux à la fin de chaque période.

> ▸ **En lycée professionnel, c'est aussi possible**
>
> **Dans le cadre des modules encore existants en lycée professionnel, l'utilisation raisonnée du logiciel de traitement des résultats de l'évaluation EVAREM permet de transposer l'expérience menée au collège. Voir le dossier complet très intéressant sur l'autoévaluation des pratiques des équipes, l'évaluation en seconde, ainsi qu'un document d'accompagnement d'un projet en module : pedagogie.ac-aix-marseille.fr/ecolp/eco/commun/htm/transversalhome.htm**

Bilan. Ce mode de fonctionnement permet de « casser » le groupe-classe. Il est bien perçu par les élèves qui sont à l'aise car ils évoluent ainsi à leur rythme. L'appartenance à différents groupes selon les périodes permet de ne pas se sentir « catalogués », d'autant plus qu'il n'y a pas de lien groupe-professeur. Au test commun effectué en fin de période, les élèves qui ont les meilleurs résultats ne sont pas forcément ceux qui ont eu les meilleurs résultats aux tests de prérequis. Ce qui est encourageant pour tous !

L'approche par l'individualisation

Les TICE ouvrent en la matière des horizons intéressants, comme en témoigne le site de Frédéric Dinel, Remédiation 6[9], organisé autour d'un tableau de fiches par compétences et d'exercices en ligne pour les élèves. Les savoirs, ceux inscrits dans les programmes y ont toute leur place. Après les tests d'évaluation à l'entrée en sixième, un répertoire des compétences nécessaires a été créé. À partir de celles-ci et des résultats aux tests, chaque élève organise en début d'année le travail qu'il aura à effectuer lors des séances de remédiation (une heure en demi-groupe par semaine). À chaque compétence correspond une fiche de travail avec une série d'exercices... Vous pouvez donc créer vos propres exercices, toujours plus adaptés que ceux que vous pourrez trouver ailleurs. Avec Webquestions et Hot Potatoes, on peut fabriquer des exercices interactifs sous forme de pages HTML. Cela est intéressant si l'on maîtrise la création

> ***“ Quelle est la place des savoirs que l'on doit travailler par besoins ? ”***

9. *http://lastrolabe.free.fr/ (Rubrique : Remédiation)*

de pages Web, on peut alors associer ses propres textes à toutes sortes de questionnaires.

Webquestions[10] est très simple et les exercices sont créés très rapidement. Mais leur type est assez limité : QCM ou questions à réponse ouverte (les élèves doivent saisir la réponse). On peut rouvrir dans un éditeur HTML la page créée et y rajouter toutes les données que l'on souhaite.

Hot Potatoes est un peu plus complexe mais permet un nombre assez varié de types d'exercices (six modules différents, que l'on peut plus ou moins personnaliser).

Lectra[11] : à partir d'un texte que l'on saisit soi-même dans le logiciel, ou que l'on possède au format TXT, Lectra peut générer 16 types d'exercices différents. Il est équipé d'un système d'évaluation qui permet de conseiller l'élève dans son parcours. Le logiciel est utilisable dans sa version de démonstration.

L'enseignant peut mobiliser cet arsenal, loin d'être exhaustif, pour lutter contre les difficultés réelles des élèves en matière d'apprentissages fondamentaux. Cependant, on reste encore dans le domaine de la réparation, sans toucher à la question de la réussite.

DU BESOIN À L'ENVIE D'APPRENDRE

On ne peut créer le désir ou la motivation intrinsèque de chaque élève, mais on peut influer sur les conditions du contexte qui permettent de susciter son propre désir. Trouver du sens, accorder de l'attention, s'investir dans une activité d'apprentissage, seul l'élève peut le décréter, mais certaines pratiques et gestes de l'enseignant y contribuent favorablement. (Voir les variables dans la conduite de classe dans le chapitre 1 « Diriger une séance ».)

> ***« Faut-il parler de besoins avec les élèves pour les (re)motiver ? »***

Les productions des élèves dépendent en grande partie des conditions sociales auxquelles ces derniers sont confrontés. En comparaison descendante,

10. Site Internet : *usinaquiz.free.fr/autre/webquestion.htm*
11. Site Internet : *www.lectramini.com/lectra.htm*

▸ Paroles salvatrices de professeur...

« Je me souviens d'un entretien avec un jeune qui se rappelait précisément un enseignant qui l'avait félicité pour son travail. Il m'a dit la chose suivante : « C'est la première fois qu'on me parlait comme à un homme. » Le message banal du professeur s'est avéré être un message d'une grande importance.

« Les enseignants sous-estiment leur capacité à "rattraper" les enfants blessés, dont presque tous attribuent à un enseignant la parole qui a été, pour eux, un facteur de résilience.

« 65 % des enfants, entre 12 et 18 mois, ont déjà appris à aimer d'une manière qui permet de prendre du plaisir en découvrant l'inconnu (« l'attachement sécure »). Pour ces enfants, l'arrivée à l'école, et tous les inconnus que cela comporte, sera donc un plaisir. Cela signifie qu'environ un tiers des enfants aura l'angoisse de la découverte de l'inconnu et développera peut-être une inhibition anxieuse. Ces styles d'attachement ont été acquis au cours du façonnement précoce de la mémoire. Cependant, il ne s'agit que de tendances et des retournements sont possibles. Ainsi, 25 % des enfants qui ont acquis "l'attachement sécure" s'effondreront en cours de développement, et 35 % des enfants qui ont développé une peur de l'école se reprennent, simplement parce qu'ils ont trouvé une parole qui leur a permis de reprendre confiance. »

➥ Boris Cyrulnik, Compte rendu des Entretiens Nathan 2001, www.enseignants.com/ressources/entretiens_nathan/ecole_resilience.htm

on observe un besoin de protection de soi ; en comparaison latérale par exemple, en groupe de besoins, la situation est seulement évaluative, sans grand effet ; en situation de comparaison sociale ascendante, c'est-à-dire en groupe hétérogène, on tend vers une amélioration de l'image de soi. Dans un groupe, en situation d'anonymat, 90 % des élèves se comparent à leur groupe sexuel. Dans un univers très féminisé, il va donc dans l'intérêt des élèves, ici garçons, de varier les interlocuteurs et donc les groupements.

En quête de sens

En quoi l'École répond-elle à la quête de sens et aux interrogations fondamentales des jeunes ? Comment montrer qu'aller faire un tour dans le monde des savoirs, le monde des grands, est intéressant et nécessaire pour l'élève ? Serge Boimare, directeur du CMPP Claude-Bernard à Paris, exprime avec fermeté la nécessité de dépasser la seule remédiation ou la réparation : « Il faut absolument se dégager de la pression de ceux qui n'analysent l'échec scolaire qu'en terme de manque, de sous-entraînement. [...] Lorsque pour apprendre, il ne suffit plus d'entendre et de voir, mais qu'il faut aussi réfléchir et construire, les problèmes commencent. Quoi que je fasse, je sais que ces préoccupations parasites ne pourront pas être mises à l'écart, surtout dans le domaine pédagogique, puisque c'est la sollicitation à penser qui les réveille. [...] Je ne sors pas de mon rôle de pédagogue en leur transmettant la culture, médiation formidable, pour leur faire savoir que d'autres, avant eux, ont formulé les mêmes questions, ont connu les mêmes inquiétudes, les mêmes peurs que celles qui les taraudent. Que d'autres avant eux ont su leur donner une forme, ont réussi à les transformer en découverte scientifique, en œuvre d'art, à les mettre en mot dans des textes fondamentaux. »

Boimare en appelle à la Bible, aux contes, aux romans et particulièrement à Jules Verne : « Si les romans de Jules Verne plaisent tant aux adolescents, c'est parce que l'auteur a su trouver des figurations à toutes ces angoisses archaïques qui se rappellent à eux [...]. À la différence de certains feuilletons violents, le voyeurisme est dépassé et utilisé comme tremplin pour stimuler le fonctionnement intellectuel, comme ressort pour alimenter le désir de connaître. Des ponts sont proposés pour que cet intérieur chaotique, éclaté, après avoir été approché, ne reste pas mortifère mais soit approché et transformé en questionnement[12]. »

C'est donc une invitation à reprendre, si jamais on avait laissé un peu de côté, les grands textes, comme le fait en primaire Marie-Dominique de Coulhac à Paris[13]. Pendant une année, elle anime un atelier d'études et de langages qui mènent les enfants de cours moyen dans un parcours d'apprentissage, d'oralisation et finalement de création à la découverte d'auteurs du patrimoine français mais aussi étrangers. Un patrimoine culturel d'une quarantaine de textes, articulés autour d'un thème choisi en début d'année avec les élèves, permet dans une grande dynamique du savoir et de l'épanouissement d'aborder toutes les préoccupations de ces enfants. La joie, la haine, la peur, l'amour, la mort, le souvenir, la nostalgie... sont nommés.

12. Intervention de Serge Boimare, « Regroupement des acteurs des classes-relais », Actes de la DESCO, Paris, 2002, p. 97.

13. « L'apprentissage du langage par les grands textes », Son travail est en ligne sur le site Innovation de Paris, rubrique « Zoom » : innovalo.scola.ac-paris.fr

▸ La part du rêve...

René Char écrit qu' « un poète doit laisser des traces de son passage non des preuves. Seules les traces font rêver ». Faire rêver devrait être aussi un objectif non négligeable des enseignants.

C'est alors très étonnant d'entendre que l'ensemble du groupe participe à ce qui est plus qu'une simple récitation : chacun est détenteur d'une parcelle de textes et d'un sens qu'il n'hésite pas à accompagner de gestes ou d'emphase selon les cas; des mots mystérieux ont été éclairés et mis en relation. Les grands textes sont l'occasion d'apprendre sur tout : matières scolaires s'il en est (grammaire, vocabulaire, orthographe), mais aussi approche philosophique sur le sens de la vie, la manière de regarder, la notion de point de vue, la découverte d'univers culturels jamais encore envisagés dans l'École.

Et Marie-Dominique de conclure : la meilleure évaluation de ce travail est la maîtrise du langage dont les enfants font preuve en fin d'année. Le souvenir de cet apprentissage reste profondément gravé dans les mémoires comme en témoignent plus tard des lycéens, des étudiants, des professeurs et des parents.

AUTOTEST : FAITES-VOUS UN CAHIER « ANALYSTE DES BESOINS »

Élaborez trois éléments de réponse portant sur des approches, une méthodologie ou des outillages différents, en reprenant la série de questions suivantes :

- Comment connaissez-vous les besoins de vos élèves ?
- Qui sont-ils ?
- Que font-ils ?
- Que ne savent-ils pas faire ?
- Que doivent-ils faire ?
- Comment le savez-vous ?

CHAPITRE 18

Auditer des attentes

Enseignants, vous parlez trop ! Meirieu apostrophait ainsi l'assistance lors d'une conférence. Et s'il avait raison ? Derrière cette assertion, il interroge non seulement la posture du professeur, mais encore la conception classique du métier, celle de la transmission. Enseigner, ce serait observer, et en premier lieu écouter. Que nous diraient les élèves si (un jour) on leur demandait leur avis, leurs attentes vis-à-vis de la discipline, plus largement, de l'École ? Et comment pourrions-nous utiliser leurs réponses, attendues ou plus inattendues ? Pouvons-nous faire des attentes des élèves des leviers pour mieux apprendre ?

SE MÉFIER DE REPRÉSENTATIONS ERRONÉES SUR NOS PROPRES ÉLÈVES

« Mes élèves n'ont pas de secret pour moi ! »

Les enseignants sous-estiment nettement ce que les élèves pensent de leurs propres compétences. D'après eux, 40 % des élèves pensent qu'ils finiront par avoir de bons résultats s'ils travaillent, alors que 90 % des élèves déclarent que les résultats obtenus ne sont liés qu'à leurs propres efforts et que leur avenir est entre leurs mains. Sept sur dix valorisent les effets positifs du travail fait en classe. Même si trois sur dix pensent que les bons résultats sont liés à la chance ![1] Par ailleurs, selon une autre étude, 40 % des enseignants déclarent passer moins de 20 minutes à parler en classe et 30 % même moins d'un quart d'heure… alors que 82 % des élèves ont l'impression de passer leur temps à écouter le prof et plébiscitent, à l'inverse, le travail de groupe[2].

1. *Marc Bru et Pierre Rivano, « Les enseignants connaissent-ils le point de vue de leurs élèves sur leur scolarité ? »,* Revue française de pédagogie, *n° 137, 2001.*
2. *Image de la discipline et pratiques d'enseignement en histoire-géographie et éducation civique au collège,* Les dossiers Évaluations et statistiques, *DEPP n° 183, mars 2007.*

▸ L'élève est une personne

Si on reconnaît que l'élève est une personne (sur les traces de Laurence Pernoud), et qu'il doit être l'objet de toutes nos attentions (loi d'orientation de 1989), alors il faut bien admettre quelques principes de fonctionnement d'une approche centrée sur la personne, ainsi qu'a pu la développer Carl Rogers, relayée en France par André de Peretti : les émotions sont constitutives de la personne ; la motivation est conçue comme autonome ; les représentations, positives ou négatives, sont propres à l'individu. Ce sont sur ces dimensions qu'il s'agit pour l'enseignant de travailler, au pire de faire avec, au mieux d'en partir !

Nos propres représentations, nous enseignants et autres travailleurs sociaux, sur les enfants et leurs familles, peuvent engendrer des logiques d'intervention différentes :
– soit ils considèrent l'enfant comme attaché à ses origines (idéologie du handicap socioculturel – allant dans le même sens que les tenants de l'idéologie du don. On se cantonne alors à redécouvrir des origines qui pour la grande majorité sont déjà loin (on parle de « pédagogie couscous »), on limite insensiblement, parfois volontairement, le niveau d'exigences ; les grands textes, ce sera pour plus tard ;
– soit ils voient l'enfant comme un sujet en développement, en plein apprentissage. C'est ainsi qu'on a pu voir des travaux très ambitieux avec les élèves en grande difficulté, comme par exemple la réalisation d'un opéra baroque en latin avec les élèves du collège de Geyter de Saint-Denis (en images dans « la loi du collège », un documentaire de Canal + il y a quelques années), parce que certains profs « y croyaient ».

Et J.Y. Rocheix de conclure : « Les enfants des banlieues ont besoin de vrais savoirs, de vraies activités intellectuelles et non de savoirs au rabais. Ils ont besoin que les activités d'apprentissage les confrontent à la complexité plutôt que de leur « faciliter » le travail en le morcelant en tâches mécaniques trop souvent vides de sens[3]. »
On sait que l'attente positive exprimée aux élèves et un regard attentif porté sur le travail sont des attitudes favorisant les performances moyennes du groupe. Attention donc à ne pas induire des contre-performances.

3. J.-Y. Rocheix, « Au-delà des cités, c'est de la cité qu'il s'agit », Actes des rencontres du GFEN à Aubervilliers (Seine-Saint-Denis), printemps 1996, Savoir et citoyenneté en banlieue, Dialogue, *n° 83-84, pp. 2-6.*

CONSULTANT

➲ SAISIR TOUTES LES OCCASIONS D'ÉCOUTER NOS ÉLÈVES

La classe pourrait se représenter à la manière de Lucrèce comme un agglomérat d'atomes s'entrechoquant – vous êtes aussi dedans –, leurs rencontres obligatoires mais aléatoires faisant advenir le savoir. Ce serait effectivement le cas si nous ne prenions pas en compte ce que les élèves nous disent, souvent maladroitement, dans les micro-espaces-temps que nous leur laissons. Comment pouvons-nous être plus attentifs et plus réceptifs ?

Les intercours

Les temps morts ou les temps extraordinaires sont des occasions quasi inespérées d'expression des élèves, un espace plein que les enseignants d'EPS, comme ceux qui « partent » avec leurs élèves (stage de découverte, formations de délégués, etc.) connaissent bien. Ils n'ont pas en soi une « cote d'amour », mais ils savent profiter de ces moments d'échanges plus libres où tout sujet peut être abordé, dans le respect des rôles de chacun. Sur le chemin du stade ou de la piscine, chaque semaine, l'enseignant d'EPS recueille suffisamment d'éléments pour évaluer le climat scolaire, les relations affectives ou conflictuelles, les difficultés rencontrées, autant que le CPE dans son bureau peut le faire.

C'est en partie la raison pour laquelle se multiplient les initiatives de type « découverte » ou « intégration » selon les cas, au moment de la rentrée pour une classe spécifique, voire parfois tout un niveau (sixième ou seconde de lycée). Il s'agit de se « caler » mutuellement, entre attentes scolaires, attentes des élèves, attentes des enseignants. Ces rencontres semblent faciliter la suite des événements et le déroulement de l'année scolaire. (Voir « Préparer une sortie, un voyage, un stage », chapitre 8.)

Dans le temps de classe et la vie scolaire

Dans l'ordinaire de l'École, les élèves arrivent en classe, pleins de « bruits et de fureurs » de l'extérieur, on ne peut l'ignorer. Mais en classe, le cadre de travail doit marquer une rupture et garantir un climat favorable aux relations et aux apprentissages. On retrouve cette préoccupation dans le travail de l'équipe du CESC (Comité d'éducation à la santé et à la citoyenneté) du collège de Saint-Genies par exemple. De la même façon,

« l'heure de vie de classe » est un moment régulier où quelques éléments de pédagogie institutionnelle permettent de réguler les échanges et d'exprimer les attentes. La pratique du « Quoi de neuf » laisse à chacun la possibilité de faire entendre ce qui le fait travailler ou l'empêche de travailler ; la résolution se fait alors collective. (Voir « Assurer la sécurité », chapitre 15.)

Dans un temps organisé individuel

Les dispositifs de type tutorat ou entretien individuel sont mis en place pour travailler sur les attentes réciproques de l'élève et de l'École, pour développer autant d'interfaces qu'il est nécessaire. (Sur le tutorat, voir « Guider le travail personnel », chapitre 16.)

QUELLES SONT LES ATTENTES À EXPLORER ?

Lorsqu'on parle d'attentes à auditer chez les élèves, on parle naturellement d'attentes d'ordre scolaire. On peut, par exemple, explorer la représentation que les élèves ont de leur propre statut et de chacune des disciplines qu'ils doivent étudier, ou encore leurs attentes en matière d'« éducation au choix » d'orientation.

Les attentes concernant la situation d'élève dans un groupe

Dans une classe de troisième pas facile, il m'avait semblé nécessaire de « mettre les choses au point » ; faire émerger quelques règles de fonctionnement général, édictées après une phase d'analyse partagée du règlement intérieur, d'échanges sur le sens de la scolarité, sur la place de la troisième dans le cursus de ces élèves, sur les difficultés rencontrées dans ces dernières années de collège. Le travail s'est conclu par quelques propositions écrites individuellement, puis rassemblées sur un transparent. Ainsi, la classe de troisième B donnait à voir sa représentation de l'élève, ce qu'ils en attendaient, ce que nous pouvions en attendre, nous les profs.

Cette « charte de l'élève » est le bien de chacun, mais également le signe du consensus partagé par le groupe. Ainsi, quand quelquefois dans l'année la machine s'emballait et le cours dysfonctionnait, nous en sommes revenus à la charte pour faire revivre ensemble ce qui apparaissait autant comme des modalités de travail que comme des objectifs

UN ÉLÈVE, C'EST...

aller à l'école
respecter
avoir des droits
avoir des devoirs
essayer d'apprendre à travailler
apprendre à vivre en société
connaître d'autres personnes
avoir le droit d'expression
s'instruire jusqu'à 16 ans
se perfectionner
avoir le droit à l'éducation
se cultiver
construire son avenir
construire sa propre personnalité
apprendre à apprendre
apprendre à respecter
apprendre à avoir confiance en soi
être autonome
garder son indépendance
apprendre ensemble

ambitieux, pour eux comme pour l'enseignant.

Ce type de technique permet de dépasser la simple conception de l'élève comme état administratif : c'est avant tout un « métier » selon Perrenoud, c'est-à-dire un ensemble relativement complexe de savoirs, d'apprentissages sur le tas, de règles implicites qui constituent ce que les Anglais appellent le « curriculum caché » par opposition au curriculum officiel des savoirs des disciplines inscrits dans les programmes. Il est évolutif en fonction du niveau scolaire, de l'âge, du nouvel établissement fréquenté. Bref, il est un processus dynamique qui entre en résonance avec d'autres éléments subjectifs pour construire sa « motivation ».

Les représentations de la discipline

D'après une étude réalisée sur des élèves de seconde, très visiblement, certaines disciplines bénéficient d'un potentiel de sympathie, d'autres en sont privées (voir infographie page suivante). On irait plus loin en affirmant que plus une discipline prend un habillage « scolaire » – et pour tout dire ennuyeux d'après les élèves –, moins elle rafle les suffrages. Dans un paradoxe non moins grand, plus elle s'affiche scolaire, plus elle prend de l'importance pour les « bons élèves ». C'est ce que montrait un test effectué par l'équipe Monteil du CNRS : les performances des élèves, suivant leur niveau scolaire, varient selon leur propre représentation de la discipline et de l'importance qu'elle revêt pour le groupe, et pas seulement en fonction de leurs capacités propres.

Mais lorsqu'on présentait la même tâche dans une autre discipline, les élèves les moins bons progressaient de manière significative. Il y a donc tout intérêt pour les deux parties à travailler les attentes dans la discipline (voir l'autotest à la fin de ce chapitre).

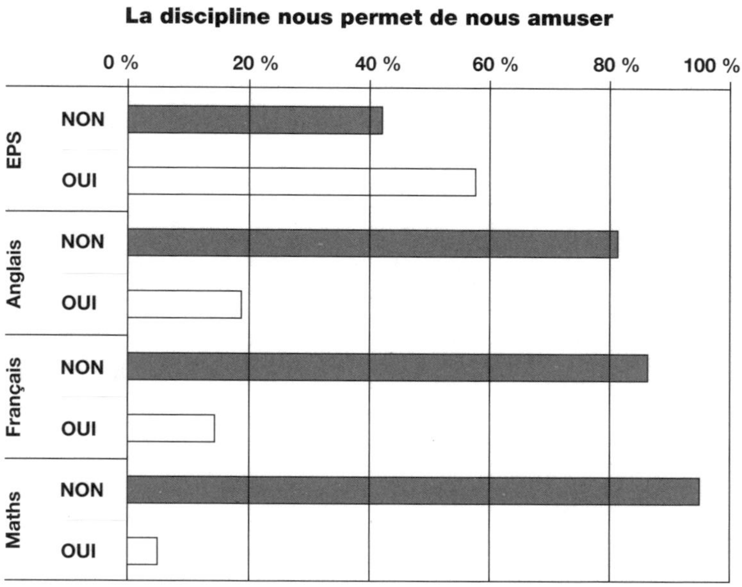

La capacité de projection à moyen terme

Tous les professeurs principaux en ont fait l'expérience, il est loin d'être suffisant de demander aux élèves de remplir une fiche en début d'année avec la mention « vœu ou souhait d'orientation » pour avoir rempli son devoir. L'inscription « 2e », si générique soit-elle, exprime une attente, mais encore très confuse. Toute projection dans un avenir, proche ou plus lointain, ne va pas de soi, pour des adolescents qui éprouvent déjà les plus grandes difficultés à définir eux-mêmes leurs propres compétences. En même temps, travailler avec eux leur capacité à se projeter les aide à mieux se construire. (Voir aussi l'enquête sur les méthodes de travail dans « Analyser les pratiques des élèves », chapitre 20.)

« L'éducation aux choix » a été inscrite dans le corpus du collège, mais comme souvent, elle a fait l'objet d'une relégation ou d'une hyper-spécialisation. Certes, il peut y avoir quelques séquences spécifiques de connaissances préalables et nécessaires sur les voies, les offres scolaires de proximité, et la conseillère d'orientation saura bien le faire. Mais l'enjeu est d'abord pour tout enseignant de mettre savoirs et compétences en projection, de sorte à donner des repères stables aux jeunes. Ainsi, toute approche nouvelle, tout savoir doit être projeté vers un futur proche, celui du cycle suivant, avec ses possibles encore incertains, signalés à

CONSULTANT

la manière de panneaux de signalisation routière, comme autant de ressources pour telle ou telle voie possible.

L'étape suivante serait de négocier des niveaux de compétence selon les projets que l'on se donne ensemble : Mounir dans un projet de seconde générale, Mélanie dans un projet de filière SMS (sciences médico-sociales). Tous deux expriment des attentes différentes vis-à-vis de telles disciplines, et dans les disciplines, vis-à-vis de tels objectifs. Il y a une tension entre savoirs communs à acquérir et attentes de spécialisation qu'il importe d'expliciter avec eux... et entre nous. Ainsi donc, prendre appui sur les attentes des élèves permet de beaucoup mieux orienter sa manière de conduire le cours et de finaliser un certain nombre d'objectifs. On n'apprend pas des savoirs en soi, mais des savoirs comme autant de ressources pour aller plus loin.

LES ATTENTES CONNUES, QUE FAIRE ?

Auditer des attentes est le début d'un processus : une fois recensées, que fait-on des attentes ? On les intègre dans le dispositif pédagogique. Les recenser et ne rien faire après serait s'exposer à une parole donnée et non prise en compte. Risque important. Cela met en jeu la capacité d'une équipe, d'un établissement, à faire jouer de la souplesse, des marges de négociation, à créer un ou des espaces de choix.

Tout choix est un acte éducatif. Il participe de la finalité de l'École, condensée dans l'« autonomie de l'élève ». En tant que tel, il fait l'objet d'un accompagnement pédagogique attentif. Le problème est qu'à l'École, on ne choisit pas.

Les différents dispositifs interdisciplinaires installés dans le secondaire (IDD, TPE et les PPCP en lycée professionnel), mais contestées aujourd'hui, se fondent très explicitement sur l'implication de l'élève, sur ses choix. Si le choix existe, on choisit comme une offre sur le marché, on ne le construit pas. En revanche, la consultation des élèves en amont du choix, les démarches de dévolution du projet font de l'élève un acteur collectif de l'offre.

L'élève peut participer à la construction de sa formation

Il y a une grande différence entre choisir entre deux choses qui existent et construire quelque chose qui n'existe pas encore. C'est en partant de ce principe que l'équipe du collège de Bissy (académie de Grenoble) s'est lancée dans une consultation des élèves en fin de sixième. Délaissant volontairement toute connotation disciplinaire (monde de l'enseignant) pour adopter un style à portée des élèves de 12 ans, l'équipe a sondé les élèves sur leurs goûts, aptitudes et envies; l'objectif était en début de cinquième d'adapter au plus prêt l'offre scolaire des modules interdisciplinaires. Le choix se construit donc pas à pas, dans une continuité qui doit toujours être soulignée ; c'est déjà permettre aux élèves de se « mettre en projet ».

Comme toute « innovation » dans un contexte donné, cela requiert un collectif plus organisé, des échanges sur les stratégies possibles et les outils à utiliser, une régulation du dispositif; ce n'est pas tant « plus » travailler, mais organiser le travail différemment en développant une coresponsabilité de tous les élèves qui existait peu alors à ce stade de formalisation (voir « Travailler en équipe », chapitre 6). Suivons l'organisation du collège de Bissy.

La prise en compte du choix s'organise en trois phases

1. Mai : première phase :

– questionnaire individuel de sensibilisation auprès des élèves de sixième : sondage selon les goûts, les centres d'intérêt, les domaines de réussite, les aspirations des élèves (voir l'encadré ci-contre) ;
– détermination des « profils » d'élèves : dépouillement, analyse pour définir des besoins ;
– thèmes retenus, activités envisagées, productions possibles, clarification des profils d'élèves souhaités par les enseignants ;
– proposition d'ateliers.

2. Juin : deuxième phase :

– grille de choix des ateliers par ordre de préférence (classés de 1 à 8) complétée dans toutes les classes simultanément par les élèves à partir d'un descriptif succinct de leurs contenus et des profils envisagés. Les animateurs des ateliers ne sont pas cités ;
– sur les ateliers retenus : traitement statistique en respectant au moins l'un des deux premiers choix ;
– première répartition des élèves.

3. Septembre : troisième phase :

– questionnaire et grille de choix proposés aux redoublants de cinquième qui sont intégrés en priorité dans la répartition provisoire ;

▸ Un questionnaire pour sonder les élèves

Voici à titre d'exemple un questionnaire de sensibilisation par un sondage sur les goûts, les centres d'intérêt, les domaines de réussite, les aspirations des élèves. D'après une expérience du collège de Bissy (académie de Grenoble, 1998).

1. Voulez-vous apprendre à vous protéger des bruits ?

2. Aimez-vous bricoler avec du papier, des outils ?

3. Auriez-vous envie d'en savoir plus sur Richard Cœur de Lion ou Robin des Bois ?

4. Êtes-vous plutôt « scientifique » ?

5. Utilisez-vous l'ordinateur pour autre chose que des jeux ?

6. Voulez-vous savoir comment on entend un bruit ?

7. Aimeriez-vous faire et goûter de la cuisine anglaise ?

8. Aimeriez-vous concevoir, inventer ?

9. Aimeriez-vous présenter un journal télévisé ?

10. Y a-t-il des tâches manuelles que vous réussissez bien ? Lesquelles ?

11. Voudriez-vous en savoir plus sur la journée d'un collégien anglais ?

12. Êtes-vous curieux de ce qui vous entoure ?

13. Vous arrive-t-il d'utiliser des outils pour réparer, bricoler, inventer ? Lesquels ?

14. Aimez-vous les voyages ?

15. Êtes-vous intéressé(e) par les phénomènes de l'espace ?

16. 11 km est plus grand que 10000000 mm ?

17. Aimez-vous improviser de petits sketches ?

18. Avez-vous du plaisir à vous déguiser et à jouer différents personnages ?

19. Aimeriez-vous en savoir plus sur Halloween et faire la fête ?

20. Aimez-vous jouer avec votre visage, votre voix, votre corps pour les rendre plus expressifs ?

21. Aimez-vous faire rire, émouvoir, surprendre les autres ?

22. Aimez-vous faire du bruit ?

23. Seriez-vous intéressé(e) par ce qui touche à la route, aux moyens de transports et aux activités qui en dépendent ?

24. **Avez-vous envie de découvrir les poètes d'hier et d'aujourd'hui?**

25. **Êtes-vous intéressé(e) par ce qui se rapporte aux secours en général (pompiers, secourisme) appliqués à la route?**

26. **Aimez-vous lire des pièces de théâtre ou aller voir des représentations théâtrales?**

27. **Avez-vous envie de fabriquer des bruits?**

28. **Souhaitez-vous lire de beaux textes et en créer vous-mêmes?**

29. **Prenez-vous plaisir à faire jouer les autres?**

30. **Aimez-vous écrire?**

31. **Voulez-vous découvrir les bruits de votre corps?**

32. **Avez-vous envie d'apprendre comment écrire des poèmes?**

33. **Aimez-vous pratiquer des jeux de société?**

34. **Préférez-vous vous amuser en révisant plutôt que réviser en vous amusant?**

– concertation de l'équipe pédagogique pour affiner (cas particuliers);
– répartition définitive dans les huit ateliers pour deux sessions semestrielles.

L'enquête menée auprès des élèves crée de l'interrogation et des attentes certaines; les professeurs, même s'ils avaient des préprojets ou des thèmes en tête, on le constate dans le questionnaire, ont pu réguler leur proposition; en tout cas, professeurs comme élèves étaient en place pour bien partir dès le début de l'année.

Questionner les élèves pour adapter son action pédagogique

L'équipe du collège Gabriel-Fauré à Paris, menée par sa principale adjointe, Mme Bonneuil, avait mis en place un dispositif qui s'appuyait sur la prise en compte des choix des élèves et le décloisonnement des classes. À l'issue de la première année, l'équipe, inquiète d'avoir introduit de la diversité là où il n'y avait jusque-là que de l'homogénéité, s'est enquise des effets produits avec grande objectivité et prudence requises. Elle a donc procédé à une évaluation fine des facteurs de choix des élèves en leur demandant de répondre à un petit questionnaire (voir ci-dessous). 156 élèves de cinquième ont répondu.

■ **Le questionnaire portant sur le dispositif « itinéraires de découverte » (IDD).**

Les questions	Les réponses en %
Vous attendiez les itinéraires...	
Avec impatience	38
Vous vous en moquiez	15
C'est une corvée pour vous	6
On vous en avait parlé en bien	52
On vous en avait parlé en mal	6
Cela vous fait peur	1
C'est sympa parce que vous retrouvez des copains d'autres classes	50
Votre affectation	
Êtes-vous content de votre affectation ?	73
Souhaitiez-vous autre chose ?	27
Votre choix est-il strictement personnel ?	61
Avez-vous discuté des parcours avec vos parents ?	46
- Vous ont-ils influencé fortement ?	0
- Vous ont-ils conseillé ?	23
- Avez-vous suivi leur avis ?	7
- Étiez-vous du même avis ?	24
Si vous n'avez pas parlé avec vos parents, c'est parce que :	
- Vous aviez peur de leur choix	5
- Vous n'aviez pas envie de parler de cela car cela ne les regarde pas	12
- C'est pour les embêter	0
- C'est votre parcours et ce sont vos progrès à vous qui comptent	40
- Vos parents ne s'occupent pas de ce que vous faites	3
Les motivations de votre choix : vous avez choisi tel ou tel itinéraire parce que :	
Vous aviez une idée claire de ce que vous vouliez	4
Vous étiez curieux de connaître de nouvelles choses	40
Vous voulez améliorer vos connaissances, car vous êtes doué et voulez en savoir plus	54
Vous avez des difficultés dans les matières concernées et vous voulez progresser	26
Votre camarade a choisi le même et vous voulez être avec lui (ou elle)	21
Vous aviez une petite idée des profs et vous avez choisi par rapport à eux	18

Les questions	Les réponses en %
Le contenu des itinéraires	
Vous a-t-il été clairement expliqué ? Vous avez tout compris Vous n'avez pas tout compris Vous aviez des questions à poser, mais vous n'avez pas osé	55 59 15 3

> Les enseignements du questionnaire

Attentes. Avant même que le choix ne commence, « on » en parlait déjà en bien (52 %). Réputation des cours de récré, représentations de l'expérience d'autrui, toute chose importante par la suite.

L'argument « copains » est valable mais dans une proportion beaucoup plus faible que les enseignants ne l'attendaient : si la moitié pense « sympa » de retrouver les copains d'autres classes (ce qui fait réfléchir sur l'enfermement en classe de type classique), seulement 21 % reconnaissent que cela a été un facteur de choix.

La place des parents est étonnante aussi au regard des attentes des enseignants : plus de 60 % ont pris leur décision seuls ; quand il y a eu échange avec les parents (40 %), pas d'injonction forte, mais quelques conseils.

Motivations. Un facteur déterminant a été la prise en compte par l'élève lui-même de sa situation scolaire et de son style d'apprentissage (sans qu'il sache que cela s'appelle ainsi) : certains ont choisi par goût du nouveau (40 %), d'autres parce que cela correspondait à un domaine de compétence (54 %), d'autres enfin (26 %) partent de leurs difficultés pour progresser.

Faire participer l'élève à l'évaluation collective d'un dispositif

Ainsi, en travaillant le concept de choix de l'élève, dans un espace somme toute très limité (deux heures par semaine), l'équipe a développé sur trois années des compétences de réflexion relativement poussées chez leurs élèves de cycle central : consultation en amont et explicitation régulière, évaluation partagée et reconfiguration modérée à la fin de chaque session semestrielle ; les élèves sont devenus de vrais acteurs collectifs de l'offre, et ont, dans un sens, contribué à faire évoluer les pratiques enseignantes, individuelles et collectives.

Lors des moments de bilan semestriels, des rôles ont été délégués, et ce n'était pas pour parler du papier toilettes qui manquait (« marronnier » des conseils de classe, qui permet aux élèves de parler de tout, sauf de la classe) : les actions pédagogiques, les supports, les traitements proposés faisaient l'objet d'une évaluation dite « à 360° » : autour d'une tablée, chacun tirait un bilan précis et fin sur les apprentissages, les avantages, les progrès encore à réaliser ; la parole prise est une parole représentée, construite et intelligente, les attentes formalisées étaient tout à fait réalistes et les enseignants les ont pris toujours en compte.

Ce serait faire un mauvais procès à ce type de dispositif que de lui assigner des objectifs trop élevés en terme d'apprentissages et d'acquisition de savoirs, voire de laisser croire qu'il résoudrait des difficultés scolaires importantes, qui relèvent d'autres types de dispositifs (remédiation, soutien…).

Mais les élèves ont sérieusement progressé dans la conception qu'ils ont désormais de leur propre scolarité, ils ont intégré une dimension qu'en anglais on nomme *empowerment* : se donner un capital d'intervention suffisant pour agir dans son monde. Ils ont participé activement à toutes les étapes de la construction de ces modules de formation, leurs attentes, leurs avis, leurs réalisations ont été suivis d'effets dans la classe, dans l'établissement. Cela n'est-il pas le fait de l'École ?

AUTOTEST : REVENEZ SUR LE SENS DES ITEMS DÈS LE TOUT DÉBUT DE L'ANNÉE

Lors du premier cours avec vos élèves, écrivez au tableau les trois questions suivantes :

1. La discipline X, à quoi cela sert ?

2. Qu'est-ce que le cours de X a de particulier ?

3. Qu'est-ce qu'on attend de moi dans cette matière ?

Les élèves prennent le temps de mettre par écrit les réponses. Puis sur un tableau on reporte une à une les différentes réponses, en envisageant ensemble les rapprochements, les différences, les niveaux, à la manière du « Métaplan ». Ou vous pouvez tenter une organisation en carte conceptuelle (voir page 117).

CHAPITRE 19

Analyser les ressources des élèves

« Ils ne sont pas motivés », « ils ne savent plus travailler », « ils sont angoissés par l'examen ». Ce sont des propos relativement fréquents échangés entre collègues, parfois même dans le lieu solennel du conseil de classe. Ils ont en commun de se limiter à un constat de difficulté, voire de blocage, mais on se donne plus rarement les moyens d'en faire une analyse plus fine, et d'envisager des pistes de résolutions. Comment développer avec les élèves leurs ressources propres à mieux gérer les situations scolaires ? Une chose est sûre : cela ne peut venir que d'eux, mais vous avez la faculté de les y aider.

PASSER D'UN CONSTAT D'INCOMPÉTENCE À L'ANALYSE DE RESSOURCES À MOBILISER

La séance de dissection du batracien n'a pas été une réussite avec les cinquièmes D : des scalpels baladeurs, la petite Noémie qui est tombée dans les pommes... Ils ont été incapables de faire le lien avec le cours sur la respiration de la semaine dernière.

Faire le constat d'une situation où les élèves n'y arrivent pas revient à évaluer une incompétence partagée, entre les élèves et vous-même ; il importe donc de préciser les composantes nombreuses qui entrent en jeu dans la réalisation d'une tâche et, au final, dans la fabrication d'une compétence. Ces composantes, on peut les nommer « ressources » au sens générique du terme, des éléments sur lesquels l'élève s'appuie pour conduire une action.

La compétence, c'est une combinaison de ressources variées

Quelles ressources faut-il développer pour faire bouger la situation, pour que cette séance de dissection se passe mieux ? S'agit-il :

– *de connaissances théoriques :* savoir comprendre, savoir interpréter par exemple le système respiratoire ou la reproduction des batraciens ;
– *de connaissances sur l'environnement :* savoir s'adapter à la situation de travail sur une paillasse en sciences, connaître les mesures de sécurité ;
– *de savoir-faire opérationnels :* savoir opérer le batracien, définir un protocole expérimental ;
– *de savoir-faire sociaux :* savoir échanger avec son camarade de paillasse et communiquer des informations ;
– *de savoir-faire cognitifs :* savoir nommer ce que l'on observe, raisonner par analogie avec ce qui est déjà connu ;
– *de ressources émotionnelles :* maîtriser son trac, prendre sur soi, distancier ;
– *de ressources physiologiques :* gérer son énergie et son hypoglycémie à 11 heures du matin.

D'emblée, la place des savoirs (connaissances théoriques sur l'environnement, savoir-faire) est paradoxale : elle est primordiale, mais insuffisante pour expliquer la difficulté. D'autres types de savoirs et de savoir-faire sont à l'œuvre. La question est alors : sont-ils étudiés dans le temps de classe, et si oui, le sont-ils suffisamment longtemps ? Ou bien faut-il que l'élève les acquière autrement ?

Travailler ensemble sur les différents types de ressources

Le tableau clinique est complexe, mais la prescription sera très différente selon l'analyse que vous faites des ressources déjà mobilisées par les élèves. Cette analyse, vous pouvez aussi la faire collectivement en posant le problème à la classe. Changer cette situation, cela suggère de votre part, par exemple, de :
– faire un rappel théorique rapide sur la respiration pour remiser en « mémoire vive » les contenus et aller plus loin ;
– faire expliciter à nouveau les mesures de sécurité et de prévention des risques en situation ;
– élaborer ensemble le protocole expérimental à partir d'une expérience antérieure récente ;
– fixer les attentes précises pour chaque binôme, donner à chacun un rôle (observateur, consignateur) ;
– organiser régulièrement un « temps mort » où chaque binôme dira ce qu'il observe ; la procédure de reconnaissance et de réinvestissement des connaissances vient alors très vite ;

– organiser au début du cours un bref temps de relaxation, certains enseignants ont même recours à des techniques issues de la sophrologie, pour faire prendre de la distance aux élèves et relativiser « l'horreur » de la dissection;
– si elle peut susciter des émotions, déplacer l'expérience sur un autre créneau horaire; mieux, afin d'éviter les crises d'hypoglycémie, faire du sujet « petit-déjeuner » un support de cours débattu. Le besoin physiologique est premier, avant même le besoin d'assurance et de reconnaissance[1].

Quand nous évaluons une compétence, il s'agit d'analyser les ressources au travail et l'objet de l'évaluation. **On reconnaîtra qu'une personne sait agir avec compétence si elle sait combiner et mobiliser un ensemble de ressources pertinentes, en situation.** Le socle commun des connaissances et des compétences ne nous propose pas autre chose.

COMMENT AIDER L'ÉLÈVE À MOBILISER SES RESSOURCES

Le savoir ne s'impose pas à l'élève dans sa lumière irradiante ! Il requiert une part active de l'élève, une véritable mobilisation qu'il vous faut solliciter en travaillant sur ce qui reste votre domaine : l'environnement et le contexte scolaire des apprentissages[2]. Avant même les questions d'ordre matériel, ce sont d'abord des facteurs d'ordre psychosociologique : l'attention, les automatismes, la mémoire, l'émotion; et des éléments sur lesquels vous intervenez forcément : la comparaison sociale, la présentation des exercices.

« Kevin n'est pas motivé ; je n'y peux rien. »

Capter, maintenir l'attention

L'attention permet de contrôler l'activité. Tout traitement de l'information réclame une plus ou moins grande capacité d'attention. Celle-ci peut se représenter comme un capital limité; elle peut s'appliquer sur plusieurs objets, un peu comme un système en parallèle (dans un montage électrique). Elle est orientée sur trois types d'objets.

1. *N. Delvolvé,* Tous les élèves peuvent apprendre. Aspects psychologiques et ergonomiques des apprentissages, *Hachette Education, Paris, 2005.*
2. « Contextes et performances scolaires », *J.-M. Monteil, Poitiers, 2002, http://www.ac-poitiers.fr/eps/peda/monteil/monteil.pdf* et *E. Bourgeois,* Apprendre et faire apprendre, *PUF, Paris, 2006.*

CHERCHEUR

① Le problème à résoudre

Il est possible que celui qui s'exclame ainsi pour vous appeler à l'aide ait raison et qu'il y ait « surcharge cognitive » ; vous avez fixé trop haut le niveau de difficulté et de savoirs. Il faut prévoir une étape ou du temps en plus. Dès que vous abordez une nouvelle notion ou un niveau de complexité plus élevé que le simple recopiage, pensez à ne pas laisser les élèves seuls. Psychologiquement, c'est dur à assumer. Dans ce cas, le travail régulier en binôme est intéressant car l'un étaye l'autre dans la réflexion, le questionnement, les ressources. L'impasse est moins fréquente (voir « La cordée », page 262).

> ***“Madame, c'est trop difficile ! ”***

② Les éléments périphériques à la tâche

Traîner les pattes c'est, chez les adolescents, la marque d'une certaine lascivité ou nonchalance. L'engagement dans l'activité n'est jamais spontané. Plus la résistance est partagée dans le groupe, plus vous allez vous épuiser à assumer seul les tâches et diverses responsabilités nécessaires à la conduite de l'activité. Donc, répartissez les rôles (tournants), ritualisez la mise au travail ; automatisez la mise en espace. Ce sont des procédures qui se mettent en place au début de l'année et pourront se répéter dès que cela est nécessaire. (Sur la mise en rôles, voir le chapitre 2 ; sur la mise en espace, voir le chapitre 28.)

> ***“C'est toujours la galère pour les mettre au travail. Perte de temps considérable. ”***

③ La focalisation sur soi

C'est une tendance naturelle chez les adolescents, plus nette chez certains d'entre eux ; votre interrogation externe les renvoie à un vide intersidéral, plus rien n'existe ; vous renforcez de fait involontairement un blocage. Il s'agit de trouver une stratégie qui vous permette de « vérifier » sans donner une « publicité » à votre geste et à la non-réponse. Lui signifier que vous avez bien vu, qu'il y a des progrès, l'encourager. Ce sera un premier pas de part et d'autre. Osez le détour culturel ou la métaphore (voir page 287).

> ***“J'ai un élève littéralement bloqué quand je l'interroge. ”***

Développer des automatismes dans des apprentissages fondamentaux

L'opération automatique permet de traiter beaucoup sans mobiliser l'attention, ou tout au moins de libérer une partie de ce capital d'attention pour le consacrer à des objets plus complexes. Il est donc stratégique d'automatiser tout ce qui peut l'être. Discutez avec Mariette, après le cours, et proposez-lui un programme de révision intensif des tables de multiplication, en ayant vérifié et testé avec elle « comment » elle apprend. Proposez un calendrier, des étapes, une autovérification (voir « La pédagogie du contrat », page 68). Puis, à tout moment, ravivez les savoirs, « 7 x 8 = ?». Ce pourra être le cas pour des définitions de concept, par exemple : « une carte, c'est… en cinq points ». Le « par-cœur » est une forme privilégiée de l'automatisation. Ce n'est pas rétrograde : c'est simplement une modalité d'apprentissage, et elle est efficace, voire nécessaire dans certains cas (voir les quiz, page 122). Un investissement en cycle II pour une réussite au collège.

> ***“ Mariette a l'air de réinventer la multiplication à chaque fois qu'elle calcule. Elle met trois fois plus de temps que les autres. ”***

Activer tous les types de mémoire

La mémoire est une structure complexe qui stocke de l'information. Les recherches neurophysiologiques ont démontré l'existence de plusieurs types de mémoires, à savoir la mémoire à long terme, la mémoire de travail, la mémoire de soi.

> ***“ En début d'année, j'ai l'impression que les élèves ont tout oublié. ”***

La mémoire à long terme stocke des informations permanentes, des automatismes encodés : ce sont des savoirs ancrés, mais aussi des représentations héritées, justes ou parfois erronées. D'où l'importance de faire appel à ces représentations, pour les « réencoder », par exemple, au niveau du cours moyen, le système de reproduction chez l'Homme. La surprise est toujours au rendez-vous (où l'on voit le nombril jouer un nouveau rôle !). Il faut faire avec : partir des représentations pour en refixer les idées (travailler sur les représentations, voir page 316).

La mémoire de travail traite les informations dans le temps du cours, elle peut réactiver quelques éléments de la mémoire à long terme : comme un ordinateur, c'est l'équivalent de la mémoire vive. Rien ne vous assure qu'une bonne réponse sera reproductible une semaine après.

• Le début d'année est toujours délicat car vous devez retisser des liens distendus ou qui n'ont parfois jamais existé. Votre questionnement aura beaucoup plus d'efficacité s'il porte non seulement sur des contenus propres, mais aussi sur les éléments du contexte : « Quand tu as étudié, il y a quatre mois, la division, c'était avec qui ? Comment l'as-tu étudiée ? Comment as-tu posé l'opération ? Tu faisais quoi alors ? » (Sur la technique de l'entretien d'explicitation, voir le chapitre 5.)

• De même, la confrontation des expériences individuelles permet de réactiver la mémoire de travail. Si on file la métaphore informatique, il faut prendre le temps de « décompresser les fichiers ». Faites, par exemple, passer au tableau deux élèves en même temps pour comparer collectivement deux stratégies de résolution de problème. Discutez après.

La mémoire de soi : autobiographique, elle emmagasine des représentations de soi, positives ou négatives, des éléments de connaissances de ses propres ressources. Dans le cas d'élèves en grande difficulté, elle peut occuper toute l'attention au détriment de l'activité que vous proposez, c'est le cas d'un élève qui « rumine » un conflit intérieur, avec des attitudes presque autistiques. Il vous importe alors d'affirmer le diagnostic : sont-ce des difficultés spécifiques d'un élève en situation scolaire ou bien un élève en échec scolaire ? Selon les cas, votre intervention sera différente.

Maîtriser les émotions

Qu'est-ce qui souvent va faire la différence entre deux candidats de même niveau à un concours ? La maîtrise des émotions. L'un aura abordé sereinement l'épreuve rassemblant efficacement ses connaissances, tandis que l'autre, envahi par le trac, aura constaté, le sujet à peine distribué, qu'il ne savait plus rien. Vous avez sans doute eu devant vous ces futurs candidats malheureux. Ce sont même souvent de bons élèves, montrant ainsi qu'il ne

> ***“ Trois filles manifestent des troubles psychosomatiques visibles lors des contrôles. Pas moyen de les réassurer. ”***

s'agit pas d'un problème de connaissances ! Que faire alors pour les aider? Vous pouvez explorer deux pistes : cherchez avec eux ce qui les paralyse et surveillez l'environnement.

Apprendre à gérer le temps. Si le stress n'est pas provoqué par une absence de connaissances, il provient sans doute d'une difficulté à travailler en temps limité. Il est vrai que cet exercice est assez peu préparé en classe, alors qu'il est souvent pratiqué. On le constate dans les passations de consignes des évaluations de CE2 où des exercices de rédactions doivent être réalisés en temps limité : cette simple consigne n'a jamais fait l'objet d'un apprentissage antérieur pour de jeunes élèves ! Pour remédier à ce problème, il faut être clair avec les élèves : soit vous estimez que l'essentiel est un exercice terminé ; soit vous considérez que le travail en temps limité est la preuve d'une compétence, et vous devez les préparer à ce type d'exercice auparavant. Quelques entraînements réguliers, à échelle réduite avec estimation de temps (trois minutes pour tel type d'exercice) doivent permettre de libérer les capacités de ces élèves. Question d'entraînement sur la durée.

Sécuriser l'environnement. Et si le stress de ces élèves venait aussi tout simplement des conditions de travail dans la classe? Leurs voisins, par exemple, n'ont jamais leur matériel et leur « empruntent » constamment et, à la longue, elles ne peuvent plus travailler. L'environnement scolaire n'est plus sécurisant et bloque toute autre performance. C'est de votre ressort de repréciser les règles et réaffirmer la sécurité de chacun dans le cadre de la classe. Vous pouvez même faire inscrire dans une fiche d'autoévaluation le critère « avoir son propre matériel ». Question d'autonomie scolaire ! (comme l'explique bien Nicole Delvolvé.)

Méfiez-vous de la comparaison sociale

La comparaison sociale, c'est la tendance naturelle de tout individu dans un groupe à se situer par rapport à ses pairs. Elle est amplifiée lorsque vous soulignez la réussite d'un élève, signalant ainsi par défaut l'échec ou l'absence de réussites des autres. L'École est saturée de ce type de situations… (Sur la comparaison sociale, ses pratiques et ses effets, voir le chapitre 1).

Spontanément, dans un groupe, l'élève a tendance à se comparer à son groupe sexuel, puis à un pair légèrement meilleur, à un leader, dans un processus d'identification positive, cela permet dans le même temps de se construire. La motivation intrinsèque peut naître de cette rencontre.

Cependant, la comparaison peut être contreproductive dans le cas d'un élève en échec scolaire, plongé dans un espace scolaire qui lui rappelle à tout moment son état. Ainsi, changer de rôle ou de statut pour Mounir ne pourra se faire en totale visibilité sous peine de « perdre la face », ce sera soit lui, soit vous. Le problème doit se traiter dans un premier temps hors du champ de comparaison sociale, en entretien privé, peut-être en organisant un suivi de type « tutorat ». On peut compter sur une évolution de son attitude de travail dans les deux à trois mois. (Sur le tutorat, voir le chapitre 16 « Guider le travail personnel ».)

> ***“ Impossible de faire passer Mounir au tableau sans qu'il fasse le pitre. ”***

Toute situation scolaire rappelle en mémoire des comparaisons antérieures à soi (des expériences par rapport à une performance antérieure). Des élèves au parcours scolaire déjà heurté se voient encore relégués dans un dispositif (un de plus) de remédiation-réparation comme l'Éducation nationale sait en inventer. Non seulement, ils n'en perçoivent plus le sens, mais ils ne se donnent pas l'autorisation d'atteindre les objectifs que vous leur assignez. Faites en sorte d'une part que ce dispositif soit **temporaire** pour permettre un roulement ouvert à tous ; ouvrez le travail en jouant sur les interactions dans le groupe, ce n'est pas un préceptorat. D'autre part, partez de points acquis, positifs, pour aller vers plus de complexité.

> ***“ En aide individualisée, j'ai beau encourager les quatre élèves, ils ne se voient pas en situation de réussite. ”***

La présentation des exercices

Les élèves n'arrivent pas « neufs » dans un cours ; ils portent parfois lourdement des expériences de ratage ou des représentations véhiculées par l'imaginaire scolaire. Il existe bel et bien des potentiels de sympathie *a priori* pour telle ou telle discipline. Entre le sport et la géométrie, la plupart des élèves n'hésiteraient pas… !

> ***“ Dès que j'annonce « géométrie », les têtes se baissent. ”***

Habiller la tâche. Une expérience a été menée avec des élèves de cinquième. Une même tâche a été présentée à deux groupes : « Mémorisez

► « À quoi ça sert ? »

Cette année, c'est la veuve sicilienne, icône énigmatique de je ne sais quel deuil, qui m'a demandé : "À quoi ça sert de... ?" J'ai répondu simplement en regardant mon seul allié, le lecteur : "À quoi ça sert de ne pas avoir lu Nigel Barley ?" La question retournée, même sous cette forme improbable, a rempli son office, reçue dans un silence perplexe. C'est peut-être ça la bonne réponse, définitivement. À quoi ça sert de ne pas savoir ? »

➥ *De Marivaux et du loft, petites leçons de littérature au lycée*, Catherine Henri, édition POL, 2003, p. 47.

une figure complexe (figure de Rey) en une minute, puis retracez-la de mémoire. À un groupe, c'était présenté comme un exercice de géométrie mathématique, à l'autre, comme un exercice d'arts plastiques. Les scores les plus élevés ont été produits par le second groupe, particulièrement par les élèves dits faibles. **L'habillage de la tâche** a donc un effet certain sur les performances des élèves. Elle permet de réduire les résistances ou les blocages de vécus difficiles et de mobiliser les ressources intellectuelles.

LA MOTIVATION, C'EST LA MOBILISATION DE SES PROPRES RESSOURCES

« La motivation scolaire est rare en soi : elle est un processus qui se construit à partir de ses propres ressources, en interaction avec la situation de la classe. C'est une dynamique qui puise dans les perceptions qu'un élève a de lui-même et de son environnement et qui l'incite à choisir une activité, à s'y engager et à persévérer dans son accomplissement afin d'atteindre un but[3]. »

Pour qu'un élève soit motivé, il faut qu'il valorise l'apprentissage et ait envie de progresser, qu'il évalue sa propre compétence, qu'il soit convaincu que ses méthodes sont efficaces. Trois points sur lesquels vous pouvez intervenir et l'aider.

3. R. Viau, « La Motivation en contexte scolaire », Renouveau pédagogique Inc., Saint-Laurent (Canada), 1994, repris dans le dossier Résonances *n° 5.*

Il faut que l'élève sache « à quoi ça sert »

Les buts sociaux (envie d'être intégré dans le groupe-classe) ne suffisent pas. Il faut aussi que l'élève ait des buts scolaires : envie de progresser (buts d'apprentissage) ou envie d'être reconnu, félicité (buts de performance).

L'apprentissage doit être valorisé par l'élève pour acquérir des connaissances.

• Renoncez à tout évaluer. Travailler sous le joug d'une observation de type couperet est intenable ; personne n'y résiste. Par comparaison, pensez à votre dernière inspection...

• Valorisez le droit à l'erreur en reprenant le concept sportif de l'entraînement : un athlète s'entraîne, régulièrement, fait parfois des contre-performances, mais fait la performance une fois aux Jeux.

• Acceptez les performances collectives, « on n'apprend pas tout seul », disait une équipe de recherche de l'INRP (CRESAS). (Voir le chapitre 4 « Négocier des contrats d'études ».)

• Inscrivez, manifestez, communiquez aux élèves sur leurs progrès en fonction d'une finalité proche ou plus lointaine (fin de trimestre, projet d'orientation, exposition...). Vous êtes le « supporter » de vos élèves.

L'évaluation de sa propre compétence

La perception par l'élève de ses compétences à accomplir ses différents travaux puise dans plusieurs sources : ses propres performances antérieures, l'observation et l'exécution d'une activité par d'autres personnes, ses capacités mêmes physiologiques et émotives, mais également la persuasion extérieure. Et c'est là que vous pouvez intervenir.

> ***“ Certains se surévaluent, d'autres se sous-évaluent systématiquement. Ça ne fonctionne pas. ”***

• Montrez et analysez avec les élèves le plus souvent possible des cahiers et copies pour qu'ils prennent la mesure de leur propre capacité à atteindre l'objectif, ce dont ils doutent toujours.

▸ Pygmalion en pédagogie

En pédagogie, on parle d'« effet Pygmalion » quand l'élève arrive à se conformer à l'image que le maître lui renvoie, de manière explicite ou le plus souvent implicite. D'où l'importance d'exprimer une attente positive, l'élève se comporte en véritable « réacteur » (Rosenthal et Jacobson, *Pygmalion à l'école*, Casterman, 1971).

• Toute parole ou acte de votre part influe fortement sur l'opinion de l'enfant, qu'il le reconnaisse ou non, que vous en soyez conscient ou non. Travaillez alors vos interventions en positivant systématiquement et en ouvrant le plus possible le dialogue. Ce sera peut-être difficile au début, mais ce sera plus performant qu'un rappel des seules difficultés qui enferment l'élève. Vous jouez avec un effet Pygmalion (voir ci-dessus).

Compte tenu de la difficulté de percevoir sa propre compétence, élaborez avec vos élèves des outils d'autoévaluation appropriés. En la matière, il n'est pas évident que vos critères soient d'emblée les leurs. Il faut s'attarder plus longuement sur l'étape des expériences déjà vécues et des représentations sur tel exercice, avant de proposer une fiche toute faite (voir plus loin). C'est bien là la différence entre une **évaluation formatrice** et une **évaluation formative**. Cela leur permettra d'apprendre à devenir compétents, ce qui est plus efficace que de tenter de les persuader qu'ils le sont. (Sur les pratiques de l'autoévaluation, voir le chapitre 4 « Négocier des contrats d'études »).

L'élève doit percevoir qu'il a prise sur l'événement

L'élève doit être convaincu que les outils et les méthodes qu'il utilise sont efficaces. Si l'élève estime que les causes d'un échec sont internes, modifiables et contrôlables, il se jugera capable de remédier au problème. Il s'agit donc d'adapter tout à la fois contenus, objectifs et même vocabulaire au niveau de vos élèves. On parle souvent de « transposition didactique ». En l'occurrence, proposer toujours la même chose parce qu'ils peuvent réussir peut s'avérer contre-productif.

« Je leur ai proposé des exercices qu'ils avaient déjà faits, et c'est encore une catastrophe. »

CHERCHEUR

► Quel est votre système de récompenses et de punitions ?

Votre propre dispositif de valorisation peut avoir des effets sur la « mémoire de soi » et le sentiment de pouvoir progresser :

• Remplacez avantageusement des récompenses symboliques (le bon point accordé à la participation orale par exemple) par des commentaires favorables, des encouragements dans les moments difficiles, des remerciements... Tout n'est pas sujet à évaluation, surtout pas dans les moments d'entraînement.

• « S'ils ont bien travaillé, je ne leur donne pas de devoirs à la maison. » Attention aux récompenses paradoxales : la suppression de tâches à domicile. Si vous les supprimez, c'est qu'ils ne sont pas essentiels à la réussite scolaire.

• « En cas de non-respect du règlement, c'est automatique, je donne trois exercices supplémentaires. » Dans le cas de « punition intelligente » (exercices de grammaire, par exemple), l'enfant associe activité d'apprentissage et sanction; en matière d'aménagement du contexte scolaire, ce n'est pas efficace. Préférez des tâches à intérêt collectif qui manquent toujours de serviteur zélé.

• La récompense « contre-productive » : dans une bonne intention, vous survalorisez un acte normal d'un élève. Si le bénéficiaire n'a pas l'impression de l'avoir mérité par la qualité de son travail, elle sera dévaluée et son contenu aussi.

• Proposez une activité exigeante : l'activité doit le mettre à l'épreuve et l'obliger à utiliser différentes stratégies : résolution, enquête, questionnement à autrui; qu'il ait le sentiment « d'un pas de plus ». (Sur l'approche par situation-problème, voir le chapitre 24.)

• Proposez une activité interdisciplinaire et productive, permettant aux élèves d'interagir, représentant un défi, avec un temps suffisant, accompagnée de consignes claires. (Sur le croisement des disciplines, voir le chapitre 6 « Travailler en équipe » et le chapitre 21 « Diriger des projets ».)

PARTIR DES REPRÉSENTATIONS DES ÉLÈVES

Avec la motivation, la dernière ressource de l'élève que l'enseignant doit solliciter, ce sont ses représentations mentales. La représentation est une

► « Les professeurs ne comprennent pas qu'on ne comprenne pas »

« Dans l'éducation, la notion d'obstacle pédagogique est également méconnue. J'ai souvent été frappé du fait que les professeurs de sciences, plus encore que les autres, ne comprennent pas qu'on ne comprenne pas. Peu nombreux sont ceux qui ont creusé la psychologie de l'erreur, de l'ignorance et de l'irréflexion. [...] Ils n'ont pas réfléchi au fait que l'adolescent arrive dans la classe de physique avec des connaissances empiriques déjà constituées. Quand il se présente à la culture scientifique, l'esprit n'est pas jeune, il est même très vieux car il a l'âge de ses préjugés. »

• Gaston Bachelard, *La Formation de l'esprit scientifique, contribution à une psychanalyse de la connaissance objective*, Paris, éditions Vrin, 1938, 8e édition, 1972, pp. 14-18.

combinaison complexe faite de connaissances sur les procédures, sur l'environnement, sur sa capacité de réaliser l'acte lui-même. Elle est un héritage, préexistant à votre enseignement. Les représentations (ou conceptions) jouent un rôle essentiel dans la structuration de la mémoire, dans sa propre capacité de s'autoriser à s'engager dans l'activité, dans la comparaison sociale. Elles sont un des moteurs de la réussite scolaire.

> *« J'ai répété cent fois que le losange n'est pas un carré ; ils n'impriment pas. »*

De manière générique, on pourrait proposer la méthode suivante, par exemple, pour construire la définition d'un carré à partir de ses caractéristiques essentielles :
– proposer des possibles à partir d'un corpus d'exemples :

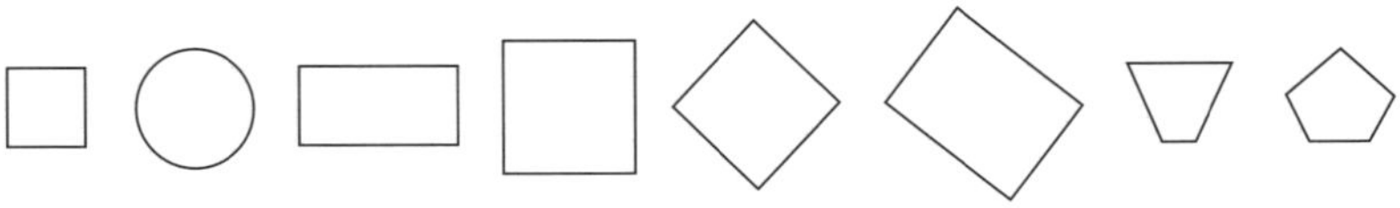

– rechercher les attributs du concept (taille, nombre de coins, degrés des angles, couleurs, volume...) ;
– rechercher la cohérence ;
– approfondir le concept de carré ;
– procéder à la vérification.

▸ Les facteurs humains dans l'enseignement

Le site de Jacques Nimier réserve une rubrique sur les représentations des mathématiques, mais elle est également valable pour les autres disciplines : www.pedagopsy.eu/

Comment faire émerger les conceptions des élèves

Gérard de Vecchi propose 12 techniques que vous pouvez utiliser pour faire émerger les conceptions des élèves[4].

• Demandez la définition de certains mots à vos élèves.

• Faites-leur réaliser un dessin, un schéma représentant un élément ou un phénomène (particulièrement adapté pour les jeunes enfants).

• Posez-leur des questions sur des faits ponctuels.

• Partez d'un schéma ou d'une photo et demandez-leur un commentaire.

• Placez les élèves en situation de raisonnement par la négative (« Et si tel élément n'existait pas ? »).

• Réalisez vous-même une expérience qui étonne les élèves (dont l'aboutissement n'était pas celui attendu)... et demandez-leur d'émettre des hypothèses pour expliquer ces résultats.

• Mettez-les en situation de choisir, parmi différents modèles analogiques, celui qui aide le mieux à comprendre le phénomène étudié ou proposez-leur de construire eux-mêmes un modèle explicatif (« C'est comme... »).

• Placez-les devant des faits, des affirmations d'apparence contradictoire et laissez une discussion se développer.

• Faites-les s'exprimer à travers des jeux de rôles (surtout pour les jeunes enfants).

4. D'après G. de Vecchi, « Des représentations oui, mais pour en faire quoi ? », Cahiers pédagogiques, *n° 312, mars 1993, p. 50.*

▸ Analyser vos propres ressources… professionnelles

Si l'ensemble de l'ouvrage est orienté sur l'« analyse de ses ressources », vous pouvez cependant vous reporter plus particulièrement à quelques chapitres :

Les ressources de son environnement scolaire

- ❏ **Expériences et réussites pédagogiques, voir « Diriger des projets », chapitre 21.**
- ❏ **Projet d'établissement, voir « Travailler en équipe », chapitre 6.**
- ❏ **Matériels pédagogiques, voir « Mettre en œuvre des outils », chapitre 10.**
- ❏ **Manuel de classe, idem.**

Les ressources professionnelles

- ❏ **Analyser sa pratique, voir « Penser sa propre formation », chapitre 29.**
- ❏ **Ressources didactiques et disciplinaires, voir « Faire de la didactique », chapitre 23, de même que « Définir une progression », chapitre 9.**
- ❏ **Internet pédagogique, voir la webographie en fin d'ouvrage.**

• Mettez-les en situation de se confronter avec une conception fausse provenant d'un autre élève (ou même recueillie dans une autre classe).

• Confrontez-les avec une conception en relation avec des croyances anciennes ou actuelles.

• Mais, surtout, soyez toujours à l'écoute des élèves et observez-les : les conceptions apparaissent à n'importe quel moment de la démarche… et ce sont souvent celles qui sont les plus intéressantes.

Pour que l'exercice fonctionne, prenez cependant deux précautions.

1. Pour permettre une expression riche des représentations, il est essentiel que les élèves sachent qu'ils sont en train de se construire un outil de travail, donc que leur production ne sera pas jugée. Cela est particulièrement important dans le cas où l'enseignant a par exemple l'habitude de noter l'ensemble des réalisations écrites qu'on lui rend.

2. Enfin, gardez-vous d'une tendance à extirper les conceptions fausses dès le départ. Elles peuvent constituer une étape dans la construction d'un concept, par dégagements progressifs.

▶ Connaissez-vous vos élèves ?

2 229 166 : nombre de lycéens en France (68 % en lycée général, 32 % en lycée professionnel).
61 % sortent le soir au moins une fois par semaine.
58 % écoutent de la musique plus de cinq heures par semaine.
35 euros : argent de poche mensuel, en moyenne.
66 % des 12-17 ans et 91 % des 18-24 ans ont un téléphone portable.
65 % des 12-17 ans ont un ordinateur chez eux.
49 % des 12-17 ans ont une connexion Internet à domicile. Parmi eux, plus de la moitié s'y connecte tous les jours pour y chercher des informations (80 %) ou envoyer des messages (55 %).
80 % des 15-17 ans estiment que consommer du haschich est assez grave ou très grave.
40 % considèrent que boire de l'alcool n'est pas très grave ou pas grave du tout.
21 % boivent régulièrement de l'alcool.
37 % fument du tabac tous les jours.
19 % des garçons et 26 % des filles ont déjà pris des médicaments pour soigner un malaise psychologique.
10 000 à 15 000 tentatives de suicide par an, **650** décès par suicide, 2e cause de mortalité dans la classe d'âge après les accidents de la route.
17 ans : âge moyen du premier rapport sexuel.
80 % des garçons de 14 à 18 ans et **45** % des filles disent avoir vu au moins un film porno.

Sources : ministère de l'Éducation nationale, Proxigérie, Crédoc, TNS-Sofres, Inserm et Observatoire français des drogues et des toxicomanies.

AUTOTEST : CAPITALISEZ LES RESSOURCES DE VOS ÉLÈVES

Listez trois contenus que vous pouvez automatiser facilement de façon à gagner du temps et de l'efficacité pour vos élèves.

1.
2.
3.

Utilisez dans les deux prochains mois deux techniques présentées page 316, destinées à faire émerger les représentations de vos élèves sur un concept.

CHAPITRE 20

Analyser les pratiques des élèves

Faudrait-il que l'enseignant se transforme en « clinicien » pour mieux comprendre ce qui arrive à ses élèves? C'est possible quand il faut se préparer au diagnostic expert de l'analyse des erreurs, les symptômes des échecs; c'est tout aussi nécessaire quand le maître organise l'expérimentation et la prise en compte du temps d'apprentissage dans sa classe. Ce sont des dimensions transversales à tout enseignant. Mais le sait-il?

DU CONSTAT DE L'ERREUR À L'ANALYSE DU TRAVAIL ET DE LA RÉFLEXION DE L'ÉLÈVE

Analyser des pratiques scolaires, c'est se trouver confronter à des réalités vivantes, jamais parfaites, telle la réalité tout court. La photo n'est jamais lisse, elle présente des grains. À bien analyser les pratiques, l'enseignant se trouve en situation de diagnostiquer des erreurs dont il ne sait que faire si ce n'est les relever... et les noter. La saturation des relations par l'évaluation, facteur d'angoisse et d'immobilisation des ressources personnelles, finit par pervertir l'analyse elle-même. Personne ne résiste à la supervision permanente d'un juge. Se donner le temps de l'analyse, c'est exclure pour un temps toute évaluation sommative, pour mieux saisir les « grains » de l'action.

> “ ***Mes élèves font tellement de fautes, que je ne sais plus comment les noter.*** ”

Passer du concept de faute à celui d'erreur

Jean-Pierre Astolfi, didacticien et professeur de sciences de l'éducation à l'université de Rouen, s'interroge longuement sur le statut de l'erreur dans les apprentissages. Premier constat : l'erreur scolaire est plutôt source d'angoisse, alors qu'en dehors de l'école (dans le domaine sportif par exemple) elle est davantage source de défi pour les jeunes.

CHERCHEUR

Ainsi, l'« aversion spontanée pour l'erreur à l'école et le rejet didactique qui en résulte souvent correspondent d'abord à une certaine représentation de l'acte d'apprendre, largement partagée par les enseignants et les parents. » Dans l'idée d'une acquisition naturelle des connaissances, les erreurs ne peuvent être considérées que comme des « ratés » de l'apprentissage. Symptôme d'une incompétence, l'erreur est alors synonyme de faute ou de bogue au sens informatique. Chaque type d'**erreur** est le produit d'une réflexion de l'élève confronté à une tâche donnée par l'enseignant ; il faut abandonner le concept de faute qui reporte la charge sur l'élève. Dans une erreur rencontrée, la part de l'enseignant est aussi importante, tant dans son origine que dans sa résolution.

erreur ↙

« La vérité naît plus facilement de l'erreur qu'elle ne naît de la confusion. »
Francis Bacon

Petite typologie des erreurs possibles

Astolfi identifie les principaux types d'erreurs scolaires pour lesquelles il propose médiations et remédiations[1]. L'erreur est, selon les cas, due à :
– une complexité propre au contenu d'enseignement ;
– des conceptions alternatives (ou représentations) ;
– des démarches étonnantes de résolution ;
– une difficulté de compréhension des consignes ;
– un emprunt à une autre discipline, mais d'emploi décalé ;
– des habitudes scolaires, héritées d'un autre niveau ;
– des opérations intellectuelles ;
– une surcharge cognitive face à un savoir difficile d'accès.

C'est une bonne grille d'analyse à avoir en tête quand on regarde et on écoute ses élèves.

Prévenir les erreurs possibles avec les élèves

Confronté à ce difficile devoir d'analyse des erreurs, les collègues de la Sarthe proposent quelques pistes[2] :
– varier les présentations, les supports ;
– réfléchir aux situations trop éloignées du quotidien des élèves ;

1. *D'après J.-P. Astolfi, «* L'Erreur, un outil pour enseigner *», Paris, ESF, 1997 ; voir aussi G. de Vecchi,* Faire construire des savoirs, *édition Hachette Éducation. Paris, 1996, pp. 76-77.*
2. *D'après « Exploiter l'évaluation CE2 », Inspection académique de la Sarthe, septembre 2001 : http://desette.free.fr/pmevtxt/pmev.htm ; puis « L'Erreur au service de la pédagogie ».*

– diversifier les démarches d'enseignement et d'évaluation ;
– aider les élèves à diversifier leurs procédures en leur donnant des moyens pour y parvenir ;
– considérer la lecture de la consigne comme un temps important de lecture ;
– aider les élèves à s'interroger sur le sens de la consigne, identifier les mots importants, la reformuler, se représenter mentalement le travail à effectuer ;
– permettre de vérifier au cours de la tâche que la consigne a bien été appliquée ;
– aider les élèves à se projeter dans la situation, se constituer une image mentale de la connaissance à acquérir ;
– multiplier les activités de tri, de classement, de comparaison, de rangement ;
– inciter l'élève au transfert des acquis grâce à un travail plus transversal, interdisciplinaire ;
– freiner l'impulsivité en exigeant de la réflexion, de la concentration ;
– consolider les connaissances de base par des exercices d'entraînement ;
– inviter les élèves à rendre explicites, par le moyen de codes différents, leur démarche et leur lecture du réel ;
– différer l'apprentissage mais revenir sur les acquisitions nécessaires ;
– reprendre l'apprentissage à son point de départ en modifiant les situations, en introduisant des supports très concrets, en multipliant les manipulations ;
– aider l'élève à faire émerger ses représentations existantes pour qu'il puisse les reconnaître, les rejeter comme inefficaces, et lui donner ainsi tous les moyens de les corriger ;
– donner des exercices de consolidation de complexité croissante.

Quelles seraient les cinq solutions que vous choisiriez ?

AFFINER SON ANALYSE SUR LES DIFFICULTÉS DES ÉLÈVES

L'analyse des pratiques des élèves vient buter sur la vraie difficulté scolaire qui s'impose à un moment donné de la vie d'un enseignant, d'ailleurs souvent en début de carrière. Prononcer un diagnostic comme « bon élève/mauvais élève » est chose aventureuse, quand on n'est pas à même de justifier son avis autrement que par les seules évaluations, elles-mêmes soumises à une part inévitable d'aléatoire, la docimologie l'a montré. La précaution en la matière est de mise (voir page 221). L'analyse doit s'attarder sur des faits observables par tous, récurrents, avant de porter tout jugement hâtif et d'accoler une pastille noire sur la liste d'élèves dans le bureau du principal adjoint (chose vue !).

“ Je n'ai que des élèves en échec scolaire ! ”

Élèves en difficulté : un casse-tête pour le prof !

À chacun ses représentations. L'étude de Chi-Lan Do, docteur en psychologie à Paris V sur « Les représentations de la grande difficulté scolaire par les enseignants » (DEPP, mars 2007) illustre la difficulté que nous, professionnels de l'éducation, rencontrons quotidiennement dans l'analyse. Notre attitude pourrait se résumer en une « attribution causale externe » : c'est pas nous, c'est eux ! Pour la majorité des profs, l'origine de la difficulté proviendrait d'abord de l'environnement de l'enfant, puis de l'organisation du système éducatif. À noter tout de même que pour un prof sur dix, la difficulté vient de l'élève lui-même. Dans le détail, les profs citent : l'absence d'intérêt des familles, l'absence de prise en charge des élèves en grande difficulté et le manque de bases solides.

Un autre trait commun partagé par beaucoup d'enseignants est de « repousser le problème » et d'imputer la responsabilité aux autres : 82,9 % des professeurs de collège affirment ainsi que c'est avant le collège que la grande difficulté scolaire doit être traitée ; et par cascade, 45,8 % des professeurs des écoles désignent l'entrée en grande section de maternelle.

Que faire face à la grande difficulté scolaire ? 84 % des profs de collège et 62 % des profs des écoles ne croient pas que le redoublement soit une solution. Et pourtant, on continue ! Neuf profs sur dix croient en « l'efficacité du soutien individualisé et en l'aide au travail personnel » : trois profs des écoles sur quatre connaissent le Rased et deux profs de collège sur trois mentionnent « l'orientation précoce dans des structures particulières ». Les profs sont demandeurs de formation, voire de « méthodes qui marchent » ou de « trucs ».

Selon Chi-Lan Do, les professeurs se diviseraient en **trois groupes**. Il y aurait « ceux qui éprouvent un sentiment de “combativité et de défi” face à un phénomène qu'ils jugent inacceptable et qui les conduit à ajuster leur niveau d'exigence en modifiant leurs méthodes et pratiques ou leur relation à l'élève ; ceux qui mettent en avant leur “sens du devoir et souci

	Élève en difficulté	Élève en échec
Comportement	Comportement ordinaire	Agitation, fatigabilité
Gestion du temps	L'élève manque de temps, il en prend beaucoup pour entrer dans la tâche, il est souvent perdu par le rythme du cours mais il reste accroché si l'enseignant s'adapte à lui. Il ressent souvent une impression d'*overdose* (trop à assimiler en une séquence)	L'élève a trop de temps. Parfois il n'arrive pas à entrer dans la tâche ou y entre beaucoup trop vite. Très vite dépassé, il souhaite que le cours se termine le plus tôt possible d'où un sentiment d'ennui.
Relation à l'enseignant	L'élève est gêné par l'imposition d'un schéma de pensée extérieur à ses connaissances. Il sollicite de l'aide car il sait où sont ses erreurs.	Il ne sollicite pas d'aide car il ne parvient pas à s'évaluer, alors qu'il aurait besoin d'être guidé pas à pas.
Relation au groupe-classe	Le groupe peut aider l'élève à progresser et souvent l'élève est demandeur de ce type de travail.	Le groupe gêne l'élève qui ne sait pas en tirer parti ou l'élève gêne le groupe par un comportement difficile.
Relation à l'apprentissage	L'élève est tolérant à l'incertitude, à la nouveauté, à la recherche. Il peut intégrer la correction de ses erreurs et améliorer peu à peu ses performances. Sa compréhension est partielle, empirique (certains indices montrent qu'il comprend mais il ne peut verbaliser). Ses travaux sont souvent incomplets. Il peut suivre un apprentissage en classe. Le sens du travail scolaire est compris, voire admis. Il peut fonctionner en établissant des gradations (plus ou moins vrai, plus ou moins efficace...).	L'élève est soit intolérant à l'incertitude, soit indifférent (il ne perçoit pas l'enjeu du travail). La correction de ses erreurs n'améliore pas ses performances. Son incompréhension est souvent totale. Ses travaux sont vides ou illogiques ou complètement décentrés par rapport à la consigne. Il ne peut suivre qu'un apprentissage distribué. Le sens du travail scolaire n'est pas compris, voire rejeté. Il fonctionne souvent en oppositions binaires (vrai/faux, bon/méchant, bien/nul...) qui gênent l'appréhension de la réalité.

	Élève en difficulté	Élève en échec
L'écriture et la lecture	L'élève commet beaucoup de fautes (orthographe, syntaxe) et la graphie est mal contrôlée, mais la phrase a un sens. La lecture est lente mais l'élève comprend certaines informations lues.	Les phrases sont partielles, tronquées, souvent phonétiques et presque illisibles. La lecture n'est qu'un déchiffrement incompris.

d'équité envers l'élève" ; ceux qui ressentent une impression "d'impuissance, isolement ou fatalisme" devant un phénomène perçu comme inéluctable et ont davantage tendance à baisser leur niveau d'exigence ».

Un outil pour faire la distinction. Depuis une dizaine d'années, les recherches sur ce thème ont été nombreuses et riches, notamment à partir d'entretiens menés avec des élèves d'établissements de banlieues afin de mieux comprendre comment se construit leur rapport au savoir. Je vous propose de reprendre un tableau issu des *Cahiers pédagogiques* (n° 277) : synthétique, il permet de mieux diagnostiquer la situation donnée d'un élève sur la base de ses actes, de ses propos, de ses résultats et de dépasser la seule moyenne de 8,75/20 qui, en soi, n'a qu'une valeur très, très relative (voir le tableau de bord ci-contre). Cet outil permet de donner quelques indicateurs afin de faire la distinction entre élève en difficulté et élève en échec.

Le bilan de l'outil. Cette opposition bipolaire est bien sûr incomplète et extrême (bon nombre d'élèves étant en difficulté pour certains critères et en échec sur d'autres). Mais cet outil a une vertu : les indices de l'élève en difficulté montrent que son problème essentiel est le manque de temps et qu'il faut donc en faire « un peu plus » ou « un peu plus longtemps » avec lui. En revanche, cette démarche est inopérante avec les élèves en échec. Disposer de plus de temps ne change pas grand-chose car ils cherchent à écourter le temps consacré aux apprentissages classiques : il faut donc « faire autrement » avec eux.

CRÉER LES CONDITIONS DE L'ANALYSE, L'EXEMPLE DE LA DÉMARCHE EXPÉRIMENTALE

Faire autrement peut consister à mener le travail d'analyse en sollicitant et favorisant, dans son enseignement, le questionnement et la confrontation.

Comme l'illustre ce petit récit de la vie quotidienne en primaire… où un matin, sur la table du maître, tous les cahiers ont été poussés sur le côté ; au milieu trône un grand saladier d'eau entouré de fruits : raisin, pomme, noix, banane et pamplemousse. Les élèves de CE1 campent autour du maître qui leur distribue à chacun une petite feuille à deux colonnes : ça flotte, ça coule. On fait un pari, dit le maître ; chacun va inscrire ce qu'il pense qu'il va se passer pour chaque fruit. Rapide concertation ; c'est sûr, dans la colonne « coule », beaucoup y inscrivent d'office le pamplemousse : « C'est gros et c'est lourd. » À l'inverse, le raisin trouve facilement sa place dans « flotte » ; c'est évident, il est petit et léger. Le maître fait le tour ; les jeux sont faits. On va procéder au tirage. Stupeur : quand le pamplemousse jeté avec assurance dans le saladier commence à remonter, on entend des cris étouffés (« Oh, non ! » à côté de « yeeess ! ») ; c'est une clameur plus du tout étouffée quand le raisin coule à pic.

> ***“ Faire des sciences dans les petites classes, c'est difficile, voire impossible. ”***

Retour au calme et debriefing ensemble : finalement, à l'épreuve de la réalité observée, ce que je crois ne se vérifie pas ; les apparences sont trompeuses ; il doit bien y avoir des règles qui expliquent ce phénomène qui n'a donc plus rien de paranormal.

Des suggestions émergent, inscrites sur le tableau : on va les peser, ces fruits, puis les mesurer ; il doit exister des points communs ; et puis, si je perçais le pamplemousse, il coulerait non ?

Archimède n'est pas très loin ; mais en cours élémentaire, le maître entend rester à un niveau accessible pour ses élèves sans dépasser ce que le programme lui demande. Il peut cependant envisager la combinaison de plusieurs variables pour expliquer l'inexplicable : comment un bateau gros et lourd flotte-t-il ?

Comment bien conduire l'expérimentation

Le GTD (groupe technique disciplinaire) de physique (programme de seconde) prodigue deux conditions nécessaires pour que cet enseignement expérimental remplisse pleinement son rôle, quel que soit le niveau des élèves :

– les élèves doivent savoir ce qu'ils cherchent, anticiper (quitte à faire des erreurs) un ou des résultats possibles, agir, expérimenter, conclure et ainsi élaborer leurs connaissances ;
– l'enseignant doit veiller à bien définir les objectifs de contenus et à limiter le nombre des compétences mises en jeu dans une séance de TP afin de bien dégager les notions qu'il veut faire acquérir. Avant toute entrée dans le processus de résolution et d'expérimentation, il doit vérifier, lors du débat, que les élèves ont bien compris la question et/ou les termes du problème à résoudre.

Les « 10 principes » de la « main à la pâte ». La main à la pâte est un dispositif très développé dans le primaire, autour de la démarche expérimentale et de la confrontation argumentée d'expériences. Son site Internet (www.inrp.fr/lamap), très riche, propose une rubrique intitulée les « 10 principes » qui fournit la matrice de toute activité d'observation et de recherche active avec les élèves. Voici les six premiers.

1. Les enfants observent un objet ou un phénomène du monde réel, proche et sensible et expérimentent sur lui.
2. Au cours de leurs investigations, les enfants argumentent et raisonnent, mettent en commun et discutent leurs idées et leurs résultats, construisent leurs connaissances, une activité purement manuelle ne suffisant pas.
3. Les activités proposées aux élèves par le maître sont organisées en séquences en vue d'une progression des apprentissages. Elles relèvent des programmes et laissent une large part à l'autonomie des élèves.
4. Un volume minimum de deux heures par semaine est consacré à un même thème pendant plusieurs semaines. Une continuité des activités et des méthodes pédagogiques est assurée sur l'ensemble de la scolarité.
5. Chaque enfant tient un cahier d'expériences avec ses mots à lui.
6. L'objectif majeur est une appropriation progressive, par les élèves, de concepts scientifiques et de techniques opératoires, accompagnée d'une consolidation de l'expression écrite et orale.

ESSAYER, EXPLORER, EXPLICITER SON CHEMINEMENT INTELLECTUEL

La démarche expérimentale est classique dans certaines disciplines ; on peut cependant la transposer dans d'autres champs disciplinaires, en retenant quelques éléments de son protocole, notamment, la démarche d'explicitation des raisonnements.

Un « carnet d'expériences » pour analyser des pratiques

Au collège Marx-Dormoy, à Paris, un trio d'enseignants (technologie, SVT et physique) a instauré une démarche très originale de « carnet d'expériences ». Des entretiens ont permis d'analyser les pratiques des élèves de cinquième. (Vous retrouverez d'autres types d'évaluation, chapitre 27.)

Utilisation du carnet. « Les élèves n'ont pas encore le réflexe d'utiliser naturellement leur carnet. Ils ont souvent la mauvaise habitude de ne pas poser l'énoncé ou la question qui leur sont posés, ce qui a pour conséquence des réponses erronées ou des hors-sujet. La relecture du carnet devient alors impossible à court et à long terme. »

Organisation du carnet. « Nous constations ensemble un manque d'organisation, des suites de problèmes sans cohérence. Comment organiser cela ? La plupart ont proposé de dater, de séparer par des traits ou de mettre en place un système de couleurs permettant de repérer les disciplines. D'autres ont avancé l'idée de faire des parties dans leur carnet pour chaque discipline. Preuve que le cloisonnement a la vie dure et que notre système a ses limites puisque nous avions précisément mis en place le carnet pour lutter contre cette volonté de séparer les problèmes.»

Lisibilité du carnet. « Nous les avons fait travailler sur les représentations graphiques, comme moyen essentiel de s'exprimer, à base d'exemples (Léonard de Vinci, Picasso, mais aussi ce que fait un chercheur du CNRS), en insistant sur la clarté (indispensable pour une réutilisation future). Nous leur avons aussi conseillé d'utiliser le crayon plutôt que le stylo pour faire des dessins (mais d'éviter d'effacer surtout dans une phase de recherche) et d'agrandir les dessins lorsque l'on a des difficultés à les faire.»

Utilité du cahier. « Nous avons discuté avec des élèves qui ne comprenaient pas l'intérêt du cahier. Nous avons essayé de leur faire comprendre ce qui pouvait les aider dans cette nouvelle pratique, nous avons aussi jugé de leur investissement dans le projet. Ces élèves sont peu nombreux, mais nous aurions dû intervenir plus tôt. »

Appropriation du cahier. « Nous avons trois élèves, qui ne sont pas les meilleurs, mais qui ont des passions personnelles, la sculpture, les sciences,

► Et l'été, que devient le travail de l'élève ?

Selon la récente étude du Haut Conseil à l'évaluation de l'école, quatre écoliers sur cinq recevrait un cahier de vacances et près d'un quart des lycéens suivrait des travaux d'été.

Quelle efficacité peuvent avoir ces outils ? En 2001, Jean-Pierre Jarousse et Christine Leroy-Audoin ont étudié, pour l'IREDU, l'efficacité des activités scolaires des élèves en été. Leur travail montre qu'ils ont un impact dans les résultats scolaires. Mais l'efficacité varie selon l'usage du support : les enfants qui terminent le cahier ont de meilleurs résultats que ceux qui ne l'ont pas fait. Enfin, bien d'autres critères entrent en jeu : l'accompagnement familial par exemple. « À certains enfants, ceux des milieux favorisés, [le temps des vacances] permet de bénéficier à temps plein de leur environnement plus favorable et d'activités, parfois en apparence peu scolaires, qui renforcent leurs compétences ; à d'autres, il fournit l'occasion de s'atteler à un véritable travail... qui doit conduire au minimum au maintien des acquis scolaires. Ceux qui ne participent pas au mouvement ont de fortes chances de se laisser distancer dans une compétition dont ils pensent, à tort, que la reprise officielle n'est programmée qu'à la rentrée... Finalement, le travail scolaire pendant les congés conduit à un renforcement des différences sociales, sexuelles et scolaires de réussite. » C'est un aspect du « curriculum caché » !

et la littérature. Nous leur avons proposé d'investir leurs recherches personnelles dans leur cahier (en leur montrant des exemples). Nous pensons que l'utilisation personnelle est un moyen de mettre en œuvre le processus de manière naturelle, cette découverte est une voie supplémentaire que nous pouvons exploiter. En effet, la détermination de projet personnel permettant aux élèves de focaliser leurs actions sur un sujet qui les motive peut être une appropriation différente, mais aussi intéressante du cahier. »

« Lors de ces premiers entretiens, nous nous sommes concentrés sur le carnet, dans la mesure où il est la mémoire du travail et qu'il doit servir de base de discussion. Nous ferons évoluer le rôle de ces entretiens autour des projets de recherches, ainsi que des projets personnels sur lesquels nous devons agir. »

Les conditions pour réussir le cahier d'essai avec les élèves

Ce rapide compte-rendu fait apparaître quelques points saillants :
– l'analyse du travail de l'élève se fait sur des objets, sur des traces concrètes et personnelles ;
– l'analyse est le fait de plusieurs professeurs partageant les élèves ; elle est un regard croisé ;
– l'analyse requiert une participation de l'élève ; elle est un moment réflexif déterminant pour faire évoluer les habitudes scolaires, de part et d'autre ;
– elle fait partie d'un dispositif d'évaluation assez complet qui permet de reporter la note par ailleurs. L'analyse n'est pas la notation ;
– l'analyse permet d'entrer dans le détail des pratiques et la spécificité des modes opératoires du travail : elle donne des renseignements susceptibles d'aménager le travail pour l'élève lui-même, mais aussi pour l'enseignant ;
– l'analyse n'existe pas en soi, mais se fond dans le cadre d'un projet : projet interdisciplinaire des enseignants, projet personnel à échafauder peu à peu pour l'élève.

AUTOTEST : SAUREZ-VOUS IDENTIFIER LES ERREURS ?

Les formateurs de Créteil ont conçu quelques pages lors d'une formation pour les lycées d'Amérique du Nord. Consultez le site : sanfrancisco.creteil.iufm.fr/2002_2003/erreurs.htm issu du site sanfrancisco.creteil.iufm.fr

1. Proposez un classement du type d'erreurs faites par les élèves.

2. Quelles activités pourriez-vous mettre en place pour remédier à ces difficultés ?

3. Comment concevez-vous la gestion de l'hétérogénéité au cycle 2 ? Cette gestion est-elle différente selon vous au cycle 2 et au cycle 3 ?

Vous pouvez utiliser les ressources suivantes :
– *Lire au CP*, livre guide (il peut s'adapter bien entendu à d'autres niveaux).
– Consultez le site : www.eduscol.education.fr/D0135/projet-livret-guide-cp.pdf

CHAPITRE 21

Diriger des projets

« L'homme-projet » habite nos écoles et nos établissements. C'est devenu une seconde nature officielle. Tout est projet. Vous voulez sortir avec vos élèves : faites un projet ; vous voulez étudier le mouvement baroque : faites un projet ; votre action n'est pas encore reconnue dans votre établissement : faites un projet. Un mot incantatoire, paré de toutes les vertus, magique pour ouvrir les portes de participations financières rectorales ou partenariales. Faire un projet, diriger un projet est devenu une compétence de l'enseignant moderne au même titre qu'enseigner tout court. Tout se passe comme si cela allait de soi. L'analyse des projets d'école et d'établissement montre que non.

D'un autre côté, les élèves sérieusement engagés dans un projet s'étonneront toujours à un moment donné : « Pourquoi, en cours, c'est pas comme ça ? » Les dérives sont nombreuses ; le concept de projet appliqué au monde scolaire a perdu son sens. Tellement, qu'il faut revenir à son sens premier et expliciter les dilemmes avec lesquels nos collègues sont aux prises.

▸ Les projets, « ça marche ! »

D'après une note de la DEPP (mai 2006), consacrée à l'évaluation des projets artistiques et culturels, 53 % des élèves investis dans des projets PAC (projet artistique et culturel) ont plus de plaisir à venir au collège qu'auparavant. Tant et si bien que 82 % des principaux estiment ainsi que les classes à PAC ou les ateliers, contribuent à valoriser l'image de leur collège. Dans le détail, 57 % des élèves de classe à PAC et 43 % de ceux d'ateliers déclarent que les activités artistiques leur permettent d'apprendre des méthodes de travail intéressantes pour les autres cours et les aident à approfondir certains points des programmes. Par ailleurs, la mise en œuvre d'un projet artistique incite les enseignants à travailler ensemble.

LES SOURCES D'UN PROJET

Dans la plupart des cas, l'enseignant ou un groupe d'enseignants sont à l'initiative d'un projet : la démarche est prévisionnelle et peut s'inscrire dans une intention d'action au moment de la prérentrée ou dans le cadre du projet d'école ou d'établissement. La radio (exemple cité) serait ici plutôt une idée, un avant-projet, un concept que vous souhaitez développer. L'entrée par l'activité est une façon comme une autre de commencer, mais il en existe d'autres. On peut aussi partir d'un thème commun à plusieurs enseignants, de la disponibilité des enseignants, de compétences existantes dans l'établissement. Pas de bonne ou de mauvaise entrée en la circonstance, c'est déjà bien de « se mettre en projet ». Cependant, selon les configurations, chaque entrée présente une dérive potentielle (les petites flèches du schéma).

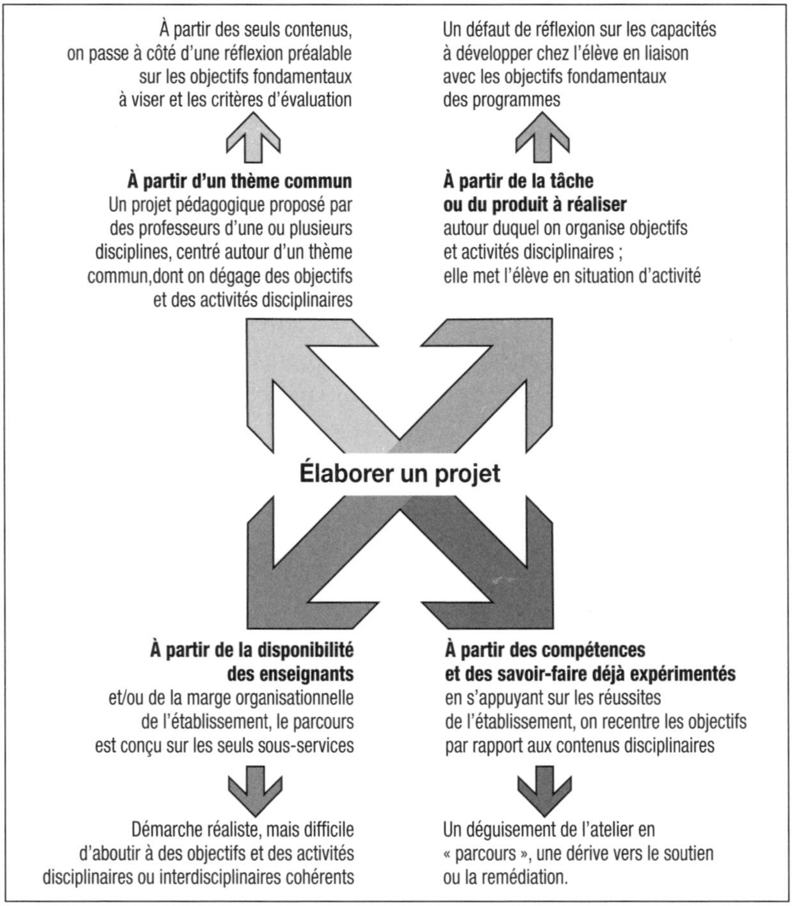

Dans tous les cas envisagés, c'est ici l'enseignant ou un groupe d'enseignants qui sont à l'initiative d'un projet.

Comment passer d'une idée de prof à un projet d'élève

Cette phase stratégique sans laquelle rien ne pourra se faire s'appelle **« dévolution » du projet aux élèves**. Quelques étapes à suivre :

Présentez succinctement le projet aux élèves, oralement ou sur un transparent, en sélectionnant le niveau que vous privilégiez : activité, apprentissages, thème, production, mais en laissant ouverts tous les autres. Le projet « fermé » sera votre chose ; négociez tout ce qui peut l'être de votre point de vue. La partie des objectifs pédagogiques, par exemple, reste de votre compétence. Ce n'est pas un marchandage, mais bien une ouverture à une construction collective. Derrière cette pratique encore nouvelle pour certains, il y a bien un enjeu démocratique : celle de l'exercice de la liberté individuelle et de la responsabilité collective. (Voir le chapitre 24 « Créer des situations d'apprentissage ».)

Veillez à l'expression de tous. Une phase écrite dans l'élaboration de la réflexion est précieuse. Quelques minutes pour mettre noir sur blanc son idée sur tel point, mise à plat : on statue ensemble sur des occurrences, puis on recommence sur un autre point. Cette procédure permet de prendre appui sur la participation plus réfléchie et constructive de chacun, de laisser des traces, première étape du projet. Ce sont des avantages non négligeables par rapport à un simple échange d'idées. (Pour faire émerger les possibles, voir les 12 techniques pour les représentations dans le chapitre 19 « Analyser les ressources des élèves ».)

Vous pouvez ainsi établir un « cahier des charges », en une heure. Ce cahier des charges est déjà une étape formalisée du projet, qui précise l'objectif pour les élèves, pour le groupe, pour l'enseignant, pour l'établissement et les personnels concernés, les modalités de travail (groupements variés, distribution de rôles), les activités envisagées, le calendrier indicatif, les productions prévues, les moyens mobilisés (humains, matériels, financiers), les évaluations. (Voir le « Tableau de bord de module interdisciplinaire » dans le chapitre 27 « Définir des objectifs », et la conduite de projet dans le chapitre 8 « Préparer une sortie, un voyage, un stage ».)

Développer la démarche projet

Ce cahier, retranscrit au propre par un élève (c'est déjà un rôle), sera la feuille de route du groupe. Il peut être susceptible de modifications en fonction du déroulement non linéaire du projet. Cependant, la démarche de projet est structurellement inscrite comme objectif de programme dans certaines disciplines (la technologie par exemple), elle offre matière à apprentissages. Replacer la dimension d'un projet dans l'ordinaire du cours, c'est rendre possible le fait qu'un vrai projet part souvent d'un échange d'idées un peu folles ou mal formulées dans un prime abord entre élèves et avec eux. Ce n'est peut être pas votre idée, mais il est de votre compétence de guider la démarche si elle peut s'inscrire dans des apprentissages conformes à ce que vous devez faire avec eux.

CONDUIRE UN PROJET... AVEC LES ÉLÈVES

La tentation du contrôle permanent est valorisante mais impossible à tenir, vous risquez rapidement l'épuisement et l'agacement en étant constamment sollicité pour tous les points. Détendez-vous et appuyez-vous sur le collectif.

Prévoyez des rôles

Dès le début du projet collectif, envisagez la variété des rôles à tenir : techniques, communication, production, recherche, matériels *ad libitum*. (Sur les différents rôles possibles, voir le chapitre 2 « Mettre en groupe ».)

Il y a des rôles qui seront fixes selon la tâche à accomplir pour le groupe, d'autres seront tournants tels que : faire le compte-rendu objectif de la séance de travail, faire le compte-rendu subjectif de son travail, afin de réguler l'action et prévenir les décrochages éventuels. Un tableau des rôles pourra être affiché avec des petits cartons mobiles, comme les maîtresses de maternelle savent déjà si bien le mettre en œuvre, alors pourquoi pas un agrégé de lettres au collège ?

Chaque rôle pris est doté d'une capacité d'initiative reconnue, mais également d'une obligation de visibilité. Tous les élèves sont ainsi amenés à exercer de véritables responsabilités pour eux, pour leurs pairs, au service d'un projet.

Prévoyez régulièrement un temps d'information collective pour que tous soient informés de l'état d'avancement, des difficultés rencontrées et des régulations nécessaires. Ces temps sont intégrés dans la programmation indicative. Ils sont constitutifs du projet, ce n'est pas une perte de temps, mais un gage d'efficacité.

Comment distribuer les rôles

Si vous attribuez les rôles en fonction de ce que les élèves savent déjà faire, il sera difficile de savoir si, en terme d'objectifs d'apprentissage, les élèves auront vraiment appris, puisque les rôles vont les confirmer dans des maîtrises déjà validées.

Rappelons qu'un objectif est, en premier lieu, une intention de changement. On peut caractériser deux tendances : libérale ou autoritaire. Ni l'une ni l'autre ne sont mauvaises en soi, c'est une question de pratique et de congruence (adéquation avec votre propre style d'enseignement). (Sur le degré de « guidance » de l'enseignant, voir le chapitre 1 « Diriger une séance » ; sur les modes d'association entre élèves, voir le chapitre 3 « Gérer les relations ».)

Libérale : vous proposez une liste de rôles, les élèves s'inscrivent selon leur envie et/ou leurs compétences déjà acquises, vous entérinez, en pariant sur le facteur motivation intrinsèque de l'activité du rôle.

Autoritaire directif : vous distribuez les rôles en jouant sur le hasard d'un jeu de cartes : tous les rôles se valent par leur intérêt.

Autoritaire guidé : vous attribuez les rôles en fonction du projet d'apprentissage plus spécifique que vous assignez à tel élève.

Libéral avancé : la répartition des rôles se fait progressivement par description de leurs contenus propres, en guidant le choix des uns et des autres selon les profils d'élèves (besoins scolaires, relationnels, autres). Vous exercez la posture de conseiller.

LE TEMPS DU PROJET, C'EST LE TEMPS DES APPRENTISSAGES

La dynamique du projet comporte un facteur temps qui s'impose ; la progression pourtant indicative que l'on a prévue, même avec les quelques aménagements de type bilan, devient tyrannique. Il faut « boucler » l'édition, le spectacle. Insensiblement, la **logique de réussite** devient beaucoup plus forte que la **logique préalable de formation** qui ne faisait du projet qu'une occasion « différente » d'apprendre par le détour des choses difficiles à acquérir. Le projet n'est pas une fin en soi, mais bien un moyen de mobiliser plus efficacement l'attention, les savoirs en situation de découverte et de production. Le « je n'ai pas le temps » à cette aune ne tient pas la route. C'est au contraire bien le temps.

En organisation du travail différencié selon les tâches et les objectifs de chacun (individu ou sous-groupe), si vous avez perçu des difficultés récurrentes chez quelques élèves, prenez-les à part pendant une séquence pour analyser avec eux le niveau et le degré de difficulté.

Renvoyez ensuite soit à une phase de cours, soit vers un collègue capable de prendre en charge une difficulté analysée, soit à un élève-ressource, et suivez la « prescription » auprès des élèves concernés. L'attention que vous leur portez, les attentes positives que vous manifestez à leur égard seront aussi efficaces que le remède prescrit.

ACCUEILLIR L'IMPRÉVU DANS UN PROJET

Il arrive souvent que dans le traitement d'une phase du projet, dans la partie recherche, développement, production, un ou plusieurs groupes tombent sur un « os », comme on dit en archéologie. Il faut donc envisager ce qui était imprévisible et qui s'annonce lourd en traitement, en contenus, en conséquences sur la suite des événements. Vous avez alors le choix entre trois solutions, dont deux radicalement opposées.

- **À la manière de la société d'autoroute :** on cache vite les ossements dans une gravière et on reprend le tracé, rien ne s'est passé. Le calendrier sera tenu.

- **À la manière du médecin légiste** diplômé en anthropologie du méso-paléolithique : on stoppe tout. La découverte va au minimum renseigner sur le projet, au mieux, faire évoluer considérablement le projet. Vous convoquez alors d'autres analyses disciplinaires pour traiter la question qui vous dépasse aussi ; la démarche de projet emporte tout le monde.

CHERCHEUR

■ **À la manière de l'archéologue de sauvetage :** vous estimez rapidement le rapport contenus/temps/apprentissages possibles sur le niveau d'enseignement concerné. Si, effectivement, la fusion nucléaire par exemple n'est pas au programme, vous pouvez cependant en retirer quelques éléments de savoirs qui vont outiller la réflexion du groupe. Vous aménagez un « temps » informatif pour faire le point et voir comment le groupe concerné peut s'approprier l'information, puis vous retournez aux procédures fixées.

SE DONNER LES MOYENS DE RATTRAPER TOUT LE MONDE

Si vous n'y prenez pas garde, il peut arriver que le fond de classe reste le fond de classe, projet ou pas. Cette situation vous interpelle sur les buts que vous vous assignez. Pour rester sur l'exemple du collègue qui mène le projet de monter une pièce de théâtre avec ses élèves, vous pouvez réagir dans trois directions.

■ Soit vous avancez coûte que coûte en acceptant la marginalisation de certains, puisque *the show must go on*. La situation ne sera pas très différente de celles de certains cours, ces élèves sont déjà trop loin. Mounir sera après tout rassuré de ne jouer que le rôle de hallebardier. Tout le monde est content ; le projet est finalement un *statu quo* habillé sous un autre nom.

■ Soit vous cherchez avec Mounir, mais aussi avec le grand groupe, quelques aménagements acceptables qui permettent une participation active et un apprentissage pour lui.

■ Soit vous revisitez la liste des rôles possibles en optant pour un autre registre que celui du hallebardier : production, régisseur, technicien, souffleur, accessoiriste, publiciste. La liste n'est jamais fermée.

Selon la règle des tiers – on constate souvent une inflexion du projet à chaque tiers de temps –, le projet est déjà bien sur les rails, mais vous êtes confronté à une partition du groupe en deux clans : ceux qui accrochent et habitent leur rôle, ceux qui après quelques essais formels ont commencé à décrocher dans une attitude mi-passive, mi-ironique, pas encore d'hostilité franche. En tout état de cause, une décision est à prendre.

Un des aspects majeurs du projet est son « enrôlement » et sa dynamique de groupe, c'est pour vous un objectif professionnel non négociable. On se met en configuration « grand conseil » et on joue cartes sur table. Situez le niveau de difficulté et la nature de l'obstacle (oralité, publicité, individualité, loyauté culturelle dans ce cas peuvent être évoqués). Sont-ils rédhibitoires ? Des sujets à aborder et à discuter avec les élèves pour poursuivre le projet dans de bonnes conditions.

QUE VEUT DIRE « RÉUSSIR UN PROJET » ?

L'expression « réussir » est polysémique : réussir pour qui ? Qui réussit ? À quoi le voit-on ? Elle renvoie aussi aux origines du projet et à ses objectifs fixés. Plusieurs cas se présentent.

L'obligation de réussite

L'action est très avancée ; vous surinvestissez le projet et le portez à bout de bras. A travers lui, se jouent des objectifs professionnels qui peuvent dépasser vos élèves : votre reconnaissance dans l'établissement, votre autorité vis-à-vis des parents, votre charisme vis-à-vis des élèves, finalement des intérêts personnels s'agglomèrent à un projet professionnel altruiste.

Pour éviter d'arriver à cette situation embarrassante, la pratique du retour très périodique au « cahier des charges » avec explicitation des objectifs-élèves est salvatrice (voir ci-dessus). Rappelez en commun les objectifs, ceux sur lesquels vont porter l'évaluation finale permet aux élèves de retisser le lien avec le « scolaire », et pour vous, de vous décentrer d'une implication trop personnelle.

Bien boucler le projet

Au même stade d'avancement, vous évaluez encore trop bien la distance, en terme d'apprentissages, que vos élèves doivent encore parcourir. Ils ne maîtriseront pas la PAO en trois jours. C'est une expérience partagée par tout enseignant à un moment donné. La logique d'action et de réussite est trop forte pour échouer si près du but.

Fixer un calendrier. Pour éviter de vous retrouver dans cette situation, prévoyez avec soin les différentes phases de réalisation et de production du

▸ 15 conseils pour gérer un projet

Jocelyne Hullen, lors d'un séminaire sur la pédagogie de projet en novembre 1999, a proposé une *check-list* pour conduire un projet :

L'enseignant novateur accepte en entreprenant une démarche de projet, de :

1. gérer la complexité et l'incertitude.

2. tenir compte des besoins et des intérêts des élèves.

3. créer les conditions permettant l'exercice d'une pensée créatrice : le travail de groupe.

4. renoncer à la situation magistrale.

5. agir comme médiateur et non comme dispensateur de savoir.

6. veiller à ce que le caractère dynamique du projet ne s'efface pas derrière un caractère systématique technologisant ou psychologisant.

7. négocier avec les élèves les objectifs et les moyens.

8. susciter pensée divergente et pensée convergente.

9. reconnaître les différences et les valoriser.

10. évaluer le processus, les démarches autant que le produit.

11. ouvrir l'école vers l'extérieur.

12. apprendre aux élèves à anticiper, choisir.

13. passer de la situation d'enseignement à la situation d'apprentissage.

14. introduire une attitude expérimentale par rapport aux pratiques et aux situations éducatives.

15. accepter un écart entre le travail prescrit et le travail réel.

Source : site Internet : http://tecfa.unige.ch/perso/lombardf/ped_projet/consequences_ped_projet.html

projet, notamment en matière de conditions de réalisation, de calendrier et de compétences à mettre en face. S'il s'agit de produire un journal en PAO, il faut programmer une initiation PAO au moins pour le groupe éditorial concerné ; c'est justement une occasion d'apprendre.

Accepter la souplesse. La « charrette » des dernières semaines est commune à tout projet. Autant le savoir et anticiper avec les élèves en programmant séances supplémentaires, appuis ponctuels sur d'autres ressources, en changeant ponctuellement un morceau d'emploi du temps.

Le projet crée toujours du désordre. Il faut l'accepter et le présenter comme tel, aux élèves comme à « l'administration ».

Dresser un bilan

Quand vous vous remémorez la liste des problèmes rencontrés lors de la conduite du projet, vous vous posez des questions sur sa reconduction. Tenez un carnet de bord du projet, même simple : objectifs, séquences, faits, problèmes rencontrés, ressources sollicitées. La formalisation écrite vous permettra de mieux sérier les types de problèmes : structurel, conjoncturel, relationnel, matériel, partenarial, scolaire, psychologique, professionnel. Enfin, faites le point sur les savoirs et savoir-faire mobilisés par les élèves.

> ***“ Le projet « météo » a été une vraie galère ; pas sûr que je recommence. ”***

FAUT-IL ÉVALUER UN PROJET ?

Les fins de spectacles peuvent avoir quelquefois un petit arrière-goût d'amertume. Tout ça pour ça ? Comme si la qualité intrinsèque de la

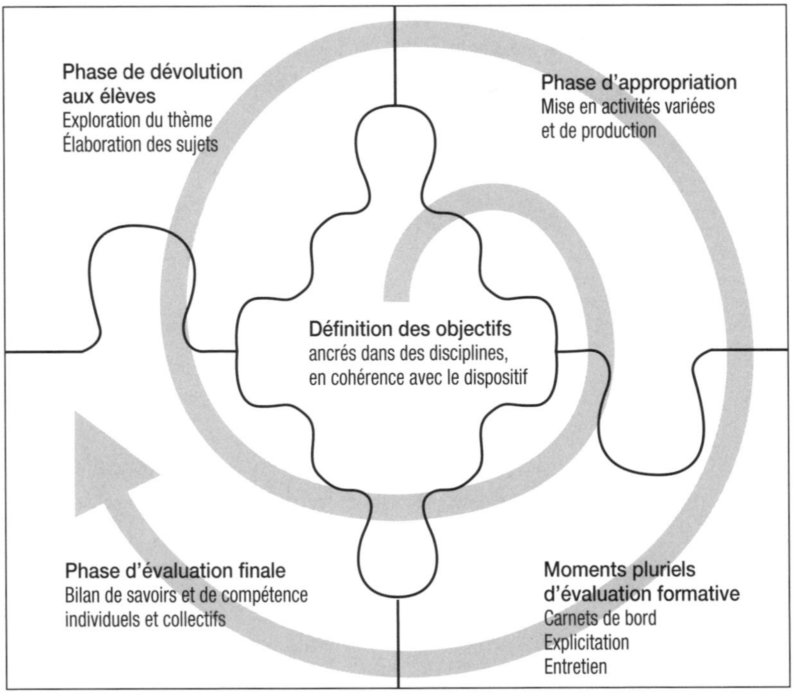

CHERCHEUR

▸ Quels sont les bénéfices du projet ?

Les acquis des élèves : la maîtrise de nouveaux moyens d'expression, l'acquisition d'une pratique, un regard différent sur l'œuvre d'art, l'enrichissement des connaissances et l'ouverture sur le monde, le développement d'aptitudes personnelles (confiance en soi, accès à l'autonomie, accroissement de la motivation et de la sensibilité).

Une auto-évaluation des compétences : huit à neuf élèves sur dix disent éprouver du plaisir, et six à sept sur dix se sentent plus actifs. Pour 58 %, ils prennent confiance en eux, avec l'envie de poursuivre sur le temps personnel l'activité découverte.

Les relations avec les élèves s'en trouvent améliorées, pour 51,1 % des enseignants. Les élèves sont qualifiés d'actifs à 87,7 %, et de créatifs à 83,9 %. Réciproquement les trois quarts des élèves s'estiment mieux encadrés, mieux écoutés, les rapports avec leurs camarades améliorés.

Les bénéfices de l'expérience PAC. 98 % des enseignants évoquent « un véritable enrichissement personnel » : pratiques différentes de celles du cours, pédagogie de projet, remise en question des méthodes de travail, interdisciplinarité, travail d'équipe.

Source : Note de la DEPP, mars 2006.

> *“ Finalement, le spectacle a bien marché, les élèves et les parents sont contents. Et moi ? ”*

prestation terminale disait tout du projet. Non. Les dispositifs d'évaluation de projet pèchent par défaut, car encore une fois, les objectifs d'apprentissage sont flous. On pourrait dès lors se représenter la démarche de projet comme un processus en cinq points, tous liés entre eux. (Voir le chapitre 27 « Définir des objectifs ».)

Prévoyez dès le début du projet une phase d'évaluation du travail produit avec le groupe, un temps nécessaire pour faire un bilan de savoirs de façon à préparer la « sortie du projet », à faire les liens avec l'après et le retour à l'ordinaire de la classe.

Envisagez la ou les transpositions possibles de parties de la démarche dans des situations plus classiques de parcours d'élèves. Que retenir pour les cours ? (Sur quelques méthodes et supports d'évaluation, voir les chapitres 19 « Analyser les ressources des élèves » et 14 « Évaluer des travaux ».)

Formalisez votre évaluation et communiquez à vos collègues et au chef d'établissement les résultats de l'évaluation, pour qu'ils prennent en compte ce que les élèves ont effectivement appris ; sinon, tout se passera comme si rien ne s'était passé. Les élèves ne comprendront pas cette contradiction du système. Donc, **évaluez pour va-lo-ri-ser** !

AUTOTEST : POSEZ-VOUS LES BONNES QUESTIONS DU CHEF DE PROJET

Vous menez actuellement un projet avec vos élèves. Quelles réponses donnez-vous à ces questions classiques en matière de conduite de projet[1] ?

- Qui prend l'initiative ?
- Qui exerce le leadership ?
- Qui fait quoi ?
- Que faire lorsqu'on rencontre un obstacle cognitif ?
- Que faire lorsque la confrontation à un obstacle exige des concepts ou des connaissances difficiles ?
- Que faire lorsque l'évolution du projet marginalise certains élèves ?
- Que faire en cas de conflit sur les options à prendre ?
- Que faire si la dynamique s'essouffle, si une partie de la classe décroche ?
- Que faire si l'évolution du projet éloigne des objectifs d'apprentissage initiaux ?
- Que fait l'enseignant ?
- Que se passe-t-il si le produit final n'est pas à la hauteur des attentes présumées des destinataires ?
- Comment vit-on les problèmes rencontrés ?
- Quel type de bilan fait-on à la fin ?

CHERCHEUR

1. *D'après P. Perrenoud,* Réussir ou comprendre ? Les dilemmes classiques d'une démarche de projet, *1998, sur le site life : www.unige.ch/fapse.*
Voir aussi : J.-P. Boutinet, Anthropologie du projet, *Paris, PUF, 1990 ; « Faites des projets »,* Cahiers pédagogiques, *n° 220.*

CHAPITRE 22

Observer les élèves

« Si j'avais à établir une taxinomie des élèves, ce qui n'est jamais très difficile, il suffit d'observer où ils prennent place dans la classe, je ne prendrais pas la religion comme critère. Quelques indiscrétions inutiles m'ont appris qu'il y avait vaguement deux clans, d'ailleurs assez poreux au fil du temps, "les intellos" et "les autres" : clivage peut-être idéologique, mais pas confessionnel », écrit Catherine Henri, dans un ouvrage intitulé *De Marivaux et du loft, petites leçons de littérature au lycée*, (POL, 2003).

La fréquentation assidue des élèves dans une classe en primaire, la longue expérience sur un niveau d'enseignement dans le secondaire permettent de faire des observations assez fines sur les comportements des élèves face au travail, et plus largement face à l'École. Mais la tendance est toujours forte de généraliser trop hâtivement, en ramenant notamment ses observations sur les plans familiaux ou sociaux. Comme Catherine Henri, s'il fallait faire une typologie de vos élèves, comment vous y prendriez-vous ?

REGARDEZ VOS ÉLÈVES TRAVAILLER

L'observation a toujours une intention. Pas d'objectivité en la matière ! L'enseignant a quelque chose dans la tête. Isabelle Stengers[1] tient à prévenir d'une dérive possible : « Il faut s'interdire les questions qui tendent à vérifier si untel a bien fait son exercice tout seul. Ce n'est plus du tout le propos. L'attention portée aux individus n'est plus là pour sélectionner, mais pour poser au groupe entier, professeur évidemment inclus, un problème à résoudre : untel n'a pas compris, comment fait-on ? Si on cherche à rendre observables, mesurables certaines propriétés en mécanique quantique, il faut accepter que d'autres propriétés ne soient ni observables, ni mesurables. Rendre observables a un coût : d'autres choses qui auraient pu

1. *I. Stengers, professeur de philosophie des sciences, université de Bruxelles,* Cahiers pédagogiques, *n° 410, janvier 2003, p. 23.*

être rendues observables échappent. Soit la classe est prise comme force en tant que telle, et la sélection entre individus est donc impossible ; soit la classe est une apparence et ce qui est visé est : est-ce qu'untel a bien fait son travail ? Est-ce qu'il n'a pas triché ? »

L'observation n'est donc pas gratuite, elle est finalisée par l'évaluation. Mais évaluer tout le temps va rendre très vite la situation intenable et devenir source de problèmes dans les rapports prof-élèves. C'est bien le statut et les pratiques de l'évaluation qui se modifient en aiguisant le regard de l'enseignant, ainsi que le note Philippe Perrenoud[2] : « Pour évaluer des compétences, il ne faut pas poser une question de connaissance, il faut créer une tâche complexe et voir si les gens arrivent à se la représenter, à y entrer et à la réussir en mobilisant des connaissances. La meilleure chose à faire pour cela c'est d'intégrer l'évaluation au travail quotidien d'une classe. Évaluer des compétences, c'est observer des élèves au travail et porter un jugement sur les compétences en train de se construire : certains sont très loin du compte, alors que pour d'autres, la construction est en cours, même s'il y a encore des progrès à faire. On peut documenter des observations, les engranger, les noter méthodiquement et faire une sorte de "bilan de compétences", comme on le fait dans les centres pour adultes, avec des outils, mais sans volonté de standardiser les procédures et d'évaluer tout le monde à date fixe. » Ainsi, s'intéresser au socle commun, c'est donc d'abord observer ses élèves !

À CHAQUE ÉLÈVE, UN STYLE D'APPRENTISSAGE

Il s'agit donc moins d'apprendre à apprendre, selon un adage qui a eu un succès certain il y a une dizaine d'années, que de porter votre expertise sur les styles d'apprentissage de vos élèves[3]. Auparavant, on supposait que le style était homogène. Il pouvait y avoir

> ***« Que dois-je observer ? Le travail de David, le groupe au fond de la classe, les réponses à mes questions ? »***

2. *« Construire des compétences, tout un programme ! », Entrevue avec P. Perrenoud, Propos recueillis par L. Brossard,* Vie pédagogique, n° 112, 1999, pp. 16-20.
3. *Voir l'article synthétique et très riche de J.P. Astolfi, « À propos des styles d'apprentissage », In* Aider à travailler, aider à apprendre, Cahiers pédagogiques, *n° 336, 1995. Nous en reprenons quelques éléments.*

CHERCHEUR

une certaine connivence entre élèves et enseignants, à plusieurs niveaux, dont celui des modes d'apprentissage. À présent, c'est une des données de l'hétérogénéité scolaire que de s'intéresser de très près au « comment ».

Poser la question de la variété des styles renvoie aussi à l'examen de votre style d'apprentissage, et donc, de votre style d'enseignement (voir le chapitre 5). Quel élève avez-vous été? Que privilégiez-vous quand vous enseignez? Faire cette analyse conduit à une modification de sa propre pratique : parlez moins, asseyez-vous à côté de vos élèves et regardez-les travailler, écoutez-les décrire leurs démarches, parfois étonnantes; elles sont riches de sens et d'humanité.

Travailler sur deux registres de communication

Parfois, c'est un peu comme si on ne parlait pas le même langage. Certes, il peut se trouver des difficultés conceptuelles, des pratiques langagières socialement excluantes, toutes choses que l'on peut traiter par ailleurs. Mais le mode de communication est aussi en cause : le cours est un moment de transmission orale, du verbe à l'état brut. C'est une difficulté certaine. Antoine de la Garanderie avait développé théorie et pratiques sous le nom de « gestion mentale ». Il y distinguait deux grands types de profils : des plutôt « auditifs » et des plutôt « visuels » (voir l'encadré de la page ci-contre), sachant que nous sommes les deux par définition, c'est une question de degré.

> ***“ J'ai beau leur expliquer trois fois l'exercice ; ils n'y arrivent pas. ”***

Des visuels et des auditifs. En proportion, on table sur trois quarts d'individus plutôt visuels, contre un quart plutôt auditifs. Les hommes seraient plutôt visuels, les femmes plutôt auditives. Dans nos écoles et établissements, la formation professionnelle, la culture enseignante et la féminisation accrue des personnels sont des facteurs qui privilégient de fait le mode auditif de communication. « J'ai beau leur expliquer... » se heurte donc à un différentiel de registre quand l'hétérogénéité est de mise dans toutes nos classes.

Comment leur parler. Travaillez systématiquement sur les deux registres : un support visuel précède ou accompagne une information orale.

• Reformulez en termes différents l'exercice : faites-le reformuler par un autre élève. Ménagez un temps de silence après l'énoncé d'une consigne

► Auditif ou visuel ?

Auditif. Tendance à restituer le savoir en reconstituant sa dynamique, en s'en racontant le déroulement. Mémorisation utilisant la chronologie, les enchaînements entre les éléments.

Visuel. Tendance à restituer le savoir en reconstruisant des images avec ses éléments. Mémorisation utilisant les relations spatiales entre des éléments visuels.

ou la formulation des données d'un problème, de telle façon que les élèves se racontent en eux-mêmes l'histoire.

• Appuyez votre progression en visualisant ou en faisant écrire les élèves, notamment à l'aide d'un outil aussi simple que puissant, le rétroprojecteur (Voir le chapitre 10 « Mettre en œuvre des outils ».)

• Faites « dessiner » vos élèves : une expression graphique, une mise en espace d'un concept, d'un paragraphe renvoient à des évocations, des représentations, mais aussi à un système de logique interne d'organisation des apprentissages. Une anecdote : j'avais demandé aux élèves de troisième d'apprendre les départements français. Rapide contrôle de connaissances : certains se sont beaucoup mieux débrouillés que d'autres. Je fais passer trois élèves au tableau, simultanément, chacun devant une carte blanche, en leur demandant « comment » ils avaient appris autant d'informations. L'un avait appris par régions, en commençant par celles qu'ils connaissaient. Le deuxième avait méthodiquement appris selon une spirale, de l'extérieur vers l'intérieur. La troisième n'eut pas besoin de la carte : elle avait retenu par numéro d'abord, puis reportait sur la carte. Cette confrontation a permis de donner quelques clefs aux autres, plus en difficulté.

@ Une liste diffusée « Mathématiques et affectivité » étudie le rapport entre l'enseignement des maths et l'affectif parce que « même en maths la vie privée influe sur l'apprentissage ». Site Internet : www.maths.eu.org/~muriel/enseignement.html

Favoriser la coopération entre pairs

C'est rageant et tellement courant ; rares sont ceux ou celles qui font abstraction du contexte, qui fonctionnent en « indépendant du champ ». On pourrait même dire que le prototype du bon élève motivé est celui qui se définit ses propres buts, qui sait faire abstraction du contexte social et affectif. On dira alors qu'il est « motivé ». Dans tous les autres cas, nous avons affaire à des élèves, jeunes ou moins jeunes, connaissant des problèmes importants d'organisation mentale interne – c'est le propre de l'adolescence –, dont la tendance est plutôt d'étayer leur action sur la proximité relationnelle, géographique ou sociale. Pour eux, en tout cas, la vérité est ailleurs.

> ***“ Marisa a la solution devant elle ; mais elle choisira de préférence celle que lui montrera sa voisine. ”***

Acceptez la performance collective et la construction du savoir en classe plutôt qu'une seule stratégie individuelle défaillante et organisez le travail de votre classe en binômes ; la réponse sera celle du binôme après concertation.

Dans le cas décrit par notre collègue, Marisa est sans doute déstabilisée par une interrogation orale surprise devant toute la classe ; cette situation de visibilité inattendue immobilise toute sa capacité attentionnelle ; vous aurez avec elle de bien meilleurs résultats dans une situation qui préserve un certain anonymat. Sa performance est étroitement « dépendante du champ ». (Sur l'attention et la visibilité en cours, voir le chapitre 19 « Analyser les ressources des élèves ».)

Réguler la participation des élèves

On a souvent l'impression en début de sixième que certains élèves ont été « briefés » : « Sors du lot, réponds le plus possible, fais-toi remarquer. » Mais c'est aussi pour d'autres la manifestation d'une certaine angoisse et d'une intolérance à l'incertitude. On constate aussi des effets inverses : quelques copies sont incomplètes, non du fait du temps imparti, mais parce que leurs auteurs ont préféré l'indécision et la non-réponse au risque assumé d'une éventuelle erreur.

> ***“ Lucas a une très nette tendance à répondre très vite, quitte à ce que ce soit à côté de la plaque. ”***

Établir des règles. Convenez avec vos élèves des codes et règles de conduite en matière de jeu questions-réponses : alternance, mode de désignation, temps imparti à la réflexion, support pour répondre.

Favoriser la réflexion. Laissez leur systématiquement un moment avant de solliciter la réponse à votre question. Ce n'est pas un jeu télévisé, mais un temps de construction de la réflexion. Sauf dans le cas d'apprentissages automatisés tels que les tables de multiplication où vous faites jouer la rapidité.

Permettre l'autoévaluation. Dans une fiche d'autoévaluation, faites apparaître le critère « toutes les questions sont traitées », de sorte à permettre une auto vérification par l'élève, en rendant enfin explicite une attente forte de l'École.

Donner des repères d'organisation temporelle

Les études dirigées font apparaître souvent des modes de travail bien différents, à la manière des adultes devant leur écran d'ordinateur. Certains vont n'ouvrir qu'un seul programme, une seule fenêtre pour traiter la tâche, l'une après l'autre (dominante intensive) ; d'autres sont plutôt multitâches, selon les cas, allant du plus difficile au plus facile, ou l'inverse. Ils balaient l'ensemble des devoirs pour organiser leur temps et leur effort.

> *« En études dirigées, la plupart se dispersent dans leurs cahiers, manuels, cahier de texte, trousse, rien n'est fait. »*

Vue d'ensemble. En début de séance, parcourez l'ensemble des points avec eux. Demandez-leur comment ils comptent s'y prendre : centration ou balayage ?

Gestion du temps. Calibrez avec eux le temps nécessaire à chaque type d'exercice. Apprendre cinq mots de vocabulaire en anglais ne coûte pas le même temps ni la même énergie que faire la carte politique de l'Europe. La gestion de son temps de travail est un facteur important dans la réussite scolaire. On ne l'apprend pas tout seul.

Juste tempo. La mise au travail permet alors d'individualiser le conseil et de scander le rythme pour chacun. Ce repère externe les aidera dans un premier temps, comme le métronome est un outil parfois utile à un musicien. Faire ce type d'exercice constructif est un sérieux entraînement à l'intériorisation de la norme. (Faire une enquête sur les méthodes de travail auprès des élèves, voir le chapitre 16 « Guider le travail personnel ».)

L'art du renouvellement et de la répétition

Apprendre, c'est appréhender le nouveau, l'intégrer à un système logique dans la discipline, dans ses propres représentations. Bien souvent, les adolescents sont rétifs à la nouveauté (intellectuelle) et se réfugient dans une stricte conformité, en cherchant à égaliser le nouveau à l'aune des éléments déjà connus. « C'est comme... » La pensée analogique est une approche puissante pour les apprentissages. Mais le profil inverse existe aussi : la nouveauté est parée de toutes les vertus, on accentuera la rupture ou la contradiction. Ces deux styles existent dans les groupes.

> ***« Je dois constamment rassurer mes élèves sur une éventuelle « nouveauté » ; ils sont plan-plan. »***

Utilisez l'analogie. Elle permet l'interprétation et l'intégration de nouveaux éléments de connaissance. Pour conceptualiser l'impensable, « l'indéfini » selon Descartes, les astrophysiciens ne fonctionnent pas autrement qu'en ramenant leur objet d'étude à des dimensions humaines, compréhensibles par tous.

Pointer la nouveauté. Signalez quand c'est vraiment le cas la vraie nouveauté, la rupture historique (le mur de Berlin) ou épistémologique (Copernic). Cela donnera encore plus de sens aux continuités de notre système éducatif, toujours à renforcer. (Continuité et ruptures entre primaire et secondaire, voir le chapitre 16 « Guider le travail personnel ».)

Créer la surprise. Vous pouvez ménager des effets de surprise, mais toujours dans le sens positif pour les élèves, sinon, la surprise s'apparente à un piège et crée un climat d'insécurité qui ne va pas faciliter les apprentissages.

Reconnaître l'activité intellectuelle

Ils « consomment » du cours comme on consomme du programme télé. C'est particulièrement visible dans les classes féminisées des lycées tertiaires, mais aussi dans les classes de terminales de lycée général. On le

> ***« J'ai un groupe en classe, un vrai « marais » ; je ne sais ni ce qu'ils pensent ni ce qu'ils apprennent. »***

constate également au collège où la succession des microdécisions d'orientation aboutit parfois à créer un groupe complètement homogène dans son rapport au travail scolaire et au savoir. Avant de diagnostiquer un possible décrochage scolaire, il faut comprendre que l'absence de toute activité motrice notable peut cependant signaler une activité intellectuelle, suscitant l'écoute et l'observation. À l'inverse, d'autres se caractérisent par des manifestations motrices, on dirait « kinesthésiques » ; un besoin de se mettre en mouvement, comme pour signifier que ça bouge aussi dans la tête. L'attitude de mise au travail passe par une activité de production.

Multipliez les sollicitations. Pour contourner la difficulté, prenez quelques précautions.

• Reconfigurez le groupe et ses relations interpersonnelles. Dépassez la vision de type « marais » qui masque les individualités et la dynamique toujours présente dans un groupe. Elle vous est cachée ici. Mixez les deux profils d'élèves. (Établir la carte des relations, page 59.)

• Alternez les phases de cours-copie et les phases de production, en le faisant savoir aux élèves : chacun des deux « mondes » appréciera la relative visibilité que vous leur donnez dans le travail commun.

• Variez vos supports de cours et faites intervenir le plus régulièrement possible des élèves pour participer à l'élaboration de la trace écrite (transparent, graphique, tableau).

• Proposez un questionnaire de satisfaction ou une enquête pour les prochains mois relatifs aux thèmes à traiter par exemple.

@ Hyperactivité et déficit d'attention. Un site belge consacré à l'hyperactivité et troubles associés vous permettra de trouver les renseignements que vous cherchez ou les réponses à vos questions : www.f-d.org/lienshyperactivite.htm

Donner des repères aux élèves. Le profil de David est un profil relativement courant, de même que son complémentaire, celui qui fonctionne à plein régime, quel que soit le type de travail proposé. On retrouve par analogie les différences entre le coureur de fond et le sprinter de 100 mètres. L'un et l'autre pourront avoir des performances égales par

> “ ***David fonctionne à l’économie, tous ses enseignants le lui disent ; aucun changement à l’horizon.*** ”

ailleurs. La composante personnelle est ici très forte, elle touche des domaines intimes de la personne sur lesquels l’enseignant n’a pas de prise (place dans la fratrie, projet parental, projet personnel d’orientation, activités extrascolaires...).

• Soyez très clair sur vos attentes en matière de travail, de production, sur les objectifs précis à atteindre. On ne se prépare pas de la même façon selon que l’on doit sauter deux mètres ou trois mètres de hauteur. Les deux types d’élèves ont besoin d’une certaine visibilité pour programmer leur effort respectif.

• Estimez avec les élèves la charge de travail pour toute tâche donnée.

• Faites le point régulièrement, de sorte qu’on ne découvre pas le problème au dernier moment et donc trop tard. Permettez donc à l’élève de s’ajuster. Un court entretien après la classe, un tutorat s’il en existe dans l’établissement sont des moments possibles à exploiter.

Les différents styles d’apprentissages ainsi caractérisés peuvent sembler outrés. Ils sont cependant présents à un moment ou à un autre dans votre classe, **en combinaison variée et évolutive** : les adolescents ne se présentent pas comme des sujets invariants mais, au contraire, affichent toutes les potentialités et tous les contraires, selon leur propre évolution interne, en ajustement avec leur environnement externe dont l’école fait partie. Ils sont variation et évolution, là où vous proposez état et stabilité.

C’est une invitation à varier les pratiques enseignantes tous azimuts pour organiser au mieux la rencontre entre des personnes en devenir et des savoirs à construire.

DÉVELOPPER LA CAPACITÉ DE RÉFLEXION CHEZ LES ÉLÈVES

L’observation que vous pouvez mener peut être rendue plus efficace si elle devient participative. Impliquer les élèves dans l’analyse de leur propre démarche d’apprentissage, permettre la confrontation des différents types d'appréhension des savoirs, verbaliser ce qui reste encore pour la plupart de l'ordre du flou ou du préconscient, sont des actes qui renforcent l'autonomie des élèves. Une analyse partagée accroît aussi la capacité de l'élève à identifier son propre fonctionnement, ses points forts et ses besoins. Dans l'échelle taxinomique des activités intellectuelles, vous touchez ici le plus haut niveau de complexité, celui qui fait sens pour l'élève. (Sur les niveaux de complexité en taxinomie, voir page 403.)

> ***« Je ne peux pas à la fois me mettre en retrait pour observer et rester maître du déroulement de la classe. »***

Comment procéder

Dans la pratique, ce sont des formes variées proposées au collectif à des moments clefs, comme autant de « temps morts » demandés par l'entraîneur dans une équipe de volley. Par analogie, analyser les phases de jeu, le placement des joueurs, se remémorer les stratégies vues à l'entraînement, s'adapter au jeu de l'équipe adverse, puis le debriefing, élaborer une nouvelle combinaison, approfondir un geste efficace. Nous vous proposons 11 idées de « temps morts », appelés dans l'Éducation nationale « temps méta-cognitifs ». Entraînez-vous !

• Échanger sur les représentations d'un concept, d'un mot, d'une idée.

• Confronter (sous couvert d'anonymat) une « bonne copie » et une « mauvaise copie », en dégager quelques indicateurs.

• Élaborer une fiche pratique de conduite d'exercice ou un protocole de la démarche.

• Sur une consigne commune, faire passer au tableau simultanément trois élèves, puis analyser les modes de réponse.

• Donner un « devoir » pour la semaine prochaine et prendre le temps de faire apparaître trois stratégies pour mener à bien le travail avant la sonnerie.

• Avant un devoir sur table, ménager dix minutes de réflexion, sans prendre le crayon.

• Ritualiser un temps de réponse nécessaire avant toute réponse à une question importante.

• Faire un bilan collectif de savoirs et des traces écrites avant tout devoir programmé.

• Interroger à chaque fois sur le comment et les procédures employées.

• Valoriser la diversité des approches et la créativité de chacun.

• Prendre en compte certains éléments émergents du groupe pour conduire l'action et prendre des décisions. (Sur l'entretien d'explicitation, voir le chapitre 19 « Analyser les ressources des élèves ».)

@ Voir sur le site de Christine Partoune (université de Liège), de nombreux exemples outillés en géographie sur le recueil des représentations et le questionnement sur les savoirs : www.ulg.ac.be/geoeco/lmg/competences

AUTOTEST :
ET VOUS, VOUS ÊTES PLUTÔT ?

La grande variété des styles d'apprentissages chez vos élèves vous renvoie à votre propre style… d'enseignement. Comment pouvez-vous vous caractériser ?

Connaissant donc vos propres tendances appliquées à votre enseignement, vos efforts iront plutôt vers l'autre pôle, de façon à améliorer une communication plus efficace avec vos élèves, tous vos élèves. Alors, vous seriez plutôt :

■ Auditif	■ Visuel
■ Dépendant du champ	■ Indépendant du champ
■ Réflexivité	■ Impulsivité
■ Centration	■ Balayage
■ Accentuation	■ Égalisation
■ Production	■ Consommation
■ Formalisation (plein régime)	■ Réalisation (à l'économie)

Vous retrouvez le tableau en dynamique sur le site Diversifer (http://francois.muller.free.fr/diversifier).

Voir aussi les variables de votre style d'enseignement (cf « Guider les élèves », chapitre 5).

CHAPITRE 23

Faire de la didactique

Est-ce un « gros mot » ? « Apprendre le théorème de Pythagore, c'est buter sur des obstacles épistémologiques auxquels tous les élèves sont confrontés. La didactique ne concerne peut-être que 15 % de ce qui se passe en classe, mais il s'agit de 15 % déterminants[1]. » Enseigner l'anglais à Paul, c'est donc bien prendre en compte le système qui englobe Paul, mais aussi l'anglais comme discipline. Et en l'occurrence, la discipline ne s'impose pas en soi ; elle nécessite un traitement de la part de l'enseignant.

DIDACTIQUE *VERSUS* PÉDAGOGIE ?

Issu du grec *didactikos*, la didactique n'est pas à l'origine nettement différenciée de la science qui s'occupe des problèmes d'enseignement, la pédagogie. « C'est une démarche, ou plus précisément un certain mode d'analyse des phénomènes de l'enseignement », (d'après l'*Encyclopædia Universalis*).

Pédagogie ou didactique ?

On conjugue ces approches selon deux cas : dans un cas, la recherche didactique ignore quasiment la relation pédagogique. Elle renvoie exclusivement à une réflexion épistémologique seule capable de fonder les savoirs à enseigner. La didactique s'arrêterait à la porte de la classe. « Toute la recherche en didactique aujourd'hui est centrée sur des objets très pointus, en grammaire, en orthographe, dans l'apprentissage de la lecture ou dans la production de l'écrit. Ces recherches suivent des voies distinctes. Elles se réfèrent à des modèles d'analyses scientifiques qui éclatent l'objet. Un des enjeux des années à venir sera de tenir compte de la recherche en didactique, sans vouloir en appliquer les conclusions

CHERCHEUR

1. *S. Johsua, interview dans le* Monde de l'éducation, *n° 310, janvier 2003, p. 77.*

▸ Les compétences du socle commun

Le socle commun ne se substitue pas aux programmes de l'école primaire et du collège. Il en fonde les objectifs pour définir ce que nul n'est censé ignorer en fin de scolarité obligatoire. Il s'organise en **sept familles de compétences**, inter-reliées entre elles :

- la maîtrise de la langue française ;
- la pratique d'une langue vivante étrangère ;
- les principaux éléments de mathématiques et de culture scientifique et technologique ;
- la maîtrise des techniques usuelles de l'information et de la communication (le B2I !) ;
- la culture humaniste ;
- les compétences sociales et civiques ;
- l'autonomie et l'esprit d'initiative.

Chaque domaine est conçu comme une **combinaison de connaissances** fondamentales, de **capacités** à mettre en œuvre dans des situations variées et aussi **d'attitudes** indispensables tout au long de la vie. (voir p. 305).

Les trois paliers d'évaluation

La maîtrise progressive du socle commun par les élèves est évaluée en trois paliers :

- **en fin de CE1 :** notamment l'acquisition de la lecture courante et de l'écriture ;
- **en fin de CM2 :** en particulier l'acquisition des règles fondamentales de la grammaire, du calcul élémentaire et des quatre opérations ;
- et avec le **brevet des collèges** qui atteste de la maîtrise des sept compétences du socle.

Les compétences socles correspondent au premier niveau de compétence, ce qui n'exclut pas d'atteindre le niveau « maîtrise », sinon « expert » ! (voir p. 73).

Un livret personnel

Il permet à l'élève, à sa famille et aux enseignants de suivre l'acquisition progressive des compétences.

➥ www.education.gouv.fr/cid2770/le-socle-commun-connaissances-competences.html. À compléter avec le n° 439 de janvier 2006 des *Cahiers pédagogiques*, « Quel socle commun ? » et un dossier à télécharger sur leur site daté de novembre 2007 : www.cahiers-pedagogiques.com.

de façon servile qui conduirait à une déréalisation et à une abstraction d'autant plus grande des objets de savoir », d'après Anne-Marie Chartier (INRP). Défi lancé et périls signalés pour nos futurs masters en didactique. Qu'elle soit entendue !

Dans l'autre cas, on considère que didactique et pédagogie peuvent théoriquement se différencier, mais qu'en pratique, elles doivent s'intégrer dans une réflexion plus générale à propos des apprentissages. « Il faudrait enfin qu'on arrive à sortir de cette méthode qui consiste à penser toujours sur le mode de variation en sens inverse, c'est-à-dire que plus je m'intéresse à l'élève, moins je m'intéresse au savoir ou plus je m'intéresse au savoir, moins je m'intéresse à l'élève... » (Ph. Meirieu). Ce sera plutôt notre position. Par pure commodité intellectuelle.

L'approche didactique en classe

La démarche didactique s'apparente à celle d'un équilibriste sur une corde raide. Ici, les deux points fixes (les plates-formes où l'on doit sans cesse revenir) sont : d'une part, la matière enseignée, avec son contenu scientifique ; d'autre part, l'acte concret d'enseignement, avec son travail sur le « terrain ». Pour passer de l'un à l'autre, il convient d'utiliser des instruments : appareils, techniques, théories (d'après l'*Encyclopædia Universalis*).

L'approche didactique peut intervenir en deux temps distincts par rapport à la classe :

En amont de la réflexion pédagogique, en prenant en compte les contenus d'enseignement comme objet d'études : repérage des principaux concepts, leurs évolutions dans l'histoire de la discipline, leur arrivée dans l'enseignement, analyse des pratiques sociales de référence, étude des transpositions didactiques... La didactique propose des grilles de lecture des difficultés possibles rencontrées par les élèves, des noyaux durs qui doivent attirer notre attention, et sur lesquels il faut envisager du temps en plus et des dispositifs pédagogiques plus adaptés.

En aval, en approfondissant l'analyse des situations de classe pour mieux comprendre de l'intérieur comment cela fonctionne et ce qui s'y joue. L'étude des représentations des élèves, de leurs modes de raisonnement, de la manière dont ils décryptent les attentes de l'enseignant. Mais aussi l'analyse du mode d'intervention de l'enseignant. Il s'agit d'arriver à lui suggérer une gamme de possibles et non son enfermement dans une modalité unique d'interventions[2]. L'université saura-t-elle le faire en formation initiale ? Ou sera-ce encore à la formation continue de s'en charger, et dans quelles conditions ? Ce sont là des chantiers d'expérimentations pour les années à venir.

ENSEIGNER... UNE DISCIPLINE ?

La réponse à cette question devrait être d'évidence : oui. La réalité et l'évolution des programmes doivent nuancer le propos. La moitié des enseignants actuellement n'est pas passé par un concours de recrutement; de même, les concours de recrutement certifient une aptitude et pas une formation complète. Les itinéraires très diversifiés en formation initiale font apparaître souvent des « trous » relativement importants, tenant à l'aspect modulaire et optionnel des cursus. Enfin, l'évolution rapide des connaissances et des techniques rend improbable un cursus complet.

Un bagage scientifique incomplet met l'enseignant en situation de dépendance par rapport à son manuel, aux instructions officielles, voire aux phénomènes de mode, toutes données qu'il n'aura pas les moyens de décrypter ou de mettre en perspective. Sa capacité d'innovation, c'est-à-dire de réactivité et d'adaptation aux besoins rencontrés, aux demandes formulées s'en trouve pareillement amoindrie.

Comment approfondir la connaissance de sa propre discipline?

N'interrompez pas le processus de formation professionnelle après votre succès au concours; les connaissances acquises vieillissent vite. La formation passe d'abord par l'organisation de votre propre information et une autoformation régulière. Quelques actes possibles : à vous !

• Prenez connaissance chaque année, au printemps, des **programmes de formation à votre disposition** (PAF – plan académique de formation – ou PAD – plan d'actions départementales) ; les inscriptions se font de mai à septembre, selon les académies. Compte tenu du nombre restreint de jours de formation, privilégiez deux axes : un axe disciplinaire de type approfondissement et un axe professionnel en relation avec votre

2. *Extrait du site interactif la main à la pâte : www.inrp.fr/lamap/*

situation contextuelle d'exercice. Votre formation relève d'une véritable stratégie et pas d'un luxe pris aux dépens de vos élèves, et peut intervenir dans l'évaluation de votre parcours professionnel. (Voir le chapitre 29 « Penser sa propre formation ».)

• **Abonnez-vous** ou faites abonner votre école ou établissement à une revue professionnelle de la discipline ; ce sont des revues de bonne tenue, faites par des collègues, toujours en prise sur les questions d'enseignement de la discipline.

• **Faites votre « top liste » des sites de votre discipline** ; en cela, les signets du Café pédagogique vous faciliteront la navigation. (Voir la webographie, page 461.)

• À l'occasion d'une séquence où vous vous sentez en délicatesse, interrogez **les listes de discussions professionnelles**, toujours réactives. Essayez, vous serez étonné.

• Appuyez-vous sur **des collègues plus expérimentés**, pas forcément dans votre discipline d'ailleurs.

LA DISCIPLINE EST CHOSE VIVANTE ET ÉVOLUTIVE

Rapports annuels de l'inspection générale, états des disciplines établis par les inspections pédagogiques régionales, analyses des écrits des équipes en innovation, listes des adhérents des associations de spécialistes, toute une série d'indicateurs donne une vision convergente de la situation actuelle de l'enseignement : la didactique occupe peu de place dans la réalité et dans la formation de « l'enseignant moyen ». C'est une situation largement héritée, où l'enseignant ne fait que s'adapter à un environnement finalement assez problématique, caractérisée comme suit par Gérard Hugonie, professeur des universités[3] :

• La connaissance didactique des enseignants est la résultante de deux facteurs conjugués : d'une part, les spécificités de la démarche de la recherche (théorisation, longue durée, analyse critique et innovante par exemple), d'autre part, la faible incitation de l'Institution.

• Il n'y a pas lieu à culpabilisation excessive. Mais même si les programmes sont sujets à évolution (ils sont revus périodiquement par cycle de quatre ans environ), ils sont conservateurs par principe ; l'actualité scientifique ne

3. *Extrait de son intervention à l'IUFM de Paris en septembre 2002. Le texte est en ligne sur le site : aphgcaen.free.fr/chronique/hugonie.htm.*

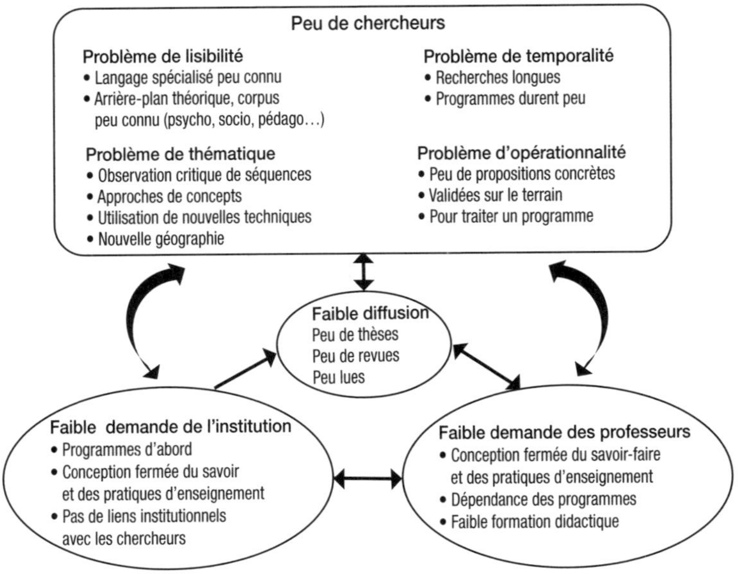

Source : d'après G. Hugonie, IUFM, Paris, 2002.

passera donc pas par eux. Vous devez aller quérir l'information ailleurs, sans attendre une demande explicite de l'Institution.

• Nourrir son enseignement d'une part de recherche est un facteur d'engagement marqué pour vous et un gage de plus grande réussite pour vos élèves. Rendre la discipline et les savoirs vivants, évolutifs, problématiques est plus proche de la réalité que des savoirs qu'on a pu caractériser comme « académiques ».

LA DIDACTIQUE EST UN POINT D'APPUI, PAS UN CARCAN

Avoir investi son programme, en ayant développé une progression sans faille, peut donner le sentiment d'une maîtrise intellectuelle gratifiante et une espérance de succès devant les élèves ; mais on perd en spontanéité et en ajustement nécessaire à une situation de classe toujours imprévisible.

Les situations purement didactiques peuvent quelquefois être en décalage ou inadaptées au contexte que vous rencontrez en classe. Elles privilégient l'activité et le temps de l'enseignant en classe au détriment du temps d'apprentissage de l'élève.

► Entre savoir archivé et sens de la vie, quelle est votre conception ?

« C'est le sens même de la culture qui se trouve posé si l'on veut lutter contre la démobilisation scolaire. On ne peut réduire au savoir "archivé" qui, par son côté sclérosé, détourne du savoir. Ma tendance serait de définir la culture par un souci majeur : le sort de la condition humaine. »

« Ce qui m'intéresse dans Shakespeare et Beethoven, c'est bien sûr un exemple des sommets que le genre humain peut atteindre, mais c'est surtout l'apport de vérité que ces œuvres représentent pour la réflexion sur ce qu'est le conflit, en chacun de nous et à tous les niveaux de la société, entre les forces de barbarie et les forces de civilisation [...] Mais probablement, n'utilisons-nous pas encore suffisamment cette conception de l'enseignement qui correspond à une corecherche, dans la solidarité, sur le sens de la vie, avec un objectif commun, l'amélioration de notre société. »

Tout un programme pour repenser la formation des jeunes enseignants, et des moins jeunes.

➥ *Source : extrait de Jacques Lévine, « Les adolescents et la démobilisation scolaire », intervention à Versailles, mai 1998.*

Comment concilier activité de l'enseignant et apprentissage par l'élève

Pour remédier à cette difficulté, vous pouvez :
– alterner dans votre progression des situations proprement didactiques, conçues autour de difficultés d'apprentissage bien repérées, et des séquences plus ouvertes relevant d'une logique de projet ou de production. (Sur la conduite de classe, voir notamment les chapitres 9, 5 et 24) ;
– éviter une attribution de notes systématiques pour préférer une vérification des acquisitions par des exercices, des temps de reprise collective qui sont autant de moments alternatifs à l'exercice du maître, et de régulation pour votre progression à venir.

AUTOTEST : EXERCICE PRATIQUE DE TRANSPOSITION DIDACTIQUE

Choisissez un thème commun à deux niveaux d'enseignement (dont un au moins dans lequel vous enseignez ou avez enseigné).

- Quels en sont les points communs ?
- Quelles sont les différences entre les deux traitements ?

CHAPITRE 24

Créer des situations d'apprentissage

Une stagiaire, raconte Meirieu, avait mis les élèves par deux pour effectuer un travail de géométrie, en leur expliquant qu'ils devaient parler à voix basse. Un élève l'a interpellée du fond de la classe. Elle lui a répondu tout fort. Quelques instants plus tard, un autre l'a sollicitée en lui posant la même question. Elle a à nouveau obtempéré. En quelques minutes, cette jeune femme a donc fait passer trois messages à sa classe : le premier est que, contrairement à la consigne, on peut parler fort. Le second est qu'il n'est pas important d'écouter ce que disent ses camarades. Le troisième, qu'on peut même se dispenser d'écouter ce qu'elle dit puisqu'elle le répète systématiquement [...][1].»

La conduite de cours en pilotage automatique et sans retour réflexif sur sa propre pratique semble donc poser un certain nombre de problèmes. La centration sur des contenus, ou bien ici sur une technique de groupe, fait perdre un peu de vue à l'enseignant ce qui fait l'originalité d'une situation d'apprentissage : comment les élèves apprennent. Quels sont les points que l'enseignant peut vérifier pour mieux engager les élèves à apprendre ? Quelles sont les conséquences pour lui, mais également pour les élèves ? En définitive, est-ce que « faire cours », c'est faire apprendre ? Le terme même de « situation d'apprentissage » contient en germe toutes ces questions.

LA QUESTION DE FOND : QU'EST-CE QU'APPRENDRE ?

Différentes études convergentes dans plusieurs champs disciplinaires depuis une quinzaine d'années ont insisté sur l'activité de l'élève en tant

1. *P. Meirieu,* Libres Propos sur l'École, *septembre 2003.*

que facteur primordial de son apprentissage : il ne s'agit pas de sombrer dans un activisme à tout crin, on parle plutôt d'activité intellectuelle par opposition à des situations de « paresse intellectuelle » aisément observables en classe : recopier le tableau, noter sous la dictée du maître, combler des exercices à trous, est-ce que cela engage à une activité intellectuelle qui permette d'apprendre ?

“ Pourvu qu'ils apprennent[2] ! ”

Apprendre, en trois conditions

Perrenoud propose une définition rapide en trois conditions :
– apprendre met en œuvre une activité dans laquelle l'élève s'implique personnellement et durablement ;
– c'est une situation qui ne menace pas l'identité, la sécurité, la solidarité des élèves (voir le chapitre 15 « Assurer la sécurité ») ;
– l'activité présente un certain niveau de difficulté, mais toutefois accessible à l'élève.

On est passé progressivement, presque silencieusement, avec tous les décalages constatés sur le terrain, d'une **logique d'enseignement** (le « cours ») à une **logique d'entraînement à la construction de compétence**. Ce glissement sémantique prend appui aussi sur le type de formation proposée dans les programmes récents articulée autour du concept de compétence. « Il s'agit d'apprendre, en le faisant, à faire ce qu'on ne sait pas faire » (P. Meirieu, 1996). Le socle des compétences institutionnalise cette évolution. (Sur le concept de compétence, voir le chapitre 19.)

COMMENT MONTER UNE « SITUATION D'APPRENTISSAGE » ?

Nos amis québécois déclinent le thème en douze points, sous forme d'une « liste de vérification » d'une situation d'apprentissage[3] :
1. La situation tient compte des intérêts des élèves.

2. *Titre d'un recueil de mémoires de jeunes enseignants, par A. Davisse et J.-Y. Rochex (dir.),* Pourvu qu'ils apprennent... Face à la diversité des élèves, *Le Perreux-sur-Marne, CRDP de l'Académie de Créteil, 1998.*
3. *Société GRICS, Service de consultation en développement pédagogique. J. Munn, P. Jalbert, P. Dodier, hiver 2001 : recitmst.qc.ca/SAO/listeverificationprojet.pdf.*

2. La situation tient compte des connaissances antérieures des élèves.
3. Les élèves doivent résoudre des problèmes réels ou simulés susceptibles d'être rencontrés à l'école ou dans la vie à l'extérieur de l'école.
4. L'élève doit faire une ou plusieurs tâches qui permettront d'observer sa démarche et lui demanderont de réaliser une ou des productions.
5. La ou les tâches sollicitent plusieurs compétences.
6. Pour réaliser la ou les tâches, l'élève mobilise plusieurs ressources : notions, stratégies, attitudes, etc.
7. Les élèves font appel à leur créativité et produisent des réponses originales.
8. La situation incite les élèves à travailler en équipe ou à collaborer entre eux.
9. Les élèves ont accès à diverses ressources : livres, personnes, logiciels, etc.
10. Les productions sont destinées à un public (élèves de la classe, élèves des autres classes, parents, etc.).
11. Les élèves ont le temps nécessaire pour réaliser leur tâche. La durée est variable : quelques périodes, jours, semaines, mois, etc.
12. L'enseignant utilise plusieurs critères pour juger de l'efficacité de la démarche et de la qualité de la production. Les critères d'évaluation sont connus des élèves.

PARTIR D'UN PROBLÈME DONT LA SOLUTION N'EST PAS IMMÉDIATE

Le point d'ancrage d'une situation d'apprentissage est donc une interpellation, une question sans réponse immédiate, un obstacle à négocier. Mais peut-on, par exemple, problématiser les lettres ? C'est la question que se pose Yvon Logeat en prenant appui sur une prétendue spécificité de la discipline qui l'exclurait de la réflexion générale[4].

> ***« Quel rapport entre situation d'apprentissage et situation-problème ? »***

« Mathématiciens, physiciens voire biologistes peuvent prétendre enseigner la résolution de problèmes. Dans l'enseignement secondaire, les problèmes posés dans ces disciplines ramènent l'élève à ce qui lui a été enseigné et à des données connues et reconnues dans la discipline. Mais un professeur de littérature devra souvent se contenter d'apprendre aux

4. Y. Logeat montre comment se pose le problème dans l'enseignement des lettres. Site Internet : savoirscdi.cndp.fr/pedago/problematique/Logeat.htm

élèves à se poser de bonnes questions. On dit d'ailleurs qu'il faut savoir "problématiser" à partir de l'énoncé d'un sujet de dissertation, par exemple, comme si "problématiser" relevait d'une démarche évidente pour nos élèves » qui vivent souvent l'école comme un lieu de réponses à des questions qu'ils ne se posent pas.

Susciter les questionnements

Problématiser est une première étape qui pose l'hypothèse que le savoir sera potentiellement une réponse à une ou des questions. Cependant, prenez garde à la dérive où à trop se focaliser sur la résolution certaine d'un problème, on néglige quelque peu son questionnement.

Formulez la situation-problème de façon à prendre le contre-pied de ces représentations majoritaires et à susciter les questionnements et la recherche collective d'éléments de réponse. Vous pouvez partir, par exemple, de :

- une formule qui gêne ;
- une idée ou un texte qui implique, qui interpelle ;
- un résultat d'expérience qui ne semble pas logique ;
- un problème qui paraît impossible à réaliser ;
- un modèle explicatif en contradiction avec celui des élèves ;
- deux éléments contradictoires (en apparence !) ;
- deux éléments que l'on ne met pas en parallèle habituellement ;
- un « piège » dans lequel les élèves tombent.

SITUATIONS D'APPRENTISSAGE ET REPRÉSENTATIONS DE LA CLASSE

Organiser des situations d'apprentissage conduit immanquablement à repenser la place de l'élève et celle du maître, dans ses représentations comme dans ses pratiques.

Comment je me représente ma classe ?

Le passage du cours à la situation d'apprentissage n'est pas donné et renvoie immanquablement à votre propre représentation du métier. Parmi les schémas proposés ci-dessous, à quel « modèle » correspond plutôt votre conception de la pratique de classe ?

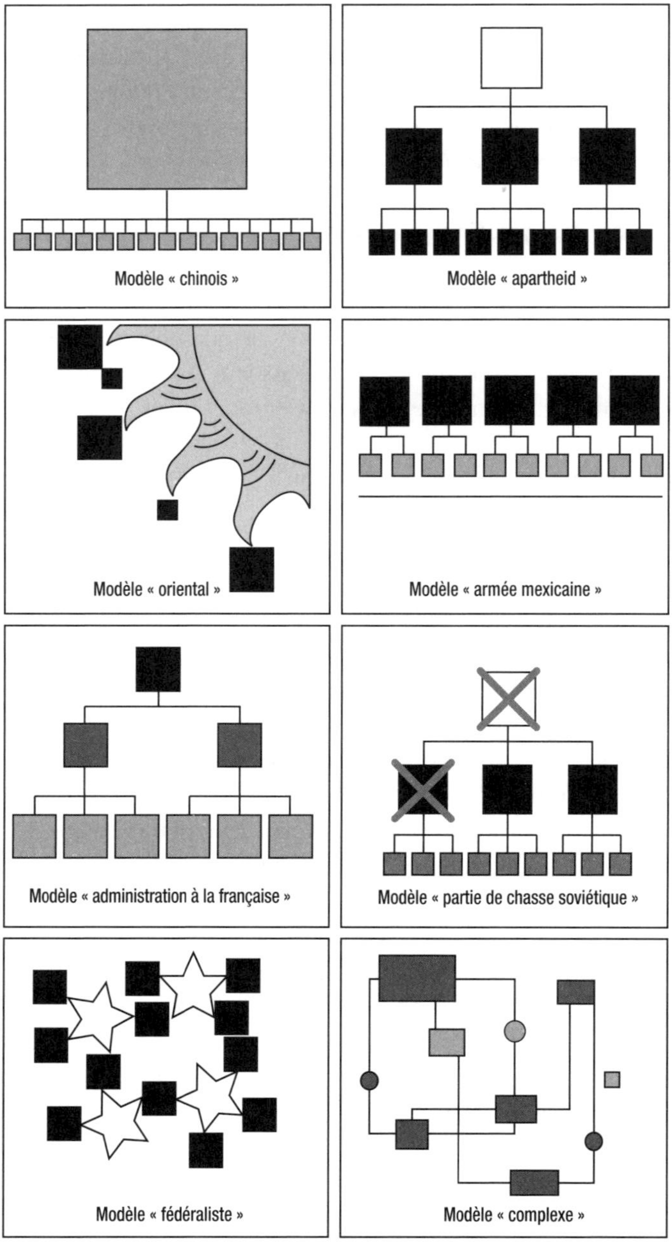

Le « bon » modèle n'existe pas en soi. Cependant, le pilotage de la situation d'apprentissage n'est plus le même, suivant que vous êtes (alternativement ?) en mode « chinois », orienté vers la seule transmission, l'activité « professorale » de l'enseignement, ou que vous adoptez le mode

« fédéraliste ». La grande différence est la place accordée à l'élève dans votre « système » d'enseignement.

Les implications pour l'enseignant et les élèves

Dès lors que vous vous mettez en mode « situation d'apprentissage », dans laquelle les élèves sont beaucoup plus sollicités, les implications touchent aussi bien l'enseignant que les élèves.

Pour l'enseignant :
– c'est d'abord accepter de suspendre au moins temporairement toute évaluation-notation ; on n'apprend qu'en sécurité et non sous surveillance ;
– c'est adopter une posture d'accompagnement (à côté ou derrière l'élève) plus que de rester sur l'estrade : l'acteur (au sens de celui qui agit), c'est l'élève, pas le prof ;
– c'est pousser à la collaboration entre les élèves ; comme au billard, les meilleurs résultats s'obtiennent par la « bande » ; les élèves sont très sensibles aux performances de leurs pairs, plus qu'à celles de leur prof, plus inaccessibles (c'est « l'apprentissage vicariant ») ;
– c'est favoriser toutes les fois que cela est possible un retour sur l'activité, sous forme de rapide bilan ou de fiches autoévaluatives (le temps « méta »).

On est finalement proche d'une démarche de projet, telle qu'elle est décrite dans le chapitre 21 « Diriger des projets », ou des pratiques mises en œuvre dans les « structures expérimentales » actuellement.

Pour les élèves :
– la sollicitation se fait plus proche ; l'enseignant est plus présent, ses camarades attendent la part du travail, il devient difficile d'échapper à la tâche ;
– les formes d'évaluation proposées exigent des efforts d'explicitation, de mise en mots et une certaine lucidité qui favorise l'apprentissage ;
– on peut observer une forme de régulation collective, car le groupe a moins de risque de dévier ou de détourner l'activité partagée.

@ À inscrire parmi ses favoris, le site de Jacques Nimier, « Les Facteurs humains dans l'enseignement » est une mine de ressources, d'analyse et de témoignages, notamment sur les représentations, les attentes exprimées par les enseignants et par les élèves. Très régulièrement mis à jour : http://www.pedagopsy.eu/

AUTOTEST : RETROUVEZ LES FACTEURS DE RÉUSSITE

Vous venez d'achever une grosse séquence dont vous êtes particulièrement fier(e). « Ça a marché ». Pour identifier ce qui était en jeu, et envisager de reproduire par transposition même partielle « ce qui a marché », voici en une série de questions l'analyse d'une activité d'apprentissage, proposée par Discas[5].

Mise en situation

• Y a-t-il un déclencheur d'intérêt? : humour; défi; curiosité; aspect ludique; autre.
• L'utilité de l'objectif a-t-elle été démontrée?
• S'il y a lieu, les préalables (connaissances antérieures nécessaires à l'accomplissement de l'activité) ont-ils été rappelés?

Expérimentation

• Toute l'information nécessaire est-elle présente (directives, matériel à consulter, etc.)?
• A-t-on fourni à l'élève une représentation claire du produit final attendu?
• Y a-t-il une place pour la découverte de l'information?
• L'activité fait-elle appel à d'autres sources que l'enseignant et le manuel (observation, ouvrages de référence, matériel didactique, autres élèves, source extérieure à la classe)?
• Y a-t-il place pour l'essai et l'erreur?

Objectivation

• Y a-t-il une mise en commun des résultats (oralement, au tableau, autre modalité)?
• Y a-t-il discussion des résultats (collectivement, en équipes, autre modalité)?
• Y a-t-il un résumé de l'information essentielle (oral, au tableau, écrit – notes –, écrit – schéma –, autre)?
• Y a-t-il une généralisation des résultats (exemples, contre-exemples, énoncé de principe, autre)?
• L'élève est-il invité à décrire sa démarche et à nommer les processus impliqués?

5. J. Henry et J. Cormier, sur le site Internet de Discas : www.csrdn.qc.ca/discas/tdm.html

Réinvestissement

• L'activité de réinvestissement fait-elle appel aux mêmes processus que l'activité initiale ?

• L'activité de réinvestissement diffère-t-elle de la précédente quant au sujet et au contexte ?

• L'activité de réinvestissement diffère-t-elle de la précédente quant au type d'interaction (individuellement, en équipe, collectivement, etc.) ?

Caractéristiques globales

• L'activité est-elle d'un niveau de difficulté adapté à l'âge et au développement des élèves ?

• L'activité permet-elle à l'élève de constater rapidement ses réussites, ses échecs et ses progrès ?

• L'activité comporte-t-elle des éléments pouvant rejoindre chacun des styles différents d'apprentissage (auditifs, visuels, kinesthésiques, etc.) ?

• L'activité comporte-t-elle une variété d'interactions (travail individuel, par équipes, collectif), de rythmes (convergence, divergence) et de rôles (élève acteur, observateur, communicateur, etc.) ?

• L'activité permet-elle de tenir compte des différents rythmes d'apprentissage ?

• S'assure-t-on que l'élève dispose d'un *feed-back* à chacune des étapes de la démarche (autocorrection, par les pairs, par l'enseignant, par la nature même de la tâche) ?

CHAPITRE 25

Donner des conseils de méthode

Un élève suit au collège 12 disciplines, 26 heures par semaine sur 36 semaines. En conséquence, il est confronté à 12 enseignants différents avec des méthodologies propres à la discipline mais aussi propres à chaque enseignant dans la discipline (sans compter d'éventuels remplacements). Un cours, c'est aussi 300 échanges dans l'heure (au collège). Un professeur qui parle, ce sont 150 mots à la minute. Un élève qui écrit, ce sont 30 mots à la minute. Les informations auditives ne couvrent que le quart des informations délivrées sur le contenu, le sens, le contexte, les intentions. La mémoire ne retient que 20 % des informations délivrées et traitées. Être interrogé diminue les capacités de l'élève des deux tiers.

L'élève est confronté à un flux d'informations de nature et d'importance très variées, dans lequel les savoirs sont mêlés à d'autres informations contextuelles voire parasites. Il doit faire le tri lui-même, à moins qu'on lui apprenne, qu'on le guide. Mais qui le fera, comment et sur quelle durée suffisante pour que cet apprentissage devienne une compétence effective attendue en fin de scolarité ? Faut-il attendre qu'il se fabrique sa propre « boîte à méthodes » ?

Comment faire le point avec les élèves sur leurs démarches ? Comment intégrer dans le cours l'aspect méthodologique, notamment la compréhension des consignes et la prise de notes ? Comment affermir les compétences orales ? Peut-on évaluer les effets de l'entraînement méthodologique ? Enseigner, on le voit, demande aussi des méthodes.

DRESSER LE BILAN DES MÉTHODES DES ÉLÈVES

Le constat est toujours global et rédhibitoire, la cascade de reproches attendue ; il confirme l'enseignant dans son impression de *tabula rasa* ; il faut tout reprendre et cette mission est déjà impossible. S'intéresser aux méthodes de travail incite cependant à fortement nuancer ce jugement pour analyser des pratiques, prendre appui sur des acquis et mieux déterminer les besoins. La réalité est plus complexe, apprendre n'est jamais un long fleuve tranquille : on peut même remarquer en situation nouvelle (nouveau prof, nouvelle discipline, nouvel établissement, nouveaux savoirs) des phénomènes de désapprentissage.

Apprendre à travailler n'est pas un acquis, c'est un exercice de tous les instants à l'école, au collège, au lycée, et d'aucuns diraient, à l'université, mais aussi à la maison, en famille. Quand un musicien change d'instrument, de salle, de répertoire, il a besoin d'un temps de redécouverte et d'entraînement pour retrouver son habilité et exprimer son « talent ». (Voir aussi les chapitres 19 « Analyser les ressources des élèves » et 20 « Analyser les pratiques des élèves ».)

Enquêter sur les méthodes de travail

En tant que professeur principal, j'ai souvent utilisé en début d'année une enquête adaptée selon le niveau correspondant. Elle est nominative et déclarative ; mais son analyse collective est anonyme. Les informations glanées sont précieuses pour envisager la suite des opérations.

L'exploitation des résultats communiqués et commentés en classe m'a permis de comprendre des situations parfois bizarres et de construire un

Enquête sur les méthodes de travail				
Planning et timing (organisation du travail)	**T***	**S***	**R***	**J***
Le soir, avant de me mettre au travail, je décide des devoirs à faire et des leçons à apprendre.				
J'éprouve des difficultés à établir avec précision le temps que je dois consacrer à l'étude de chaque matière.				
Je garde pour le dernier moment le travail que je juge difficile ou ennuyeux.				
Dans le courant de l'année, je travaille régulièrement afin de ne pas plus tard être obligé de rattraper le temps perdu.				
À l'approche des contrôles, je fais l'inventaire de la matière à étudier et j'établis un plan de travail.				
Il m'arrive plusieurs fois par semaine de ne pas m'occuper de mon travail scolaire.				
Je passe une trop grande partie de mon temps dans les loisirs (télé, disques, sports, revues et livres non scolaires).				

Techniques d'étude et méthodes de travail	T	S	R	J
Pendant les cours, je ne parviens pas à la fois à écouter le professeur et à prendre des notes claires et précises.				
Le soir, je consacre la plus grande partie de mon temps à compléter les notes prises pendant les cours.				
Lorsque je dois préparer un exposé ou un devoir rédigé, je commence à me documenter dès que le sujet est connu.				
Lorsque je lis un texte, j'ai de la peine à en dégager les idées essentielles.				
J'éprouve des difficultés à m'exprimer couramment oralement.				
Lorsque je fais un devoir rédigé, j'éprouve des difficultés à ordonner mes idées et à les exprimer avec clarté et précision.				
En préparant un contrôle, je consacre une partie de mon temps à approfondir la matière en faisant des exercices.				
Lorsque je ne comprends pas la matière du premier coup, je l'étudie de mémoire.				
Lorsque je révise un cours, je note les points essentiels afin d'obtenir une vue d'ensemble de la matière étudiée.				
Lorsque j'étudie un cours, je le revois mentalement en me posant des questions et je m'efforce de le récapituler comme si j'étais obligé de fournir des explications à autrui.				
Lorsque j'apprends un cours, je m'efforce d'établir les rapports entre ce cours et les cours précédents.				
Je revois soigneusement la théorie avant de passer aux applications.				
Lorsque j'ai un problème difficile à résoudre, je commence à noter les données avant de passer à la solution.				
Il m'est pénible de faire un plan clair et auquel je me tiens avant de rédiger un devoir.				
Concentration	**T**	**S**	**R**	**J**
Je suis nerveux lors d'un contrôle.				
Le soir, je tarde longtemps à me mettre au travail.				
Lorsque je suis en train d'étudier, je me laisse facilement distraire.				
Lorsque j'ai un travail peu attrayant à faire, je persévère jusqu'à ce qu'il soit complètement terminé.				
Le moment venu d'étudier, je me sens fatigué et découragé.				
Lorsque je suis surchargé de travail, j'ai tendance à tout commencer en même temps de sorte qu'il m'est impossible d'apprendre un seul cours convenablement.				
Quand je me vois forcé d'interrompre mon travail, il m'en coûte de m'y remettre.				

Motivation	T	S	R	J
Les soirs où je n'ai pas beaucoup de travail, je prépare un travail imposé pour les jours suivants.				
J'ai l'impression que nous devons assimiler trop de détails pour la plupart des matières figurant au programme.				
Il y a certaines matières pour lesquelles je ne fais que l'effort strictement nécessaire.				
En classe, j'ai tendance à me décourager rapidement.				
Lorsque je n'ai pas envie d'étudier, je saisis la moindre occasion pour m'occuper d'autres choses.				
Je voudrais poursuivre mes études après le collège.				
J'essaie d'obtenir les meilleurs résultats possibles.				
Je fais un effort particulier lorsqu'il s'agit d'une matière pour laquelle je n'éprouve aucun intérêt.				
** Légende : T : toujours; S : souvent; R : rarement; J : jamais.*				

dispositif méthodologique de soutien au travail personnel; certains items se dégagent plus que d'autres, ce sera donc la priorité des premières semaines. Le bilan est communiqué aux autres enseignants de la classe, ainsi qu'à ceux qui encadrent études dirigées ou aide individualisée (selon les appellations et les contextes). Chaque item représente un point que l'on prend le temps d'aborder dans ces créneaux réservés à l'aide au travail personnel. (Voir le chapitre 16 « Guider le travail personnel ».)

La fiche personnelle des réponses est un bon support pour mener un entretien avec un élève, dans le cadre d'un tutorat, pour mesurer avec lui les petits progrès, mois après mois. On peut fixer ainsi avec lui quelques micro-objectifs, tout à fait atteignables, portant sur deux ou trois points du questionnaire. La motivation se construit pas à pas avec une analyse partagée des potentialités, des progrès et un bon calendrier. Ainsi, les élèves de la classe bénéficient d'un dispositif coordonné, entre traitement disciplinaire en cours, analyse de la tâche en ATP et bilan personnalisé en tutorat, sur des bases plus objectives qu'un simple constat « impressionniste ». Après, c'est une histoire de pratiques... d'enseignants. (Voir le chapitre 6 « Travailler en équipe ».)

Mobiliser les élèves dès le début : « la chasse au Toto »

Certains collègues ne manquent ni d'imagination ni d'humour pour motiver leurs élèves. L'équipe enseignante du collège Dolto, à Paris, a ainsi choisi de raconter les « malheurs de Toto », dans le cadre de l'atelier réussir en sixième (ARS) qui a lieu une heure par semaine. Cette heure

▶ Les sept objectifs de l'ARS

Pendant une heure par semaine, les élèves apprendront ces méthodes dans une séance de travail que l'équipe pédagogique a appelé ARS pour « atelier réussir en sixième ». Pour les aider, sept objectifs ont été identifiés.

1. Je suis capable d'utiliser mon carnet de correspondance.

2. Je sais me servir de mon cahier de texte.

3. Je sais quel matériel je dois mettre chaque jour dans mon cartable.

4. Je sais organiser mon travail à la maison.

5. Je sais apprendre mes leçons.

6. Je sais être attentif, me concentrer et faire travailler ma mémoire.

7. Je sais comprendre un énoncé, une consigne.

est partagée pour toutes les classes de façon à renforcer l'appartenance à un groupe tout en permettant aux professeurs de se concerter, deux fois par trimestre. Son objectif principal est d'aider les élèves à s'approprier les méthodes du travail intellectuel.

« Un premier document est distribué qui décrit quelques situations scolaires très familières, auxquelles un élève imaginaire, Toto, se trouve confronté et qu'il résout à sa manière... Chaque situation symbolise un de nos objectifs d'ARS. Exemples :
– le professeur explique quelque chose d'important à toute la classe. Toto n'est pas attentif (objectif : je sais être concentré et faire travailler ma mémoire) ;
– les élèves doivent rendre aujourd'hui un devoir, donné il y a une semaine. Toto n'a pas sa feuille (objectif : je sais me servir du cahier de textes).

« Une grille est ensuite distribuée demandant d'indiquer pour chaque situation ce que Toto n'a pas fait et ce que Toto aurait dû faire, et de répondre à quelques questions formulées à la première personne qui permettent aux élèves de se mettre à leur tour en situation : t'arrive-t-il parfois d'être un Toto ? Alors, donne-toi quelques conseils.

« La fiche débouche sur une correction orale particulièrement riche et rapide. Une main se lève : "Ce sont les sept objectifs de l'atelier !"

► Les parents à la rescousse au collège !

On ne peut naïvement renforcer l'approche méthodologique en sixième sans s'interroger aussi sur la connaissance dont les parents des mêmes élèves disposent quant au fonctionnement, aux « mœurs » et aux implicites du fonctionnement secondaire.

Un guide pour les parents d'ado. C'est une dimension largement sous-traitée dans l'Éducation que se proposent d'aborder Francine Saucier et Véronique Gaspard, avec richesse et efficacité, dans leur livre *Mon enfant au collège*. Plus qu'un guide du collège, c'est un guide pour les parents d'ado qui les aidera à accompagner leur enfant durant ces années charnières. Indispensable à lire pour un professeur principal aussi !

On y apprend beaucoup sur le collège, son fonctionnement, ses acteurs, ses structures, ses programmes. Les parents y découvrent les emplois du temps des classes, la gestion des retards, la sectorisation et ses détours, les classes à horaires aménagés, l'évaluation, les bases de l'orientation, etc. Ce guide apporte aussi des conseils précieux pour mieux dialoguer avec les enseignants, apprendre à déchiffrer un bulletin trimestriel, utiliser le carnet de correspondance, bref décrypter les usages et les codes de communication du monde de l'École. Le dernier chapitre est consacré au capital santé des enfants : l'équilibre alimentaire, la puberté, le sommeil, le sport. Autant de points qui peuvent faciliter l'épanouissement et la réussite du collégien.

À lire : Francine Saucier, Véronique Gaspard, *Mon enfant au collège*, Hachette Education, Paris, 2005.

Étonnement du professeur, il est en général difficile de se référer à ces objectifs donnés en tout début d'année. L'élève explique : "Pendant les vacances, mon grand frère m'a préparé à la sixième, il m'a fait apprendre l'ARS." Une autre main se lève : "Son frère m'a expliqué à moi aussi. Il a dit que ça sert dans toutes les classes à Dolto." Un troisième élève : "Moi, ma grande sœur m'a fait apprendre par cœur : attention, concentration, mémoire." (C'est la devise de l'ARS, que nous utilisons encore parfois en "rappel de vaccination" dans les classes supérieures).

« Un élève demande ensuite la parole : "Je peux parler directement à Fati ? Fati, tu es une Toto ! Tu n'apportes presque jamais tes affaires !"

L'attaque directe est abrupte, mais l'élève fait rebondir la discussion sur ses motivations et sur l'intérêt personnel qu'on peut parfois retirer à être une Toto.

« Dialogue riche en découvertes pour les élèves et pour les professeurs puisque de manière inattendue ces élèves demanderont alors à rédiger un commentaire original à partir de leur propre bulletin scolaire en s'appropriant les rubriques de la fiche Toto.

« Dans chacune des classes du collège, la "chasse au Toto" a pris vie et a débordé de l'atelier, se transférant un peu partout. Le nouveau professeur de maths, après un contrôle raté, déclare à ses élèves : "Vous êtes vraiment tous des Totos." Connivence et humour de mise ! (Retrouvez les travaux plus complets de l'équipe du collège Dolto sur le site : innovalo.scola.ac-paris.fr)

INTÉGRER LES CONSEILS DE MÉTHODE DANS LE COURS

Le conseil méthodologique ne peut être valable que s'il s'intègre parfaitement au déroulement comme aux contenus de votre cours. Pas de méthodologie pour la méthodologie. Mais pas d'autonomie sans pédagogie de l'autonomie. Les élèves lui attribueront la valeur, la place et l'espace que vous voudrez bien lui donner. (Voir également le chapitre 26 « Donner un conseil de documentation ».)

Lier la méthodologie au contenu

Dans les cours que je dispensais en collège, j'avais pris l'habitude de faire organiser les cahiers des élèves selon la modalité suivante : toute la partie droite était réservée au cours, la trace écrite, les définitions, les contenus. Toute la partie gauche était consacrée à la méthodologie : ainsi, l'étude d'un document, son analyse, son décryptage et les éléments extraits y trouvaient leur place ; c'était le cas aussi pour quelques automatismes qu'on retrouvait alors facilement : une carte en 5 points, un schéma explicatif, une définition, par exemple.

Cette partie était un espace beaucoup plus personnel que la partie droite ; l'élève pouvait aisément la compléter, la colorier en code-couleurs. L'expérience a montré sur plusieurs années que les deux parties se répondaient à égale densité, voire certaines fois, souvent dans les premiers mois, la partie méthode se dilatait. Le cours permettait de passer d'un registre à l'autre sans problème, avec beaucoup de liberté. Quand on constatait ensemble qu'un problème se présentait; on passait à gauche, puis on reprenait le déroulement, à droite. Cela permet de renforcer la mémoire contextuelle. L'occasion d'apprendre ravive l'apprentissage lui-même.

C'est un peu comme apprendre à faire la cuisine : on peut rester derrière le chef à le regarder faire et piquer quelques recettes; c'est encore mieux de tout mettre sur le plan de travail et d'élaborer ensemble le plat que l'on mangera ensemble. Le lien entre contenus et méthodes est consubstantiel. L'un ne peut aller sans l'autre.

Le conseil donné à un élève profite à tous

Nous ne sommes pas en situation de préceptorat; le conseil méthodologique est un conseil en général donné à un élève en situation de travail, mais vous escomptez que les effets porteront sur le groupe. Voici quelques techniques faciles à appliquer.

Rendez visible le travail effectif de l'élève ou d'un groupe d'élèves sur transparent au rétroprojecteur, sur le tableau blanc, photocopie à chacun. Il est encore très rare que l'élève puisse travailler sur autre chose qu'un manuel ou un polycopié de prof. On apprend par ses pairs.

Analysez la méthode employée, confrontez-la à d'autres méthodes proches ou différentes. On voit alors se dessiner deux, voire trois stratégies possibles pour un résultat satisfaisant.

Consignez les éléments de la méthode retenue dans la partie réservée dans le cahier, de façon à pouvoir y revenir autant de fois qu'il le faudra. C'est un des automatismes à mettre en place. Tout travail donne lieu à une trace de « mémoire ».

AMÉLIORER LA COMPRÉHENSION DES CONSIGNES

Ce serait peut-être la première compétence du métier d'élève : comprendre la consigne. Et on pourra vite sombrer dans la lamentation en notant qu'ils ne savent pas lire les consignes, tous niveaux confondus.

Test de compréhension d'énoncés

Vous avez une minute pour traiter les points suivants : soyez rapide et lisez bien. Ceci est un test d'évaluation.

1. Lisez soigneusement les points suivants, sans rien écrire.
2. Inscrivez votre nom en haut et à gauche de cette feuille.
3. Entourez le mot « nom » du point n° 2.
4. Signez cette page en bas à droite.
5. Mettez une croix en bas à gauche de cette page.
6. Entourez cette croix.
7. Arrivé à ce point, prononcez à voix forte votre prénom.
8. Si vous avez soigneusement suivi les directives, proclamez : « Ça va ! »
9. À voix normale, comptez à rebours de 10 jusqu'à 1.
10. Si vous êtes le premier à arriver jusqu'à ce point, proclamez : « C'est moi le premier jusque-là. »
11. Soulignez tous les nombres impairs de cette page.
12. À voix forte, affirmez : « J'ai presque fini, j'ai suivi toutes les instructions. »
13. Maintenant que vous avez fini de tout lire soigneusement, n'exécutez que les points n° 1 et n° 2.

“ Ils zappent la lecture de la consigne, pour me demander « Monsieur, qu'est-ce qu'il faut faire ? » ”

Manifestement, la confrontation à un énoncé produit un effet chez les élèves qui aboutit à des contre-performances. Certes, notre travail pédagogique est d'abord un travail de clarté et de simplicité. Mais il faut bien constater que l'attention à la lecture n'est jamais maximale, étant souvent requise par d'autres éléments (phase d'évaluation sommative, début difficile de mise au travail, problèmes de matériels...). (Voir le chapitre 27 « Définir des objectifs ».)

Comment aider les élèves

Faites lire la consigne par un élève ; une fois, deux fois. Ménagez un temps nécessaire pour intérioriser et mobiliser les ressources. Puis donnez le signal du départ. Dans le cas d'un devoir, faites lire toutes les questions, réservez le temps, puis départ. Cela peut éviter les erreurs provoquées par un démarrage trop impulsif.

Faites lire la consigne, et décomposez-la : demandez à repérer le verbe, les éléments importants, les aides possibles, le support utilisé, le temps imparti. Même dans les « grandes classes » de lycée, ce travail peut s'avérer plus que nécessaire afin d'éviter des hors-sujet. Par exemple, en histoire, tout sujet est composé d'un sujet propre, d'une localisation et d'une périodisation. (Le Front populaire en France de 1936 à 1939). (Sur la lecture de consignes, voir l'indispensable *Comprendre les énoncés et les consignes*, Jean-Michel Zakhartchouk, CRDP Amiens et Cahiers pédagogiques, 1999).

Entraînez-les. Une ou deux fois dans l'année, procédez à un test amusant destiné à alerter les élèves et les aider à acquérir un réflexe jamais inné : celui de prendre le temps de tout lire, en situation de stress. J'utilise par exemple ce document; l'humour est un bon dérivatif pour des situations importantes. Vous le présentez avec sérieux aux élèves comme un exercice noté en temps limité. Au top, tout le monde s'y met. Vous serez surpris de voir certains s'écrier tout haut : « Ça va ! » Rapide retour sur l'action : que retenons-nous de cet exercice ?

ENSEIGNER LA PRISE DE NOTES AUX ÉLÈVES

La prise de notes est, typiquement, l'apprentissage non assuré en cours. On peut sans doute passer une heure à en parler et après, exécution ! Il n'y a rien de plus complexe pour l'élève et pourtant, c'est une des clefs de la réussite dans les études secondaires en France. Prendre des notes, c'est mener une activité multitâche à la manière de l'ordinateur : écouter, mémoriser, résumer mentalement, sélectionner des mots-clefs, organiser l'espace de sa page blanche, réinventer un système d'encodage efficace, mettre par écrit. Cela requiert un haut niveau d'abstraction et une technicité élevée pour être efficace. L'apprentissage de la prise de notes ne peut se suffire d'une seule heure. C'est l'affaire de plusieurs années pour ne pas tomber dans les travers les plus fréquents : laisser passer une articulation logique dans le discours de l'enseignant, tout noter, écrire illisible, prendre l'anecdote et pas l'essentiel...

Commencer l'apprentissage dès la sixième

Il ne faut pas hésiter à aborder cet apprentissage assez tôt, dès la sixième par exemple, comme un jeu d'écriture ; au cours de votre exposé oral, vous transcrivez sur tableau ou transparent sa traduction en prise de notes avec les symboles adéquats : différent de ; par opposition à, conséquence, en même temps, hiérarchiser plusieurs points, etc., mais aussi quelques abréviations simples. Ce sont des rudiments d'un nouveau langage.

À partir de la quatrième, proposez de travailler la trace écrite comme une prise de notes : faites passer un élève au tableau, ou mieux sur transparent (il pourra ensuite l'intégrer dans son cahier) et suivez pas à pas sa prise de notes, en proposant avec les autres élèves périodiquement des améliorations de type :
– transformez le discours en phrases courtes avec verbe à l'infinitif ;
– abrégez tout ce qui peut l'être ; toute nouvelle abréviation sera notée dans la partie méthodologique pour s'en souvenir. Appel à la créativité et initiation à quelques règles d'usage ;
– introduisez différents symboles (flèches, barre, étoile, éclairs, signes mathématiques...) ;
– organisez l'espace de la page, du tableau et hiérarchisez les points ;
– ménagez un temps en fin de cours pour « lisser » les notes : reprise des liens logiques, souligner les articulations du plan, etc. ;
– vérifiez régulièrement la capacité des élèves à retraduire les notes : prendre une page de notes d'élève (sur transparent) et demander à tous de rédiger en français « scolaire » le passage. L'exercice de rédaction en temps réel est ici une simulation fidèle des conditions dans lesquelles les élèves seront amenés à composer en contrôle.
La prise de notes est une technique qui fait accéder à l'autonomie de l'élève et à l'efficacité du travail scolaire, ne pas s'étonner qu'elle prenne du temps ; c'est une des finalités de l'Éducation énoncées dans le socle.

◆ DÉVELOPPER LES COMPÉTENCES À L'ORAL

Notre culture scolaire, en particulier dans le secondaire, est fondée sur la survalorisation de l'écrit. La pratique orale est renvoyée au quotidien de la classe, presque comme une pratique annexe, même pas ou peu évaluée dans les moyennes trimestrielles. Elle est pourtant essentielle dans tout apprentissage en participant à la construction identitaire et à l'image de soi. Vouloir améliorer les performances des élèves (à l'écrit) passe donc obligatoirement par un travail d'oralisation.

Comment utiliser l'oral en cours

Lors d'une formation d'enseignants, un rapide tour de table a permis de faire le point sur le recours à l'oral[1] en cours. Ont été dégagés quatre objectifs pour lesquels les enseignants utilisaient l'oral :
– **vérifier un apprentissage** : l'enseignant interroge l'élève sur sa leçon ;
– **apprendre** : cours « dialogué », confrontation dans des groupes ;
– **apprendre à exprimer, exposer des idées en public** : des élèves présentent de brefs exposés après recherche documentaire ; des élèves s'entraînent à argumenter deux à deux sur des sujets donnés ; des élèves s'entraînent à lire à voix haute, à réciter des textes ;
– **éduquer à la citoyenneté**, au respect de l'autre.

Mais toutes ces occasions d'oral sont-elles des moments où l'oral est utilisé ou bien enseigné ?

Travailler l'oral dès la sixième

Dominique Natanson, est professeur au collège Maurice-Wajsfelner, Cuffies (Aisne) et formateur en IUFM ; il s'est particulièrement intéressé à cette problématique : « Comment faire en sixième pour que les élèves s'approprient les critères d'une intervention orale réussie ? »

Créer des « occasions d'oral ». « L'oral fait apparaître une nouvelle dimension de l'hétérogénéité : la timidité des uns, les difficultés d'expression des autres, l'aisance enfin d'élèves qui ne sont pas pour autant brillants. L'équipe de mon établissement a mis en place, régulièrement, des "occasions d'oral". Il s'agit de faire préparer à la maison une intervention de trois minutes sur un sujet délimité, par exemple :
– comment vivaient les paysans égyptiens ?
– ce que faisaient/ce que croyaient les Égyptiens à propos de la mort ;
– comment se pratique la religion juive ?
– comment les hommes du Népal adaptent-ils leurs activités aujourd'hui ?
– présenter un héros de la mythologie grecque.

Ces petits sujets sont présentés dans une fiche contrat distribuée au début de chaque chapitre. Le plus souvent, les sujets peuvent être préparés à partir d'une double page dossier du manuel d'histoire-géographie. »

1. *D'après J. M. Zakhartchouk,* Croisements de disciplines au collège, *CRDP Amiens, 2000.*

Évaluer. « Le jour venu, on n'interroge que quelques élèves, mais on fait participer l'ensemble de la classe à l'évaluation, et donc à l'appropriation des critères de réussite. La classe est divisée en trois groupes et chacun reçoit une mission :
– les "gardiens du temps" mesurent la durée de l'intervention ;
– les "gardiens de l'expression" doivent juger de la qualité sonore et de l'emploi d'un vocabulaire exempt de familiarités ;
– les "gardiens du contenu" ont pour mission de noter sur une feuille de brouillon toutes les informations importantes, les mots de vocabulaire, les dates ou les noms de lieu prononcés. »

Comment évaluer l'oral : le principe de l'évaluation par ceintures

L'évaluation scolaire traditionnelle rend difficilement compte de la compétence orale. Pour évaluer les progrès de ses élèves, Dominique Natanson se sert de « l'évaluation par ceintures » qui vient de Fernand Oury et de la « Pédagogie institutionnelle », dans le prolongement de la pédagogie de Célestin Freinet. Oury, qui faisait du judo, a eu l'idée de définir les compétences des élèves en leur faisant passer des ceintures : de la ceinture blanche pour les plus faibles à la ceinture noire, comme objectif final de la formation. Ses élèves étaient « jaunes » en lecture, « bleus » en calcul, « orange » en écriture… « Je suis parti du constat, explique-t-il, qu'il y a de grandes inégalités de départ pour une réalisation orale. J'évaluais précédemment sur la base de l'atteinte ou non des objectifs fixés. Mais, deux jours de suite, cette évaluation – objectif pas du tout atteint/pas encore atteint/atteint/parfaitement atteint – m'a posé problème.

« La première fois, ce fut quand une excellente élève, après avoir parlé brillamment durant 4 minutes, termina en disant : "Ben, voilà, j'ai fini !" Je ne pouvais que lui dire : "Objectif parfaitement atteint", et je regrettais de ne pas pouvoir lui faire comprendre, dans l'évaluation même, qu'elle avait encore un pas à franchir, celui de la conclusion. La deuxième fois, ce fut lorsqu'une élève très timide arriva devant la classe en tremblant et parla d'une voix forte, durant une minute. Les élèves applaudirent sa prestation, mais moi, je n'avais à lui offrir qu'un "objectif pas encore atteint" : elle n'avait pas tenu trois minutes ! »

Pour obtenir une ceinture, il faut réussir à valider les trois éléments constitutifs simultanément. Prenons l'exemple de la validation de la

Prénom :	Nom : Classe : sixième
Ceintures	**Tout ce qu'il faut être capable de faire pour obtenir la ceinture**
Ceinture blanche	Venir devant la classe et parler pendant quelques secondes du sujet prévu. 1. Temps : plus de 5 secondes et moins de 20 secondes 2. Expression : les élèves du premier rang entendent. 3. Contenu : 1 ou 2 informations vraies.
Ceinture jaune	Venir devant la classe et parler pendant moins d'une minute du sujet prévu. 1. Temps : moins de 50 secondes. 2. Expression : les élèves entendent une partie. L'élève ne lit pas toujours son papier. Pas plus d'une expression familière. 3. Contenu : 2 ou 3 informations. Pas d'erreur de sujet.
Ceinture orange	Venir devant la classe et parler pendant une minute du sujet prévu. 1. Temps : autour d'une minute. 2. Expression : les élèves entendent et comprennent la plus grande partie. Pas d'expression familière. L'élève lit rarement son papier. Par moments, c'est intéressant. 3. Contenu : 4 ou 5 informations utiles, pas d'erreurs graves, pas d'oublis graves.
Ceinture verte	Venir devant la classe, très peu regarder son papier et parler pendant plus d'une minute du sujet prévu. Temps : 1 minute à 1 minute 30. Expression : les élèves entendent et comprennent la plus grande partie. À aucun moment l'élève ne lit son papier, même s'il le regarde de temps en temps. Pas d'expression familière. Le ton n'est pas monotone, on ne s'ennuie pas. Contenu : beaucoup d'informations utiles, pas d'erreurs graves, pas d'oublis graves.
Ceinture bleue	Venir devant la classe, très peu regarder son papier et parler pendant plus de 1 minute 30 du sujet prévu. 1. Temps : plus de 1 minute 30. 2. Expression : les élèves entendent tout. À aucun moment l'élève ne lit son papier, même s'il le regarde de temps en temps. Pas d'expression familière. Le ton n'est pas monotone et même, c'est parfois vivant. 3. Contenu : beaucoup d'informations utiles, pas d'erreurs graves. Les mots principaux ont presque tous été prononcés.
Ceinture marron	Venir devant la classe, très peu regarder son papier et parler pendant plus de 2 minutes du sujet prévu. Il y a une phrase d'introduction. 1. Temps : 2 à 3 minutes.

	2. Expression : les élèves entendent et comprennent tout. À aucun moment l'élève ne lit son papier, même s'il le regarde de temps en temps. Pas d'expression familière, et même une certaine élégance d'expression. Le ton est vivant, c'est passionnant. On sent que l'élève a envie d'être écouté par les élèves de la classe. 3. Contenu : toutes les informations sont utiles, et sont nombreuses. Il y a au moins une information qui vient de recherches personnelles en dehors du livre (d'histoire-géographie). Tous les mots difficiles sont expliqués. Pas d'erreurs graves.
Ceinture noire	Venir devant la classe, très peu regarder son papier et parler pendant plus de 3 minutes du sujet prévu. Il y aune phrase d'introduction et une phrase de conclusion. 1. Temps : 3 minutes au moins. Moins de 5 minutes. 2. Expression : les élèves entendent et comprennent tout. À aucun moment l'élève ne lit son papier, même s'il le regarde de temps en temps. Pas d'expression familière, et même une certaine élégance d'expression. Le ton est vivant, c'est passionnant. 3. Contenu : toutes les informations sont utiles, et sont nombreuses. Il y a des informations qui viennent de recherches personnelles en dehors du livre (d'histoire-géographie). Tous les mots difficiles sont expliqués clairement. Aucune erreur.

compétence « Intervenir à l'oral, sur un sujet préparé à l'avance, devant un public, sans lire un papier ». Le socle s'insère dans cette démarche.

« Le stress a un peu diminué, constate Dominique Natanson. Les performances sont jugées en fonction du point de départ de chacun. Les élèves qui atteignent des ceintures élevées (pas beaucoup au-delà de la ceinture bleue, cette année dans une classe assez difficile) ont un fort sentiment de réussite. Ceux qui progressent d'une fois sur l'autre en changeant de ceinture ont aussi l'idée d'un progrès possible. L'essentiel de la démarche me semble cependant être dans l'appropriation des critères de réussite et le débat autour des critères de réalisation : quel conseil donneriez-vous à cet élève pour qu'il puisse atteindre la ceinture suivante, la prochaine fois ? »

LA MÉTHODOLOGIE ACCROÎT LES PERFORMANCES DES ÉLÈVES

Les contrôles sanctionnent un apprentissage. Les élèves ne peuvent progresser dans l'acquisition des savoirs et dans les modes opératoires dans la discipline que si vous leur avez donné le temps et les moyens suffisants et nécessaires pour apprendre. Sinon, vous vous bornez à évaluer ce que vous n'avez pas enseigné, et malheureusement, c'est souvent le cas. Réaliser une performance en contrôle est une affaire qui se prépare en amont, non seulement grâce au travail effectif de l'élève mais aussi en l'étayant sur les dispositifs et les repères que vous saurez donner aux élèves pour qu'ils prennent la mesure de leur propre réussite.

Renforcer les continuités entre les approches disciplinaires

Toute faille est susceptible d'être exploitée : « Oh, avec Mme Michu, l'an dernier, c'était pas pareil ! » En terme d'image donnée aux élèves, il y a plus d'intérêt « méthodologique » à insister sur certaines continuités et une cohérence *a priori* que sur des différences irréductibles et un affichage de la discordance dans une classe, dans un niveau ; elles peuvent exister, mais c'est alors un problème de professeurs et d'inscription institutionnelle (programmes nationaux, textes officiels, politique d'établissement).

Favoriser les passerelles méthodologiques entre cours

Ce que vous partagez cependant, c'est bien le développement des compétences scolaires chez l'élève X. Pour mesurer ce point précis, à savoir les capacités de transfert d'une situation à une autre, une expérience a été menée avec deux classes de seconde de lycée général pendant une année scolaire[3]. De composition égale par ailleurs, la classe A a reçu toute l'année une pédagogie dite classique, avec des évaluations classiques. On n'a rien changé à l'ordinaire. La classe B a été prise en charge par une équipe qui a choisi de développer une approche formative : fiches d'autoévaluation, critères de réussite, bilans de savoirs, confrontation des représentations.

À l'issue de l'année, une évaluation, la même, a été distribuée aux élèves des deux classes alors mixées. À un groupe 1, le support d'évaluation se suffisait à lui-même, sans plus. Au groupe 2, un document avec critères de réussite et procédures d'autoévaluation accompagnait le support d'évaluation.

3. D'après un article de Michèle Genthon, Cahiers pédagogiques, *n° 304, p. 82.*

	Classe **A** Pédagogie et évaluation classique	Classe **B** Pédagogie différenciée et évaluation formative
Test 1 d'évaluation classique	**A1**	**B1**
Test 2 d'évaluation avec critères de réussite et dispositif d'autoévaluation	**A2**	**B2**

AUTOTEST : MESUREZ LES PERFORMANCES DES GROUPES

Quels sont selon vous les résultats obtenus par les quatre groupes constitués pour l'expérience réalisée ?

Classez les sous-groupes par résultats moyens croissants

.......................<.......................<.......................<.......................

Solution de l'expérience

A1 < A2 < B1 < B2

Pas de surprise sur la place de A1 ni sur celle de B2. Les résultats sont conformes aux hypothèses de travail. Les élèves du groupe A1 se comportent comme tous les élèves en situation classique. Les élèves de B2 sont eux aussi en situation habituelle, sauf qu'ils ont une connaissance beaucoup plus fine des clefs de la réussite et qu'ils disposent de repères connus pour réussir l'exercice proposé.

En revanche, la formule A2 < B1 montre bien :

– qu'un groupe d'élèves formés à l'évaluation formative (B1) est capable de plus grandes performances en situation « classique ». Le transfert de la compétence réflexive est réel ;

– qu'un outillage de type formatif est de toute façon utile pour tout élève pour le faire progresser dans son évaluation (groupe A2).

Donner un conseil de documentation

« Allez voir le CDI ! » C'est plus commode... et en arrière-plan, on pourrait entendre : « C'est pas mon boulot ! »... Mais ce type de réponse est une façon très réductrice d'envisager la question liée à la recherche documentaire. Nous pourrions entamer un débat de nature philosophique sur l'apprentissage de la liberté ; pourquoi pas ? Car l'École en est un lieu privilégié ; faire que les élèves se confrontent à leur propre liberté et aux difficultés récurrentes des choix à faire. Car c'est aussi cela faire une recherche documentaire : apprendre à se repérer dans le monde de l'information, développer l'esprit critique. Donner des conseils de documentation, travailler avec les documentalistes, aider les élèves à mener des recherches documentaires et évaluer ce travail sont des activités qui trouvent naturellement leur place dans la classe.

FAIRE UNE RECHERCHE DOCUMENTAIRE

Changer de lieu et de méthode de gestion de classe ne peut s'improviser : une préparation est nécessaire. La première étape est celle qui permet d'identifier ce que vous voulez faire avec les élèves. Le document de la Washington Library Media Association[1] identifie six compétences pour résoudre un problème d'information. Il propose « une progression des apprentissages (passer d'une tâche simple à une tâche plus complexe) et/ou une progression de l'autonomie (le prof joue le rôle de guide puis s'efface petit à petit), en six étapes :

> **“ *Mes élèves ne sont pas assez autonomes pour faire une recherche.* ”**

– identifier et analyser le besoin d'information ;

1. *Washington Library Media Association, « Principales compétences pour une culture de l'information ». Site Internet : savoirscdi.cndp.fr*

– élaborer des stratégies pour localiser l'information ;
– localiser et accéder à l'information ;
– évaluer et extraire l'information ;
– organiser et présenter l'information ;
– évaluer la démarche et la production.

Créer une fiche-guide pour les élèves

On peut aussi s'appuyer sur une fiche-guide pour les élèves, support pour une autovérification et un rappel méthodologique utile avant chaque séquence de recherche. Les collègues du lycée français Jules-Verne de Guatemala City en proposent une assez complète (extrait du site de l'académie de Rennes).

La recherche documentaire : fiche de synthèse

Je lis et je cerne le sujet

- Je lis le sujet en utilisant, si nécessaire, le dictionnaire pour avoir la définition exacte des termes employés.
- Je comprends le sujet et le travail demandé.
- Je repère les mots importants afin d'orienter ma recherche.
- Je puise dans mes connaissances et je note tout ce qui me vient à l'esprit (remue-méninges).

Je recherche toutes les informations

- Je commence ma recherche dans le fichier du CDI.
- Si nécessaire, j'enrichis ma liste de mots-clés (synonymes...).
- Je note les références des documents qui me semblent les plus pertinents.
- Je sélectionne les documents.
- Je prends connaissance des différents documents.

J'exploite et je traite les informations

- Je lis.
- Je sélectionne des extraits de textes et des images.
- Je prends des notes.
- Je commence à organiser mon travail à partir des informations collectées.
- Je définis le plan de mon travail.

Je communique l'information

- En fonction des consignes, je réfléchis à la mise en forme de mon travail.
- Je rédige.
- Je vérifie que tout le vocabulaire utilisé est connu.
- Je cite mes sources.
- Je m'assure d'avoir bien respecté les consignes de départ.

▸ Où trouver d'autres conseils méthodologiques

D'autres **fiches pratiques** sont disponibles pour les élèves, élaborées par l'équipe des formateurs collège de l'IUFM de Bourgogne :

- la première étape de la recherche documentaire ;
- questionner le sujet de recherche ;
- comment noter les références d'un document ;
- relever les références des documents trouvés dans BCDI2 (logiciel) ;
- réaliser un exposé ;
- réaliser une fiche documentaire ;
- comment réaliser un panneau d'exposition ;
- le site Internet que j'ai trouvé est-il intéressant ;
- élaborer une bibliographie ;
- prendre des notes et faire un plan.

➥ Site Internet : www.dijon.iufm.fr/format/formform/idd_site/index/accueil.htm, rubrique « Recherche documentaire ».

Une démarche encore plus approfondie serait de la construire avec les élèves eux-mêmes à partir de leurs propres expériences.

GUIDER LES ÉLÈVES DANS LEURS RECHERCHES SUR INTERNET

Depuis que les écoles et les établissements sont en passe d'être suffisamment équipés en matériels, la recherche dans le fonds de la BCD (bibliothèque centre documentaire) ou du CDI (centre de documentation et d'information) semble pour les élèves d'un autre âge. Ils ont tous à présent le réflexe de foncer sur Internet. Magique ? Pas vraiment, non. (Voir le chapitre 11 « Utiliser les TICE ».)

> *“ Avec Internet, j'ai droit à des copier-coller et je n'ai même pas les bonnes réponses ! ”*

Prendre le temps nécessaire pour s'entraîner

La recherche documentaire est un moment privilégié où l'enseignant peut donner des garde-fous utiles aux élèves pour qu'ils apprennent à se repérer dans le monde de l'information. En guise d'entraînement, l'équipe du lycée français de Mexico[2] propose un module étayé sur leur discipline, l'histoire-géographie, facilement transposable dans une autre matière :

<table>
<tr><th colspan="4">Description de la séance</th></tr>
<tr><td>Niveau :.........</td><td>Collège : ....</td><td>Lycée :
seconde</td><td>Durée :
5 heures</td></tr>
<tr><td colspan="2">Partie du programme
Module</td><td colspan="2">Intitulé de la leçon
Mener une recherche sur Internet</td></tr>
<tr><th colspan="4">Support</th></tr>
<tr><td>Choix du support :
• Image fixe
• Ressource Web-élèves</td><td>• Animation - aide description
• Animation - schémas
• Animation - croquis géo
• Sons
• Voix radiophoniques
• Chansons et ambiances</td><td colspan="2">Cohérence avec les objectifs attendus :
Internet n'est utilisé que de manière très sectorielle par les élèves (quelques sites, le mail, la messagerie). La compréhension de la variété des ressources du réseau et donc des dangers qui découlent de leur manipulation est un objectif intéressant à poursuivre dans le module de seconde, d'autant plus que les TPE ne sont pas loin...</td></tr>
<tr><th colspan="4">Mise en œuvre</th></tr>
<tr><td colspan="4">Description succincte de la leçon :
Initiation à une étude pluraliste de l'information par Internet.
Introduction : qu'est ce qu'Internet ? (histoire, développement et perspective, « netiquette », manipulation des moteurs, affinage des sites trouvés...).
Exercice préparatoire : trouver une liste étendue de liens analysés sur un thème précis. (Les relations Inde-Pakistan ; la crise au Timor oriental ; Le Caire, Beyrouth : les problèmes d'aménagement de la ville). Les élèves réalisent un tableau d'analyse de dix sites qu'ils trouveront.
Approfondissement : réaliser sous Word une synthèse répondant au sujet de manière organisée en 350 mots en tenant compte des dix sites trouvés et analysés.
Exercice de rapidité de recherche : recherche en temps limité d'un site officiel (moteur indéfini). Exercice complémentaire permettant d'évaluer l'efficacité de la recherche sur Internet. Chaque groupe dispose d'une recherche donnée par le professeur. Ils doivent trouver le plus rapidement possible (inférieur à 15 minutes).</td></tr>
</table>

2. D'après le rapport final de recherche de l'équipe du lycée français de Mexico, disponible sur le site Innovations : innovalo.scola.ac-paris.fr

Objectifs de la séance	Résultats attendus de l'utilisation du support	Résultats observés
Au plan des connaissances	**Au plan des connaissances**	**Au plan des connaissances**
Prendre conscience de l'importance du pluralisme dans l'information.	Accéder à une grande masse d'information.	↗ Les élèves prennent conscience de la richesse de l'information disponible et en même temps de la difficulté de la manipuler.
Au plan méthodologique	**Au plan méthodologique**	**Au plan méthodologique**
Trier des informations, puis les analyser et les hiérarchiser. Travailler sur la synthèse à partir de plusieurs sources d'informations.	Mettre les élèves en autonomie avec l'outil Internet. Réaliser une synthèse avec un outil bureautique (Word).	↗ Internet est mieux connu… ↘ mais pas forcément mieux maîtrisé : seule une pratique plus soutenue permettrait une véritable mise en autonomie. ↗ Bonne acquisition de la construction d'une synthèse. ↘ Les difficultés rencontrées renvoient à d'autres problèmes : compréhension de la langue, manque de connaissance générale sur les médias…

Simplifier l'étape de la navigation sur Internet

Laisser chercher les élèves sur Internet est un bon exercice pour développer leur autonomie et exercer leur esprit critique face à une masse d'informations, mais cela prend beaucoup de temps. Si vous souhaitez concentrer la leçon sur la recherche elle-même et l'analyse des documents, vous pouvez adopter une solution intermédiaire en procédant vous-même à une première sélection de sites. Pour cela, vous pouvez fonctionner hors ligne ou en ligne.

“ Je ne maîtrise pas ce que les élèves peuvent trouver sur Internet. ”

▶ La recherche sur Internet présentée... sur Internet

Il se peut que vous rencontriez vous-même encore quelques difficultés avec la recherche documentaire sur Internet. La réponse viendra avec une formation *ad hoc* ou, le plus souvent, une autoformation. (Voir le chapitre 11 « Utiliser les TICE » et 29 « Penser sa propre formation »). Vous pouvez cependant vous servir des ressources développées par les collègues.

Denis Weiss met en ligne une présentation animée (en flash) sur la recherche documentaire sur Internet : l'indexation de l'information, les opérateurs booléens, trouver l'information, en étudier la pertinence, la prélever : autant de thèmes présentés de façon agréable et dynamique. Le fichier peut être téléchargé pour être réutilisé plus facilement en classe.

➥ Site Internet : lyc-gauguin.scola.ac-paris.fr/net/aspire/aspire.htm

Hors ligne (capture de site, enregistrement sur le réseau). Vous êtes à peu près sûr du parcours général de vos élèves. Mais l'opération est un peu lourde, même en terme de mémoire disponible sur les postes. Enfin, de plus en plus de sites fonctionnent en sollicitant des ressources de recherche externes, donc impossible à utiliser en local. Vous donnez également une réponse relativement autoritaire à la nécessaire liberté pour apprendre...

En ligne. Vous donnez les indications de recherche à vos élèves en inscrivant sur une feuille-guide de la séquence les adresses de deux ou trois sites à visiter... après avoir précisé, avec eux ce qu'il s'agit de trouver.

Utiliser Intranet ou « le cartable électronique »

La modalité la plus actuelle, exploitant les ressources du réseau Intranet de l'établissement ou le « cartable électronique » qui reste encore à mettre en œuvre au niveau national, c'est celle qu'on pourrait appeler le mini-Web : chaque professeur dispose d'un espace Intranet avec ses propres pages en html (format Internet). Il y dépose les consignes de travail comme il l'aurait fait sur une feuille de papier, avec la possibilité de différencier beaucoup plus facilement les niveaux et les ressources – et surtout, les liens sont actifs. Il suffit alors à l'enseignant d'indiquer la référence de la page, puis le travail individuel ou de groupe se met en place très rapidement. (Sur le degré de « guidance », voir le chapitre 1 « Diriger une séance ».)

Une aide en ligne pour les élèves. Le site TPE de l'académie de Créteil propose des pages utiles, claires et efficaces, par exemple : Cerner un sujet ; Rechercher des documents ; Moteur, métamoteur de recherche ? ; BCDI3, comment ça marche ? : www.ac-creteil.fr/lycee/tpe/ (rubrique « Ressources » puis « Rechercher au CDI »)

TRAVAILLER AVEC LE DOCUMENTALISTE

Pour bien travailler la recherche documentaire avec les élèves, deux conditions doivent être réunies dans un établissement : l'existence d'un CDI équipé et la présence d'un documentaliste à plein-temps. Ces deux conditions ne sont pas toujours réunies dans tous les sites. Mais cela ne suffit pas encore : une collaboration entre l'enseignant et le professeur-documentaliste favorise la réalisation du travail par les élèves. Un rapprochement qui ne devrait pas poser de problèmes puisque vous poursuivez tous le même but. Le tout est de bien se mettre d'accord sur les principes…

> ***« Quand je les mets à préparer un exposé au CDI, ils se perdent dans des détails, l'essentiel n'est pas abordé. »***

Professeur et documentaliste, même combat

Professeurs de disciplines et professeurs-documentalistes partagent, par la formation et par le métier, un certain nombre de données communes autour des notions suivantes[3].

La notion de processus. La recherche documentaire ne se résume pas à une production finale. C'est au travers de stratégies complexes et personnelles que l'élève construit son savoir et produit « le document final ».

La notion d'apprentissage. Toutes les étapes de la recherche documentaire sont déterminantes et c'est à l'enseignant de construire des dispositifs pédagogiques pour aider l'élève dans la maîtrise de chacune d'entre elles. Faire un dossier documentaire, ça s'apprend. Avec de la méthodologie et du temps.

3. D'après la charte pédagogique sur le site de l'académie de Lyon : www2.ac-lyon.fr/enseigne/documentation/metier/profdoc/pfdc122.html

▸ Mieux connaître les documentalistes

Sur le site du rectorat de Lille, a été mis en ligne un dossier sur le métier de documentaliste. Complet et instructif, il présente à la fois les différentes facettes du métier (positionnement, missions, nouveaux dispositifs...) mais également son environnement (espace, temps, ouverture). Parmi les nombreux documents en PDF, signalons celui récapitulant les apprentissages documentaires avec un tableau de compétences documentaires indispensables aux élèves.

➥ www2.ac-lille.fr/prof-doc/

À compléter par une réflexion de Mme Decrop (IPR) sur « une profession écartelée et en quête d'identité », la rubrique « CAPES, une expérimentation en TPE ».

➥ www.savoirscdi.cndp.fr

La diversité des stratégies. Chaque élève construit son savoir avec une stratégie qui lui est propre mais qui est aussi évolutive. Elle peut être modifiée et enrichie. C'est la médiation de l'adulte qui peut aider à la prise de conscience des différentes stratégies pour une éventuelle modification.

L'indissociabilité des méthodes et des contenus. Pas de cours de méthodologie, mais bien des projets où méthodologie et contenu sont en interaction. Toute action des professeurs-documentalistes sans objet disciplinaire peut être, à la rigueur, informative mais certainement pas formative pour les élèves.

Obligation d'une collaboration professeurs/documentalistes. Cette collaboration entre professeurs et documentalistes a pour enjeu la formation de l'élève. Elle ne doit pas être tributaire de volontés individuelles, mais bien être induite par une nécessité pédagogique. Si elle est incontournable, elle doit être également réaliste et négociée...

Une démarche pour mieux travailler ensemble

Partant de ces prérequis, la méthode de travail peut prendre du temps mais une fois installée, elle est réinvestissable. Le protocole de collaboration s'établit pour chaque grand type de travaux :

▸ Six principes pour travailler avec les élèves au CDI

1. Les professeurs ont élaboré avec le documentaliste un ou deux objectifs précis, limités, réalisables et ils se sont mis au clair sur les productions attendues.

2. Les professeurs se sont assurés de l'existence de documents correspondant à leur projet et les ont démultipliés autant que nécessaire.

3. Les élèves connaissent les objectifs de ce travail au CDI, même si, bien sûr, ils ne les comprennent pas tous au début.

4. Les élèves ont une idée claire de la tâche à réaliser dès le début ou par ajustements progressifs au cours du travail.

5. Les professeurs et les documentalistes ont envisagé les obstacles que risquent de rencontrer les élèves et y sont attentifs en cours de travail, non pour les supprimer, mais pour aider les élèves à progresser en les franchissant.

6. Le travail réalisé au CDI fait l'objet de reprises en cours et d'évaluations (ce qui ne veut pas dire notation). On n'oublie pas le temps de prise de conscience par les élèves des apprentissages effectués.

➥ Produit en formation commune, cités par J.M. Zakhartchouk, *Croisements de disciplines au collège*, éditions CRDP Amiens, p. 59.

Déterminer une « plate-forme » commune. Les documentalistes ont souvent établi leurs propres fiches d'utilisation du CDI. Il faut donc mettre à plat, en commun et à l'avance, pour le travail prévu, les objectifs concernant nos matières, ceux concernant spécifiquement le CDI (ou la recherche documentaire) et ceux qui peuvent être considérés comme communs.

Préciser les modalités du travail envisagé. Qui encadre ? Quels horaires ? Classe entière ou partage des élèves ? Sur les cours de la matière ou en dehors ? Quelle démarche ? Quelle évaluation (y en a-t-il une et si oui, qui évalue et qu'évalue-t-on) ? Autant d'éléments qui interrogent le principe de la coanimation.

Centrer précisément le travail des élèves. Impossible de demander à des élèves, en peu de temps, de chercher les ouvrages, de les consulter, de répondre à des questions, voire de faire un travail de synthèse. Il faut donc privilégier un ou deux objectifs précis.

Plus que jamais, les consignes et les questions doivent être d'une extrême clarté. La rigueur est le passage obligé vers l'autonomie qui est l'un des objectifs du socle.

Le travail au CDI est une séquence intégrée au déroulement du cours, pas en plus du cours. Cela a plus de sens pour les élèves, et c'est plus efficace pour vous. Ce doit donc être une modalité du cours, comme d'autres.

Des collaborations réussies

Voici quelques exemples réussis de travaux entrepris et/ou de méthodes utilisées : laquelle choisirez-vous ?
– division de la classe en deux groupes avec alternance de travail par demi-classe en cours et au CDI (efficacité renforcée par le petit nombre d'élèves) ;
– des références systématiques, en cours, aux ressources du CDI, voire une liste affichée en cours ou distribuée aux élèves. Un coin du CDI peut également être, ponctuellement, consacré au thème traité en classe. Il s'agit là d'encourager à la lecture et à la simple fréquentation du CDI ;
– le recours au jeu est fréquent : jeu de piste au CDI, jeu d'élaboration de questions, « concours » entre groupes... ;
– travaux de groupes sur un thème puis utilisation en cours (par exemple : recherche « À la découverte d'Athènes ») ou au contraire recherche dans la foulée du cours (les élèves ayant parfois le choix d'approfondir ce sur quoi ils aimeraient savoir plus de choses). Dans un cas comme dans l'autre, le travail au CDI peut « compenser » certaines limites imposées par le cadre du cours ;
– possibilité également de travaux sur plusieurs thèmes du programme, par exemple : « Des paysages ruraux du monde », ou encore : « Les temples des différentes religions ».

@ Coopération, connaissances et documents : vers une nouvelle donne pour les enseignants ? C'est la question à laquelle répondent avec intelligence et pragmatisme André Tricot et Jacqueline Fauré sur le site de l'académie de Nancy-Metz : www.ac-nancy-metz.fr/enseign/lettreshistoiregeographielp/lettres/ressources/academiques/ppcp_lett/coop%E9ration4.htm

▶ Contribuer à l'enrichissement du fonds documentaire

Vous serez sans doute quelquefois frustré par les ressources du CDI sur un thème que vous avez soumis à vos élèves. La politique d'acquisition de ressources au CDI est un voyage au long cours.

Le fonds documentaire ne peut s'enrichir que des exigences, raisonnables et argumentées, que vous formulez (et suivez) auprès de votre collègue documentaliste, soit en préparation de séquences prévues, soit en récapitulant les besoins à la fin de l'année scolaire. Les crédits de toute façon doivent être engagés avant la fin octobre, un moment toujours urgent où il faut éviter de faire n'importe quoi, de peur de tout perdre.

COMMENT ÉVALUER LA RECHERCHE DOCUMENTAIRE

La question de l'évaluation dépasse largement le domaine de la recherche documentaire. Il s'agit de rester cohérent dans sa démarche et l'articulation entre pratique ordinaire de cours et pratique plus extraordinaire au CDI[4]. Le travail mené avec les élèves permet de développer des compétences dans la discipline ; elles se repèrent par un certain nombre d'indicateurs. L'équipe collège de l'IUFM de Dijon propose un tableau de compétences (voir ci-contre), qui anticipe le socle commun.

Établir un bilan de compétences

“ Je ne vois pas ce que je pourrais évaluer dans un travail de recherche documentaire. ”

Si vous suivez, par exemple, la méthode du tableau de compétences présenté ci-après, vous pouvez utiliser les indicateurs soit en évaluation formative (sous forme d'autoévaluation, entre autres), soit en évaluation sommative à l'issue de plusieurs séquences au CDI afin d'effectuer un bilan trimestriel. Comme toute grille de compétences, il vous est possible de n'exploiter qu'une partie sélectionnée.

4. La question de l'évaluation au CDI est sensible et fait l'objet de débat chez les collègues documentalistes. Pour réfléchir aux véritables enjeux de l'évaluation, lisez Odile Rascle (Académie de Lyon) http://www2.ac-lyon.fr/enseigne/documentation/metier/profdoc/EvaluationCDIOR97.pdf

En classe de cinquième

• Manipuler les différents supports d 'information disponibles au CDI et se les approprier.

• Acquérir une méthodologie simple de recherche documentaire.

Compétences	Cinquième	Quatrième
Questionner un sujet	À partir du questionnement du professeur puis petit à petit du questionnement de l'élève. Savoir décomposer un sujet en utilisant une technique de questionnement (QQQOCP : qui, quoi, quand, où, comment, pourquoi).	Savoir utiliser la technique du questionnement à partir d'une liste de mots-clés.
Repérer les mots-clés	Savoir traduire la question ou le sujet donné en mots-clés	Savoir classer et organiser les idées et produire une liste organisée de mots-clés.
Utiliser les mots-clés pour la recherche	Réaliser une recherche en mode simple BCDI.	Construire une équation de recherche. Réaliser une recherche en mode expert sur BCDI.
Sélectionner l'outil le plus pertinent	Distinguer les objets documentaires. Décrire le document. Utiliser sommaire index, table des matières. Choisir entre encyclopédie, dictionnaire, documentaire.	Choisir entre documents papier, CD-Rom, Internet.
Faire une lecture sélective	Effectuer une lecture en survol. Trouver l'information recherchée sur une page sélectionnée.	Effectuer une lecture sélective : analyser le document en repérant l'information cherchée.
Savoir prendre des notes	Repérer les groupes de mots essentiels. Repérer et énoncer les idées essentielles dans un document.	Résumer les idées essentielles.
Citer les sources d'information	Noter les références d'un document à partir d'une grille donnée par le professeur. Noter les références d'un document pour le retrouver en faisant soi-même la grille.	Savoir noter les références d'un périodique donné. Savoir référencer un site Web. Connaître les règles de présentation d'une notice bibliographique.
Utiliser les informations	Trier les informations. Former des parties avec les réponses aux questions.	Former des parties à partir des mots-clés retenus pour traiter le sujet recherché. Trier et classer les informations.

En classe de quatrième

• Mettre en œuvre une démarche de recherche d'informations et réaliser des travaux synthétiques.

AUTOTEST : AVEZ-VOUS PENSÉ AU CDI DANS VOTRE PROGRESSION ?

Les professeurs de lycée ayant en charge les TPE (travaux personnels encadrés) déplorent souvent le manque de réflexes des élèves en matière de recherche documentaire. Ce sont des compétences à développer en amont, progressivement mais régulièrement. L'évaluation par le socle y veille.

Dans la progression de votre enseignement que vous avez mise en place et débutée cette année, pouvez-vous intégrer trois moments de recherche documentaire, en coanimation avec le ou la documentaliste si vous exercez en collège ?

CHAPITRE 27

Définir des objectifs

Vous avez appris à la prérentrée que vous étiez chargé avec la collègue de techno d'un module « itinéraire de découverte » : deux heures sur douze semaines avec un groupe de 20 élèves issus de toutes les classes de cinquième. L'après-midi, vous vous êtes mis d'accord sur un thème attractif : les inventions impossibles. Quelques semaines plus tard, vous avez de quoi être satisfait. Les élèves ont accroché, ils ont réalisé des maquettes ; les productions écrites des panneaux sont inespérées. En janvier, l'Administration vous enjoint d'évaluer le travail des élèves. Le couperet tombe (pour vous) : qu'est-ce qu'on doit évaluer ? Comment ? Vous avez ouvert une boîte à questions sans réponses (pour le moment). (Sur la démarche de projet et ses dérives, voir le chapitre 21 « Diriger des projets » ; sur le module « les inventions inutiles et impossibles », tout un dispositif d'évaluation en ligne sur le site : www.amcac.fr/ (rubrique « les formations », sous-rubrique « outils de l'enseignant »)

SAVOIR DÉFINIR UN OBJECTIF

Quel que soit le travail pédagogique engagé, il convient toujours de revenir aux « fondamentaux ». Définir un objectif pédagogique n'est pas toujours le premier des actes – même si c'est le cas ici – mais le passage est indispensable car il conditionne, pendant et après les travaux avec les élèves, l'évaluation. Une étape d'autant plus nécessaire qu'il s'agit de communiquer avec des collègues, mais aussi avec les élèves et leurs parents.

Privilégier l'approche pragmatique et réaliste

Il faut le dire tout de suite : les grilles d'objectifs et les référentiels de programme, si bien faits soient-ils, ne permettent pas de planifier son enseignement ; c'est un des apports des expériences des dernières années en matière de PPO (pédagogie par objectifs) qui a connu quelques excès, notamment dans certaines disciplines, comme la technologie, où des

« *Remplir toutes les petites cases de l'évaluation pour chacun des élèves s'est très vite révélé infaisable.* »

tableaux d'objectifs pléthoriques rendaient son exécution impossible. Les grilles d'objectifs sont des outils de régulation *a posteriori* plutôt que des organisateurs de situations d'apprentissages. Toute situation pédagogique touche à plusieurs objectifs à la fois. C'est bien souvent en l'ayant testé une première fois que vous saurez réguler le nombre et le niveau d'exigence de vos objectifs. (Voir le chapitre 24 « Créer des situations d'apprentissage ».)

• Construisez votre séquence, que ce soit à partir d'une situation-problème, d'un thème, d'un concept, peu importe. Mais limitez volontairement les objectifs à deux ou trois, significatifs pour les élèves et pour votre progression disciplinaire. On ne peut tout évaluer d'un coup.

• Communiquez en début de travail les objectifs aux élèves. Vérifiez leur compréhension. C'est déjà un bon test, quitte à les reformuler un peu.

Un QCM pour se remémorer ce qu'est un objectif pédagogique

Même si l'objectif est vieux comme l'Institution, la tâche est toujours aussi ardue pour l'enseignant : confronté à son programme et à des contenus prescrits, il a tendance à prendre l'un pour l'autre : en l'occurrence, que voulez-vous dire quand vous dites, par exemple : « Moi, prof de maths, mon objectif c'est la proportionnalité » : qu'entendez-vous par « proportionnalité » ? Michel Barlow propose un rapide QCM qui doit vous permettre de refaire le point sur une vraie compétence professionnelle, celle de définir un objectif pédagogique.

Savez-vous définir un objectif[1] ?

Consignes : vous pouvez cocher plusieurs réponses par questions ou, au contraire, aucune case.

1. Un objectif pédagogique décrit :

1. l'idée essentielle d'un cours ❑
2. l'intention du professeur pour ce cours ❑
3. ce que saura ou fera l'élève grâce à ce cours ❑
4. la méthode utilisée pendant le cours ❑

▶

1 M. Barlow, Formuler et évaluer ses objectifs de formation, *Chroniques sociales, Lyon, 1987.*

2. Un objectif pédagogique exprime :

1. une portion du programme ❑
2. une attitude de l'enseignant ❑
3. une capacité à développer chez l'élève ❑
4. un vœu de l'inspecteur ❑

3. Lorsqu'on définit un objectif, on doit indiquer :

1. ce que le professeur fera pendant le cours ❑
2. ce que l'élève fera après le cours ❑
3. ce que le professeur fera avant le cours ❑
4. ce que l'élève fera pendant le cours ❑

4. Un objectif désigne :

1. un résultat attendu ❑
2. le point de départ d'une action ❑
3. la méthode qu'on a choisie ❑
4. les moyens qu'on va utiliser ❑

5. Si la pédagogie était une route, l'objectif serait... :

1. le point de départ ❑
2. le point d'arrivée ❑
3. l'ensemble des panneaux de signalisation ❑
4. le sourire du gendarme ❑

6. Dans la liste suivante, cochez les propositions qui actuellement vous paraissent des objectifs pédagogiques :

1. donner aux élèves l'exemple d'un esprit cultivé et plein d'humour ❑
2. les élèves de sixième seront capables de construire un graphique dès la fin du deuxième trimestre ❑
3. faire un cours sur l'utilisation des différents outils (manuels, dictionnaire...) ❑
4. utiliser la motivation produite par une émission de télévision pour enseigner telle ou telle notion ❑
5. développer l'esprit critique (et non de critique) ❑
6. l'élève pourra indiquer en une phrase le sens de 10 mots « techniques » utilisés pendant le trimestre ❑
7. projeter aux élèves un film médiocre tiré d'une œuvre littéraire et leur montrer la supériorité du livre ❑

Écrivez ci-dessous un exemple de ce qui vous paraît être un objectif pédagogique, en fonction de l'idée que vous vous faites présentement de cette notion : ....
....
....

Les réponses sont reportées à la fin du chapitre, page 410.

PEUT-ON PARTAGER DES OBJECTIFS ENTRE DISCIPLINES ?

Cela a été le souci de bon nombre de collègues. Une technique efficace élaborée avec eux a été de construire un « tableau de bord » (voir page ci-contre). Selon les cas, on peut commencer par y jeter quelques idées ou les éléments déjà connus du contexte (niveau, classe, discipline). Mais il ne pourra véritablement fonctionner que lorsque toutes les cases comporteront suffisamment de renseignements indicatifs. C'est un tableau prévisionnel à usage professionnel qui sera amendé autant que faire se peut en fonction de l'exercice et au moment du bilan. La rubrique « Compétences » est le cœur du dispositif. Elle permet de mieux se concentrer sur le scolaire. On a préféré formuler ici des compétences plutôt que des objectifs pour être très explicite avec les élèves. Les référentiels du socle nous y incitent à présent.

> ***“ Comment préserver la part des objectifs propres à ma discipline dans un travail interdisciplinaire ? ”***

DÉTERMINER LA VALEUR DE VOS OBJECTIFS

Ce serait par trop réduire la fonction de l'enseignement que de le limiter aux seuls savoirs ; par eux, pour eux, à travers eux, ce sont des activités intellectuelles complexes qui sont travaillées afin de permettre leur mobilisation en situation. Prenez votre dernier devoir sur table ; vos consignes sont pleines d'autres éléments qu'une simple requête sur des contenus (à ce sujet, voir l'autotest, en fin de chapitre).

> ***“ Moi, je transmets des savoirs. Quelles sortes d'objectifs autres que ceux-là peut-on assigner aux élèves ? ”***

Tableau de bord de module interdisciplinaire (extrait du site Itinéraires : parcours-diversifies.scola.ac-paris)

Collège…	Tableau de bord de module	Commentaires et accompagnement des rubriques.
Titre		Veiller à une formulation simple, attractive pour l'élève.
Type d'itinéraire	Nature et corps humain — Arts et humanités — Langues et civilisations — Création et techniques Conçu plutôt en — Dominante (classe) — Atelier (décloisonné) Dans le cycle — 5e 4e — Sur les deux niveaux	Des options renseignées pour bien caler le module dans le dispositif global.
Responsables de l'atelier	Disciplines ❍ ❍ Prénom et nom	*A priori*, au moins deux, sans exclure la possibilité d'autres types d'intervenants, enseignants ou partenaires éventuels (internes au collège ou externes).
Compétences à développer	❍ Compétence(s) transversale(s) au cycle central de collège ❍ Compétence(s) spécifiques(s) liée(s) aux progressions des disciplines N.B. : un document détaillant les compétences, leur contexte, servant de support formatif, sera complété avec l'élève pour la fin de session et l'évaluation finale.	En appui sur les programmes de disciplines et les documents d'accompagnement disponibles sur www.cndp.fr
Intérêt de l'atelier	Rapide problématique de l'atelier, explicitant l'intérêt du travail et souvent posant la situation-problème à résoudre, décrivant quelques activités envisagées.	Une rubrique qui sera reprise dans un tableau récapitulatif à l'adresse des élèves, pour guider leur choix. La formulation est attractive, inventive, questionnante.
Production prévisionnelle	La ou les productions éventuellement à conduire collectivement.	Un objectif de production pour le groupe d'élèves, un moyen d'atteindre les objectifs pédagogiques ciblés pour les enseignants.
Modalités de travail	Méthodes pédagogiques diversifiées (par ex. : démarche de projet, démarche expérimentale, élaboration progressive, lecture d'image, débat argumentatif, pédagogie des rôles, des groupements différenciés…). Mise en œuvre des dispositifs ou matériels (ExAO [expérimentation assistée par ordinateur], applications TICE, Internet…). Marge d'implication et d'initiative des élèves.	Une rubrique qui rend compte des détours pédagogiques. Dans tous les cas, ce sont des hypothèses de travail qui seront effectives en partie ou totalement selon les options prises avec les élèves.

Identifier le niveau de complexité des objectifs pédagogiques

La principale question, jamais bien travaillée en formation, est de bien cerner le niveau de complexité intellectuelle. On peut s'appuyer sur la taxonomie de Bloom : les niveaux, de 1 à 6, sont gradués selon une échelle de complexité intellectuelle. Ainsi, apprendre une liste de verbes irréguliers présente nettement moins de difficultés que d'engager l'élève dans un processus d'autoévaluation.

1.00 Retenir, avoir des connaissances

1.1. Des données particulières (des éléments de connaissance)
1.1.1. Des mots, une terminologie
1.1.2. Des faits isolés

1.2. Des façons de mettre en relation les éléments
1.2.1. Des conventions (règles arbitraires)
1.2.2. Des séquences (suites dans un ordre arbitraire)
1.2.3. Des classifications (suites dans un ordre logique)
1.2.4. Des critères (raisons pour mettre en relation les éléments)
1.2.5. Des méthodes (règles d'action pour mettre en relation les éléments)

1.3. Des systèmes de relations abstraites
1.3.1. Des principes (énoncés d'une relation abstraite entre les éléments)
1.3.2. Des théories (ensembles de principes)

2.00-6.00 Exercer des capacités intellectuelles

2. Comprendre le sens littéral du message pour le prouver
2.1. Traduire, transposer dans un autre langage, transposition
2.2. Mettre les éléments dans un ordre différent, interprétation
2.3. Compléter ce qu'un message peut avoir d'elliptique, extrapolation

3. Appliquer au concret un principe

4. Analyser un ensemble complexe c'est-à-dire y découvrir
4.1. Des éléments
4.2. Des relations entre les éléments
4.3. Des principes organisateurs

▸ Comment définir des objectifs pédagogiques

C'est le titre d'un ouvrage (éditions Dunod, Paris, 1994, 2e édition, 144 pages) de RF Mager, précis, clair et pragmatique, né d'une réflexion inventive sur les problèmes éducatifs et les méthodes pédagogiques, qui s'attache à l'étude de questions essentielles : quel but se propose-t-on d'atteindre dans tel ou tel cours ? Comment déterminer avec précision le contenu de l'objectif ainsi posé ?

Cet ouvrage est destiné à permettre aux enseignants de définir leurs objectifs pédagogiques. En effet, comment réaliser un cours si l'on ne sait pas ce que l'on attend des personnes auxquelles on souhaite le prodiguer ? Comment des élèves peuvent-ils profiter d'un enseignement s'ils ne savent pas ce qu'ils doivent en tirer ?

L'ouvrage de Mager sert à éviter ce genre de situations. Pour lui, la définition d'un objectif pédagogique est simple : c'est l'énoncé de la performance que l'on attend de l'élève (ou de l'étudiant). Si la définition de l'objectif pédagogique est simple, son élaboration ne l'est pas nécessairement. C'est pourquoi, dans cet ouvrage, Mager détaille étape par étape la méthode pour définir ces objectifs.

Sa méthode – pédagogique (l'ouvrage est basé sur la technique des « livres dont on est le héros ») – permet au lecteur d'apprendre à son propre rythme.

5. Faire une production personnelle, une synthèse dans l'ordre de

5.1. L'expression, œuvre personnelle
5.2. L'action, élaboration d'un plan d'action
5.3. La pensée, dérivation d'un ensemble de relations abstraites

6. Évaluer sa production ou celle d'autrui

6.1. En elle-même
6.2. En référence à autre chose

Il ne s'agit pas de viser la simplicité à tout prix ; au contraire, identifier la complexité, la faire apparaître pour mieux la travailler donne du sens aux apprentissages pour les élèves. D'où l'intérêt d'offrir aux élèves des tâches variées assez mobilisatrices en terme d'attention et d'intérêt intellectuel pour les impliquer dans l'apprentissage (sur l'attention et la motivation,

▸ Retrouvez vos objectifs

Vous trouverez sur ce site tous les horaires et programmes d'enseignement en vigueur, sous forme d'articles du *B.O.* et documents d'accompagnement. Un parcours rapide en trois clics permet de revisiter objectifs, savoirs et compétences à valider. On ne peut que vous recommander une visite régulière de ce site.

➥ Site Internet : www.cndp.fr

voir le chapitre 19 « Analyser les ressources des élèves » ; sur l'autoévaluation, voir le chapitre 25 « Donner des conseils de méthode »). En tout cas, il importe de veiller à travailler sur les différents niveaux taxonomiques.

Quelques « trucs » pour coller aux objectifs

Quelques moyens de s'y retrouver en vérifiant pas à pas ce que l'on a fait, ou ce que l'on veut faire avec les élèves.

• L'énoncé d'un objectif doit comprendre **un seul verbe d'action**. Au-delà, il n'est plus précis et explicite. Si vous avez formulé un objectif avec deux verbes d'action, soit il faut formuler deux objectifs différents au même niveau taxonomique, soit ils relèvent de niveaux taxonomiques différents et, dans ce cas, il faut faire deux consignes.

• Connaître – savoir – réfléchir – comprendre... ne sont pas des verbes d'action. Comment évaluer que quelqu'un sait ou comprend ? Remplacez ces verbes par des verbes permettant d'identifier des comportements **observables** et **mesurables** : décrire, énumérer, citer, présenter...

• Pratiquez régulièrement l'autocontrôle en vous reportant au référentiel du cycle d'enseignement, au programme de votre discipline.

• Si vous vous sentez « encombré(e) » par les contenus (les connaissances, les méthodes, les progressions pédagogiques...) que vous enseignez ou utilisez habituellement, n'hésitez pas à les mettre sur papier, à les ordonner et à les consulter régulièrement. Mais ce n'est pas cette liste qui constituera la liste des objectifs pédagogiques : la progression, c'est pour vous ; les objectifs, c'est pour l'élève.

• Travaillez à plusieurs et soumettez vos travaux à des collègues. Un bon énoncé d'objectif est souvent un consensus, compris et adopté par plusieurs formateurs (voir le tableau de bord page 409).

❍ FAIRE PASSER L'OBJECTIF AUX ÉLÈVES

C'est un problème très délicat qu'on nomme « dévolution » aux élèves : faire en sorte que les élèves s'approprient les objectifs. Poser un objectif, c'est non seulement l'exprimer, mais l'écrire ou le faire écrire au tableau, sur le cahier en début de séance, en précisant le temps et les conditions du travail (pour dans un mois, sept semaines…) [Sur la dévolution, voir le chapitre 21 « Diriger des projets ».] Ensuite, prenez quelques précautions.

> *“ Comment mieux communiquer mes objectifs ? ”*

Trois conseils pour faire comprendre ses objectifs

• Faites expliciter l'objectif par les élèves en confrontant leurs représentations, puis fixer ce que sera le produit de l'objectif, la compétence en actes. (Voir les 12 techniques pour les représentations dans « Analyser les ressources des élèves », chapitre 20.)

• Donnez aux élèves quelques repères pour qu'ils puissent adapter leurs efforts selon la tâche plus ou moins complexe. Certains vont devoir plutôt travailler la maîtrise du temps limité, d'autres la rédaction, d'autres enfin approfondir des connaissances encore insuffisantes.

• Aménagez des temps en classe nécessaires pour l'acquisition sans reporter le travail à la maison.

Un exemple d'affichage d'objectifs : la cible

Une pratique parmi d'autres est celle de la cible d'évaluation : une cible est composée d'axes portant sur des objectifs simples, déjà travaillés par ailleurs, et de trois ou quatre cercles concentriques. On porte un point sur un axe à l'intersection d'un cercle pour signifier à l'élève son degré de maîtrise et éventuellement le point à travailler dans les prochaines séances. Support d'évaluation formative, la cible peut être aussi un support d'évaluation sommative, votre grille de correction. Il y a alors une continuité certaine dans les apprentissages, les repères sont les mêmes.

Exemple en histoire-géographie. Ici, l'exemple est construit sur l'épreuve du brevet en histoire-géographie en classe de troisième, chacun des axes a fait l'objet d'un travail séparé ; c'est un bon instrument de dialogue, dans le sens où l'appréciation est visible et comprise par tous, rapide aussi pour le correcteur, transposable à un autre professeur.

On peut envisager autant de cibles que d'exercices dans toutes les disciplines. Les élèves accrochent bien à ce support. La meilleure sera celle que vous aurez élaborée, dans votre discipline, avec vos élèves, bien entendu.

Le brevet des collèges - cible d'évaluation

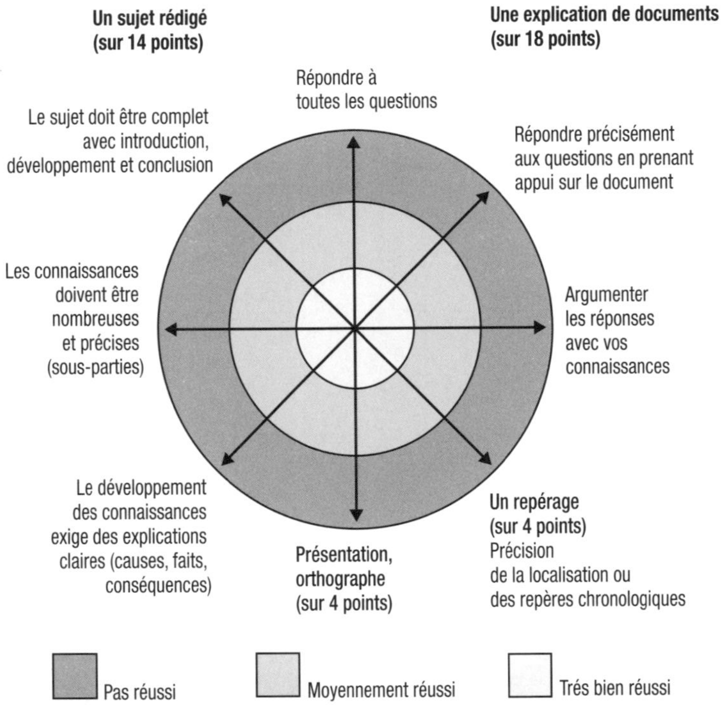

Appréciations sur le brevet

Un exemple en sciences. Un autre exemple de cible appliquée à la démarche scientifique est développé par l'équipe du collège Marx-Dormoy à Paris XVIIIe. La déclinaison des cibles correspond à des objectifs déjà fixés avec les élèves ; la planche sert à l'évaluation de l'entretien avec l'élève à l'issue de son travail de recherche.

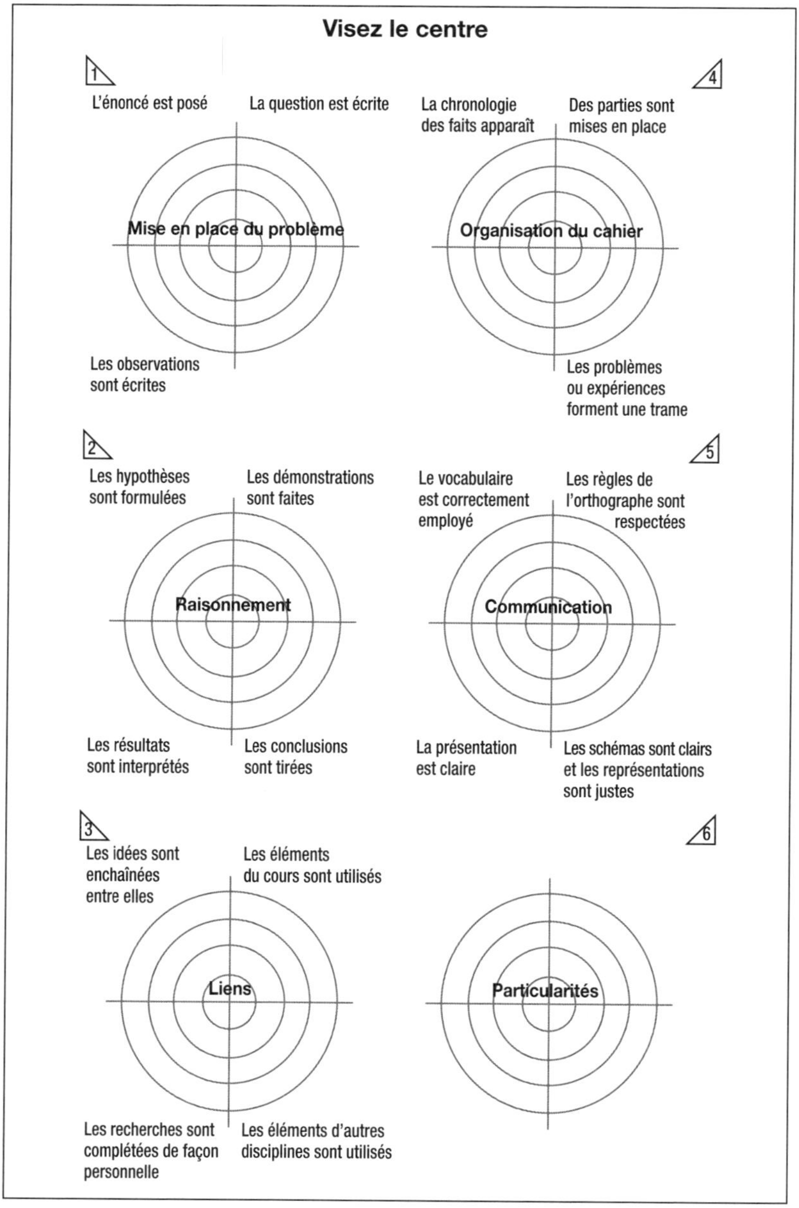

@ **Pour en savoir plus sur la riche expérience de l'équipe du collège Marx-Dormoy,** rendez-vous sur le site Itinéraires : parcours-diversifies.scola.ac-paris.fr

DÉFINITION D'OBJECTIFS ET ÉVALUATION DE COMPÉTENCES

Définir des objectifs et dans le même temps évaluer des compétences n'est pas si facile, compte tenu de l'emploi confus des deux termes, souvent donnés l'un pour l'autre, dans un même corpus de discipline. Sur le terrain, vous vous trouvez donc confronté à résoudre un dilemme épistémologique qui agite depuis quelques années toute la hiérarchie. Et ce n'est pas prêt d'être terminé. Nécessité fait loi ; tenez-vous-en à une définition stabilisée du concept de compétence, quitte à l'aménager par la suite.

> *« On me dit de définir des objectifs, puis d'évaluer des compétences. Je ne parviens pas à articuler les deux. »*

Objectif *versus* compétence?

Un objectif pédagogique est ce que l'on cherche à atteindre par l'intermédiaire d'une action de formation : il décrit une performance, sous la forme d'un comportement observable, que l'élève pourra accomplir et qui pourra être évaluée. C'est donc l'explicitation d'une intention de changement dans les comportements des élèves et non pas la présentation du contenu de l'enseignement. Ainsi, formuler un objectif pédagogique, c'est définir pour l'élève une performance à atteindre et que le formateur pourra contrôler à l'issue de la formation correspondante. L'objet de **l'évaluation sera un objectif en actes, c'est-à-dire, une compétence**.

L'évaluation de la compétence sera toujours spécifique car l'acte est contextuel, fortement dépendant des conditions matérielles et de l'environnement. On pourra préciser **les niveaux de maîtrise de la compétence** visée pour qualifier la performance réalisée : initiation, maîtrise, expertise. Par exemple, quand je m'inscris à l'auto-école, je me donne comme objectif d'avoir le code, d'obtenir le permis de conduire et de savoir conduire en 24 leçons. Au bout de 24 leçons, j'ai bien eu le code avec trois erreurs (ensemble de savoirs et de savoir-faire), j'ai passé le permis dans l'agglomération de Tarbes (Hautes-Pyrénées), je sais donc conduire, mais je me reconnais notoirement incompétent pour prendre le périphérique parisien. Il me faudra quelques heures de route supplémentaires pour devenir conducteur. (Sur l'évaluation et l'approche des compétences et ses composantes, voir les chapitres 19 « Analyser les ressources des élèves » et 14 « Évaluer des travaux ».)

AUTOTEST : IDENTIFIEZ LES NIVEAUX D'ÉVALUATION QUE VOUS TRAVAILLEZ AVEC LES ÉLÈVES

Prenez appui sur votre dernier support d'évaluation donné à vos élèves.
✪ Relevez-y les verbes employés puis essayez de les retrouver dans la liste ci-dessous.

Verbes d'action à utiliser pour formuler un objectif pédagogiques (d'après F. Chirivella)	
Connaissance	Abréger, choisir, citer, cocher, copier, couper, désigner, dire, donner, donner la définition, encercler, épeler, esquisser, exclure, identifier, inscrire, insérer, localiser, marquer, montrer, nommer, noter, placer, prononcer, réciter, reconnaître, répéter, sélectionner, séparer, situer, souligner.
Compréhension	Construire, critiquer, démonter, différencier, discriminer, distinguer, estimer, formuler, intégrer, utiliser.
Application	Adapter, appliquer, compléter, employer, illustrer, interpréter, poser un problème, pratiquer, reporter, traduire, transférer, transposer, utiliser, vulgariser.
Analyse	Décomposer, désassembler, disséquer, diviser, examiner, expliquer, extraire, prendre partie, rechercher, séparer, simplifier.
Synthèse	Assembler, compiler, composer, construire, créer, édifier, expliquer, façonner, former un tout, intégrer, mettre ensemble, produire, rassembler, recombiner, reconstruire, regrouper, remettre en ordre, réorganiser, structurer, systématiser.
Jugement (évaluation)	Apprécier, donner selon l'ordre, estimer, évaluer, évaluer selon critères, expertiser, juger, vérifier par des tests.

✪ **Quels sont les niveaux d'évaluation que vous privilégiez ?**
(Réponses aux pages 399 à 401 extraites de M. Barlow, *Formuler et évaluer ses objectifs de formation*, Éditions Chroniques sociales, Lyon, 1987.)

Savez-vous définir un objectif ?

1. **Un objectif pédagogique décrit :**
   ☒ 3. ce que saura ou fera l'élève grâce à ce cours.
2. **Un objectif pédagogique exprime :**
   ☒ 1. une portion du programme (éventuellement).
   ☒ 3. une capacité à développer chez l'élève.
3. **Lorsqu'on définit un objectif, on doit indiquer :**
   ☒ 2. ce que l'élève fera après le cours.
   ☒ 4. ce que l'élève fera pendant le cours (éventuellement).
4. **Un objectif désigne :**
   ☒ 1. un résultat attendu.
5. **Si la pédagogie était une route, l'objectif serait...**
   ☒ 2. le point d'arrivée.
6. **Dans la liste suivante, cochez les propositions qui actuellement vous paraissent des objectifs pédagogiques :**
   ☒ 2. les élèves de sixième seront capables de construire un graphique dès la fin du deuxième trimestre (objectif général).
   ☒ 6. l'élève pourra indiquer en une phrase le sens de 10 mots « techniques » utilisés pendant le trimestre (objectif opérationnel).

Écrivez ci-dessous un exemple de ce qui vous paraît être un objectif pédagogique, en fonction de l'idée que vous vous faites présentement de cette notion :

Quelle que soit votre proposition, elle sera correcte, si vous respectez les trois points suivants :

• **la performance observable** : [décrire une activité de l'élève identifiable par un comportement observable : le verbe doit être un verbe d'action].
• **la (ou les) condition(s)** : [décrire les conditions dans lesquelles le comportement doit se manifester : quel matériel utiliser, en combien de temps, etc.].
• **le(s) critère(s) :** [décrire le(s) critère(s) permettant de savoir si l'objectif est atteint].

CHAPITRE 28

Faire une conférence

Vous arrivez dans la salle de classe, tous les élèves sont déjà installés. Vous faites donc de même, vous vous asseyez sur votre chaise, solidement arrimée au sol. Dossiers sortis, vous reprenez le plan là où vous l'aviez laissé il y a deux jours : point 2.a, paragraphe 3. Vos élèves grattent. Quoi ? Vous ne savez pas. Que fait le cinquième rang ? Vous ne savez pas non plus. Vous avez quand même un goût amer dans la bouche. Alors, insatisfaction grandissante ou peur d'aller voir plus loin ? Faire cours, est-ce tenir conférence devant une assemblée captive ? La tradition scolaire demeure vivace, si ce n'est en pratiques, du moins dans sa représentation. Peut-on s'organiser différemment ? Ou mieux encore, avec les élèves ? Quelles sont les conditions pour faire un bon cours magistral ?

« EST MAÎTRE DES LIEUX CELUI QUI L'ORGANISE »

Parcourir les salles vitrées d'un grand lycée renseigne sur les pratiques les plus répandues : on enseigne plutôt devant et assis. Des élèves sondés par leurs jeunes professeurs avaient signalé cet aspect ; le professeur de français est plutôt assis à son bureau, c'est moins vrai pour l'anglais, et pas du tout pour le prof d'EPS (et pour cause...).

Le cours magistral : la reproduction d'un modèle ou une représentation fantasmée

Dérivée de la cathèdre épiscopale, marque du pouvoir et du savoir dans la Cité : le modèle de référence est sans doute trop fort ou iconoclaste dans notre école encore républicaine, laïque et postindustrielle. Il faut puiser sa légitimité philosophique dans le traité de John Locke, *Essai sur l'entendement humain*, 1693 : dans un monde alors complètement structuré par la transcendance et la raison innée, il défend que le cerveau est une *tabula rasa*, c'est-à-dire un « tableau vierge » ou une pièce sans meubles. Le rôle du maître est d'exposer clairement, de montrer avec conviction, éventuellement de répéter. Cette « innovation » de l'époque s'est muée en véritable dogme à l'université et dans tous les systèmes de formation. Ainsi donc, faire un cours magistral, c'est être loyal et conforme à un modèle universitaire, et à un système qui a lui-même formé les enseignants avec succès pendant des générations. La transposition s'effectue rapidement et trop simplement ; j'ai appris comme cela, je fais apprendre de même. Les enseignants, sociologiquement parlant, sont d'anciens bons élèves.

LES LIMITES D'UN MODÈLE

En résumé, nous pourrions analyser le processus du cours en trois étapes successives :
1 - préparer un cours : sélectionner, hiérarchiser, synthétiser ;
2 - faire le cours : exposer, organiser un jeu de questions-réponses ;
3 - donner des devoirs (conseils, consignes), proposer des modèles.

Cette manière de faire classe suppose quelques postulats importants : la conception du savoir comme un contenu, l'élève est un contenant ; d'autre part, l'enseignement se résume en une transmission expositive et par une magistralité certaine (de *magister*, maître en latin) dans une configuration frontale. Par ailleurs, elle emporte une conception de l'apprentissage qui, à l'examen des sciences neurobiologiques et des connaissances psychosociales, reste quand même très réductrice : la motivation dépendrait du pouvoir attractif du contenu en soi ; la clarté de l'exposé entraînerait une compréhension quasi immédiate ; la mémorisation s'effectuerait sans problème notable. Finalement, apprendre, ce serait imiter et répéter.

Le cours comme paradis perdu?

L'activité centrée sur le maître est valorisante, à un moment où s'effiloche l'identité de l'enseignant. Ce n'est pas le moindre des paradoxes que de constater un phénomène de renforcement négatif : plus cela marche, moins cela marche. L'autorité du maître n'est plus assurée comme allant de soi, il faut donc retourner à ce qui faisait son autorité, actuellement, en renforçant son ancrage disciplinaire et les règles de contraintes ! C'est oublier que le rapport au pouvoir et à l'autorité n'est pas seulement un problème de l'école, mais bien un problème de notre société. Toutes les fois qu'une de ces conditions envisagées plus haut n'est pas assurée, cela engendre un dysfonctionnement dans le microsystème de la classe. C'est un processus cumulatif qui à terme produit des tensions fortes chez tous les acteurs.

Dès lors, deux solutions possibles : un repli identitaire pour résister à la tension et un processus d'enfermement dans ce qui va devenir une impasse ; à ce jeu, l'enseignant se retrouve isolé dans une représentation de son « monde » vacillant. Ou bien introduire quelques ouvertures dans le système, et traiter la situation en une analyse collective.

Changez d'optique... et de place

André de Peretti, prenant appui sur une expérience douloureuse de première monte à cheval, rappelait souvent une loi de dynamique physique : quand un système est en mouvement, surtout ne pas s'accrocher à un point fixe... En la matière, voici trois suggestions.

Bougez. Marquez physiquement que l'espace de la classe ne jouit pas du statut d'extraterritorialité ; déplacez-vous, investissez l'espace collectif, tout en continuant de professer, jetez un coup d'œil sur l'activité des élèves.

Changez de perspective. Pourquoi ne pas vous asseoir à côté des élèves, quitte à en mettre un à votre place en lui assignant un rôle de détecteur de questions, par exemple ? Un autre peut être chargé de la trace écrite au tableau, vous tiendrez son cahier pour l'heure. Changer d'optique, de point de vue, c'est un des principes actifs pour la résolution de problème. (Sur les rôles à distribuer dans la classe, voir le chapitre 2 « Mettre en groupe ».)

Faites évaluer l'activité. En fin de trimestre, proposez à vos élèves à un questionnaire libre de type « j'aime, j'aime pas » sur les méthodes de cours. Ou un document de type échelle de Cosgrove[1] : dix groupes de quatre propositions positives chacune, selon quatre dimensions :
– maîtrise des contenus ;
– relations avec les élèves ;
– organisation et conduite de la classe ;
– enthousiasme personnel.

1. *Échelle de Cosgrove, présentée dans la thèse de M. Linard (1973), reprise par A. de Peretti,* Recueil d'instruments et de processus d'évaluation formative, *INRP, tome 1, p. 106.*

Chaque élève doit en retenir une parmi les quatre ; vous avez en peu de temps l'évaluation de votre activité. Dans tous les cas, vous aurez droit à un *satisfecit*, mais aussi vous pourrez lire en creux des améliorations attendues.

Donnez la consigne suivante à vos élèves : « Dans chaque groupe, choisissez au moins une phrase, parmi les quatre propositions qui vous semblent le mieux se rapporter à votre professeur. »

GROUPE A	GROUPE F
1. Enthousiasme contagieux pour la matière qu'il enseigne 2. Ne perd pas son temps à des choses sans importance 3. S'attache également aux progrès de chacun 4. Fait clairement savoir ce qu'il attend de ses élèves	1. En général à l'aise et détendu pendant ses cours 2. Répartit régulièrement les travaux 3. On n'hésite pas à lui poser des questions quand on n'a pas compris 4. Cours clairs et bien structurés
GROUPE B	**GROUPE G**
1. Toujours à l'heure pour le cours 2. Agréable au cours 3. Franc et direct quand il s'adresse aux élèves 4. Semble bien connaître le sujet	1. Accepte le point de vue des élèves 2. Enrichit le vocabulaire des élèves 3. Les élèves savent toujours ce qu'ils ont à faire pour la prochaine fois 4. On travaille volontiers pour lui
GROUPE C	**GROUPE H**
1. Cours méthodique 2. Aime enseigner 3. Amabilité naturelle 4. Logique dans son raisonnement	1. Semble savoir où il veut en venir 2. N'hésite pas à féliciter les élèves pour leurs réussites 3. Ne tourne pas les mauvaises réponses en ridicule 4. A des connaissances dans des domaines voisins de son sujet
GROUPE D	**GROUPE I**
1. Encourage la créativité et les initiatives 2. Est au courant de l'actualité dans sa matière 3. Accepte de revenir sur ses décisions 4. Adapte sa méthode au contenu	1. Son cours est toujours prêt 2. Traite bien le sujet 3. Encourage les élèves à trouver des réponses par eux-mêmes 4. Est juste dans ses décisions
GROUPE E	**GROUPE J**
1. Domine son sujet 2. Donne envie d'en savoir davantage sur la question 3. Note de façon juste 4. Ne critique pas de façon négative	1. S'arrange toujours pour faire les choses dans le temps prévu 2. Le cours présente une réelle continuité 3. Donne de l'importance au sujet qu'il traite 4. Comprend les problèmes des élèves

▸ Quand la routine devient une stratégie de survie

De nombreux enseignants reconnaissent que, globalement, ils font toujours cours de la même manière. Il existe une autre dimension derrière ce constat : la routine professionnelle existe bien, comme dans toute profession, elle est utile et agit comme un pilotage automatique en situation stable et horizon dégagé, ce qui n'est plus forcément le cas partout ou tout le temps. Dans certains cas, elle peut se révéler être une facette d'une stratégie de survie, aménageant un désengagement professionnel. Les psychiatres n'hésitent pas à avancer parfois le terme de « *burn out* ».

Six symptômes typiques de « *burn out* » selon le Centre américain de maîtrise du stress

- Irritabilité et méfiance envers autrui.
- Absence d'idées nouvelles pendant plus de six mois.
- Manque d'énergie physique et/ou émotionnelle.
- Sentiment d'isolement et de manque de soutien.
- Forte aspiration à s'échapper de sa situation professionnelle actuelle.
- Tendance à se justifier par un excès d'activité, en privilégiant l'aspect quantitatif plutôt que qualitatif.

Trois recommandations en cas de *burn out*

- Appuyez-vous sur un(e) collègue proche : parlez-lui de votre sentiment, demandez-lui s'il(elle) connaît ce type de réaction et comment s'en défaire.
- Songez à la solution de type formatif : rencontrer des collègues à l'extérieur qui partagent des problématiques similaires permet de prendre du champ. Dans ce domaine, les groupes d'analyses de pratiques existent. Consultez le PAF (plan académique de formation).
- Veillez à recharger vos batteries en exerçant une activité physique régulière qui vous permette de vous défouler. Tout est bon dans ce domaine, si c'est bien pratiqué : course à pied, roller, badminton, squash, natation. L'activité a ici une fonction quasi cathartique. Elle renforce votre capacité d'initiative et d'engagement personnel.

PRENDRE DU CHAMP AVEC LES PRATIQUES DES COLLÈGUES

La routine s'installe d'autant plus vite qu'elle s'exerce dans un cadre collectif doté d'un contrôle social puissant, à la manière du *Panopticon* de Bentham : il suffit de parcourir à grande vitesse les couloirs d'un grand établissement scolaire de centre-ville, dont les salles de classes sont vitrées, pour constater *de facto* l'homogénéisation des pratiques. Voir et être vu. Le poids d'une tradition bien ancrée dans les établissements français, impose l'estrade et la chaise.

Le poids des traditions existe en éducation

Si un professeur nouveau ou stagiaire prend sur lui de jouer à « Vatican II » (supprimer les barrières, aller vers son public, parler pour être compris, associer les élèves au cours), il devra s'expliquer avec l'intendante, garante des installations. Si vous tentez une organisation de classe différente, il faut impérativement tout remettre à « la normale » pour le cours suivant ; d'ailleurs, les agents de service vous le disent bien : préparer une salle, c'est un bureau et, en face, des rangées de chaises.

La loi du silence est aussi une loi qui reporte les souffrances sur les individus sans questionner la pertinence de la pratique, dans ce cas, du système d'enseignement. La pratique individuelle est inextricablement liée à la pratique pédagogique d'un établissement, et donc à son projet. Un enseignant n'est donc pas tout seul devant ses élèves ; il est « habité » et traversé par des projets, des pratiques, des routines qui le dépassent, mais qui sont aussi des appuis devant un collectif... quand il est organisé sur du sens et non sur des rangées de chaises. C'est déjà un grand progrès que d'en prendre conscience, pour faire évoluer éventuellement certains points. (Voir « Expliquez votre démarche aux parents », page 422.)

Prendre le temps de communiquer avec ses collègues sur le cours

Cependant, on n'a pas raison tout seul. Il faut donc investir un peu de temps et d'énergie dans la communication avec ses collègues.

• Entrez en contact avec les enseignants de votre discipline pour ensemble élaborer le projet disciplinaire de l'établissement, comme c'est déjà le cas en EPS, mais pas seulement. Les échanges sur les objectifs et les contenus toucheront inévitablement les méthodes et les pratiques. (Voir le chapitre 6 « Travailler en équipe ».)

• Allez voir le chef d'établissement pour envisager avec lui l'aménagement à peu de coût, cela va sans dire, de telle ou telle salle, et les conditions rapides de réalisation.

• Participez à la conception, écriture ou réécriture du projet d'établissement. L'étape suivante sera de se faire élire au conseil d'administration.

S'AUTORISER À PRENDRE DE LA MARGE

C'est un des grands *leitmotive* des enseignants non débutants. Le cahier de texte de la classe est le seul document administratif qui permet de rendre compte de son activité aux instances hiérarchiques que sont le chef d'établissement et l'inspection ; et d'aucuns d'invoquer la lourdeur évidente du programme de sa discipline, avec un horaire qui s'est réduit d'une heure en dix ans, l'autre de susurrer le dada de l'inspecteur : « Le cœur, ce doit être en vingt-quatrième semaine ! Tu en es où, toi ? » Ce sont des faits avérés certes. Le cours magistral serait donc la seule modalité de traiter le programme le plus rapidement possible, c'est-à-dire dans son entièreté absolue, et le plus efficacement bien sûr. Dans ces deux dimensions, le constat est toujours féroce ! Néanmoins, comment fait-on ? (Voir le chapitre 13 « Être le gardien des programmes ».)

Entre soumission au programme et liberté d'exercice

Cet argumentaire touche indéniablement le rapport à l'Institution et au prescrit du métier. Il illustre un autre paradoxe du métier entre l'allégeance au programme et la liberté quasi absolue de son exercice.

Il y a une marge certaine de manœuvre : la lecture raisonnée du programme et d'abord de ses objectifs montre la place des contenus de savoirs. De nombreuses séances de formation continue ont montré que les enseignants fonctionnaient plutôt dans une représentation maximalisée des contenus et une sous-estimation, voire une méconnaissance des objectifs.

D'autre part, la fréquentation de l'inspection et son « pouvoir » de contrôle sont très relatifs quand le HCEE (Haut Comité de l'évaluation) signale qu'un enseignant voit son inspecteur tous les sept ans en moyenne, avec des écarts très importants selon les disciplines et les académies, allant jusqu'à douze ans parfois. L'inspecteur n'est plus le contrôleur de la RATP ; il exerce une fonction de conseil et de repérage tout aussi importante pour l'enseignant que pour l'Institution.

S'autoriser, c'est par exemple...

• Comprendre que la pression des programmes et de l'Institution est bien celle que l'on se donne ; l'enseignant est en autocontrôle la plupart du temps ; l'accès Internet permet de reparcourir très rapidement son programme, en particulier d'avoir une lecture rapide des objectifs (tous les programmes sur le site du CNDP : www.cndp.fr en trois clics, histoire de se rafraîchir la mémoire). (Voir le chapitre 23 « Faire de la didactique »).

• Ajuster sa pratique à son environnement professionnel proche : demandez à voir les supports de cours de vos collègues, jetez un coup d'œil sur les cahiers de textes des autres classes. L'Internet pédagogique est une vaste salle des profs, vous pouvez par exemple vous abonner à une liste de discussion de votre discipline ou d'un thème. (Sur les listes de discussion, voir la webographie en fin d'ouvrage.)

• Solliciter la visite de l'inspecteur pour obtenir soutien et reconnaissance de sa pratique. Rien à perdre, tout à gagner.

Jusqu'ici, on a donc vu la prégnance de facteurs endogènes qui vont jusqu'à justifier la dominante forte du cours magistral dans la pratique professionnelle. Il existe aussi des pressions externes qui poussent dans le même sens.

PRIMAIRE : RENDRE POSSIBLE L'AUTONOMISATION DES ÉLÈVES

> *« Je suis leur « maître ». »*

Tous les parents ont entendu leur enfant rentrer de l'école (primaire) ne jurant que par leur maîtresse. Lorsqu'il affirme « ma maîtresse a dit que », toute information complémentaire, toute suggestion alternative seront très mal prises. « Ma maîtresse a dit que »... si ce n'était l'École avec un grand E, vous auriez parié sur un endoctrinement ou une dérive crypto-sectaire, mais vous êtes rassuré, c'est bien la maîtresse. La relation entre enseignant et élèves en primaire peut prendre des colorations fusionnelles, parfois hypnotiques, quelles que soient la méthode ou la pratique à l'œuvre. La motivation existe non par le contenu intrinsèque, mais par l'attache à la situation de communication et à la fonction. La tentation est grande pour l'instituteur de la jouer « à l'ancienne ».

Estomper l'« effet maître »

La dérive possible est de ne pas organiser la sortie de ce dispositif pour les élèves : autre année, autre maître ou nouveau collège. La trop inappliquée « liaison école-collège » passe par une bonne préparation à des méthodes variées d'enseignement qui doivent peu à peu estomper l'effet-maître (Sur la liaison école-collège, voir le chapitre 17 « Prospecter les besoins des élèves »). Voici des suggestions pour mieux préparer les élèves à cette évolution.

• Dans la journée, varier le dispositif pédagogique en fonction des séquences de sorte à proposer une alternance cours, activités de recherche, travaux d'écriture, production collective, etc. Cela permet de construire les compétences de l'élève.

• Organisez avec un ou deux collègues des échanges de service, en fonction des compétences plus développées chez l'un ou chez l'autre : je prends tes élèves en histoire, tu me les prends en EPS.

• Sur un même niveau, vous pouvez avec un collègue mixer les élèves par groupes de besoins ou de compétences pour une ou deux matières. (Sur la variété des groupements possibles, voir le chapitre 2 « Mettre en groupe ».) Ce qui est fortement recommandé pour les langues.

COPIER, CE N'EST PAS FORCÉMENT APPRENDRE

C'est un « truc » qu'on refile en salle des profs à un jeune stagiaire qui se fait « bordéliser » (c'est le mot de la profession) : « Fais-les écrire. » L'activité de la prise de notes sous la dictée professorale ou du recopiage de tableau permet, d'une part, de constituer la trace écrite, formalisée du *magister*. L'objectif serait donc atteint, le cahier de textes enregistrera « fait ». D'autre part, ce type d'activité aurait le double effet curatif d'apaisement des tensions et de retour au travail pour les élèves. Si le constat est vrai, l'analyse fait défaut, car dans la plupart des cas, c'est une manœuvre dilatoire pour différer la difficulté à un ailleurs, qui peut être le cours d'après. Finalement, c'est un *modus vivendi*, plus exactement, un *modus docendi*. Cela se réduit souvent à « un pacte de non-agression », qui arrange les deux parties.

Copier n'est pas la solution

Il faut aller fouiller dans le vécu des élèves en difficulté, dans leur parcours scolaire heurté tout spécialement depuis leur entrée au collège. Certes, les grandes difficultés se sont construites dès le primaire en lecture, en écriture, en compréhension de consignes, etc., mais ils se référaient à une situation scolaire rassurante pour eux, le maître dit de faire. Dans le secondaire, l'insécurité est grandissante face à la diversité des pratiques, des contenus, à la complexité des tâches devant être gérées en autonomie. Ainsi, leur proposer une écriture simple, c'est leur offrir un retour à un Éden reconstruit mentalement, plus rassurant : travailler à l'école, c'est copier. C'est ce que racontent de leur journée les élèves de seconde. Rien ne garantit pour autant que leurs difficultés seront traitées en tant que telles. La preuve en est des forts taux de doublement en seconde, parfois jusqu'à 40 % des classes. (Voir le chapitre 17 « Prospecter les besoins des élèves ».)

Faire de l'écriture un acte d'apprentissage

Pour faire du travail d'écriture un acte d'apprentissage et non une manœuvre dilatoire au bordel ambiant, nous vous suggérons trois attitudes.

• Faites passer un élève au rétroprojecteur avec un transparent ; ce sera sa prise de notes qui va guider le travail de ses pairs et vous permettre tout au long du cours d'accompagner sa technique. C'est un rôle tournant qui permettra à chacun d'exposer ses trucs, ses abréviations, ses repérages. En même temps que vous traitez le contenu du cours, vous travaillez en supervision de son activité et de celles des autres, autant de prises d'indices qui vous permettront une évaluation plus fine. (Sur l'organisation de la trace écrite, voir le chapitre 10 « Mettre en œuvre des outils ».)

• Scandez le cours en alternant temps d'information et temps de mise par écrit : les élèves sont associés en binômes de travail pour s'épauler mutuellement. Vous donnez d'abord une information avec traces au tableau, les élèves prévenus écoutent sans écrire ; puis vous donnez trois minutes pour le travail d'écriture ; ainsi de suite. Vous contrôlez pendant ce temps, au besoin, vous établissez une confrontation entre deux traces écrites. (Sur la constitution de binômes, voir le chapitre 3 « Gérer les relations »).

• Vous confiez à quatre groupes de quatre élèves un travail d'étude ou de résumé à partir d'un document extrait du manuel, avec confrontation à la fin de l'heure ; de votre côté, vous prenez en direct les élèves qui en ont le plus besoin pour faire passer un contenu plus délicat. Cette modalité fonctionne si vous avez, dès le début de l'année, exposé la pluralité des fonctionnements possibles dans la classe. Ce qui ne marche pas, c'est l'exception ou la rareté. (Sur la variété des espaces de travail, voir la planche en fin de chapitre 10 « Mettre en œuvre des outils ».)

EXPLIQUEZ VOTRE DÉMARCHE AUX PARENTS

Enfin, il faut être attentif à ce qui est dit de l'École à l'extérieur, soit explicitement lors d'entretiens avec des parents d'élèves, soit dans le secret des cabinets des psychiatres en systémie familiale où, pour traiter la baisse de résultats scolaires du grand Benjamin, c'est bien toute la famille qui est analysée. Finalement, les résultats sont ce qu'ils sont, mais c'est le regard que portent sur eux les parents, leur interprétation qui les laisse désemparés face à une École aux règles sibyllines, spécialement en matière d'évaluation (et donc d'orientation). Les parents font jouer immédiatement en projection leur propre vécu scolaire et préconisent eux-mêmes les formes qui ont pu les faire réussir : écoute, soumission, respect de la règle. C'est aussi le discours des parents qui ont arrêté très tôt leur parcours scolaire.

Résister à l'angoisse des parents

Tous ont en commun une représentation de l'École et du cours frontal certifié 1875, modifié en 1988 (avant 1989). Ainsi, une majorité de parents d'élèves n'attend pas autre chose de l'école que les formes qu'ils ont eux-mêmes subies : c'est particulièrement évident dans les lycées dits prestigieux ou de quartiers aisés. Finalement, la pédagogie active, c'est plutôt pour les élèves en difficulté, non ?

Pour éviter les reproches feutrés ou la convocation dans le bureau du chef d'établissement, quelques conseils :
– dès le début de l'année, communiquez aux élèves (et donc aux parents, au besoin avec signature), une feuille indiquant la progression et en gros le séquencement de l'année dans la discipline, incluant le rythme des évaluations ;
– dans le même temps, établissez avec vos élèves une « charte » des apprentissages dans votre discipline. « Apprendre et travailler en français en sixième, c'est... » ; vous pouvez aborder dès le début les pratiques de votre

▸ Transmettre efficacement

« Loin d'être un abandon de transmettre, la pédagogie est tout au contraire une manière de transmettre plus efficace, car elle rend le sujet actif. »

➡ Philippe Meirieu (extrait d'une conférence à Paris).

évaluation, les codes que vous songez utiliser, l'articulation entre évaluation formative et sommative. Une fois formalisée par vos soins, en respectant cependant les mots et apports des élèves, vous faites communiquer la charte aux parents ;
– montrez-vous disponible aux sollicitations éventuelles, et n'hésitez pas vous-mêmes à requérir par un mot sur le carnet de correspondance un entretien. C'est toujours efficace.

LE COURS PEUT ÊTRE INNOVANT

Il ne s'agit pas de bannir tout cours à la forme magistrale, mais de le réintroduire de manière plus efficace dans un dispositif plus en adéquation avec notre société actuelle, pour des élèves dont tout le monde convient qu'ils ont changé. De Peretti propose une mise en perspective qui va dans ce sens[2] : « Nous passons d'une époque dominée par les modèles des empires des mers, ce que Fernand Braudel a appelé "l'ère thalassocratique", à une époque "aérocratique". Les États qui possédaient une marine dominaient le monde ; les empires coloniaux étaient d'abord des puissances maritimes. L'expansion du XIXe siècle a vu les usages maritimes s'inclure, consciemment ou inconsciemment, dans le fonctionnement de l'organisation sociale. C'est-à-dire, un seul maître à bord, ses décisions sont immédiatement exécutées par une foule d'interprètes, il n'y a pas de communication réciproque. Le maniement de la lunette, du porte-voix, du sextant est réservé, par conséquent c'est une direction sans retour possible, sans *feed-back*. Ce modèle s'est déplacé dans le système taylorien, la division entre ceux qui savent et décident, et entre ceux qui exécutent, nombreux, séparés et surveillés. Ce modèle a construit la fin du XIXe siècle et très largement le XXe siècle, et c'est ce modèle qui demeure dominant, avec les résultats qu'on lui connaît à présent (voir enquête PISA).

2. Entretien avec A. de Peretti, Les Périphériques vous parlent, *janvier-février 1994, pp. 33-35, sur le site : www.lesperipheriques.org/*

« Warren Benis, compagnon de Kurt Lewin dans la création de la dynamique de groupe, disait que nous sommes entrés dans **l'époque de la succession accélérée des systèmes sociaux temporaires**. Il faut le vivre, ce qui suppose des enseignants qu'ils ne soient pas ritualisés, rigides, compassés ; ce qui suppose des structures de travail autres que celles des cours en amphithéâtre, ou des travaux dirigés. Les chefs d'entreprise nous demandent, et ils ont raison, de préparer des individus qui s'adaptent aux changements incessants.

« Mais cette souplesse évolutive, cette rapidité n'est pas constituée chez les jeunes, ils sont très « popotes », conditionnés par les manières de travailler et les routines qui s'établissent. Pour vivre cette époque de changements accélérés, il faut de l'activité, du dynamisme, de la joie d'être, d'apprendre, d'enseigner… »

Combiner différentes formes de cours

La conférence n'est pas un mode d'enseignement négatif en soi, il peut très bien fonctionner s'il est intégré dans un projet d'enseignement. En témoigne une expérience menée au lycée Europe-Robert-Schuman de Cholet racontée par Fabienne Chevalier et Alain Joyeux, professeurs d'histoire et de géographie, avec quatre terminales (2TL et 2TES).

Le constat des difficultés. « Après plusieurs années d'enseignement en terminales littéraires et économiques, les professeurs étaient de plus en plus insatisfaits par l'organisation horaire classique (4 heures hebdomadaires en classe entière) : ils rencontraient des difficultés croissantes à faire face à l'hétérogénéité des classes ; à réaliser des exercices sur documents en faisant participer 35 élèves ; à guider chaque élève en classe entière pour l'apprentissage des nouvelles épreuves du bac (en particulier le croquis de géographie).

« Les enseignants ont aussi mené une réflexion sur la mission du lycée : pas simplement préparer les élèves au bac, mais aussi les conduire progressivement vers l'enseignement supérieur. Le lycée dispose d'un amphithéâtre de 120 places doté d'équipements stéréo et vidéo performants. De plus, l'acoustique y est très bonne. »

Adapter l'organisation aux objectifs. « Chaque professeur a deux classes et doit donc assurer 8 heures hebdomadaires. Nous divisons notre enseignement en trois types de séances :

– 3 heures de cours (2 heures + 1 heure sur deux matinées) avec 2 classes réunies dans l'amphithéâtre (68 élèves au maximum); ces heures sont consacrées à l'apport des connaissances du programme par le professeur que les élèves prennent en notes. Des documents sonores ou vidéos courts ponctuent les séances ce qui permet aux élèves d'intervenir pour les commenter. Le plan du cours est projeté en permanence à l'aide de transparents sur grand écran;
– 4 heures de travaux dirigés (4 fois une demi-classe) : 17 élèves au maximum; ces heures permettent de réutiliser les connaissances du cours pour s'exercer aux épreuves du bac. Ce sont des séances dominées par la participation orale active des élèves;
– 1 heure de soutien ou d'approfondissement avec un petit nombre d'élèves choisis chaque semaine par le professeur. Cette heure est inscrite dans l'emploi du temps de tous les élèves. Il s'agit de travailler sur des aspects méthodologiques précis qui posent des problèmes à certains élèves (recherche de problématiques, rédiger une introduction, commenter un type particulier de document…). Le programme de ces heures résulte d'ailleurs souvent d'une demande des élèves. C'est aussi l'occasion pour les deux professeurs d'échanger parfois leurs élèves.

« Chaque semaine, les élèves ont donc : 3 heures de cours en amphithéâtre; 1 heure de travaux dirigés; 1 heure de soutien ou d'approfondissement lorsqu'ils y sont invités par le professeur. »

Adapter les contenus aux objectifs. « En début d'année, les objectifs sont essentiellement méthodologiques : comment bien lire un sujet? Comment aborder les différents types de sujet? Comment transcrire sur un croquis des informations du cours? Par la suite, les séances se diversifient : approfondissement d'un point du cours, travail de recherche au CDI, approche de l'art contemporain dont les élèves sont très demandeurs, réflexion collective sur une question d'actualité à leur demande en relation avec une partie du programme… »

Le bilan pour les professeurs. « La mise en œuvre de ce projet nous a demandé un gros travail toute l'année, une concertation étroite entre les deux professeurs : progression identique, devoirs communs (6 devoirs de 4 heures) et partage du travail pour les corrections. À l'époque, chacun avait une TL et une TES. Sur certains chapitres (croissance, crise…), l'écart de connaissances entre les L et les ES posait quelques problèmes lors des cours en amphithéâtre. L'amalgame entre les deux classes ne se faisait pas toujours très bien. Nous allons échanger nos élèves plus fréquemment en soutien et parfois en TD. Nous avons remarqué que beaucoup d'élèves n'osaient pas participer oralement dans l'amphi. Nous allons faire un effort particulier dans ce domaine même si la participation orale est, par ailleurs, très importante en TD et en soutien-approfondissement.

« Mais les résultats nous semblent très positifs. Nous avons pu diversifier notre enseignement, cibler les difficultés des élèves et avoir de très bons contacts avec eux, car les TD et le soutien-approfondissement permettent d'aller vers une certaine individualisation des relations professeur-élève. Certains élèves, non convoqués pour le soutien, nous demandaient parfois s'ils pouvaient venir quand même, ce que nous acceptions bien sûr. Nous avons pu terminer le programme tant au niveau des connaissances que des apprentissages méthodologiques. »

Le bilan pour les élèves. « Les élèves (ainsi que les deux professeurs) ont ressenti un net regain d'intérêt du fait de la rupture du rythme et du type de travail entre les cours, les TD et le soutien. Ils ont découvert une organisation d'enseignement similaire à celle qu'ils auront dans l'enseignement supérieur. 90 % des élèves interrogés par écrit de manière anonyme en mars dernier ont exprimé le sentiment que cette organisation leur "apportait quelque chose en plus". Un délégué de parents d'élèves FCPE s'est fait aussi l'écho de l'avis positif des parents lors d'un conseil de classe. »

L'expérience montre qu'un dispositif d'enseignement se configure à l'échelle d'une équipe disciplinaire ; ici, elle fait jouer la nécessaire collaboration professionnelle en matière de progression, de supports d'études, d'évaluation. Le cours magistral reprend tout son sens : un apport de connaissances rapide et efficace dans la mesure où les enseignants prévoient des moments d'appropriation et de transposition. C'est une modalité possible de « l'enseigner autrement ».

AUTOTEST : SACHEZ DOSER LA MAGISTRALITÉ

✪ Au cours de la semaine dernière, vous avez assuré dix-huit heures de cours. Quelle est la proportion :
- de « cours magistral » ?
- de cours dialogué
- d'autres modalités de cours ?

✪ À quoi voyez-vous que vos élèves ont appris ?

CHAPITRE 29

Penser sa propre formation

Juste sortis de l'IUFM, les jeunes enseignants ont droit à la « formation continuée », concept qui doit répondre à un problème récurrent ; que certifie le diplôme ? Comment se crée la compétence ? Le cas d'Hélène nous introduit à cette tension entre statut et expérience[1].

« Hélène a été reçue l'année dernière au CAPES et vient d'être nommée au lycée pour y effectuer son stage en responsabilité, dûment encadré par l'institut universitaire de formation des maîtres, dans une classe de seconde. On m'a désignée pour être sa tutrice.

« Dans la vie, Hélène n'est sûre de rien : elle ne sait pas comment sevrer sa fille de presque un an, si elle est de nouveau enceinte, si cela ne serait pas préférable de demander un poste en province l'année prochaine, comment retrouver un appartement dans le mois qui vient puisque le propriétaire vient de les mettre dehors.

« Sauf d'une seule chose : l'Institut détient la vérité en matière d'enseignement et il faut suivre sa parole. Elle est sublime de maladresse, d'incohérence, de malchance dans la sphère privée, mais, ou alors (il y a forcément un lien, mais lequel ?) elle est navrante de certitude, de dogmatisme et d'arrogance en fait de pédagogie. Elle sait ce qui est très mal : le cours magistral, par exemple ; ce qui est mal : corriger les copies en rouge (c'est agressif et virtuellement traumatisant pour les élèves), vouloir le silence (il y a un taux de décibels acceptable pendant les cours). Ces péchés, les mortels et les véniels, peuvent être pardonnés à condition d'être confessés en public lors des séances de debriefing à l'Institut et naturellement, de s'engager à s'amender. Elle sait aussi ce qui est bien : faire circuler entre les

1. *Catherine Henri,* De Marivaux et du loft, *petites leçons de littérature au lycée, édition POL, 2003, p. 29*

élèves eux-mêmes le savoir toujours-déjà là : et s'en tenir à un objectif et un seul, pour un cours. »

ON APPREND TOUT AU LONG DE LA VIE... D'ENSEIGNANT

À moins de s'inscrire résolument dans la république des « talents », l'enseignement n'est pas un don transmis dans les gènes, même si vous êtes issu ou si vous côtoyez sur les bancs de l'IUFM des fils ou des filles d'enseignants (c'est vrai pour un quart des enseigants). Le milieu familial a pu être porteur d'un projet professionnel fort, sinon d'un environnement et d'un genre de vie qui y incitent fortement. Vous brûlez un cierge à Bourdieu en constatant les effets de la machine à reproduire des élites. Mais, on n'est (naît) pas enseignant, on le devient, comme toute autre profession.

> ***“ Pourquoi parler de formation ? J'ai déjà subi la formation IUFM ; j'ai mon diplôme. ”***

L'identité professionnelle a plusieurs facettes

Les éléments constitutifs de l'identité professionnelle sont de quatre ordres : la qualification (le diplôme), la compétence, une culture professionnelle (objets, valeurs, actions, symboles), une déontologie.

De l'IUFM au terrain. Les trois derniers éléments ne s'acquièrent pas comme le premier par une préparation et un acte validé. Ils s'élaborent dans l'expérience et dans le temps, mais très peu en formation initiale (regret ou espoir ?). On ne prescrit pas un acte comme on l'a appris en faculté de médecine, on n'enseigne pas comme on a appris à l'école, ou comme on nous a enseigné à l'université ou à l'IUFM. L'écart est toujours important entre formation initiale et exercice professionnel, et c'est normal. C'est pour cette raison que les cursus des facultés de médecine ont intégré depuis longtemps des séances d'analyses de pratiques et des formations par alternance. La tension est toujours prégnante entre approche théorique et exercice pratique, mais l'un ne peut aller sans l'autre.

L'acquisition des compétences. Un enseignant peut être statutairement et fonctionnellement enseignant toute sa vie, mais aura-t-il acquis toutes les compétences requises pour cela ? Vraisemblablement pas, comme toutes

ces professions fondées sur le « travail à autrui », médecins et professions sociales notamment, la compétence s'élabore actes par actes, en ajustement réciproque avec ceux qui en bénéficient. Développer des compétences professionnelles dans l'enseignement dépend au moins de cinq facteurs aussi puissants les uns que les autres, en interaction permanente :
– *les grands changements sociétaux* qui peuvent affecter d'une manière ou d'une autre votre exercice (mondialisation, flux d'immigrations, réseaux...) ;
– *l'évolution rapide des connaissances et des savoirs*, de leur élaboration à leur transmission plus diversifiée, dans ou hors du champ scolaire, depuis sa propre formation initiale ;
– *le changement profond des publics scolaires* et leur grande diversité selon les milieux, les niveaux, les classes, les zones, etc. ;
– *les mutations non moins rapides du cadre institutionnel* prescrit (projet politique redéfini, politique d'établissement affirmée, autonomisation réalisée, responsabilisation accrue, régionalisation développée) ;
– *le mûrissement de votre propre parcours professionnel*, participant en cela de votre identité à multiples facettes (personnelle, familiale...).

Toutes choses qu'on ne maîtrise pas, mais qu'il importe d'appréhender et d'intégrer dans son propre champ de conscience. Ces dimensions sont toutes en mouvement et permettent de se construire professionnellement dans un processus long et complexe.

L'identité professionnelle est dynamique

Penser à sa propre formation participe de cette dynamique identitaire[2] que l'enseignant connaît, encore une fois comme tout autre professionnel, quels que soient son statut et son « état ».

Dynamiques contradictoires. On peut être dans une dynamique identitaire professionnelle différente de celle qu'on a dans le champ familial, social ou culturel. Ce qui pose la question de la gestion de la cohérence, de la cohésion de l'ensemble de ces dimensions identitaires. C'est la raison pour laquelle parfois on peut se retrouver dans des conflits identitaires ; certains projets peuvent être en conflit ou en tension avec d'autres (par exemple :

2. *D'après un concept développé par Mokthar Kaddouri, maître de conférence au CNAM, extraits d'interview par Yamina Yessad, CP-AIS,* Cahier de formation des conseillers pédagogiques de l'académie de Paris, *juin 2003, direction François Muller. Voir aussi son article dans la revue* Recherche et Formation *n° 41, INRP, avril 2003.*

▸ Malaise ou dynamique identitaire ?

Neuf enseignants sur dix perçoivent un « malaise » dans la profession et 60 % se sentent personnellement concernés, d'après une enquête menée par le ministère auprès d'un échantillon de 1 000 enseignants (numéro 163 des *Dossiers Évaluation et statistiques*). À l'origine de ce malaise : les difficultés du métier, la dégradation de l'image des enseignants, le sentiment d'impuissance face à l'idéal de réussite des élèves. Certes, 81 % des professeurs sont « satisfaits » du métier. Mais, affirme cette étude, « la perception de la difficulté grandit avec le vieillissement ». Parmi les motifs qui rendent ce travail difficile sont évoqués le comportement des élèves, la difficulté de les faire progresser et la « complexité des missions demandées à l'enseignant ». En conséquence, ils sont généralement favorables à une prise en compte de la difficulté d'exercer dans des contextes difficiles sous forme de points pour une mutation ou d'avancement plus rapide.

projet professionnel et projet familial...). C'est peut-être le cas d'Hélène (voir l'introduction du chapitre).

Stratégies identitaires. Ces stratégies ont pour mission ou pour fonction de gérer ces tensions, d'aller vers plus de cohérence pour garantir une certaine stabilité, un certain équilibre, sinon c'est la crise... Mokhtar Kaddouri propose quatre grands types de dynamiques identitaires, qu'on retrouve dans l'étude n° 163 de la DEP, à parts égales :

– **la dynamique de continuité identitaire** : trajectoire, itinéraire de continuité. Les gens sont satisfaits de leur identité actuelle qu'ils ont envie de reproduire, de prolonger ou d'entretenir dans le futur (les « satisfaits ») ;

– **la dynamique de transformation identitaire** : il s'agit de la personne qui a quelque part une certaine insatisfaction de son identité actuelle et qui cherche, qui a une démarche d'acquisition ou de construction d'une nouvelle identité. C'est le cas de nos enseignants débutants (les « évolutifs ») ;

– **la dynamique de gestation identitaire** : l'individu se trouve à un moment ou à un carrefour de sa vie : il a des interrogations, il n'est pas encore clair sur ce qu'il va devenir. Ce sont peut-être des personnes qui vivent dans une souffrance ou une blessure identitaire ou qui ressentent une rétrogradation professionnelle... et qui se demandent ce qu'ils vont devenir. C'est le cas pour quelques-uns des « nouveaux enseignants » avec un passé professionnel externe (les « réservés ») ;

– **la dynamique d'anéantissement identitaire** : il s'agit là de personnes qui sont sans énergie ni ressort : ils ne sont plus dans une stratégie de sauvegarde de soi, mais plutôt dans une démarche d'anéantissement de soi. (les « statiques ») (Voir les signes du « *burn out* », dans le chapitre 28 « Faire une conférence ».)

LE CONTEXTE PEUT DÉTERMINER VOS BESOINS EN FORMATION

Outre cette dimension identitaire fortement personnalisante où chacun trouve son sens dans l'exercice professionnel, il importe de souligner la grande variété des situations d'exercices et partant des pratiques professionnelles. Ce qui peut faire dire à plusieurs enseignants de ZEP (zone d'éducation prioritaire) : « On ne fait pas le même métier » (sous-entendu : « que tous les autres enseignants qui ne travaillent pas en ZEP »).

> ***« Enseigner à Henri-IV ou dans les quartiers nord de Marseille, c'est n'est pas le même métier ! »***

Rendre visibles les composantes du métier

J'ai plusieurs fois, en formation, utilisé le concept de matrice professionnelle que nous pouvons ici reprendre sur la base des « 30 compétences de l'enseignant moderne », architecture de cet ouvrage. Sur cinq ou six axes qui structurent le métier, des « familles de compétences », dit Perrenoud[3], viennent s'ancrer trois aires concentriques plus ou moins dilatées.

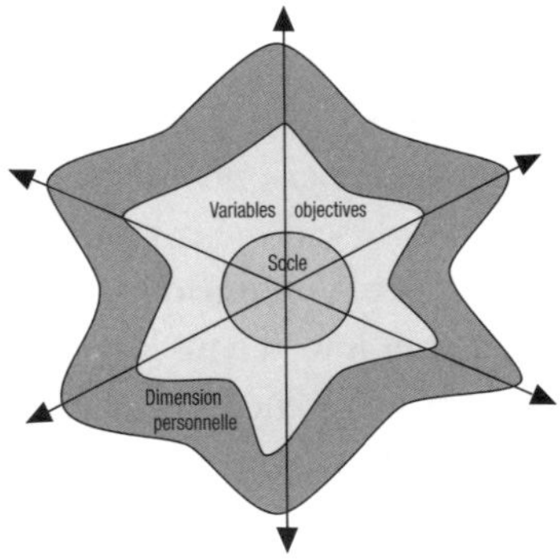

Le socle, au centre, correspond au « prescrit » du métier, ce qui est partagé par tous : la reconnaissance d'une aptitude à enseigner, que ce soit par voie de concours (CAPES, CAPET, concours de recrutement des professeurs des écoles, agrégation), ou par recrutement parallèle ou complémentaire (une pensée pour nos collègues au statut plus ou moins

3. *Voir en annexe les dix familles de compétences, page 461.*

précaire, maître auxiliaire, adjoint d'enseignement, recruté local, etc.). La base est donnée par le texte récent du **BO du 1er janvier 2007** encore mal connu des personnels et pourtant important puisqu'il est un appui à leur évaluation (le texte est disponible en annexe ; une « *matrice* » est proposée sur la base des 10 compétences citées). Ce **socle** est invariant, tout du moins théoriquement : « on fait le même métier. ».

La deuxième aire correspond aux « variables objectives » de la situation d'exercice : niveaux d'enseignement (maternelle, élémentaire, collège, lycée, supérieur), zonage (centre-ville, périurbain, néorural, rural), degré de difficulté reconnue (ZEP, zone sensible), charges ou rôles assumés dans l'établissement (professeur principal, chef de projet, coordonnateur de discipline), spécificités des groupes d'élèves (classes « normales », à projet, spécifiques...). Ainsi, une même compétence peut être objectivement amplifiée dans une situation d'enseignement mais complètement mise en sommeil dans une autre. On ne fonctionne pas constamment à plein-régime et à 100 % des compétences possibles. On retrouve ici un peu la logique qui préside au profilage des postes, encore bien en germe dans l'Institution, malgré tout.

La troisième aire correspond à la « dimension personnelle » que vous donnez à votre exercice, la manière dont vous investissez le cadre, ce qu'on pourrait appeler « style d'enseignement », mais pas seulement. Vous pouvez tout à fait vous appuyer sur des compétences extrascolaires qui ne sont que très peu mobilisées dans la classe – 80 % des enseignants sont équipés d'Internet, mais seulement 15 % l'utilisent avec leurs élèves. Ou bien nourrir une secrète passion pour la fréquentation des musées d'art contemporain et vous contenter du simple manuel en cours... de mathématiques.

La méthode peut sembler empirique quant à l'appréciation du prescrit et la dimension personnelle, mais elle est efficace en entretien : elle permet de dépasser le stade de la simple impression et la focalisation sur un seul aspect du métier. C'est une question d'abord d'estimation des charges de travail et de temps investi dans la tâche ; la seule unité de mesure pourrait être une intensité en « énergie », chère à André de Peretti (pas, normale, beaucoup). Ainsi, pour chacun, une **carte de navigation professionnelle** se dresse progressivement, qui fait apparaître des espaces pleins, des écarts plus ou moins grands entre ce qui est mobilisé objectivement (espace clair) et ce que vous mettez en œuvre personnellement (espace foncé). La carte rend possible une analyse partagée de besoins en formation, notamment en jaugeant les zones des variables non couvertes par la dimension personnelle.

Trois exemples de carte de navigation professionnelle

Développons, par exemple, trois cartes volontairement contrastées : la carte de Marie, institutrice de maternelle, celle de Hussein, professeur de technologie en collège ZEP et celle de Béatrix, professeure d'allemand en BTS[4].

Marie, institutrice de maternelle

Marie semble très en phase avec sa situation d'enseignement (les deux zones se recouvrent notablement) : en maternelle, elle profite de ses dons manuels et son goût très fin pour la réalisation pour proposer à ses élèves des situations d'apprentissage toujours variées (élargissement de la zone plus sombre « dimension personnelle »). Très attentive à l'observation des

Marie, jeune professeure des écoles en maternelle, milieu urbain diversifié

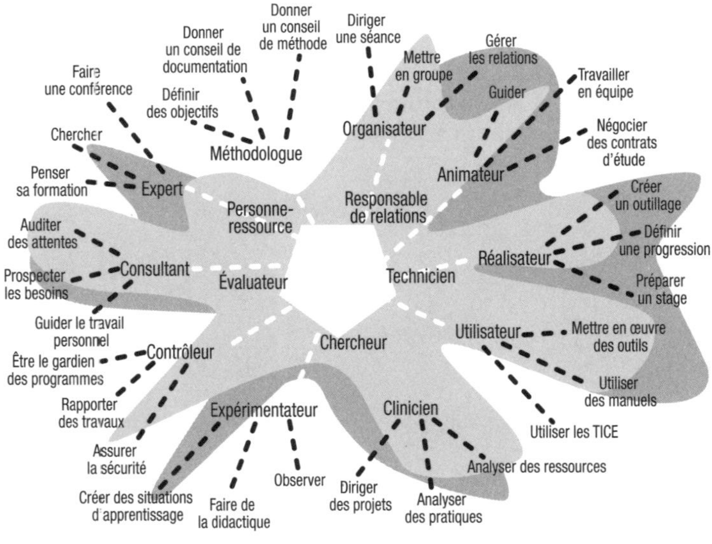

petits, elle interprète rapidement les signes, qui d'essoufflement, qui d'énervement, pour organiser les différentes activités de la journée.

4. *Tous trois avec qui j'ai eu le plaisir de travailler à titres divers (les noms et quelques éléments ont été modifiés pour préserver une « carte » qui est avant tout un instrument de navigation personnelle).*

Elle avoue devoir progresser dans deux domaines différents mais liés (la zone claire « variables objectives » n'est pas couverte) : elle entame un cycle d'activité en EPS, c'est nouveau pour elle et pour les enfants. Les consignes de sécurité relatives aux installations et à leur usage ne sont pas son fort. D'autre part, des petits clans se forment : il faut penser à de nouveaux groupements pour une communication plus harmonieuse.

Comment compte-t-elle s'y prendre ? L'activité EPS fait l'objet d'un stage d'école programmé sur trois semaines ; les domaines de la sécurité, mais aussi les variantes possibles seront envisagés, Marie compte bien les aborder. Puis, avec son autre collègue, avec qui elle « décloisonne », elle s'attellera à la mise en groupe des élèves selon d'autres modes qu'à son habitude.

Hussein, professeur de technologie en collège ZEP

Bien dans son nouveau métier. Hussein était ingénieur en électrotechnique dans son pays. Arrivé il y a dix ans en France, il a dû se rabattre sur l'enseignement de la technologie et est devenu maître auxiliaire en collège de ZEP. De cette reconversion forcée, il s'en sort très honorablement, avec

Hussein, professeur de technologie, maître auxiliaire en collège ZEP

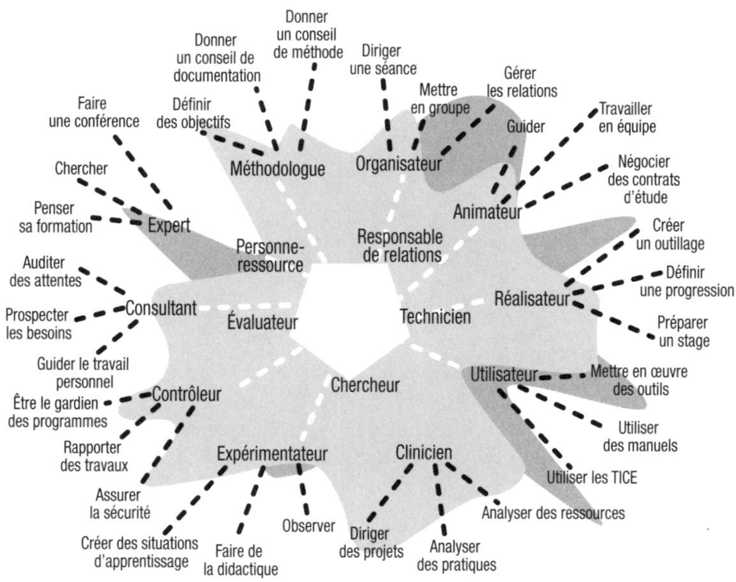

un bon « relationnel » et un investissement personnel dans le développement d'outils multimédia (zones sombres), les élèves accrochent aux activités proposées.

Ses besoins. Son inscription récente au concours réservé aux maîtres auxiliaires lui fait sentir quelques besoins devenus urgents (zones claires) : d'une part, un approfondissement didactique absolument nécessaire, sur la connaissance de sa discipline, des objectifs propres, des modes d'évaluation ; d'autre part, des compétences en matière d'accompagnement et d'analyse des travaux d'élèves. Jusqu'à présent, son style était un peu centré sur le fonctionnement règle-application. Guider les apprentissages semble à l'épreuve des faits plus complexe que cela.

Béatrix, professeure d'allemand en BTS

Une professionnelle reconnue. Béatrix est une enseignante hyperpointue dans sa spécialité. Outre son enseignement en BTS trilingue, elle est l'auteur de plusieurs manuels d'allemand, dont elle a pris soin de tester les outils et les méthodes en cours, et s'est investie depuis quelques années dans la formation disciplinaire au niveau académique, avec la bénédiction

Béatrix, professeure d'allemand en BTS, grand lycée de centre-ville

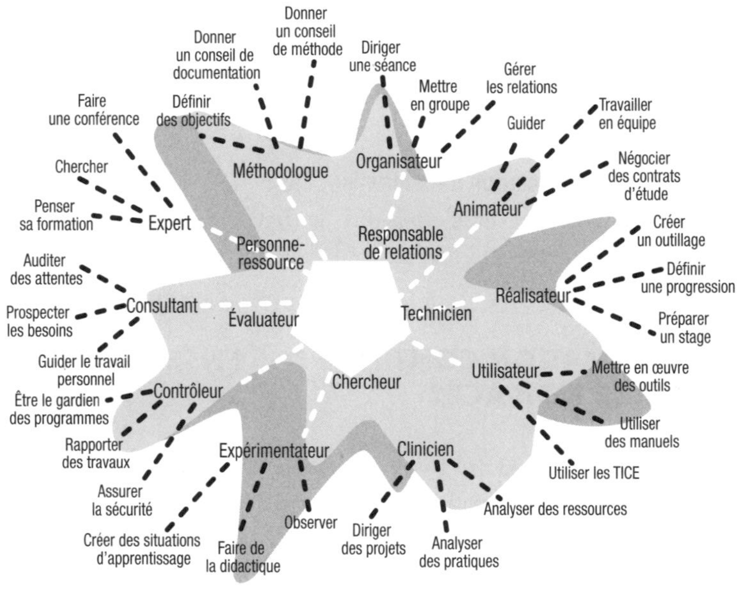

de son inspectrice. Elle intervient parfois en formation initiale (zones sombres de la partie « dimension personnelle »).

Ses besoins. Cependant, elle se voit « rattrapée » par deux évolutions qui font bouger son contexte pourtant bien établi (zones claires) : elle doit s'intégrer beaucoup plus qu'elle ne le faisait jusque-là dans le projet de l'équipe BTS organisé autour de l'individualisation des parcours et l'amélioration de l'insertion professionnelle de leurs élèves ; cela va toucher même sa manière de conduire sa classe, en étant moins directive et plus à l'écoute et en observation de ses élèves, en faisant évoluer aussi ses pratiques d'évaluation. Ce sera dans le cadre d'un travail concerté organisé et pris en charge dans le projet d'établissement. D'autre part, elle se résout à se mettre enfin à Internet, chose qu'elle avait repoussée, faute de temps. Désormais, sa classe est équipée, les élèves doivent le faire, référentiel oblige.

Sa réponse. Elle va s'appuyer sur son collègue, personne-ressource TICE de l'établissement et s'inscrire à un stage académique « utiliser les ressources d'Internet avec ses élèves ».

Ainsi, au travers de ces trois tranches de vie, avec l'analyse de leur carte de navigation professionnelle, jeune ou moins jeune, primaire ou secondaire, quelle que soit la discipline, penser sa propre formation est une dimension partagée absolument nécessaire. On y voit l'émergence de besoins en rapport avec les évolutions fortes que nous connaissons, parfois aussi d'envies plus personnelles de formation, toutes choses n'étant pas égales.

Faire son plan de formation personnalisé, c'est au moins « coller à la zone claire », familièrement dit, c'est-à-dire, se mettre en adéquation avec les éléments prescrits et spécifiques de votre exercice professionnel.

LA FORMATION CONTINUE DES ENSEIGNANTS EST-ELLE EFFICACE ?

L'Institution avec un grand I s'est intéressée depuis quelques années au développement de la formation sur site, pensant qu'il serait temps de donner la possibilité aux établissements d'avoir les moyens de leur politique, de leur projet : le levier formation est un bon début. Dans les académies, dans les IUFM qui se sont vu attribuer cette nouvelle tâche sans l'avoir désiré ni organisé, le débat s'est porté sur l'efficacité de telle ou telle modalité de formation d'enseignants ; certains donnaient pour le tout universitaire, d'autres pour le pratico-pratique, etc. C'est donc fort à propos qu'une petite étude est venue éclairer ce débat et nous donner quelques clefs[5].

Trois facteurs d'efficacité de la formation d'enseignants

Ainsi, à partir des entretiens et des évaluations, les chercheurs ont pu définir trois facteurs de plus grande réussite de formation, tous les trois étant liés entre eux.

La direction pédagogique et incitatrice du chef d'établissement et la présence d'un travail collectif. Plutôt que de questionner la pertinence en terme d'organisation (tradition de l'EN) des différentes modalités de formation (stage individuel au plan académique de formation *versus* plan de formation d'établissement), l'étude pointe le style de direction : « Encourager les compétences, légitimer et communiquer autour de la formation continue, sous toutes ses formes. » (Voir le chapitre 6 « Travailler en équipe ».)

La démarche formative de type interactif-réflexif de formateurs-médiateurs qui travaille sur la reconnaissance mutuelle, une approche par tâtonnement autour d'activités en lien avec des situations professionnelles contextualisées mais s'inscrivant dans un long terme. Plutôt que de tenter le grand écart impossible, il convient de progresser par petits pas, petits projets, en s'appuyant largement sur l'expérience et les compétences déjà maîtrisées des enseignants. En ce sens, la formation est un début d'un système d'engrenages qui vont jouer solidairement, mais pas trop vite.

L'épistémologie du stagiaire, mêlant parcours professionnel, image de soi et, ce qui pose le plus de questions, son rapport au savoir professionnel. La question est posée : « Les enseignants aiment-ils apprendre ? » L'enjeu est de basculer d'une vision prescriptive du métier à l'appréhension et l'acceptation de la complexité, de la souplesse et de la variété nécessaires des pratiques et des pistes de travail possibles.

5. La formation continue des enseignants est-elle utile ? *MM. Cauterman, L. Demailly, S. Sullys, N. Bliez Sullerot, coll. « Éducation et formation », PUF, 1999.*

Il me semble :	Cotation				
	1	2	3	4	5
Ma participation à l'organisation et à la réussite du stage					
Avoir adhéré au contenu, à la démarche.					
Avoir contribué efficacement à l'information et au progrès des autres par rapport à mes compétences spécifiques.					
Avoir manifesté une attention et un intérêt réel pour les connaissances apportées par les autres.					
Avoir recherché la confrontation d'expériences personnelles avec les autres au sein du groupe.					
Avoir en souci à certains moments que soient élucidés et traités les conflits internes au groupe.					
Avoir contribué à instaurer une démarche d'efficacité pour construire des outils.					
Avoir favorisé une relation d'aide, faite de confiance, d'écoute et d'échanges avec le plus grand nombre.					
Avoir participé effectivement à l'organisation des activités du stage en assumant les différents rôles.					
Avoir recherché des communications avec les enseignants, formateurs, experts.					
Méthode personnelle de travail					
Avoir pris conscience de mes modes de lecture d'ouvrages de référence.					
Avoir recherché des faits, du concret, des données objectives d'une question ou d'un fait.					
M'être efforcé de distinguer dans chaque dossier, étude, ouvrage ou exposé l'essentiel de l'accessoire.					
Avoir su me taire pour laisser les autres s'exprimer.					
M'être attaché à intégrer mes interventions et ma participation dans la progression du travail de séance, de réunion ou d'échange.					
Participation au travail en groupe					
M'être employé à rédiger des rapports précis et fidèles des travaux, des comptes-rendus.					
Avoir eu le souci de contribuer à la qualité des relations interpersonnelles.					
M'être préoccupé de rencontrer et d'échanger avec de multiples participants.					
M'être impliqué dans la production des travaux de groupe.					
Avoir intégré la divergence de points de vue dans le fonctionnement ordinaire du groupe.					

Se donner des repères pour mieux se former

Un groupe d'enseignants en formation s'était construit la fiche d'évaluation individuelle suivante (voir le tableau de la page précédente), pour mieux définir les acquis en formation[6] : elle participe de cette attitude réflexive sur sa pratique quotidienne qui inspire l'ensemble des autotests présents dans ce manuel.

> *« À part mon niveau de satisfaction, qu'est-ce que je peux retenir de la formation ? »*

ORGANISER SON AUTOFORMATION

Cependant, la formation professionnelle ne peut pas couvrir tous les champs de compétences et répondre à tous les besoins individuels. De plus, les conditions de départ en formation sont plus difficiles aujourd'hui, à cause de l'alourdissement objectif des charges de travail dans les écoles et établissements : travail en équipe, projets pédagogiques, réunions d'informations, mais aussi pression sociale et demande des familles qui comprennent mal pourquoi des remplacements ne sont pas organisés.

> *« Je ne peux pas ; j'ai pas été formé. »*

On se trouve dans des situations où les besoins en formation et approfondissements sont énormes, mais ne peuvent être pris en compte. Il faut tabler sur d'autres types de ressources, dont celle de l'autoformation qui se développe de manière concomitante. Voici, rapidement, quelques pistes pour couvrir les grands champs de compétences.

Les compétences techniques

Le C2i est désormais le niveau exigible pour tout enseignant. On a certes peut-être très bien fait avant et enseigné sans ; on a aussi commencé à écrire sur des tablettes d'argile avant de graver sur le marbre…

6. *Grille méthodologique élaborée en cours de formation des conseillers pédagogiques de Paris, février 2003, à partir d'un exemple de pratique citée dans A. de Peretti,* Encyclopédie de l'évaluation en formation et en éducation, *Paris, ESF, 1999, p. 182 sq.*

Les ressources disciplinaires

• Abonnez-vous ou faites abonner l'école ou l'établissement à la revue professionnelle ou associative de votre discipline ; les thèmes d'actualité y sont traités au même titre que les grands débats, quelques ressources identifiées. Elles sont souvent de grande qualité.

• Faites un tour régulièrement sur le Top 10 des sites disciplinaires du Café pédagogique : la sélection faite par des collègues pour des collègues est toujours pertinente et pleine de surprises (bonnes). Enrichissement assuré pour vos cours. (Voir aussi la « Webographie » en fin d'ouvrage.)

@ Le Café pédagogique. Et sa version quotidienne, l'expresso : sans conteste la ressource en ligne la plus complète et la plus actuelle en matières d'initiatives et d'outillages pédagogiques : cafepedagogique.org. En faire sa page d'ouverture de son navigateur est largement conseillé.

Les ressources informationnelles

• Consultez régulièrement un grand quotidien national ; leur site Internet donne la possibilité d'en extraire des articles, des photos, etc., autant de supports intéressants pour un cours.

• Mais aussi le périodique de votre région. Pour tous les (jeunes) enseignants « immigrés de l'intérieur », un excellent moyen de s'approprier l'espace, le temps et la culture ambiante de son environnement de travail, d'aider aussi les élèves à y entrer, car ils le feront rarement spontanément.

Les ressources professionnelles

• Abonnez-vous ou, mieux, faites abonner votre école ou établissement aux *Cahiers pédagogiques*, le mensuel du CRAP. Actuellement, ils restent encore la meilleure ressource pour mieux connaître le métier, ses multiples facettes, ses développements, ses pratiques et les débats qui ne manqueront pas d'apparaître dans les prochains mois. De plus, le temps étant toujours compté, c'est un rapport temps/coût/intérêt professionnel excellent.

• Dans un autre registre, plus centré sur les savoirs émergents et la convergence des disciplines, la revue *Sciences humaines*, de haute tenue et pourtant facile d'accès, pourra nourrir votre réflexion.

► Formation complémentaire : les multiples dimensions du métier d'enseignant

Pour prolonger les différents aspects abordés dans cet ouvrage, trois sites de facture, d'inspiration et d'origine variée : il y a en a pour tous les goûts (et bien sûr les besoins, en fonction de votre projet).

@ **Encyclopédagogie école primaire :** rubrique domaines transversaux, métier d'enseignant, outils et liens : p.birbandt.free.fr/RESSOURCES-DIVERSES/Metierdenseignant/Diffoutils/Diffoutils-droite.htm • Un site personnel davantage consacré à l'école primaire, mais pour les aspects transversaux, il touche tout le monde. Bien fait et pratique. On y trouve par exemple : Se former en sciences de l'éducation, Se former en psychologie et sociologie de l'éducation, Se former en pédagogie générale, Se former en actualités de l'éducation, Diversifier sa pédagogie, Évaluer les élèves, Élaborer des projets.

@ **LIFE :** Laboratoire de recherche innovation-formation-éducation (université de Genève) : www.unige.ch/fapse/SSE/groups/life/ (rubrique « chantiers de l'innovation ») • Un site riche d'enseignements et d'articles courts, de fiches de lectures commentées sur les dimensions du métier ; très actuel, il éclaire et donne du sens, ce qui nous manque souvent (en France).

@ **Zoom :** des vidéos pour sa formation professionnelle : http://zoom.cyberscol.qc.ca • Pourquoi sommes-nous motivés ? Comment identifier des comportements gagnants ou perdants en classe ? Qu'est-ce que l'autoévaluation ? Comment créer le site Web de l'école ? Des vidéos attendent les enseignants et les formateurs sur ce site canadien. Zoom permet aussi bien d'alimenter sa réflexion pédagogique que de construire des modules de formation.

@ **Un site de l'université belge consacré aux recherches dans l'éducation :** www.enseignement.be/prof/espaces/fondam/index.asp • Les fiches sont en PDF (facilement imprimables), illustrées. Court et bien fait. Des thèmes précis sont abordés tels que : Négocier un contrat de communication, Gérer les tours de parole, Formuler des consignes pour mettre les élèves en activité, Improviser face à un incident critique, Communiquer une évaluation, Enseigner avec le (sou)rire et le jeu.

• Et toujours, faites un tour de deux minutes tous les jeudis en parcourant (très vite) la livraison du *Bulletin officiel* sur Internet. Il n'est pas l'apanage d'une « administration » lointaine, il parle de vous !

AUTOTEST : CONSTRUISEZ VOTRE CARTE DE NAVIGATION PROFESSIONNELLE

En prenant appui sur les trois exemples détaillés dans le présent chapitre, construisez votre propre carte de navigation professionnelle, à partir de la matrice ci-dessous.

Deux aires sont donc à définir : **l'aire du prescrit** (ce que je dois faire), et les compétences que vous devez mettre en œuvre dans votre exercice (ce que je sais bien faire). Puis **l'aire de la dimension personnelle**, les compétences que vous maîtrisez (ce que j'aime bien faire).

La seule unité de mesure est l'intensité en « énergie » (pas du tout; normale; beaucoup). C'est d'abord une question d'estimation des charges de travail et de temps investi dans la tâche.

Votre carte de navigation professionnelle

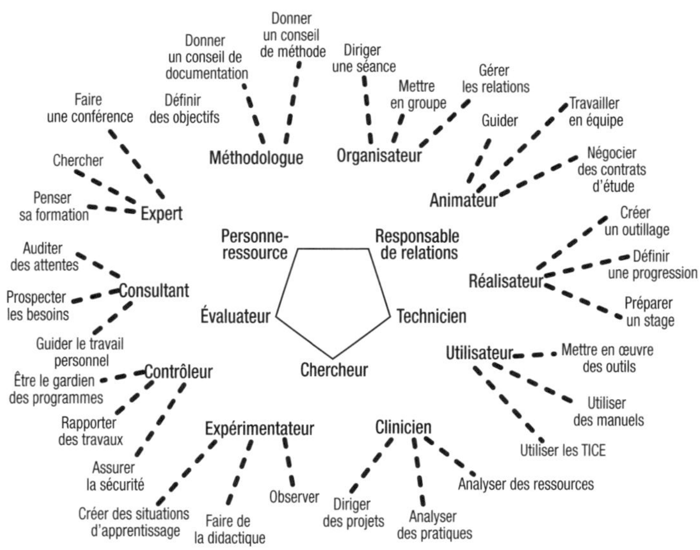

En matière de besoins en formation, quelles sont les priorités qui apparaissent, et celles que vous retenez pour les mois à venir?

1. ....

2. ....

3. ....

CHAPITRE 30

Former à la complexité en classe

« C'est quoi, l'amour, Monsieur ? » : une élève de troisième me lance à la cantonade cette interrogation insondable, sans lien assurément avec le cours, mais qui intéresse forcément toute la classe. L'effet est immédiat : tous les élèves me fixent et attendent que je réponde. Je déploie des trésors d'ingéniosité pour revenir à mon propos, avec beaucoup de difficulté. Nous avons tous vécu cette situation où l'enseignant n'a pas les réponses immédiates et sûres ; c'est bien l'épreuve de la complexité qu'il faut aborder avec les élèves et un engagement à la réflexion plus approfondie que ne le proposent les programmes actuels. Mais comment ?

RÉPONDRE AUX QUESTIONS « HORS SUJET » ?

La confrontation fréquente à ces questions venues de nulle part - dans le seul but, immédiatement visible, de vous détourner de l'objectif du cours – est une preuve supplémentaire que les esprits sont bien souvent mobilisés par autre chose que le théorème de Thalès. Que faire dans de tels cas ? Maintenir le cap ? Reporter la réponse ? *A priori*, ce type d'attitude est plutôt positif pour vous ; les élèves, en tout cas certains, ceux qui ont la parole plus sûre, vous invitent, sans doute maladroitement, à ouvrir un moment de dialogue.

Quatre suggestions pour rester maître de son cours

Pour exploiter ce qui, malgré l'intention, peut profiter à toute la classe, il faut que vous soyez ferme sur le cadre. Vous pouvez adopter quatre attitudes selon les circonstances.

• Vous jugez opportun de suspendre le déroulement du cours, c'est possible, pour dire que la question est importante en enseignement : vous engagez un débat qui pourra être exploité par la suite. (Sur la gestion et l'organisation du débat, voir le chapitre 10 « Mettre en œuvre des outils ».)

• Vous signalez que la question mérite un traitement particulier. Vous l'inscrivez dans le coin du tableau, en chargeant un élève de la rappeler avant la fin du cours ; vous proposerez alors une séquence dédiée à la problématique de type conseil d'élèves ; à charge pour chaque élève d'arriver avec des éléments de réponse. Ce conseil pourrait être tenu régulièrement et serait alors le lieu d'évoquer les questions d'intérêt général. C'est la fonction assignée à « l'heure de vie de classe » que l'on trouve au collège.

• Vous reconnaissez que la réponse ne peut être immédiate, il vous faut consulter ressources ou collègues ; suite au prochain numéro.

• Si, malgré les propositions de traitement, le jeu perdure ; vous demandez aux deux élèves de venir vous voir pour analyser ensemble ce type de réaction et décoder ce qu'il y a derrière. Vous choisissez alors d'apporter un traitement individualisé à la question.

CHERCHER PLUTÔT LE « COMMENT » QUE LE « POURQUOI »

Chercher l'origine d'une question en commençant par un « pourquoi ? » débouche souvent sur une impasse : les réponses sont courtes. Elles portent sur les représentations mentales que l'élève se fait du problème ou du thème abordé. « Une question c'est comme un aiguillage. Sa formulation sollicite des réponses extrêmement différentes, certaines correspondent à l'information recherchée, d'autres encore aboutissent à des réponses dont on ne sait que faire, et d'autres encore créent le silence et bloquent la communication. » (Pierre Vermesch, *Expliciter* n° 41, Groupe de recherche sur l'expérimentation).

L'enseignant, chercheur en apprentissage

« Quand tu fais cela, comment le fais-tu ? », « Qu'est-ce que tu fais après ? », « À quoi penses-tu alors quand tu le fais ? ». En questionnant sur le comment, c'est-à-dire les procédures techniques, mentales que chacun met en œuvre, le questionnement de l'enseignant se fait plus fin et parvient à faire dire ce qui était de l'ordre du préréfléchi. Cette technique issue de *l'entretien d'explicitation* développée par Vermesch est puissante quand on travaille en entretien individuel ou investigation collective : « Quand tu cherches sur Internet, tu fais comment ? » La liste et l'enchaînement des microdécisions font apparaître des processus complexes d'apprentissage que l'élève seul n'aurait pas pu approfondir. L'enseignant est chercheur en apprentissages. (Voir le chapitre 18 « Auditer des attentes ».)

FAUT-IL ÊTRE PHILOSOPHE POUR ENGAGER UN DÉBAT À PORTÉE PHILOSOPHIQUE ?

Le questionnement peut rapidement dépasser le seul niveau des procédures et aborder des niveaux relativement élevés, quel que soit le degré d'enseignement. Engager le débat plutôt que de botter en touche, c'est aussi accueillir la complexité. En témoigne un récit de pratique de la petite école de Saint-Didier-sous-Riverie, relaté par Alexandre Duyck, dans le *Journal du dimanche* daté du 17 décembre 2000. Extraits.

« Ils sont assis sur de petites chaises, sérieux, concentrés. Au tableau, le maître a inscrit la question du jour que l'un des enfants a posée : "Pourquoi sommes-nous nés ?" À tour de rôle, ils répondent, donnent leur version des choses, leur vision du monde. Ils n'ont que 5, 6 ou 7 ans. Mais l'air de rien, une dizaine de minutes durant, ils philosophent dans la classe d'une petite école maternelle et élémentaire des monts du Lyonnais. "Pourquoi sommes-nous nés ? Parce que Dieu nous a créés", répond Lise, la première petite fille interrogée dans la classe des moyens. Océane, Mélodie et Gilles poursuivent : "Nous sommes nés pour habiter la Terre, sinon la planète serait vide et elle ne servirait à rien !" Camille répond à Lise que "c'est pas Dieu qui nous a créés mais notre maman !", relançant un débat inévitable entre laïcs et religieux dans ce pays de montagnes surnommé la Vendée lyonnaise. Ce ne sont pas des surdoués, juste des enfants qui s'écoutent les uns les autres, qui expriment un point de vue, parfois changent d'avis, copient les propos des autres ou au contraire les critiquent. "Il faudrait peut-être lire des choses, ose Éliot. Moi, je sais ce qui s'est passé et pourquoi nous sommes nés. Dieu a fait une grosse boule, deux humains en sont sortis, ils ont fait deux enfants qui eux aussi en ont fait deux, et ainsi de suite..."

« Dans cette école rêvée où l'on a supprimé les notes, les maîtres n'interrompent jamais l'atelier philo, si ce n'est pour donner la parole à qui la demande. L'enseignant ne commente pas, ne juge pas, ne recadre pas non plus la discussion quand elle semble s'égarer. "Je ne suis pas là pour

▶ Pour en savoir plus sur la philosophie avec les plus jeunes

• Les pratiques à visée philosophique à l'école primaire : Un nouveau paradigme organisateur pour l'apprentissage du philosopher ?, Michel Tozzi, professeur des universités à Montpellier 3 : une contribution importante et claire sur cette pratique émergente :
➥ www.philotozzi.com

• Une bibliographie actuelle sur et pour les ateliers de philosophie :
➥ www.orleans-tours.iufm.fr/ressources/ucfr/philo/biblio.htm

• À l'occasion d'un atelier philo proposé chaque semaine à des enfants de 8 à 12 ans, par Gilles Geneviève, professeur des écoles à l'école Vieira da Silva, dans le quartier de la Grâce-de-Dieu à Caen. Les thèmes sont divers, les comptes-rendus nombreux :
➥ http://pagesperso-orange.fr/michel.onfray/programme_up_atelier_enfants.htm

intervenir, insiste Rémi Castérès, le directeur. Le but n'est pas de leur inculquer des données mais de les voir obtenir un permis de penser. De faire d'eux des apprentis chercheurs."

« Une petite fille s'enthousiasme :"Quand on est plusieurs, c'est plus facile de se poser des questions. Parce que quand tu es tout seul, tu te dis :'Oh, je sais pas si ça vaut bien le coup d'y réfléchir.' Un souci, pourtant : retrouvera-t-elle son atelier philo préféré en sixième ? *A priori* non, la philo n'est pas au programme du collège. Une lacune que de très nombreux parents, enseignants et chercheurs regrettent :"On peut observer de multiples effets sur les conduites des enfants", expliquent dans un rapport Agnès Pautard, Jacques Lévine et Dominique Sénore, tous trois à l'origine du projet."Le fait d'avoir parlé des moqueries, des injustices modifie le regard, les relations dans la classe. Lors des conflits, les enfants utilisent les mots sortis en séance pour gérer les situations. En fait, les individus changent, ils gagnent plus d'estime d'eux-mêmes, mais le groupe aussi : il devient pensant en tant que groupe." »

RENDRE VISIBLE LA COMPLEXITÉ

Le professeur doit aménager la pluralité des chemins de savoirs. Ceux de l'enseignant et ceux de l'élève ne sont pas forcément les mêmes. Cette

“ *Les évaluations sont catastrophiques. On me prend pour un prof sévère.* ”

complexité peut nuire aux performances générales de l'élève et/ou de la classe. Il faut en tenir compte.

Dessiner la « roue de ses savoirs »

Une enseignante de SVT a organisé systématiquement à l'issue de l'étude de chaque grand chapitre, et donc dans le cadre même du cours, hors tout autre dispositif spécifique, un moment de retour aux savoirs ; elle invitait chaque élève à construire son propre mandala. La technique permet d'organiser les acquis, de rechercher la cohérence tout en travaillant sur la représentation et sur la dimension de l'expression de soi. Chaque élève a rivalisé de couleurs et de synthèse pour produire sa « roue des savoirs ». La confrontation sur une grande table au centre de la classe de tous les mandalas permettait de faire le point collectif ; les

La roue des savoirs, un exemple en SVT de production d'élève

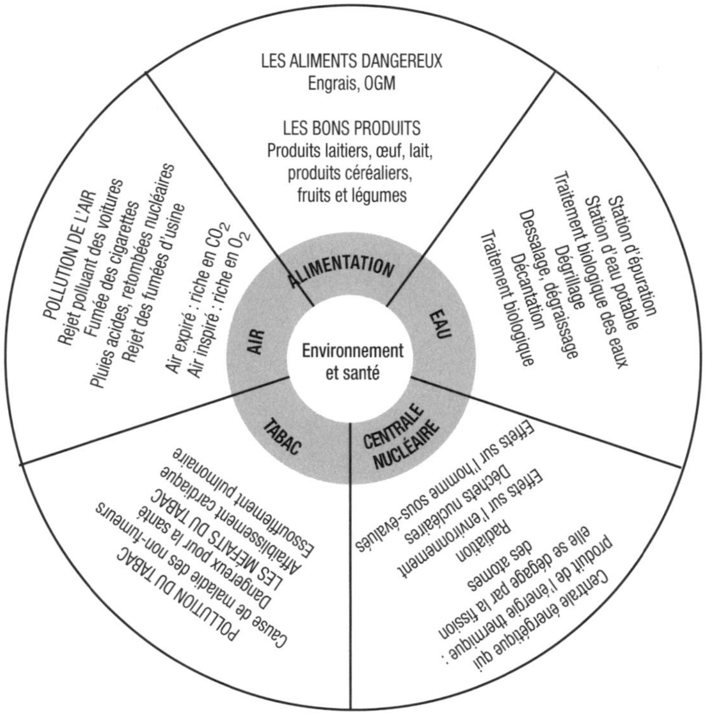

▸ Où trouver des schémas heuristiques

Une heuristique est une règle générale d'action, applicable à toute situation, qui permet la plupart du temps d'aboutir plus vite à la solution. Un groupe de discussion est dédié à la créativité et à l'utilisation des schémas heuristiques, topogrammes, arbres à sens, schémas arborescents, cartes mentales et autres *mind map* : fr.groups.yahoo.com/group/heuristique/

résultats aux évaluations atteignaient des sommets qui contredisaient la courbe de Gauss.

Ce type de pratique est un dérivé de l'approche systémique. Elle permet de mettre l'accent sur la mise en relation et la dynamique de chaque élément. Les sciences du vivant en ont fait un mode d'apprentissage dans l'étude des systèmes (respiration, environnement, par exemple) de la même façon que la géographie dans l'étude des systèmes humains dans leur espace. Cette approche restitue, toujours imparfaitement, mais c'est déjà un enrichissement intellectuel, la part du fonctionnel, de l'aléatoire et de la décision. Elle joue sur les facteurs internes et externes.

Permettre une recherche collective et outillée

Une pratique plus outillée s'inspire des techniques développées par Métaplan (technique de formation en élaboration progressive par Post-it) ou encore par des logiciels de type MindManager. (voir le chapitre 7 « Créer un outillage ».)

Dans une classe de cinquième en ZEP, pour faire un bilan de savoirs sur une séquence lourde (plusieurs heures), un enseignant de français affiche de grands panneaux blancs (de type *paper board*). Chaque panneau est marqué d'un mot-clef correspondant à la thématique de la séquence ; il asperge les panneaux avec un *spray* autocollant. Les élèves sont invités à y poser des petits papiers complétés des savoirs, savoir-faire, questions encore sans réponse. Les élèves se déplacent dans une bonne humeur certaine, tout en prenant une mine de réflexion. Enfin, chaque panneau fait l'objet d'un examen collectif et attentif : on y relève les points forts, des liens sont tracés au feutre. Une carte conceptuelle apparaît rapidement. La trace écrite est bien là ; elle fera l'objet du contrôle prochain.

Dans les deux expériences précédentes, il y a un certain lâcher-prise à accepter, voire à cultiver, tant de la part de l'enseignant que de l'apprenant[1]. Perrenoud parle d'un deuil nécessaire à assumer en matière de désir de toute puissance tant pour l'enseignant que pour l'élève. C'est une invitation à la créativité partagée.

ACCUEILLIR LA COMPLEXITÉ DANS SA CONDUITE DE COURS

Travailler à l'expression graphique et colorée d'une problématique ou d'un concept sur un tableau blanc développe efficacement les capacités d'analyse et de mise en mots chez des élèves enclins à une lecture binaire et simpliste des réalités. Cette compétence peut être convoquée pour tous les problèmes rencontrés dans les situations d'éducation, même les plus difficiles.

L'actualité : des occasions d'apprendre ensemble

Les initiatives introduisant la réflexion à portée philosophique dans les « niches » jusqu'à présent exclues de la pensée complexe (école primaire, collège, lycée professionnel) permettent d'élargir le champ des pratiques à toute autre discipline et tout enseignement. Introduire la pensée complexe en éducation et en formation autorise à s'ouvrir sur l'actualité.

« Les réalités du monde envahissent nos salles de classe, que cela nous plaise ou non, et elles sont peut-être notre chance de retrouver le sens des savoirs que nous enseignons. Car ces réalités, lorsqu'elles surgissent, sont rarement formulées en questionnements, mais plus souvent grimées en certitudes, en colères, en provocations. Elles sont le point de départ d'un savoir qui reste à construire. » (Odile Chenevez). « L'objet [du dossier des *Cahiers pédagogiques*, n° 434, juin 2005, consacré à "l'actualité du monde et la classe"] est de mettre à l'étude la place qui peut être donnée à l'actualité dans les pratiques enseignantes d'une école qui se veut formatrice de citoyens à la fois curieux de s'informer, instruits pour ne pas gober sans questionner, capables de faire le lien entre les savoirs appris à l'école et les informations reçues par les médias, et habiles à devenir eux-mêmes acteurs du dialogue social en participant à des médias. »

1. D'après les éléments affichés sur le thème « systémie en pédagogie » www.ulg.ac.be/geoeco/lmg/competences/chantier/contenus/cont_syst.html

Les pratiques initiées par de nombreux enseignants sont donc porteuses de valeurs humanistes constitutives de toute éducation : la nécessaire relativité de toute chose, la difficulté à étayer la réalité complexe, l'engagement à la coopération sociale. C'est un des constats récurrents, notés comme un point positif et innovant de quelques dispositifs tels l'aide au travail personnel, le tutorat ou les « itinéraires de découverte au collège » : élèves et professeurs s'investissent ensemble dans la recherche documentaire, dans la conduite de sujets d'élèves, dans la réalisation de projets. Ces démarches permettent aux élèves de voir comment des enseignants alors plus proches se confrontent à la complexité et diffèrent la réponse. Le savoir n'est plus un don, le résultat d'une pratique magique inaccessible, mais bien une construction souvent pragmatique à laquelle ils participent aussi.

Accepter le complexe pour produire de l'intelligence

Ce qui est en jeu, c'est donc la propre compétence de l'enseignant d'accueillir l'imprévu et de traduire en quelques expressions graphiques simples ce qui peut paraître comme désordre et bouillonnement non abouti dans un cours. Il y a là une véritable dimension créative à investir, comme un outillage méthodologique à perfectionner. Cette appréhension du complexe et la posture réflexive qui l'accompagne produisent assurément de l'intelligence, c'est-à-dire de la mise en lien et en mots, au sens littéral du terme. (Voir le chapitre 24 « Créer des situations d'apprentissage ».)

L'ENSEIGNANT MÉDIATEUR

La complexité est bien au cœur de la pratique enseignante ; elle est à la fois objet d'analyse, pratiques variées et finalité qui doit rendre le monde contemporain intelligible aux élèves. Chercher s'inscrit dans l'identité professionnelle, pas seulement à la façon d'un expert ès discipline. Le recrutement des enseignants au niveau master a pour conséquence de faire arriver dans les écoles et dans les établissements de très bons spécialistes, qui se nomment « mathématicien, historien, physicien ».

> ***« J'ai été recruté pour faire des maths, pas pour faire de l'animation avec des élèves. »***

▶ Introduire la complexité en éducation et en formation

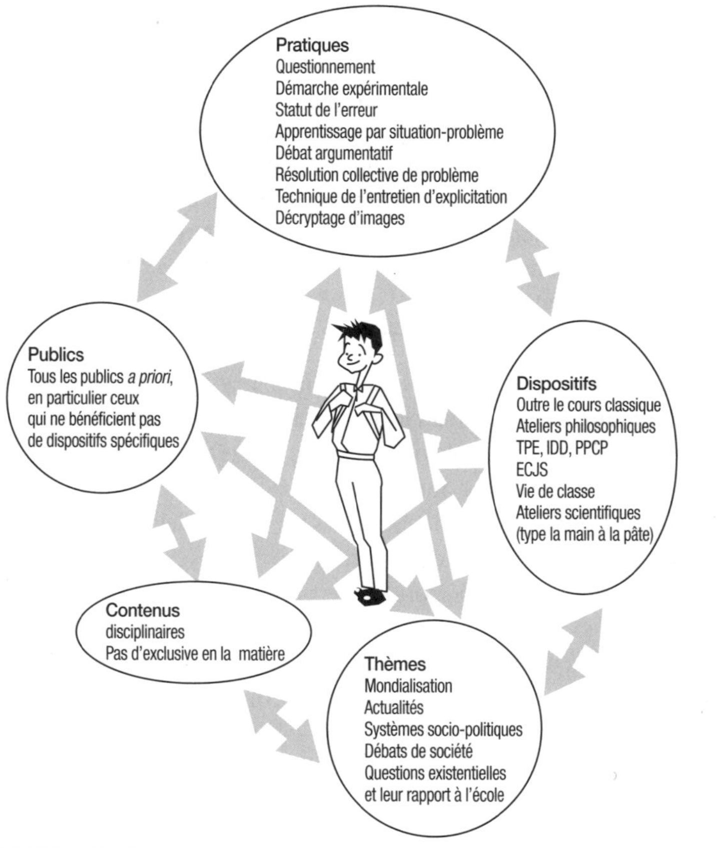

Une élaboration collective et dynamique des savoirs

Mais ce serait oublier que le recrutement porte sur une profession, « enseignant », et que son domaine d'exercice n'est pas un laboratoire, mais une classe, un établissement. Il vise à une élaboration collective et dynamique des savoirs. C'est la définition même de la pédagogie.

Joël de Rosnay adresse un message explicite aux enseignants : « L'intelligence, la capacité de faire des liens entre les informations doivent être développées par le contact humain, par les intermédiaires capables de transmettre cette capacité. Les professeurs doivent avoir une place de choix dans ce domaine, car ou l'école s'adapte, ou elle devient une grande

► Poursuivre la réflexion sur la complexité

Site Internet : www.complexus.org/index.html le site sur la pensée complexe autour de l'œuvre et du réseau d'Edgar Morin.

Remarquable site consacré à l'œuvre d'Edgar Morin, créé par nos amis brésiliens : Sur l'œuvre d'Edgar Morin... edgarmorin.sescsp.org.br. Une source de documentation exceptionnelle et une présentation graphique très originale, qui incite à des itinérances multiples. Le « Nouveau Monde » nous donne un exemple stimulant de ce que peut être une création culturelle ouverte et interactive permise par le treillis Internet. (Deux versions : en portugais et en français).

garderie. Je constate avec regret que si l'information enrichit grandement l'environnement des enfants, elle risque d'appauvrir l'environnement traditionnel des écoles. Le rôle de l'enseignant n'est plus d'être le détenteur des savoirs et le surveillant de la discipline scolaire, mais le guide, le passeur, le médiateur qui va aider à acquérir des méthodes, des savoir-faire d'intégration. Je parle d'intégrer des informations reçues par les médias, l'école ou l'Internet, dans sa vie personnelle et professionnelle, de manière à donner un sens à sa vie, c'est en cela que les rôles de l'enseignant et de la classe sont essentiels. L'enseignant, comme médiateur et intégrateur des connaissances, comme passeur pour initier dans les réseaux de plus en plus complexes des savoirs, et la classe, comme lieu de socialisation, de coéducation et d'intégration des cultures, irremplaçable par le monde virtuel de l'électronique [...]» (*L'Enseignant*, n° 91, 1997.)

L'enseignant est bien un chercheur... de sens.

AUTOTEST :
DESSINE-MOI UN SYSTÈME...

Pendant toute une semaine de prébilans, essayez-vous à la créativité en réalisant une trace écrite collective sur la base, au choix :

- ❑ d'un schéma en étoile ;
- ❑ d'une mise en réseau d'éléments ;
- ❑ d'un mandala ;
- ❑ d'une expression écrite en couleurs signifiantes ;
- ❑ d'un tableau de savoirs en colonnes.

En guise de conclusion ouverte...

Ainsi donc se termine notre voyage commun au pays des trente compétences de l'enseignant moderne. Nous espérons que d'un manuel de « survie », il devienne pour vous un *vademecum*, pour que régulièrement vous y puisiez idées, pratiques nouvelles, techniques. Cette banque de données pédagogiques est conçue pour vous permettre de prendre ce temps de l'analyse, si nécessaire pour agir avec et pour les élèves.

PRIX LOUIS CROS EN 2005

Dès sa première édition, en 2005, le livre a reçu un très bon écho: immédiatement repris par tous les réseaux pédagogiques actifs, mais aussi, chose plus intéressante, par des cadres « intermédiaires », véritables rouages et démultiplicateurs dans le « système Éducation nationale », comme les inspecteurs, les responsables de formation, les formateurs.

L'impact a été très bon dans le monde francophone (Belgique, Suisse, Canada), là où la chose de l'éducation et de la formation est tout aussi problématisée ! Nombre de cas concrets, de fiches, de références servent d'appui à des formations. Et des contacts récents m'ont appris qu'elles s'appliquaient aussi en formation pour d'autres catégories que celles des enseignants !

Et puis, le livre a reçu en novembre 2005 le prix Louis Cros de l'Académie des Sciences morales et politiques, sous la coupole ! Reconnaissance « externe », inattendue, élogieuse, qui doit beaucoup à André de Peretti, « l'Esprit » qui anime cet ouvrage. Elle signifie la valeur et le sens que l'Académie entend donner au domaine de l'école, à son évolution, et aux enseignants qui la font vivre.

Par les nombreux retours et les requêtes en ligne que je reçois, ce livre me permet de mesurer les besoins en formation des enseignants, mais aussi des formateurs ! Accompagner les évolutions professionnelles des enseignants est un défi actuel de notre système, car cela reste son « talon d'Achille ».

◆ EN CONTINUITÉ AVEC L'ŒUVRE DE LOUIS CROS ?

En créant l'INRP (Institut national de recherche pédagogique), Louis Cros avait voulu donner à l'École la possibilité d'une recherche appliquée, une ingénierie de la pratique réflexive, un lien entre le monde universitaire et la réalité du terrain. L'un ne peut aller sans l'autre.

Cependant, l'enquête d'Antoine Prost sur la recherche en éducation en 2001 l'a montré : les moyens mobilisés pour la recherche sont dispersés, et sans grand impact sur les pratiques. D'autre part, les productions de la recherche sont encore et toujours trop peu connues et diffusées. Force est en effet de constater la déconnexion entre les recherches pédagogiques et les « praticiens », faute peut-être d'une valorisation des compétences dans l'institution et d'une sollicitation plus poussée de la part de l'inspection vis-à-vis des enseignants.

Quand il était encore à l'INRP, André de Peretti avait engagé des travaux de recherches sur la profession d'enseignant avec tout un réseau d'équipes. De ces études ont été tirés des livres importants, comme *Recueil d'instruments et de processus d'évaluation formative* (édité aux éditions INRP en 1980) et *Les points d'appui de l'enseignant* (INRP, 1984). Plusieurs fois réédités, ces deux ouvrages sont à présent épuisés... Or ce sont des corpus que tout enseignant devrait avoir en libre consultation. C'est une des raisons qui m'a incité à inscrire plusieurs de ces ressources sur internet. Afin de mettre ces travaux et études de cas à la disposition du plus grand nombre.

L'INRP, à présent « refondé » à Lyon, construit en ce moment de nouveaux réseaux, sur l'invitation des rectorats, en s'appuyant sur des dispositifs existants et des personnes-ressources identifiées. Le maillage existe déjà, qu'il soit formel, comme Innovalo, ou informel (à l'image des listes professionnelles ou de diffusion). Ces réseaux mobilisent des enseignants engagés et producteurs de ressources, et offrent de nombreuses pistes de réflexion sur la pratique professionnelle, avec une dimension « coformative ». À suivre attentivement, donc.

À présent, l'École a moins besoin de réformes (aussi bien structurelles, politiques ou encore de programmes), que de voir réassurer une confiance dans les personnels enseignants. Il faut dire que ces dernières années, les changements ont été nombreux : évolution des pratiques individuelles mais surtout collectives, relative complexité locale des équilibres scolaires… Il s'agit aujourd'hui de favoriser les conditions d'une « survie », basée sur des principes essentiels : faire et faire faire, expérimenter mais analyser, conseiller mais surtout accompagner, ouvrir et valoriser.

C'est encore très dérangeant pour notre État de droit forcément jacobin, mais la modernisation de notre système éducatif et son actualisation européenne seront à ce prix. Les cadres doivent le mesurer pour eux-mêmes aussi, afin de bénéficier d'un corps d'enseignants de qualité, responsables et solidaires entre eux, et attentifs aux progrès de leurs élèves.

Annexes

ANNEXE 1

Le référentiel des compétences professionnelles des enseignants Extrait du rapport du Haut Conseil de l'Education, octobre 2006.

Ce texte a permis de donner le cadre et les références du « Cahier des charges de la formation initiale », paru au Bulletin officiel le 1er janvier 2007. Vous pouvez le retrouver dans son intégralité sur la page www.education.gouv.fr/bo/2007/1/MENS0603181A.htm

Selon le Rapport annexé à la loi pour l'avenir de l'Ecole, il faut distinguer **trois « grands ensembles de formation » : « l'approfondissement de la culture disciplinaire », « la formation pédagogique visant la prise en charge de l'hétérogénéité des élèves » et « la formation du fonctionnaire du service public de l'éducation ».** Ces ensembles de formation dessinent le cadre général à l'intérieur duquel doivent être définies les différentes compétences aujourd'hui attendues des enseignants, notamment dans la perspective du socle commun.

Le Haut Conseil de l'Education propose de reprendre la définition du terme « compétence » qu'il a utilisée à propos du socle commun : une **compétence** est toujours une **combinaison de connaissances, de capacités à mettre en oeuvre ces connaissances, et d'attitudes, c'est-à-dire de dispositions d'esprit nécessaires à cette mise en oeuvre**. Ainsi, par exemple, la compétence « Prendre en compte la diversité des élèves » requiert, parmi les *connaissances*, des notions sur les diverses formes d'intelligence et sur le fonctionnement des mécanismes cérébraux ; parmi les *capacités*, celle de savoir travailler et faire travailler à partir des erreurs des élèves ; parmi les *attitudes*, celle d'être convaincu que tous les élèves peuvent apprendre.

Les professeurs exercent le même métier, qu'ils soient **débutants** ou **chevronnés** : c'est pourquoi le Haut Conseil de l'Education recommande de construire **un référentiel unique de compétences professionnelles**. Mais, parallèlement, il conviendra de définir le niveau de maîtrise attendu en fin de formation initiale pour chacune des compétences.

Les professeurs des écoles et les professeurs des collèges et lycées sont tous des « professeurs ». Cette unité du métier au-delà des particularités fortes propres à chaque niveau d'enseignement justifie un seul référentiel **pour tout type d'enseignant**, les précisions liées au niveau d'enseignement devant être données item par item.

Dans le travail de déclinaison des compétences en connaissances, capacités et attitudes correspondantes, il faudra veiller à bien tenir compte des conditions effectives du travail de l'enseignant comme des objectifs fixés par la Nation, pour construire un référentiel complet et **en lien étroit avec ce que la pratique du métier exige au quotidien**. La recension précise des ressources indispensables aux compétences nécessitera sans doute des ajustements réguliers par rapport à ce qui sera proposé dans les formations.

Pour établir sa proposition de référentiel, le Haut Conseil de l'Education s'est appuyé notamment sur la réflexion menée dans d'autres pays où cette approche est déjà en vigueur. Tout en étant adapté aux particularités françaises, ce référentiel tend **vers un modèle commun aux pays qui, comme le nôtre, ont pour ambition d'élever le niveau de formation.**

Référentiel proposé : 1 - Compétence disciplinaire et culturelle

L'enseignant a une connaissance approfondie et élargie de sa ou de ses disciplines et une maîtrise des questions inscrites au programme de sa ou de ses matières d'enseignement. Il possède aussi une solide culture générale. Il peut ainsi aider les élèves à acquérir les compétences exigées en s'appuyant sur la cohérence des différents enseignements.

2 - Compétence en langue française

Les exigences envers les enseignants sont cohérentes avec celles du socle commun. Dans son usage de la langue, tant à l'écrit qu'à l'oral, l'enseignant doit être exemplaire. Il est attentif à la qualité de la langue chez ses élèves. Qu'il présente des connaissances, fournisse des explications ou donne du travail, il s'exprime avec clarté et précision, en tenant compte du niveau de ses élèves. Il sait décrire et expliquer son enseignement à la diversité de ses interlocuteurs, en particulier les parents.

3 - Compétence à concevoir son enseignement

L'enseignant est un spécialiste de sa ou de ses disciplines et il sait l'enseigner, c'est-à-dire qu'il est capable d'assurer, sur la durée d'une année scolaire, l'apprentissage effectif de ses élèves dans le cadre d'un enseignement collectif. Pour cela, il maîtrise la didactique de sa ou de ses disciplines, et il est capable de mettre en oeuvre des approches pluridisciplinaires ; il connaît les processus d'apprentissage et les obstacles que peuvent rencontrer les élèves et la manière d'y remédier.

4 - Compétence à prendre en compte la diversité des élèves

L'enseignant sait différencier son enseignement en fonction des besoins et des facultés des élèves, pour tirer chacun vers le haut. Il prend en compte les différents rythmes d'apprentissage, accompagne chaque élève, y compris les élèves à besoins particuliers, et sait notamment faire appel aux partenaires de l'Ecole. Il amène chaque élève à porter un regard positif sur l'autre et sur les différences.

5 - Compétence à gérer la classe

L'enseignant sait faire progresser une classe aussi bien dans la maîtrise des connaissances, des capacités et des attitudes que dans le respect des règles de la vie en société ; il établit un fonctionnement efficace pour les activités quotidiennes de la classe, il est exigeant sur les comportements et il fait en sorte que les élèves attachent de la valeur au travail tant individuel que collectif.

6 - Compétence à évaluer les élèves

L'enseignant sait évaluer la progression des apprentissages et le degré d'acquisition des compétences atteint par les élèves. Il utilise le résultat des évaluations pour adapter son enseignement aux progrès des élèves. Il fait comprendre aux élèves les principes d'évaluation et développe leurs capacités d'auto-évaluation. Il communique aux parents les résultats attendus et les résultats obtenus. Il prend sa part dans l'orientation de l'élève.

7 - Compétence en technologies de l'information et de la communication

L'enseignant maîtrise les technologies de l'information et de la communication. Il s'en sert pour sa formation personnelle et dans son enseignement, comme outil didactique et comme moyen d'accès à la culture et d'ouverture sur le monde.

8 - Compétence à travailler en équipe et à coopérer avec tous les partenaires de l'Ecole

L'enseignant participe à la vie de l'établissement, notamment dans le cadre du projet d'établissement. Il travaille avec les équipes éducatives de ses classes et avec des enseignants de sa ou de ses disciplines, afin que la cohérence dans les choix didactiques et pédagogiques favorise la maîtrise des compétences par les élèves. Il coopère avec les parents et les partenaires de l'Ecole.

9 - Compétence à réfléchir sur sa pratique, à innover, à se former

L'enseignant est capable de faire une analyse critique de son travail et de modifier le cas échéant ses pratiques d'enseignement. Il met à jour ses connaissances disciplinaires, didactiques et pédagogiques, il sait faire appel à ceux qui sont susceptibles de lui apporter aide ou conseil dans l'exercice de son métier, il se forme en fonction de ses besoins professionnels.

10 - Compétence à agir de façon éthique et responsable dans le cadre du service public de l'éducation

L'enseignant fait preuve de conscience professionnelle et suit des principes déontologiques : il respecte et fait respecter la personne de chaque élève, il est attentif au projet de chacun, il respecte et fait respecter la liberté d'opinion, il connaît et fait respecter les principes de la laïcité, il veille à la confidentialité de certaines informations concernant les élèves et leurs familles, etc. L'Éducation nationale détermine les finalités de l'enseignement, définit les programmes et les horaires : l'enseignant exerce donc sa liberté pédagogique dans le cadre des textes officiels ; il sensibilise les élèves aux grandes causes nationales; il connaît les droits et devoirs des fonctionnaires.

Reprises en grande partie dans le texte du BO du 1er janvier 2007, les orientations et le référentiel sont précédés d'une introduction qui donne sens au métier :

Tous les regards se tournent aujourd'hui vers l'école tant le partage de la connaissance est essentiel dans la construction d'une société fondée sur le principe de l'égalité républicaine, notamment l'égalité des chances, sur la reconnaissance des mérites individuels et sur la volonté de faire réussir tous les élèves. L'école est aussi le lieu de la formation du citoyen où se construit une culture commune pour vivre ensemble.

Un enseignant doit bien maîtriser des connaissances correspondant aux disciplines qu'il aura à enseigner. Cela suppose une formation disciplinaire solide qu'il reçoit pour l'essentiel à l'université. Il doit aussi se familiariser progressivement avec la façon dont ces connaissances peuvent être transmises aux élèves dans le cadre du socle commun de connaissances et de compétences et des programmes d'enseignement : quels en sont les points essentiels ? Comment les articuler entre eux ? Il doit s'initier à la pratique de son futur métier : comment organiser sa classe ? Comment adapter sa pédagogie à la diversité des élèves ? Comment évaluer le travail de chacun des élèves ? Il doit découvrir le cadre de l'école ou de l'établissement : comment travailler en équipe ? Comment inscrire son action dans un projet collectif ? Il doit enfin connaître le monde qui l'entoure, le monde du travail et la société : comment appréhender la diversité des contextes sociaux et économiques et des réalités scolaires qui en découlent ? Comment ouvrir son enseignement et son action pédagogique sur l'extérieur ? Comment répondre aux attentes des parents qui confient leurs enfants au service public d'éducation nationale ?

La France s'est engagée dans la construction de l'espace européen de l'enseignement supérieur[1]. La formation des professeurs prend en compte cet objectif national en dispensant les enseignements destinés à permettre la mobilité des enseignants au sein de l'Europe.

L'ensemble de ces nécessités ne peut prendre corps que dans un système de formation des maîtres en alternance, permettant une interaction entre approches théoriques et pratiques, qui associe l'université, désormais chargée de la formation des maîtres, et les établissements d'enseignement. C'est tout le sens de la loi d'orientation et de programme pour l'avenir de l'école du 23 avril 2005 qui intègre les instituts universitaires de formation des maîtres (IUFM) dans les universités : le législateur a voulu que les compétences professionnelles des professeurs se construisent dans la durée – de la formation disciplinaire de base à l'adaptation au premier emploi- et que la formation professionnelle soit conçue sur le principe de l'alternance.

(...) La mise en œuvre du cahier des charges de la formation des maîtres s'appuie sur le décret du 11 juillet 2006 définissant **le socle commun de connaissances et de compétences**, les arrêtés définissant les programmes d'enseignement ainsi que les circulaires, les notes de service et les autres textes officiels précisant les engagements éducatifs de l'institution scolaire, notamment l'éducation à la santé et l'éducation à l'environnement pour un développement durable avec les obligations résultant de la mise en œuvre de l'article 8 de la Charte de l'environnement.

Article 5 – La formation professionnelle initiale, dispensée en institut universitaire de formation des maîtres, doit permettre d'assurer une maîtrise suffisante de chacune des dix compétences suivantes, dont le contenu est précisé dans l'annexe du présent arrêté :

1. *Dans le cadre de la « stratégie de Lisbonne » et du « processus de Bologne ».*

- agir en fonctionnaire de l'État et de façon éthique et responsable ;
- maîtriser la langue française pour enseigner et communiquer ;
- maîtriser les disciplines et avoir une bonne culture générale ;
- concevoir et mettre en oeuvre son enseignement ;
- organiser le travail de la classe ;
- prendre en compte la diversité des élèves ;
- évaluer les élèves ;
- maîtriser les technologies de l'information et de la communication ;
- travailler en équipe et coopérer avec les parents et les partenaires de l'école ;
- se former et innover.

ANNEXE 2

Dix nouvelles compétences pour enseigner, Philippe Perrenoud ESF, Paris, 1997[1]

Dix compétences de référence sont identifiées, puis détaillées en compétences plus spécifiques à travailler en formation continue (exemples)

1. Organiser et animer des situations d'apprentissage

• Connaître, pour une discipline donnée, les contenus à enseigner et leur traduction en objectifs d'apprentissage
• Travailler à partir des représentations des élèves
• Travailler à partir des erreurs et des obstacles à l'apprentissage
• Construire et planifier des dispositifs et des séquences didactiques
• Engager les élèves dans des activités de recherche, dans des projets de connaissance

2. Gérer la progression des apprentissages

• Concevoir et gérer des situations-problèmes ajustées aux niveaux et possibilités des élèves
• Acquérir une vision longitudinale des objectifs de l'enseignement primaire
• Etablir des liens avec les théories sous-jacentes aux activités d'apprentissage
• Observer et évaluer les élèves dans des situations d'apprentissage, selon une approche formative
• Établir des bilans périodiques de compétences et prendre des décisions de progression

3. Concevoir et faire évoluer des dispositifs de différenciation

• Gérer l'hétérogénéité au sein d'un groupe-classe
• Décloisonner, élargir la gestion de classe à un espace plus vaste
• Pratiquer du soutien intégré, travailler avec des élèves en grande difficulté
• Développer la coopération entre élèves et certaines formes simples d'enseignement mutuel

4. Impliquer les élèves dans leur apprentissage et leur travail

• Susciter le désir d'apprendre, expliciter le rapport au savoir, le sens du travail scolaire et développer la capacité d'autoévaluaiton chez l'enfant
• Instituer et faire fonctionner un conseil des élèves (conseil de classe ou d'école) et négocier avec les élèves divers types de règles et de contrats
• Offrir des activités de formation optionnelles, « à la carte »
• Favoriser la définition d'un projet personnel de l'élève

5. Travailler en équipe

• Élaborer un projet d'équipe, des représentations communes
• Animer un groupe de travail, conduire des réunions
• Former et renouveler une équipe pédagogique
• Confronter et analyser ensemble des situations complexes, des pratiques et des problèmes professionnels
• Gérer des crises ou des conflits entre personnes

6. Participer à la gestion de l'école

• Élaborer, négocier un projet d'établissement
• Gérer les ressources de l'école
• Coordonner, animer une école avec tous les partenaires (parascolaires, quartier, associations de parents, enseignants de langue et culture d'origine)

1. *Disponible sur agora.unige.ch/ctie/educateur/perrint.htm*

• Organiser et faire évoluer, au sein de l'école, la participation des élèves

7. Informer et impliquer les parents

• Animer des réunions d'information et de débat
• Conduire des entretiens
• Impliquer les parents dans la valorisation de la construction des savoirs

8. Se servir des technologies nouvelles

• Utiliser des logiciels d'édition de documents
• Exploiter les potentialités didactiques de logiciels en relation avec les objectifs des domaines d'enseignement
• Communiquer à distance par la télématique
• Utiliser les outils multimédia dans son enseignement

9. Affronter les devoirs et les dilemmes éthiques de la profession

• Prévenir la violence à l'école et dans la cité
• Lutter contre les préjugés et les discriminations sexuelles, ethniques et sociales.
• Participer à la mise en place de règles de vie commune touchant la discipline à l'école, les sanctions, l'appréciation de la conduite
• Analyser la relation pédagogique, l'autorité, la communication en classe
• Développer le sens des responsabilités, la solidarité, le sentiment de justice

10. Gérer sa propre formation continue

• Savoir expliciter ses pratiques
• Etablir son propre bilan de compétences et son programme personnel de formation continue
• Négocier un projet de formation commune avec des collègues (équipe, école, réseau)
• S'impliquer dans des tâches à l'échelle d'un ordre d'enseignement ou du DIP
• Accueillir et participer à la formation des collègues

Webographie

La liste sera ici volontairement très limitée, puisque nous vous avons indiqué de nombreux sites tout au long de cet ouvrage. Nous vous indiquons donc ici les ressources à solliciter en priorité : davantage que des sites, ce sont de véritables portails qui vous permettent de trouver rapidement ce que vous cherchez. Retrouvez les liens actifs sur le site : letudiant.fr

➢ Le Café pédagogique

Toute l'information pédagogique et professionnelle Revue pédagogique électronique réalisée par un collectif d'enseignants et chercheurs. Il compte plus de 70 000 abonnés. Une livraison quotidienne, l'expresso, à inscrire comme page de démarrage de votre navigateur préféré. Plus qu'utile, c'est nécessaire ; il rend compte de la richesse émergente des initiatives, toutes disciplines et tous niveaux confondus et des problématiques actuelles de l'éducation. Site associatif, il conserve une certaine liberté de traitement professionnel de l'information.

S'abonner : www.cafepedagogique.net/

• Un guide personnel sur le système éducatif

Christian Lataste et Jean-Philippe Estecel mettent en ligne un guide commenté du système éducatif. Créé pour les parents, les élèves, et les enseignants, ce site est une source d'informations et d'analyses sur le système éducatif et ses problèmes. En 17 chapitres, les auteurs abordent les questions de la formation des enseignants, des projets d'établissement, de l'orientation, des TICE, de la pédagogie différenciée.

http://systeme.educatif.free.fr/

• La toile du petit scarabée

Sandrine Creuzet et Patrice Carpentier Deux enseignants mettent en ligne leur guide de survie pour l'enseignant, avec humour, aisance et efficacité. Téléchargement possible.

http://petitscarabee.multimaths.net/scarabee.html /

• Le Guide de l'enseignant débutant

« Des relations positives entre l'école et la famille sont essentielles pour favoriser la réussite des élèves. Cela suppose un certain nombre de contacts et de rencontres entre les enseignants et les parents d'élèves. Certains contacts sont noués lors des réunions de parents, collectives et individuelles, organisées par l'école. D'autres rencontres peuvent être suscitées soit par l'enseignant, soit par les parents, soit par la direction de l'école, sur rendez-vous ». Cette importance accordée aux parents c'est en Belgique francophone qu'on la trouve, dans le ***Petit guide du jeune enseignant*** distribué par la Communauté française de Belgique.

L'ouvrage veut aider les enseignants débutants à se retrouver dans l'univers éducatif. Il possède son lexique et diffuse des informations administratives. Mais il définit aussi le métier en des termes qui font encore débat ici. « Au fil des dernières années, le métier d'enseignant a pris une dimension de plus en plus collective. Le courant est assez lent car tout, dans l'histoire de l'enseignement, a longtemps poussé les enseignants à l'individualisme et à se cantonner dans le simple rôle "d'instruments de transmission" que d'anciens modèles pédagogiques leur assignaient. Les choses commencent à changer car, depuis vingt ans, les réformes vont toutes en ce sens. Pour qu'il y ait cohérence et continuité dans les apprentissages, il faut une véritable concertation entre les enseignants ».

Il insiste aussi sur la formation et sur la nécessité de « gérer sa propre formation ». On pourra comparer.

http://www.enseignement.be/prof/info/ens/guidejeunens/guide_jeune_ens.pdf

• **Survivre à l'école.**

Petit manuel de savoir survivre à l'usage des enseignants d'école élémentaire. Vous trouverez dans ce guide des éclairages que ni l'IUFM, ni les livres de pédagogie (bien trop difficiles pour l'enseignant de base), ni l'Éducation nationale ne vous apporteront jamais. Traité avec humour et corrosion, cet ouvrage, pédagogiquement incorrect, fera grincer certaines dents mais apportera un réconfort et un soutien certain aux enseignants perdus. Et aux autres.

Le blog de Jack (textes et graffitis) : dangerecole.blogspot.com

➢ Rechercher des documents pour préparer ses cours

• **Google, le métamoteur de recherche.** Le plus utilisé parmi les moteurs de recherche généralistes. C'est la première source d'information sur le sujet que vous recherchez ; toujours étonnant de richesses ; n'hésitez pas à exploiter le signet « images » pour capturer facilement la bonne photo, le tableau de maître ou le paysage à étudier avec les élèves : www.google.fr

• **Moteur disciplinaire.** Certaines disciplines bénéficient d'un moteur de recherche spécifique qui interroge tous les sites pédagogiques institutionnels (sites académiques notamment). Rendez-vous sur le site national de votre discipline sur Educnet.

• **Bases de données pédagogiques.** Certaines disciplines bénéficient d'une base de données nationale sur Educnet. Par exemple en lettres : http://www2.educnet.education.fr/lettres/

➢ Sites institutionnels

• **Ministère de l'Éducation nationale**

Renseignement administratifs, *BO* en ligne avec archives, rapports IGEN. La lecture rapide du bulletin officiel chaque jeudi permet de saisir le vaste champ de l'Éducation et de mieux comprendre le cadre de l'action enseignante : programmes, liste des postes à profils. Toujours informatif. www.education.gouv.fr/bo ; www.education.gouv.fr

• **EDUSCOL**

Site pédagogique du ministère : dossiers pédagogiques sur les programmes, les dispositifs, les grandes directives officielles. Une mention particulière pour sa grosse rubrique « Innovation», qui met en lien les écrits issus des analyses de pratiques dans toutes les académies, www.eduscol.education.fr

• **CNDP**

Documentation pédagogique. Très utile car on y trouve en deux clics tous les programmes et accompagnements, toutes disciplines, tous niveaux. www.cndp.fr/accueil.htm

• **Sites académiques**

Chaque académie publie un site avec sous-sites disciplinaires. Pour trouver le site consacré à votre discipline dans votre académie : www.ac-nomde lacademie.fr, puis rubrique « Pédagogie ». Exemple : www.ac-paris.fr

➢ Communiquer et échanger

• **Les listes de discussion**

Elles existent dans toutes les disciplines, mais également sur des thématiques plus transversales. L'inscription est gratuite ; vous recevez régulièrement les méls, vous pouvez intervenir et lancer une requête précise ; réponse garantie. La liste vous branche sur l'actualité de votre discipline et de votre métier, bien au-delà de la salle des profs où bien souvent on parle de tout sauf du métier. Pour trouver la vôtre, consultez :

– liste des listes de francopholistes : www.francopholistes.com ;

– listes d'Educnet (pas forcément institutionnelles) : www.educnet.education.fr/

• **Les forums**

Disciplinaires ou non. Ils permettent de s'exprimer sur un débat d'actualité ; très interactif. C'est souvent un lieu d'humeurs et de contacts. Par exemple, consultez le forum du Café pédagogique : www.cafepedagogique.net/paris.fr

➢ Le musée national de l'éducation

Installé à Rouen, le musée national de l'éducation propose régulièrement des conférences qui font découvrir l'histoire de l'éducation en France. Le musée dispose d'environ 900 000 documents. Un moteur de recherche permet une consultation en ligne du fonds documentaire : un véritable voyage dans l'école.

http://www.inrp.fr/musee/ tion.fr/

➢ Évoluer dans le métier ?

Vous vous interroger sur votre carrière ? Une réorientation est-elle possible ? Vous voulez évoluer ? Aideauxporfs.org est une association d'entraide à distance, de conseil et d'accompagnement en mobilité professionnelle pour les enseignants.

http://www.aideauxprofs.org

Bibliographie restreinte

Des ouvrages de fond sur la question du métier et de l'identité d'enseignant

• *Le plus beau métier du monde. Guide du jeune enseignant,* Fabrice Hervieu-Wane, Vincent Troger, éd. Sciences Humaines, 2007

• *Premières classes. Bien débuter le métier d'enseignant en collège et en lycée,* Marc Edouard, CRDP d'Amiens, 2005,

• *Histoire du système éducatif,* J.-C. Ruano-Borbalan, V. Troger, PUF, Que sais-je, 2005.

• *Guide pratique. Le système éducatif,* J.-L. Auduc, éd. Hachette, Paris, 2005.

• *Pour l'honneur de l'école,* André de Peretti, Hachette-Éducation, Édition Hachette, Paris, 2000.

• *Dix nouvelles compétences pour enseigner,* Philippe Perrenoud. ESF, Paris, 2000.

• *Le Métier d'enseignant, essai de définition,* Michel Barlow, Anthropos, Paris, 1999.

• *L'Enseignant, un passeur culturel,* Jean-Michel Zakhartchouk, coll. « Pratiques et enjeux pédagogiques », ESF, 1999.

• *Débuter dans le métier d'enseignant,* Françoise Clerc, « Hachette Education », Édition Hachette, 2000.

• *Professionnaliser le métier d'enseignant,* Anne Jorro, coll. « Pratiques et enjeux pédagogiques », Paris, ESF, 2002.

• *Faire l'école, faire la classe,* Philippe Meirieu, coll. « Pédagogies », ESF, n° 100, 2004.

Des ouvrages accessibles sur les « bonnes pratiques »

• *Encyclopédie de l'évaluation et de la formation,* André de Peretti, ESF, Paris, 1999.

• *Réussir ou échouer à l'école : une question de contexte ?* Jean-Marc Monteil et Pascal Huguet, Presses universitaires de Grenoble, coll. « Vies sociales », 2002.

• *Croisements de disciplines au collège,* Florence Castincaud et Jean-Michel Zakhartchouk, CRAPCRDP d'Amiens, 2002.

Des périodiques pour se tenir au courant des débats actuels

• *Les Cahiers pédagogiques,* revue mensuelle, CRAP.

• *Sciences humaines, site Internet :* www.scienceshumaines.com

Se constituer rapidement une bibliographie pédagogique ?

Consulter Callimaque, base de données de 110 revues pédagogiques, épluchées depuis 1999 : www.cndp.fr, rubrique : « Callimaque revues ».

Index des problèmes rencontrés et des questions soulevées

Environ 200 questions et situations que l'on peut entendre ou rencontrer fréquemment dans sa pratique ont été recensées pour décoder le métier d'enseignant. Elles tournent toutes autour de la discipline, la relation pédagogique, l'évaluation, les élèves, la personne et constituent les bases de chacun des 30 chapitres de l'ouvrage.

Nous récapitulons ici ces problèmes que vous trouverez traités dans les chapitres indiqués, **en référence avec les dix compétences de l'enseignant définies par le B.O. du 1er janvier 2007.**

Pour rappel :
- agir en fonctionnaire de l'État et de façon éthique et responsable ;
- maîtriser la langue française pour enseigner et communiquer ;
- maîtriser les disciplines et avoir une bonne culture générale ;
- concevoir et mettre en œuvre son enseignement ;
- organiser le travail de la classe ;
- prendre en compte la diversité des élèves ;
- évaluer les élèves ;
- maîtriser les technologies de l'information et de la communication ;
- travailler en équipe et coopérer avec les parents et les partenaires de l'école ;
- se former et innover.

Le traitement des chapitres font jouer à la fois plusieurs compétences, dont certaines architecturent le métier actuellement, telles que :
- prendre en compte la diversité des élèves ;
- évaluer les élèves ;
- travailler en équipe et coopérer avec les parents et les partenaires de l'école ;
- se former et innover.

Cependant, chacun des chapitres s'attache à un ou deux familles de compétences, qui sont alors indiqués en gras.

Problèmes	Chapitres	Compétences en référence au BO du 1er janvier 2007
• Pour moi, un cours, c'est faire ce que j'ai prévu dans ma progression. • Les débuts de cours me coûtent beaucoup en énergie : ça fuse de partout. • Je ne parviens quasiment jamais à faire en une heure ce que j'avais prévu. • Même si le « cours dialogué », s'impose par une certaine routine, je vois bien que certains élèves sont largués. • En une heure de cours, je ne peux envisager trente six dispositifs. Je me centre sur un objectif.	Diriger une séance	**- concevoir et mettre en œuvre son enseignement.** **- organiser le travail de la classe.** - prendre en compte la diversité des élèves. - se former et innover.
• Le travail de groupe me paraît réserver à certaines disciplines aux contenus spécifiques. Ce n'est pas pour moi. • Je ne vois la place et le rôle du prof dans le cadre d'un travail en groupe. Cela me semble une « démission ». • Une fois j'ai tenté le travail de groupe pour étudier un document, cela a été un échec. • Le travail en groupe avance moins vite et crée une perturbation certaine dans la classe. • Dans un petit groupe, c'est toujours le bon qui travaille, les autres se reposent sur lui. • Je ne le crois pas efficace en termes d'apprentissages. • Je n'arrive pas à déterminer ce que je dois évaluer dans un travail de groupe. • Je ne vois pas l'avantage que je tirerais à faire du travail de groupe. Et même, cela me coûte en énergie et en temps. • Je me sens isolé dans mon école, les collègues pensent que je fais de la démagogie. Je ne vois pas comment déterminer des rôles différents pour les groupes, différents pour les élèves, autre que celui de la production que je leur assigne à tous. • Cela marche pour une classe, mais c'est impossible d'organiser ce type de travail autrement.	Mettre en groupe	**- organiser le travail de la classe.** **- prendre en compte la diversité des élèves.** - concevoir et mettre en œuvre son enseignement - se former et innover.
• deux élèves voisins du 5e rang se lèvent soudainement et se tapent violemment, pour faire mal.? • J'ai déjà des difficultés pour faire cours, pourquoi faudrait-il que « j'invente » ce type de technique qui s'adresse à un individu quand j'en ai vingt ou trente à gérer ? • Le rapport professeur-élève est forcément inégalitaire. C'est un leurre. • Je ne comprends pas en quoi un contrat changerait la situation pour des élèves déjà en difficulté ?. • Dans ma discipline, dans mon programme, il y a trop de contenus ; c'est non négociable. • Je ne vois pas sur quoi je peux négocier quelque chose avec l'élève.	Gérer les relations Négocier des contrats d'étude	**- organiser le travail de la classe.** **- prendre en compte la diversité des élèves.** - se former et innover. - maîtriser les disciplines et avoir une bonne culture générale. - concevoir et mettre en œuvre son enseignement. **- organiser le travail de la classe.**

Problèmes	Chapitres	Compétences en référence au BO du 1er janvier 2007
• Je ne me figure pas mentalement les formes que peuvent prendre un contrat passé avec un ou des élèves. Alors pour un groupe....		**- prendre en compte la diversité des élèves.** **- évaluer les élèves.** - maîtriser les technologies de l'information et de la communication. - se former et innover.
• Jamais dans ma préparation professionnelle, je ne me suis interrogé ni n'ai été incité à travailler sur ce qui fonde mon action et mon envie d'enseigner. • Ma mission est d'instruire ; le problème avec les élèves, c'est à présent qu'il faut commencer à les éduquer. • Je considère toujours l'enseignement comme une transmission de connaissances. On n'en sort pas. • J'ai du mal à sortir du genre « cours dialogué » bien pratique, mais usant et usé à force, et pour les élèves et pour moi. • Je ne vois pas comment exactement faire plus participer mes élèves quand je dois transmettre un certain volume de contenus. • Le guidage plus libre, et des procédures comme l'auto-évaluation fonctionne peut-être dans le secondaire, c'est plus difficile dans le primaire. • L'orientation reste encore pour moi un objectif et des contenus en plus de ma discipline. C'est plutôt l'affaire du professeur principal et du conseiller d'orientation.	Guider	**- agir en fonctionnaire de l'État et de façon éthique et responsable** - maîtriser la langue française pour enseigner et communiquer. **- maîtriser les disciplines et avoir une bonne culture générale.** - concevoir et mettre en œuvre son enseignement. - prendre en compte la diversité des élèves. - évaluer les élèves. - se former et innover.
• Chez moi, c'est plutôt « trente idées pour enterrer un projet » • A part équipe de foot, je ne vois pas ce que cela signifie pour moi, le mot « équipe ». • Je ne vois pas pourquoi je travaillerai en équipe ? Sur quel objet ? • Les seules infos qu'on s'échange en salle des profs, c'est l'ouverture de la chasse ou le bon établissement à trouver pour son petit dernier. • Je ne vois l'avantage ni l'intérêt que j'aurais en travaillant plus en équipe. • J'aurais l'air de jouer le petit chef ou l'adjoint-bis aux yeux de mes collègues. • Je n'ai pas été formé pour « travailler en équipe », encore moins pour coordonner une équipe. • Je ne suis absolument pas convaincu des effets hypothétiques d'un travail d'équipe sur les élèves et sur leurs résultats. • Je ne comprends pas cette nouvelle mode « interdisciplinaire ».	Travailler en équipe	**- agir en fonctionnaire de l'État et de façon éthique et responsable.** - maîtriser la langue française pour enseigner et communiquer. **- maîtriser les disciplines et avoir une bonne culture générale.** - concevoir et mettre en œuvre son enseignement. - prendre en compte la diversité des élèves.

Problèmes	Chapitres	Compétences en référence au BO du 1er janvier 2007
• On a bien commencé à se réunir, mais on a de gros problèmes de méthodologie et de surcharge de travail. C'est un peu la « réunionnite ». • le travail d'équipe, c'est le boulot du directeur d'école / du chef d'établissement. • Est-ce que mettre des professeurs suffit à faire une équipe ?		**- travailler en équipe et coopérer avec les parents et les partenaires de l'école.** - se former et innover.
• Je passe un temps fou à préparer mes supports de cours et le matériel pédagogique, même après dix ans d'exercice. • Mes élèves doivent apprendre le débat ; ils n'ont jamais appris, et moi, j'ai pas été formé à çà. • Sur des questions difficiles, le cours n'a plus l'air de suffire ; il faut autre chose. • Le cours n'est pas un jeu, le jeu n'est pas un cours. • J'ai toujours l'impression que c'est moi qui fait le travail, à la place des mes élèves. • A part ma propre autorité « naturelle » et le manuel comme support, je me trouve démuni en terme d'outils.	Créer un outillage	- maîtriser les disciplines et avoir une bonne culture générale. **- concevoir et mettre en œuvre son enseignement.** - prendre en compte la diversité des élèves. - maîtriser les technologies de l'information et de la communication. **- se former et innover.**
• Il n'y a que les sorties pour motiver les élèves ; le reste du temps, c'est l'apathie. • Organiser une sortie, c'est beaucoup trop lourd en temps, en organisation et en responsabilités. Je laisse ça aux autres. • Je voudrais partir avec ma classe, mais je ne connais pas bien la procédure « administrative ». • Je dois faire de l'éducation à l'orientation ; outre que c'est prématuré pour certains collégiens, voire lycéens, je ne vois pas ce que cela recouvre. • Les filles envisagent un stage dans les « services », les garçons dans le commercial ou l'informatique. C'est souvent décevant et se termine par une impasse pour beaucoup. • Une bonne partie de ma classe n'est pas parvenue à trouver un stage, ce n'est pas à moi de le faire à leur place.	Préparer un stage	- maîtriser la langue française pour enseigner et communiquer. **- concevoir et mettre en œuvre son enseignement.** **- organiser le travail de la classe.** - prendre en compte la diversité des élèves. - évaluer les élèves. **- travailler en équipe et coopérer avec les parents et les partenaires de l'école.** - se former et innover.
• Faire une progression, c'est obligatoire ? • Je ne sais pas ce que représente ce qu'on appelle « progression ». • Avec le manuel avec lequel je dois travailler, la progression s'impose ; je ne dispose pas de marge. • Je ne parviens pas à tenir ma progression ; je suis en dépassement constant. • Je ne parviens pas à me libérer d'une progression fortement suggérée par le programme.	Définir une progression	**- agir en fonctionnaire de l'État et de façon éthique et responsable** - maîtriser la langue française pour enseigner et communiquer.

Problèmes	Chapitres	Compétences en référence au BO du 1er janvier 2007
• Ma progression est incompatible avec celles de mes collègues de discipline. Difficile de faire autrement.		**- maîtriser les disciplines et avoir une bonne culture générale.** - concevoir et mettre en œuvre son enseignement.
• J'écris illisible au tableau • Je ne parviens pas à organiser l'espace de mon tableau • Je ne sais même pas me servir du minitel, alors l'ordinateur… • Le rétroprojecteur, c'est dans quel sens ? • Des outils ? J'ai pas les moyens. • Je ne boucle pas mon programme, pourtant je suis scrupuleusement le manuel. • Je ne sais pas comment faire pour renouveler mon manuel. • Ils n'ont qu'à recopier le tableau, c'est le résumé du cours. • Il faut les faire gratter pour les faire taire • S'ils sont sages, en fin de trimestre, je leur passe un film. • L'ordinateur, j'ai essayé une fois, ne m'en parlez plus. • Je n'ai ni le temps, ni l'envie de lire en classe ; le cours, c'est plus sérieux. • Certains cahiers d'élèves sont de vrais torchons. • Les élèves ne sont attentifs à ce que je passe au magnétophone. • Je suis allergique à la craie, je ne sais plus comment faire pour écrire au tableau. • Je n'arrive pas à m'occuper du cahier de textes, c'est accessoire. • J'ignore où passe le matériel pédagogique. • De toutes façons, moi, je préfère les photocopies. • La vidéoprojection, c'est réservée à la technologie. • Moi, j'arrive les mains dans les poches. • J'ai passé un super PowerPoint et les élèves n'ont pas accroché • Ils n'arrivent pas à produire un court texte écrit. • Je n'ai pas été formé pour utiliser ce type d'appareil. • Cela ne marche pas, pourtant, j'ai toujours fait comme cela. • Le portfolio, c'est du latin ? Un nouveau jeu à gratter ? • Ils ne savent pas lire, pourquoi le livre en classe ? • C'est le boulot du CDI (centre de documentation pédagogique). • Le B2I, c'est l'affaire du prof de technologie ; moi, ce sont les Lettres. • Comment faire pour travailler sur le tableau du *sacre de Napoléon* quand je suis dans une ZEP rurale au fond de la Creuse ?	Mettre en œuvre des outils	- concevoir et mettre en œuvre son enseignement. **- prendre en compte la diversité des élèves.** - maîtriser les technologies de l'information et de la communication. **- se former et innover.**

Problèmes	Chapitres	Compétences en référence au BO du 1er janvier 2007
• Les tice se surajoutent à mon programme et ne développent que des compétences transversales. Ce n'est pas ma priorité ni mon objectif. • J'ai bien essayé de mettre mes élèves sur une recherche internet, mais quel temps perdu et ce ne fut pas probant en résultats. Je ne vois pas ce que je pourrais faire d'autre. • Ma salle ne dispose pas d'équipement spécifique, ne parlons pas du réseau en panne un jour sur deux. Je ne peux pas l'envisager pour moi. • Les tice ne font que confirmer la fracture sociale à l'école ; il y a ceux qui savent (déjà) et les oubliés du système ; comment je dois me situer face à cette situation ? • Le B2I reste encore une injonction pas concrétisée dans mon établissement. Quel est son intérêt ?	Utiliser les TICE	- concevoir et mettre en œuvre son enseignement. **- organiser le travail de la classe.** - prendre en compte la diversité des élèves. - évaluer les élèves. **- maîtriser les technologies de l'information et de la communication.** - se former et innover
• Ils passent déjà trop de temps devant la télé : la classe, ce n'est pas la télé. • Malgré toute leur « culture » audio-visuelle, les élèves ne « voient » pas ce qu'il faut voir. • Je n'ai pas été formé à l'image. C'est plutôt l'affaire de spécialistes ou du professeur d'arts plastiques. • On nous demande de faire de « l'éducation aux média », et mon programme alors ? • J'utilise parfois l'image, photo ou diapo, pour illustrer les propos du cours. • Ma salle n'est pas équipée ; je ne suis pas à même d'étudier l'image, quelle qu'elle soit, avec mes classes. • Je ne vois pas comment je pourrai tenir une heure entière pour l'étude d'une image ; j'ai le programme à tenir. • Si je maîtrise bien les images « classiques », j'ai encore beaucoup de mal avec les images satellites, c'est vraiment autre chose. • Mes élèves ont un problème avec leur propre image ; impossible d'utiliser la vidéo en cours. • Faire parler les élèves en langue vivante est un véritable calvaire ; au delà les difficultés linguistiques, c'est surtout parler devant les autres qui semble poser problème.	Utiliser l'audio-visuel	- maîtriser la langue française pour enseigner et communiquer. **- maîtriser les disciplines et avoir une bonne culture générale.** - concevoir et mettre en œuvre son enseignement. **- organiser le travail de la classe.** - prendre en compte la diversité des élèves. - évaluer les élèves. **- maîtriser les technologies de l'information et de la communication.** - travailler en équipe et coopérer avec les parents et les partenaires de l'école. - se former et innover.
• Moi, j'enseigne d'abord une discipline, je me fonde peu sur le programme qui d'ailleurs change tous les deux ans. • Je dois enseigner à trois niveaux différents ; je ne possède pas suffisamment certains parties des programmes. • Mon horaire disciplinaire a diminué de façon significative depuis cinq ans avec le même programme ; cela devient impossible à gérer, pour moi et pour les élèves.	Être le gardien des programmes	**- agir en fonctionnaire de l'État et de façon éthique et responsable.** - maîtriser les disciplines et avoir une bonne culture générale.

Problèmes	Chapitres	Compétences en référence au BO du 1er janvier 2007
• Les contenus de mon programme sont très lourds ; je suis obligé de faire des choix, mais sur quelles bases ? • Pourquoi faut-il que je connaisse les autres programmes des autres disciplines ? Cela représente une perte de temps, je n'en vois pas l'intérêt. • J'ai le sentiment d'être noyé dans l'interdiscipinaire et de perdre ma spécificité, d'être instrumenté par d'autres. • Mes élèves en 3e ont des projets d'orientation assez différents les uns des autres. Mon programme ne semble plus être valable pour une bonne partie de la classe. • Je ne parviens pas à terminer mon programme. Alors, comment fait-on ? • Mon programme demande des pré-requis que mes élèves visiblement ne possèdent pas . Que faire ? • Mon programme est purement indicatif avec de grands objectifs généreux ; comment je fais pour organiser mon année ?	Utiliser les TICE	- concevoir et mettre en œuvre son enseignement. - évaluer les élèves. **- travailler en équipe et coopérer avec les parents et les partenaires de l'école.**
• Je ne sais ce que pensent mes élèves de ma manière d'évaluer. • On me dit d'évaluer mes élèves ; j'improvise au mieux, car je n'ai jamais appris à le faire. • J'ai pris l'habitude de tout noter ; mais je sens bien qu'au bout du compte, j'ai du mal à bien cerner les difficultés de mes élèves. • J'ai une fois essayé d'utiliser une grille formative étudiée en stage, mais cela a été très long et pas satisfaisant. • Je rencontre de grosses difficultés à stabiliser ma propre manière d'évaluer les copies d'élèves. Cela renforce un sentiment d'aléatoire chez les élèves. • Les formules que je trouve sur les bulletins scolaires sont complètement différentes les unes des autres ; je ne parviens à me situer pour les compléter. • J'ai organisé tout mon enseignement sur l'acquisition de compétences, mais la forme de notation trimestrielle me semble particulièrement incompatible. J'ai l'impression qu'on ment aux élèves. • Dans mon établissement, la gestion informatisée des notes aboutit à des dérives de type : on classe selon les moyennes à la décimale près et on passe quasiment sous silence ce qu'apportent les appréciations. Cela n'a plus de sens.	Rapporter des travaux	- concevoir et mettre en œuvre son enseignement. - organiser le travail de la classe. **- prendre en compte la diversité des élèves.** **- évaluer les élèves.** - se former et innover
• Un élève m'a violemment pris à parti en classe, c'était physique ; les autres n'ont pas bougé. • Les enseignants ne peuvent rien ; c'est la faute de la société. • Je pense la situation trop grave ; on ne peut rien faire. • Le chewing-gum dans la serrure pour la vingtième fois, cela me pourrit la vie. • J'ai hérité d'une classe composée de tous les « fonds de classe » de l'année précédente. C'est ingérable.	Assurer la sécurité	**- agir en fonctionnaire de l'État et de façon éthique et responsable.** - maîtriser la langue française pour enseigner et communiquer.

Problèmes	Chapitres	Compétences en référence au BO du 1er janvier 2007
• Dans mon établissement, il y a la classe des blacks et la classe des blancs. • Je me sens complètement isolé et sans recours dans ma classe. • « Les élèves ne travaillent plus. » • Une élève m'a fait des confidences assez graves sur son vécu au collège ; je ne sais qu'en faire. • En « heure de vie de classe », plusieurs élèves ont fait état de pratiques injustes et régulières d'un collègue en matière de notation. • Le règlement est lu une fois au début de l'année, et après, c'est la loi de la jungle. • A chaque acte, je fais un rapport. Mais l'Administration laisse aller. • Je me retiens de vider des élèves. • Pour moi, c'est simple : c'est exclusion automatique. • Les remarques « ethniques » se multiplient dans ma classe ; je ne sais pas comment les « traiter ». • J'ai systématiquement plus du quart de ma classe principale absent ; la classe n'est jamais complète ; dois-je demander l'exclusion de ces « fantômes » ? • Ils n'arrivent pas à apprendre malgré mes « gesticulations ». • Un mec à casquette qui dit à une fille « elle est bonne ! », c'est quoi ? Une incivilité ou une violence verbale ? • impossible de faire décrocher un mot aux trois élèves devant mon bureau sans attiser les remarques acerbes de leurs « camarades ». • Je suis dépassé par l'ampleur et la superposition des « éducations à la... » : citoyenneté, environnement, santé, sexualité, sécurité routière, développement durable, défense. Comment faire tout cela ? • Pourquoi est-ce à moi d'assurer ces « enseignements » et pas aux autres ? Ce n'est pas dans mon programme. • À force de jouer le bon petit soldat de l'ONU de la force d'interposition rapide, je ne fais plus cours.		- organiser le travail de la classe. - prendre en compte la diversité des élèves. **- travailler en équipe et coopérer avec les parents et les partenaires de l'école.** - se former et innover.
• Au lycée, ce n'est plus la même chose ; on doit travailler sur des contenus spécifiques. • Dans mon établissement, il n'y pas de programmation ni d'organisation d'études dirigées en tant que telles ; comment l'organiser dans un travail d'équipe ? • Dans les études dirigées en 6e, à part les devoirs pour la semaine, je ne vois pas quoi d'autres « diriger ». • Je ne vois pas comment concilier des cours de type classique et des séances ATP avec les mêmes élèves. • En classe entière, je n'ai ni le temps, ni les moyens de guider le travail personnel. • Je ne parviens pas à faire travailler mes élèves à la maison ; plus de la moitié ne rend rien.	Guider le travail personnel	- maîtriser la langue française pour enseigner et communiquer. - concevoir et mettre en œuvre son enseignement. - organiser le travail de la classe. **- prendre en compte la diversité des élèves.**

Problèmes	Chapitres	Compétences en référence au BO du 1er janvier 2007
• À la pré-rentrée, on me propose de rejoindre le groupe « tutorat » au collège ; je vais me retrouver avec deux élèves à suivre, mais pourquoi faire ? • Je sens la dérive de l'institution ; je suis prof d'anglais, pas psy ou assistante sociale. • Il n'y a qu'avec le tutorat que je peux tenir les élèves difficiles ; ils m'aiment bien[1]. • J'ai franchement peur d'aller trop loin dans le « guidage » ; certaines questions me dépassent réellement. • En entretien individuel, Mounir déballe tout sur ses conflits avec le professeur de maths et celle de musique ; et après, qu'est-ce qu'on fait ?		**- travailler en équipe et coopérer avec les parents et les partenaires de l'école.** - se former et innover.
• Je suis confronté à de tels besoins, toutes dimensions confondues, que je ne sais que faire. • Je ne sais pas ce qu'est un besoin d'élève. • Les élèves doivent avoir des pré-requis ; les besoins, ce n'est pas mon rayon. • Je ne sais pas analyser les besoins des élèves ; j'ai pas été formé à cela. • Les évaluations nationales (CE2, 6e, et à présent 5e, 2e) ne me semblent pas adaptées. Perte de temps considérables, peu d'effets en retour. • Une fois les besoins recensés, qu'en faire ? Avec une classe entière ? • Quelle est la place des savoirs qu'on doit travailler par besoins ? • Faut-il parler de besoins avec les élèves pour les (re)motiver ?	Prospecter les besoins	- organiser le travail de la classe. **- prendre en compte la diversité des élèves.** **- évaluer les élèves.** - travailler en équipe et coopérer avec les parents et les partenaires de l'école. - se former et innover.
• Mes élèves n'ont pas de secret pour moi ! • Je n'ai absolument pas de temps pour écouter des attentes hypothétiques. • Je sais bien ce qu'ils diraient ; ils ne m'aiment pas. • Dans la vie, on ne choisit pas ; on ment aux élèves. • Nous offrons, ils choisissent. Mais les dérives sont nombreuses. • Demander l'avis aux élèves, c'est coûteux en temps, en énergie • Si nous les laissons choisir, ils vont directement aux copains au pire, sinon à l'injonction de leurs parents. • Et ce n'est pas forcément valable au point de vue résultats.	Auditer des attentes	- concevoir et mettre en œuvre son enseignement. - organiser le travail de la classe. **- prendre en compte la diversité des élèves.** **- évaluer les élèves.** - se former et innover.
• Je ne peux plus faire une activité de recherche en sciences ; ils ne savent pas travailler. • Chang n'est pas motivé ; je n'y peux rien. • J'en ai toujours un pour me dire « Madame, c'est trop difficile ! »	Analyser des ressources	- concevoir et mettre en œuvre son enseignement. - organiser le travail de la classe.

1. *Voir sur la question, le dossier ATP des Cahiers pédagogiques, contribution de Philippe Meirieu, extrait des Cahiers pédagogiques, ATP, 1989, p. 75*

Problèmes	Chapitres	Compétences en référence au BO du 1er janvier 2007
• C'est toujours la galère pour les mettre au travail. Perte de temps considérable. • J'ai un élève littéralement bloqué quand je l'interroge. • La petite Mariette a l'air de réinventer la multiplication chaque fois qu'elle fait une opération. Elle met trois fois plus de temps que les autres. • Quand je prends les élèves en début d'année, j'ai l'impression qu'ils ont tout oublié. • Trois filles manifestent des troubles psycho-somatiques visibles quand la classe se met à un contrôle sur table. Pas moyen de les ré-assurer. Elles font des contre-performances. • J'ai observé que les filles se font toujours « taxer » leur matériel ; elles ne peuvent plus travailler. • Impossible de faire enlever la doudoune à Mounir ; il est comme prostré ; pas de travail en classe. • En aide individualisée, j'ai beau encourager les quatre élèves, ils ne se voient pas en situation de réussite. • Dès que j'annonce « géométrie », les têtes se courbent. • J'entends de manière récurrente la litanie : « À quoi ça sert ? » • J'ai mis en œuvre une fiche d'auto-évaluation ; certains se surévaluent, d'autres se sous-évaluent systématiquement. Ca ne fonctionne pas • Je leur ai proposé des exercices qu'ils avaient déjà fait, et c'est encore une catastrophe. • S'ils ont bien travaillé, je ne leur donne pas de devoirs à la maison. • En cas de non-respect du règlement, c'est automatique, je donne trois exercices supplémentaires. • J'ai répété cent fois que le losange n'est pas un carré ; ils n'impriment pas.	Analyser des ressources	**- prendre en compte la diversité des élèves.** **- évaluer les élèves.** - se former et innover.
• Mes élèves font tellement de fautes, que je ne sais plus comment les noter. • Faire des sciences dans les petites classes, c'est difficile, voire impossible. • Je me lance bien dans quelques expériences, mais je n'arrive pas à y associer les élèves. • Les contenus sont trop difficiles pour les élèves. • Je n'arrive pas à organiser la trace écrite des expériences. • Je n'ai que des élèves en échec scolaire ! • J'ai des difficultés à remplir le bulletin scolaire de Mounir	Analyser des pratiques	- maîtriser les disciplines et avoir une bonne culture générale. - concevoir et mettre en œuvre son enseignement. - organiser le travail de la classe. **- prendre en compte la diversité des élèves.** **- évaluer les élèves.** - se former et innover.

Problèmes	Chapitres	Compétences en référence au BO du 1er janvier 2007
• J'ai une super-idée de radio scolaire avec les élèves ; mais manifestement cela ne les branche pas. • J'ai l'impression d'être un chef d'orchestre, c'est fatigant. • J'ai distribué les rôles en fonction des talents et des résultats de chacun • Je n'ai pas le temps de m'attarder sur les difficultés de quelques-uns • J'ai zappé la partie sur la fusion nucléaire, ce n'était pas l'objectif. • Mounir ne se décide pas à enlever sa doudoune, je lui donnerai le rôle de hallebardier. • Le « clan des chinois » se met en retrait de la représentation ; je dois continuer ? • Je suis trop engagé dans ce projet : la représentation doit réussir. • Pour que l'édition sorte en temps et en heure, j'ai passé ma nuit à tout reformater. • Ce n'est plus un dilemme, c'est une expérience partagée par tout • Le projet « météo » a été une vraie galère ; pas sûr que je recommence. • Finalement, le spectacle a bien marché, les élèves et les parents sont contents. Et moi ?	Diriger des projets	- maîtriser les disciplines et avoir une bonne culture générale. **- concevoir et mettre en œuvre son enseignement.** - organiser le travail de la classe. - prendre en compte la diversité des élèves. - évaluer les élèves. - maîtriser les technologies de l'information et de la communication. **- travailler en équipe et coopérer avec les parents et les partenaires de l'école.** - se former et innover
• Mais alors qu'est-ce que je dois observer ? Mounir, le travail de David, le groupe au fond de la classe, les réponses faites à mes questions ? • J'ai beau leur expliquer trois fois l'exercice ; ils n'y arrivent pas. • Marisa a la solution devant elle ; mais elle choisira de préférence celle que lui montrera sa voisine. • Didier a une très nette tendance à répondre très vite, quitte à ce que ce soit à côté de la plaque. • En études dirigées, j'observe que la plupart se disperse dans leurs cahiers, manuels, cahier de texte, trousse, rien n'est fait. • Je dois constamment rassurer mes élèves sur une éventuelle « nouveauté » ; ils sont « planplan ». • J'ai tout un groupe en classe, un véritable « marais » ; je ne sais pas ce qu'ils pensent et s'ils apprennent vraiment. • David fonctionne à l'économie, tous ses enseignants le lui disent ; aucun changement à l'horizon. • Je ne peux pas à la fois me mettre en situation de retrait pour observer et rester maître du déroulement de la classe. C'est antagoniste, et même dangereux.	Observer	- maîtriser la langue française pour enseigner et communiquer. - maîtriser les disciplines et avoir une bonne culture générale. - concevoir et mettre en œuvre son enseignement. **- organiser le travail de la classe.** **- prendre en compte la diversité des élèves.** - évaluer les élèves. - se former et innover
• Je suis tombé sur un livre de didactique de ma discipline ; il m'est tombé des mains, car tout cela me semble loin de ma propre situation et de mes questionnements plus urgents.	Faire de la didactique	**- maîtriser la langue française pour enseigner et communiquer.**

Problèmes	Chapitres	Compétences en référence au BO du 1er janvier 2007
• Faut-il pour enseigner bien connaître sa discipline ? • La didactique, j'ai pas été formé et c'est encore difficile de m'y mettre ; ni l'occasion, ni même la nécessité. • Je rencontre des grosses difficultés avec mes classes, alors que j'ai super préparé toutes mes séquences et ma progression.		**- maîtriser les disciplines et avoir une bonne culture générale.** - concevoir et mettre en œuvre son enseignement. - travailler en équipe et coopérer avec les parents et les partenaires de l'école. - se former et innover.
• Je ne comprends pas pourquoi on est passé de « cours » à « situation d'apprentissage ». Encore une nouvelle mode ? • Outre la différence d'appellation d'origine contrôlée, je ne vois pas en quoi cela peut changer pour mon activité d'enseignant ? • Concrètement, je ne vois pas comment monter une « situation d'apprentissage ». • Quelle rapport entre situation d'apprentissage et situation-problème ?	Créer des situations d'appren-tissage	**- maîtriser les disciplines et avoir une bonne culture générale.** - concevoir et mettre en œuvre son enseignement. - organiser le travail de la classe. **- prendre en compte la diversité des élèves.** - évaluer les élèves. - se former et innover.
• Ils n'ont pas appris à travailler ; que fait le Primaire ? • Je suis embourbé dans mes contenus disciplinaires bien trop lourds, pas de place ni de temps à consacrer à la méthodologie. • Comment quand j'ai trente élèves en face de moi donner des conseils de méthode personnalisés ? • Ils zappent la lecture de la consigne, pour me demander « monsieur, qu'est-ce qu'il faut faire ? » • J'a beau multiplier les contrôles, ils ne parviennent pas à progresser. • Je ne crois pas à la méthode pour la méthode ; ma discipline est spécifique. • La prise de notes n'est pas assurée ; la trace écrite devient un calvaire qui prend tout le temps du cours. • Mes élèves ne sont pas capables d'avoir une parole soutenue plus d'une minute. • Si j'évalue la méthode, quelle place je réserve alors pour les connaissances ? • J'ai testé une fiche d'auto-évaluation d'un collègue : les plus mauvais se sont surévalués, les meilleurs le contraire.	Donner des conseils de méthode	- maîtriser la langue française pour enseigner et communiquer. **- prendre en compte la diversité des élèves.** **- évaluer les élèves.** - se former et innover.

Problèmes	Chapitres	Compétences en référence au BO du 1er janvier 2007
• Rechercher une information exige un tant soit peu d'autonomie, ce n'est pas pour mes élèves. • Ils ne savent pas se repérer dans le CDI ; alors, l'internet … • Quand je demande de faire une recherche, j'ai droit au copier-coller de l'internet, et ce ne sont même pas les bonnes réponses • Le CDI est indigent en ressources documentaires adéquates avec les thèmes que je dois travailler. • Je ne maîtrise pas ce que les élèves peuvent trouver sur l'internet. • Quand je les mets à préparer un exposé au CDI, ils se perdent dans des détails, l'essentiel n'est pas abordé. • Je n'ai déjà pas le temps de traiter tout le programme, alors, pourquoi « perdre du temps » au CDI ? • Je ne vois pas ce que je pourrais évaluer dans un travail de recherche documentaire ; et d'ailleurs, faut-il tout évaluer ?	Conduire une recherche en documentation	- maîtriser la langue française pour enseigner et communiquer. - maîtriser les disciplines et avoir une bonne culture générale. - concevoir et mettre en œuvre son enseignement. **- organiser le travail de la classe.** - prendre en compte la diversité des élèves. **- maîtriser les technologies de l'information et de la communication.** - travailler en équipe et coopérer avec les parents et les partenaires de l'école. - se former et innover.
• J'ai organisé ma programmation d'après le livret de l'inspecteur et ses fiches d'objectifs en co-évaluation. Remplir toutes les petites cases pour chacun des élèves s'est très vite révélé infaisable. • Dans le tableau du projet pédagogique interdisciplinaire, moi, prof de mathématiques, je travaille la proportionnalité. C'est mon objectif. • On me dit de définir des objectifs, puis d'évaluer des compétences. Je ne parviens à articuler les deux. • Je suis impliqué dans un travail interdisciplinaire de type IDD, je ne veux pas faire d'animation « socio-cul ». Comment préserver la part des objectifs propres à ma discipline ? • Moi, je transmets des savoirs ; ils sont acquis ou pas acquis. Quels sortes d'objectifs autres que ceux-là peut-on assigner aux élèves ? • Je viens d'arriver dans un nouvel établissement ; je dois assurer trois niveaux d'enseignement en même temps. Je n'en ai jamais fait aucun. Que faire ? • Mes élèves ne comprennent pas pourquoi ils doivent travailler et surtout comment ils doivent le faire. Comment mieux communiquer sur mes objectifs ? • Je sors de formation initiale, et je n'ai jamais eu de module sur le traitement de ma discipline par objectifs réalistes et réalisables. Je suis au pied du mur.	Définir des objectifs	**- maîtriser la langue française pour enseigner et communiquer.** **- maîtriser les disciplines et avoir une bonne culture générale.** **- concevoir et mettre en œuvre son enseignement.** - organiser le travail de la classe. - prendre en compte la diversité des élèves. - évaluer les élèves. - travailler en équipe et coopérer avec les parents et les partenaires de l'école. - se former et innover.

Problèmes	Chapitres	Compétences en référence au BO du 1er janvier 2007
• « Je ne peux pas bouger de ma chaise. Mon espace est un couloir entre le bureau et le tableau. » • « J'ai globalement toujours la même manière de faire le cours. » • « Je voudrais bien changer de type de cours, mais que vont dire mes collègues ? » • « Je voudrais bien innover, mais c'est impossible : les programmes sont trop lourds ; que va dire mon inspecteur ? » • « Je suis leur Maître » (réservé au primaire) • « Je n'ai le calme que quand je les fais gratter ! » (plutôt collège) • « Je suis victime de l'attente des parents qui veulent du cours, rien que du cours. »	Faire une conférence	**- maîtriser la langue française pour enseigner et communiquer.** **- maîtriser les disciplines et avoir une bonne culture générale.** - concevoir et mettre en œuvre son enseignement. - organiser le travail de la classe. - prendre en compte la diversité des élèves. - évaluer les élèves. - travailler en équipe et coopérer avec les parents et les partenaires de l'école. - se former et innover.
• Pourquoi parler de formation ? J'ai déjà subi la formation IUFM ; j'ai mon diplôme, ce n'est pas pour moi. • Entre enseigner à Henri IV ou dans les quartiers nord de Marseille, ce n'est pas le même métier ! • A part mon niveau de satisfaction, qu'est-ce que je peux retenir de la formation ? • Je ne peux pas ; je n'ai pas été formé. • Ce dont j'ai besoin, ce n'est pas dans le catalogue de formation (PAF).	Penser sa propre formation	- agir en fonctionnaire de l'État et de façon éthique et responsable. **- maîtriser les disciplines et avoir une bonne culture générale.** - maîtriser les technologies de l'information et de la communication. - se former et innover.
• Faut-il être philosophe pour engager le débat à portée philosophique ? • Les contenus sont trop lourds, trop difficiles ; je ne parviens pas à faire réviser mes élèves ; les évaluations sont catastrophiques. On me prend pour un prof sévère et pas juste (en particulier les parents d'élèves). • J'ai été recruté pour faire des maths, pas pour faire de l'animation avec des élèves.	Former à la complexité en classe	**- maîtriser les disciplines et avoir une bonne culture générale.** - concevoir et mettre en œuvre son enseignement. - organiser le travail de la classe. **- prendre en compte la diversité des élèves.** - évaluer les élèves. - maîtriser les technologies de l'information et de la communication. - se former et innover.

Éditions l'Etudiant

Directeur de collection : Olivier Rollot.

Directrice adjointe de collection : Maëlla Ruellan.

Assistante de collection : Marion Quentin.

Édition :
Camille Chevalier, Cécile Coursol, Carole Gibrat.

Secrétariat de rédaction :
Christine Chadirac.

Visuel :
Directrice artistique : Evelyne Voillaume.
Conception graphique et couverture : Éliane Degoul.
Iconographe : Gertrude O'Byrne.

Fabrication :
Sabine Enders.

Diffusion :
Emmanuelle Ould-Aoudia.
Élise Abib.

Communication :
Directrice : Delphine Cantat.
Maude Sabatou.

Documentation :
Directrice : Delphine Pietton.
Fonds général : Natalie Fernandez, Sophie Pierron.
Écoles : Thérèse Arnault, Véronique Curely, Delphine Escrouzailles.
Universités : Grégory Lannes, Julia Nadot-Leblanc.
Alternance : Jeanne Levavasseur.
Assistante : Marie-Odile Wettstein.

Commercial :
Directrice : Chrystèle Mercier.

23, rue de Châteaudun, 75308 Paris cedex 09
Dépôt légal : août 2008
Imprimé en France

Imprimerie CHIRAT

ISBN 978-2-84624-882-2
ISSN 1262-327X